레위기 주해

철학박사 김수흥 지음

도서
출판 **언약**

Exposition

of

Leviticus

by
Rev. Soo Heung Kim, S.T.M., Ph.D.

Published by
Eonyak Publishing Company
Suwon, Korea
2014

"성경의 원어를 읽든지 혹은 우리 번역문을 읽든지,
성경을 읽는 것은 성부 하나님, 성자 예수님, 성령 하나님을 읽는 것이고,
본문을 아는 것이 하나님을 아는 것이며,
성경 본문을 붙잡는 것이 하나님을 붙잡는 것이고,
성경본문을 연구하는 것이 하나님을 연구하는 것(신학)이다".

■ 머리말

구약주해를 집필하기 시작한 이래 벌써 세 번째 책 레위기 주해를 집필하기에 이르렀다. 레위기 주해를 시작하면서 마음이 심히 눌렸다. 모든 이들이 이구동성으로 레위기는 심히 난해하다는 말을 했기 때문이었다. 필자도 동의하는 수밖에 없었다. 제일 어려웠던 점은 절기의 제사 때마다 짐승의 숫자가 너무 달랐다는 점이었다. 왜 그렇게 짐승의 숫자가 달라야 했는지 알기는 너무 어려웠다. 하나님께서 그렇게 바치라고 하셨기에 달랐을 것이라고 여기는 수밖에 없었다.

필자는 미국 필라델피아에서 목회할 때 교우들에게 레위기를 한번 강해한 적이 있었다. 그때 교우들이 많은 은혜를 받았다고 고백한 것을 들었다. 그럼에도 불구하고 이제 레위기주해서를 다시 집필하려고 하는 시점에서 또 난해함을 느끼지 않을 수 없었다. 이유는 레위기는 아직도 필자에게 난해하다는 것이었다. 이제는 한번 레위기 주해를 잘 내보자는 강한 의지를 가지고 시작했다. 많이 기도했다. 시작부터 수시로 많은 기도를 드렸다. 그리고 끝나는 시간까지 다른 어느 주해서를 집필하는 때보다 더 많은 기도를 드렸다. 따라서 주해를 집필하면서 많은 것을 깨달았고 또 많은 은혜도 받았다.

하나님께서 그 많은 짐승 중에서 하필 집에서 기르는 가축들을 드리라고 하신 이유나 혹은 산에서 자라는 짐승 중에서도 산비둘기를 드리라고 하신 이유를 깊이 알게 되었다. 하나님께서 드리라고 명령하신 짐승들은 모두 그리스도를 예표하기에 아주 적합한 짐승들이었다. 하나님은 결코 악어나 사자나 호랑이 같은 사나운 짐승들을 드리라고 하지 않으셨다. 유순한 가축들이나 혹은 산비둘기를 드리라고 하신 것이다. 모두 그리스도를 예표하기에 안성맞춤인 짐승들이었다. 그리스도는 온유 겸손하신 분이시다. 우리는 전적으로 온유 겸손하신 그리스도를 믿고 따라야 하는 것이다. 레위기를 주해하면서 또 필자는 하나님께서 가난한 자들을 많이 배려하시는 분임을 실감했다. 하나님께서는 가난한 자라고 해서 제사를 면케 하시지는 않으셨다. 누구나 다 제사를 드리도록 하시면서도 가난한 자들로 하여금 부담 없이 제사를 드리도록 값싼 제물을 지정하셨다. 심지어 속죄제를 드리라고 하시면서도 곡식 제물로 드리라고 하기도 하셨으며 또 아주 값싼 비둘기를 제물로 드리라고 하셨다. 오늘날 가난한 사람들도 핑계하지 않을 수 없게 되었다. 예수님 당시에도 가난한 과부가 두 렙돈을 바쳤다. 그가 생활비 전부를 넣었다고 예수님으로부터 칭찬을 받은 것은 가난해도 얼마든지 칭찬을 들으면서 신앙생활을 할 수 있다는 것을 보여주신 것이다.

레위기가 우리에게 제일 큰 은혜를 주는 것은 바로 레위기에 흐르고 있는 피이다. 레위기에 흐르는 피는 이사야 53장에 흐르고 있는 그리스도의 피만큼이나 풍성하다. 우리는 레위기에 흐르고 있는 피를 믿고 은혜에 젖어야 한다. 레위기는 또 우리가 거룩해야 한다는 것을 수도 없이 말씀한다. 하나님께서 거룩하시니 우리도 거룩해야 한다는 것이다. 그리스도의 피에 몸을 씻고 더러움을 철저히 떠나야 할 것이다. 우리가 성경을 자세히 읽기만 해도 성령님의 역사로 온갖 더러운 것들을 떠나게 마련이다. 물질 사랑도 떠나게 되고, 명예 사랑도 떠나게 되며, 남녀 간의 음란도 떠나게 되고, 교회의 패싸움도 떠나게 되며, 더러운 이념도 떠나게 마련이다. 우리는 모든 더러움을 떠나서 거룩에 이르러야 할 것이다.

오늘날 우리나라의 타락은 세월호 침몰이라는 대형 사고를 기점으로 하여 정점을 찍은 것 같다. 종교나 정치, 사회 그 어느 한방면만 아니라 나라가 통째로 타락해 버렸다. 교회는 성경말씀을 잃어버렸고 기도를 잃었으며 기독교 윤리가 땅에 떨어졌다. 이때에 우리 교회가 불러야 할 노래는 바로 예레미야 애가인 것 같다. 이때에 필요한 것은 성경이고 기도이다. 우리는 성경을 깊이 연구하는 일에 순교정신을 발휘하고, 애통의 기도를 하다가 죽어야 할 것이다. 필자의 주해 책이 세상에 나가서 세상을 바꾸었으면 한다. 주여! 우리 민족을 살려주옵소서!

2014년 9월
수원 원천동 우거에서
저자 김수흥

▌본 주해를 쓰면서 주력한 것

1. 성경을 성경으로 해석해야 한다는 원리를 따랐다.
2. 본 주해를 집필함에 있어 문법적 해석, 역사적 해석, 정경적 해석의 원리를 따랐다.
3. 문맥을 살펴 주해하는 일에 심혈을 기울였다.
4. 매절마다 빼놓지 않고 주해하였다.
5. 본 주해를 집필하는 데 취한 순서는 먼저 개요를 쓰고, 다음 한절 한절을 주해했다. 그리고 실생활을 위하여 적용을 시도했다.
6. 매절(every verse)을 주해할 때 히브리어 원어의 어순을 따르지 않고 한글 개역개정판 성경의 어순(語順)을 따랐다. 이유는 우리의 독자들을 위해서다.
7. 구약 원어 히브리어는 주해에 필요한 때에만 인용했다.
8. 소위 자유주의자의 주석이나 주해 또는 강해는 개혁주의 입장에 맞는 것만 참고했다.
9. 주해의 흐름을 거스르는 말은 각주(footnote)로 처리했다.
10. 본 주해는 목회자를 위하여 집필했지만 일반 성도들도 얼마든지 이해할 수 있도록 평이하게 썼다. 특히 남북통일이 되는 날 북한 주민들도 읽고 이해할 수 있도록 가능한 평이하게 집필했다.
11. 영어 번역이 필요할 경우는 King James Version을 인용했다. 그러나 때로는 R.S.V.(1946-52년의 개정표준역)나 N.E.B.(1961년의 새 번역)를 인용했다. 이들 번역은 흠정역보다 더 정확한 헬라원문을 보여주기 때문이다. 또 젊은 이들의 이해를 돕기 위하여 N.I.V.를 인용하기도 했다. 또 해석을 돕기 위해 표준 새 번역을 인용하기도 했다.
12. 틀린 듯이 보이는 다른 학자의 주석을 반박할 때는 "혹자는"이라고 말하고 그 학자의 이름은 기재하지 않았다. 그러나 단지 필자와 다른 견해를 제시하는 학자의 이름은 기재했다.
13. 성경 본문에서 벗어난 해석들이나 주장들에 대해서 반박할 때는 간단히 했다. 너무 많은 지면을 쓰는 것은 바람직하지 않고 독자들을 피곤하게 하기 때문이다.
14. 성경 장절(Bible references)을 빨리 알아볼 수 있도록 장절을 표기했다.
15. 해당 성경 책명 약자는 기재하지 않았다(예: 1:1; 출 1:1; 막 1:1; 눅 1:1; 요 1:1; 롬 1:1 등). 제일 앞의 1:1은 창 1:1이란 뜻이다. 그리고 성구 나열에 있어 해당 성경 약자를 쓰지 않고 장(chapter)과 절(verse)만 표시한 경우는 바로 해당 장(chapter) 안의 절을 표시한 것이다.
16. 신구약 성경을 지칭할 때는 '성서'라는 낱말을 사용하지 않고 줄곧 '성경'이라는 용어를 사용했다. '성서'라는 용어는 다른 경건서적에도 붙일 수 있는 용어이므로 반드시 '성경'이라는 용어를 사용했다.
17. "성경은 성경으로"(Scripture with scripture) 푼다는 말은 정경(正經)은 정경으로 푼다는 말인 고로 외경(外經)이나 위경(僞經)에서는 인용하지 않았다.
18. 목회자들의 성경공부 준비와 설교 작성을 염두에 두고 집필했다.
19. QT에도 적절하게 사용할 수 있도록 주해했다.

레위기 주해

Exposition of Leviticus

■ 총 론

레위기는 무엇을 말하는 책인가.

레위기는 모세 5경 중 제 3경으로 출애굽기 끝에 연속되고(1:1), 민수기로 연결되고 있다. 레위기는 이스라엘 민족이 출애굽하여 시내산에서 모세를 통해 하나님으로부터 율법을 받고, 그 율법에 의해 성막이 건립되고, 완성된 성막에서 거행된 거룩한 제사의 제도에 대해 상론한 것을 기록한 책이다. 그러기에 레위기 안에는 제사에 연관된 무수한 낱말들이 나타나 레위기는 말 그대로 제사법전이다.

레위기는 제사로 충만하고, 우리 죄가 많은 인간이 거룩하게 되기 위해서는 제사가 필수적으로 중요한 것임을 말하고 있다. 레위기에는 '거룩함'이란 낱말이 무려 87회나 나타나고 있다. 레위기에는 "내가 거룩하니 너희도 거룩하라"는 말이 19:2을 비롯하여 많이 나타나 본서의 주제가 되었다. 부정하고 죄 많은 인간이 거룩에 이르려면 부단히 제사를 드려야 하며, 속죄를 받아야 하는 것이었다.

이와 같은 레위기의 제사법전은 그리스도의 속죄의 그림자가 되었다. 그러나 레위기의 제사와 그리스도의 십자가 희생 제사와의 차이는 레위기의 모든 제사가 일시적인 것이고, 미완성적인 것인 반면, 그리스도의 희생제사는 단번에 영원한 속제제사를 드렸다는 점에서 크게 다르다(히 9:28). 오늘 우리는 레위기의 제사에 참여하는 사람들이 아니라 그리스도의 희생제사에 참여하여 영원한 속죄를 받은 행복자들이 된 것이다.

레위기라는 책명은 어디서 왔나

"레위기"라는 책명은 히브리 원전에서 오지 않았고 70인 역(LXX)에서 왔다. 히브리 원전의 책 제목은 "또 부르시고"(וַיִּקְרָא)라는 말씀(1:1)을 책 제목으로 쓰고 있다. 이렇게 책의 첫 구절(1:1)을 책 제목으로 사용하는

것은 유대인의 관례이다. "레위기"라는 명칭은 70인 역(LXX)에서 나와서
라틴역이나(Vulgate, "Leviticus"), 흠정역(AV, "Leviticus")을 비롯하여 현
대의 거의 모든 성경이 따르고 있다. 우리 한역 개역판이나 개역개정판도
역시 "레위기"라는 이름을 사용하고 있다. "레위기"라는 말은 '레위인에
속한 것'이란 뜻이며, 본서의 제사법의 집행이 레위인에게 맡겨졌다는 것을
의미한다.

레위기의 저자는 누구인가

레위기의 저자가 누구인가를 두고 전통적으로 모세라고 하는 것은 의심
없이 받아온 학설이었는데,[1] 문서설을 주장하는 신학자들이 문서설을 들고
나와 신학계에 혼란을 주고 있다. 이 문서설은 18세기 말부터 제창되어 다수의
비평학자들이 따르고 있다. 그들은 모세 5경이 네 가지 문서의 융합이라고
주장하며 모세의 저작권을 부인한다. 문서설이란 모세 5경이 '여호와문서'(J),
'엘로힘문서'(E), '신명기문서'(D), 및 '제사장문서'(P)[2] 등이 결합되었다고
한다. 이들을 결합한 시기는 주전 400년경이라고 한다.

'여호와문서'(Jehovistic Code)란 하나님이란 단어가 나와야 하는 곳에
'여호와'(Jehovah)라는 단어가 나오는 문서를 지칭한다. 문서설 주장자들은
이 여호와문서는 주전 850년경 남(南) 왕국에서 형성되었다고 주장한다.

'엘로힘문서'(Elohistic Code)는 하나님이란 단어가 나와야 하는 곳에
'하나님'(Elohim)이란 단어가 나오며, 주전 750년경에 형성되었다고 주장한
다. 그 내용은 여호와 문서와 매우 흡사하다고 주장한다. 이 엘로힘문서의
특색은 아브라함의 역사에서 시작되고, 또 아브라함을 선지자로 높이는 것이
특징이라(창 20:7)고 주장한다.

'신명기문서'(Deutronomie Code)는 주전 650년경에 저작되었으며, 이는
법전서의 형태를 갖추고 있고, 대체로 신명기책에 등장한다고 주장한다. 이

---

1) 박윤선은 "모세 자신이 학문에도 능통하였으니(행 7:22) 오경의 모든 책을 기록함에
가장 적합한 자격자였다. 오경에는 모세가 하나님의 말씀을 직접 받은 증거와 그 말씀을 기록한
증거들이 많이 있다(출 17:14; 24:4, 12; 34:27-28; 민 33:2; 신 4:13; 5:22; 10:2-5; 31:9, 19, 22)"고
주장한다.
2) 제사장문서를 '성결문서'(H)라고 부르기도 한다.

신명기 문체는 대체로 유창하고, 내용은 온건한 권고형식이라고 한다.

'제사장 문서'(Priestly Code)는 주전 450년경 에스라시대에 만들어졌으며, 레위기 전체와 창세기 일부를 포함하고 있고, 신관은 초연적이고, 그 문체는 형식적이라는 것이다.

문서설 주창자들은 이상과 같은 4대 문서들이 먼저 주전 700년경 J와 E가 합하여 JE가 되었고, 이 JE가 주전 550년경 D와 합하여 JED가 되었으며, 또 이 JED가 주전 400년경 P와 합하여 모세 5경의 현재 형태를 이루었다고 주장한다. 문서설 주장자들은 레위기는 주전 450년경 P문서(제사장문서) 저자에 의하여 기록했다고 주장한다.3)

우리는 다음과 같은 이유로 모세 5경의 문서설을 단연코 부정한다. 필자의 창세기 주해에서 문서설을 비판한 글을 여기에 싣는다.

"1) 문서설이 단일 저자 모세에 의한 오경 저작 론을 부정하는 것은 오경을 모세의 저작이라고 하신 예수님의 증거(마 8:4; 19:7-8; 막 1:44; 7:10; 10:3-5; 12:26; 눅 5:14; 16:29-31; 24:14; 요 1:17; 5:46-47; 7:19)를 부정하는 것이다.

---

3) 필자의 창세기 주해에서 문서설을 반박하는 글을 여기에 싣는다. 18세기 이후 아스트럭(Jean Astruc)으로부터 본격적으로 시작된 오경의 문서 설은 다음과 같은 몇 가지 단계로 분류할 수 있다.

(1) 초기 문서설: 창세기에는 하나님의 명칭을 따라 여러 문서(E 문서, J 문서, P 문서)가 있다는 가설이다.

(2) 단편 문서설: 오경은 상호 무관한 30여개의 단편 문서들로 구성되어 편집되었다는 이론이다. 특히 신명기를 요시아 시대 (BC 621년)의 작품이라고 단언하고 D 문서라고 했다.

(3) 보충 문서설(The Supplementary Hypothesis): 오경은 엘로힘 문서(E 문서)를 기초로 하여 여호와 문서(J 문서) 및 기타 문서들이 보충되어서 형성되었다고 하는 가설이다.

(4) 신 문서설(新 文書說): 이 문서설은 후기 문서설이라고 하는데 오경 구성에 있어서 여호와 문서(J)는 엘로힘 문서(E)의 추가 문서가 아니라 독립된 별개의 문서로서 가장 오래된 문서라는 이론이다. 아울러 신명기 문서(D 문서) 역시 독립 문서라고 주장했다.

(5) 발달문서 설(The Development Hypothesis): 오경 속에 나타나는 네 가지 중요 자료를 그 사상 발달의 순서에 따라 연대를 붙이고 순서를 결정하려고 시도한 이론이다. 이 학설은 주장자 그라프 벨하우젠(Graf Wellhauzen)의 이름을 따서 그라프 벨하우젠 설이라고도 한다. 벨하우젠은 5경 속에 나타나는 네 가지 주요 자료의 연대를 여호와 문서-> 엘로힘 문서-> 신명기 법전 문서 -> 제사 법전 문서 순으로 정했다. 이 학설은 한 때 가장 영향력 있는 학설로 되어 있었다.

(6) 최신 문서설(The Newest Documentary Hypothesis): 그라프 벨하우젠의 J. E. D, P. 학설을 다시 각 문서별로 세밀하게 분류하고자 시도한 학설이다(김수홍의 『창세기 주해』에서).

그리고 신구약 성경을 부정하는 것이다. 따라서 문서설은 성경 영감 설을 부정하는 것이 되는 고로 문서설을 단연코 거부한다.

2) 문서설이 근거로 내세우는 하나님 명칭의 차이는 결코 문서가 달라서 생긴 차이가 아니다. 저자 모세는 상황과 계시의 내용에 따라 때로는 우주의 창조자이며 주권자임을 강조하는 '엘로힘'(하나님)이라는 명칭을 사용했고, 때로는 택한 백성의 구원자이며 언약자 되심을 강조하는 여호와라는 명칭을 사용한 것이다.

3) 문서설을 주장하는 자들이 내세우는바 용어와 표현법이 다르다는 이유로 문서가 다르다고 말하는 것은 어불성설이다. 저자는 때로 용어를 달리 할 수도 있고 표현법을 다르게 할 수 있다는 것을 알면 문서설을 주장하지 않았을 것이다.

4) 문서설 주장자들이 내세우는 병행문구나 유사 기사를 두고 두 사람 이상이 글을 썼다는 주장은 있을 수 없다. 한 사람의 저자가 어떤 주제에 대해 글을 쓸 때 얼마든지 병행적으로 혹은 유사한 글을 쓸 수 있는 것 아닌가?

전통적인 유대인들, 초대 교회 교부, 그리고 대부분의 기독교인들은 오경의 저자가 모세라는 데는 의심을 품지 않았다. 더욱이 고고학이 발전되면 될수록 오경의 기록이 허구가 아니라 당대 일어났던 사건이었음과 그 진실이 매우 충실히 기록되었음이 오히려 선명하게 밝혀지고 있다.

이제 문서설은 학계에서 자취를 감추어 가고 있다. 문서설이 약화된 이유는 처음부터 그 자체 안에 많은 모순을 지니고 있었기 때문이다. 문서설이 가지고 있는 모순들은 시간이 지나도 도무지 해결되지 못했었다. 이제는 어느 학설이 전형적인 문서설인지 조차 분간하기 어려운 형편이 되고 말았다.

그러면 문서설이 약화된 구체적인 이유는 무엇인가? 한 마디로 성경을 피상적으로 관찰한 까닭이다. 성경을 피상적으로 관찰하면 '엘로힘' 문서가 따로 있고 '여호와' 문서가 따로 있었다가 편집자가 필요에 의해 편집한 것으로 본 것이다. 그러나 성경을 깊이 관찰할 때 모세가 하나님의 능력을 진술할 때는 '엘로힘'이라는 신명(神名)을 썼고, 언약이나 구속의 문제를 다룰 때는 '여호와'라는 신명을 사용한 것이다. 저자나 자료가 달라서가 아니라 저자는 한 저자, 즉 모세인데 그가 문맥에 맞게 적절한 신명을 채택한 것뿐이다.

다른 예를 들어보면 모세 5경에는 무수한 중복(重複) 문제가 있는데 문서설 주장자들은 어떤 한 편집자가 서로 다른 저자의 글을 짜깁기를 했기 때문에 중복 문제가 생겼다고 주장한다. 그러나 20세기 후반 이후 문학적 접근법들이 밝혀낸 바에 의하면 한 저자가 비슷한 기사를 어떤 문학적 효과를 위하여 의도적으로 반복했다고 주장하는 것이 옳다. 얼핏 보기에는 중복처럼 보이는 문체는 단순 중복이 아니라 어떤 주제나 사상을 강조하기 위하여 성경 저자들이 의도적으로 즐겨 채용한 히브리 특유의 문학기법이라는 것이다. 모세 5경은 한 저자, 즉 하나님께서 모세를 통하여 인류를 위하여 주신 성경임을 우리는 알아야 할 것이다.

이제 모세 5경에 대한 문서설은 지나갔지만 앞으로 또 어떤 학자가 성경을 깊이 관찰하지 못하고 피상적으로 관찰하여 엉뚱한 학설을 주장할 가능성은 얼마든지 있다고 보아야 한다. 그러나 그 때마다 성경을 깊이 읽는 학자가 나타나 반박하리라고 확신한다”. (김수홍의 『창세기 주해』에서)

아무튼 모세 5경은 모세의 저작이라고 하는 것이 성경의 증언이다. 출애굽기, 레위기, 민수기, 신명기는 전적으로 모세가 저작한 책이라는 것을 인정하지 않을 수 없다. 그런고로 저자 문제에 있어서도 모세를 앞세우지 않을 수 없다고 해야 할 것이다. 레위기 27장 중 20장이 “여호와께서 모세에게 이르시되”라는 말로 시작하고 있고, 또 20장 안에 이 문구가 모두 56회나 반복되는 것을 볼 때(Ryrie) 레위기의 글도 역시 모세의 글이라고 해야 할 것이다.

출 1-19장은 이스라엘의 출애굽과 광야 생활의 기록이고, 레위기(레 1:1; 4:12; 6:11; 13:46; 17:3), 민수기(민 1:1; 5:2-4), 신명기(신 1:1; 34:1-12) 등이 모두 광야 생활에 관한 기록이다. 이 광야 생활의 지도자는 모세였으니 그 글도 역시 모세의 것이라 하는 것이 아주 합당하다고 보아야 할 것이다.

아무튼 하나님께서 모세에게 하나님의 말씀 율법을 기록하라고 명하셨고 (출 17:14; 24:4; 34:27; 민 33:1-2; 신 27:8; 28:58), 후대의 성경 저자들도 모세 5경을 모세의 글로 받았으며(수 1:7-8; 왕상 2:3; 대하 34:14; 단 9:11-13; 스 3:2; 6:18; 말 4:4), 예수님께서도 모세의 글을 인용하신 것을 볼 때(마

8:2-4; 19:7-8; 눅 5:14; 요 5:46) 모세 5경은 모세의 글임이 분명하다.

레위기는 언제 저작되었는가

레위기는 모세 5경 중 제 3경으로 그 저작 시기는 모세가 백성을 인도하던 광야의 40년 속에 속하는데, 이스라엘 민족이 회막을 건립한 출애굽 제 2년 1월 1일(출 40:17)부터 시내 산을 떠난 제 2년 2월 20일(민 10:11)까지의 50일 안에 본서를 기록했을 것으로 보는 것이다.

레위기는 어떤 내용을 담고 있는가

레위기는 거의 전체가 제사법전으로 이루어져 있다. 레위기의 법전은 제사법전(1-16장)과 성전(聖典, 17-27장)4)으로 크게 양분되고 있다. 제사법전은 여호와께 제사를 드리는 규칙들이고, 성전은 이스라엘 민족이 어떻게 살아야 하는가를 보여주는 규범들이다. 다시 말해 성민으로서 어떻게 살아야 하는지를 설명하는 규범들이라고 할 수 있다.

좀 더 구체적으로 말해 처음 1-7장은 이스라엘 백성이 바쳐야 하는 제물과 이런 수단을 통하여 어떻게 하나님과의 교제가 가능한지를 다루고 있다. 그리고 8:1-10:20 부분은 새로운 부분으로, 이 부분은 아론과 그의 아들들이 제사장 직무를 수행하기 위해 임직되는 방식과 상황을 규정해준다. 그리고 레 11:1-15:33은 또 새로운 부분을 형성하는데, 의식상 모든 상황에서 자신을 지켜야 할 필요성을 말해준다. 이 부분은 정한 동물과 부정한 동물의 목록과 이런 구분을 할 수 있게 해주는 표시들에 관한 진술이 기록되고 있다. 다음으로 출산 때문에 생겨지는 부정에 관한 규정(12장), 혹은 피부병이나 기타 유사한 현상, 곧 집이나 의복에 발생하는 병에 기인하는 부정에 관한 규정이 제시된다(13-14장). 그리고 성관계와 관련되는 병적인 현상들에 기인하는 부정에 관한 규정이 제시된다(15장). 그리고 16장에서는 대(大) 속죄일의 의식이 제시된다. 17장은 백성들이 자신들의 제물을 오로지 성막으로 가져와

---

4) 클로스텔만(August Klostermann)이 1877년 [루터 신학]이란 정기 간행물에서 이 말을 레위기의 후반(17-26장)을 지칭하기 위해 사용하기 시작한 이래 이 부분은 '성결 법전'으로 불리게 되었다(A. 누르체). 이 부분은 여호와 하나님께서 거룩하시니 이스라엘도 거룩해야 한다는 것을 강조하고 있다.

야 할 의무와 피와 시체를 먹지 말아야 할 것 등을 말해준다. 그리고 18-20장은 성생활을 구체적인 규정들에 매어 놓는다. 이 18장과 20장 사이의 19장에서는 아주 중요한 요구사항이 등장한다. 즉, 거룩해야 한다는 것이다.

21-25장은 다시 의식에 관련된 사항을 다룬다. 이 부분에서는 무엇보다도 제사장들이 거룩해야 할 것을 말씀한다. 21장은 제사장들의 결혼, 애곡의식, 그리고 신체상의 정결 등에 관한 엄격한 규정을 제시한다. 그리고 22장은 이스라엘의 신성한 제물들을 소중하게 다룰 것을 제시해주고, 23장은 이스라엘의 신성한 날들, 연례적인 절기들의 날짜, 기간, 의식 등을 제시해준다. 이 주제는 25장에 계속된다. 24장은 금 등대에 관한 지시들(1-4절)과 진설병에 관한 지시들을 말씀한다(5-9절). 그리고 26장은 이스라엘이 여호와 앞에 어떻게 반응하는가에 따라 복과 처벌이 임하는 것을 말씀한다. 그리고 27장은 확실히 레위기의 부록에 해당한다. 27장은 여호와께 서원으로 바쳐진 사람, 동물, 혹은 토지 등을 구속하는 일을 진술한다. 결론을 짓는 문구(34절)는 사실상 26:46의 반복이다.

하나님께서 레위기를 주신 목적은 무엇인가

첫째, 레위기는 이스라엘 민족이 여호와께 나아가는 길을 제시하고 있다. 그리스도께서 오시기 전 이스라엘 민족은 제사에 의해서만 하나님께 나아가는 길을 얻을 수 있었다. 그런고로 제사법(1-16장)은 상세하게 그리고 엄격하게 묘사되고 있다.

둘째, 이스라엘 민족이 제사에 의해서 하나님께 나아가는 길을 제시받는다면 그들이 이 땅에서 어떻게 살아야 하는지를 말해주는 규범인 성전(聖典)은 그들에게 아주 중요한 것이었다. 이스라엘 민족이 거룩하게 살지 않으면 그들이 드리는 제사도 외면을 당할 수밖에 없는 것이었다. 제사나 거룩한 삶은 불가분리의 관계가 있다고 하겠다.

셋째, 본서는 하나님과 택한 백성 사이의 교제는 오직 제사장의 중재와 제사를 통해서만 가능하다는 사실을 말해주고 있다. 구약 시대에 이스라엘 백성이 제사장의 중재로 짐승의 피를 준비하여 하나님께 나아갈 수 있었던 이러한 제사 원리는 장차 율법의 완성자이시며, 우리의 유일한 중보자요,

친히 대속 제물 되시는 예수 그리스도를 통하여 신약 시대의 성도들이 하나님께 담대히 나아갈 수 있음을 보여주시기 위한 위대한 구원 도리의 모형 역할을 감당했다고 볼 수 있다.

구약의 제사는 임시적인 것이고 또 불완전한 것이었다. 구약의 제사는 그리스도께서 오시기까지만 있을 것으로 그리스도께서 오신 후로는 그 사명을 다 한 것이다. 레위는 사람들로 하여금 멀리 그리스도를 바라보게 하는 임시적인 것이었다.

레위기의 특징은 무엇인가

레위기의 특징을 몇 가지로 열거하면 1) 레위기는 역사서술 부분인 10:1-7과 24:10-16을 제외하고는 순수 제사법을 제시해 준다. 2) 레위기는 여호와의 신성성이 극도로 강조되고 있음을 볼 수 있다. 이런 거룩하신 하나님은 이스라엘의 성막을 통해 이스라엘 민족과 함께 하고 계셨다. 3) 레위기를 읽으면서 이스라엘 민족이나 우리나 똑같이 지극히 거룩해야 함을 요구받고 있다. 4) 레위기의 제사법은 그리스도의 속죄의 그림자임이 드러나고 있다.5) 레위기의 제사법은 읽는 이로 하여금 신약의 그리스도를 놀랍게 바라보게 하고 있다. 5) 레위기의 특징은 모세 5경 중에서 유일하게 지리적인 이동이 나타나지 않고, 한 장소에서 기록되었음이 드러난다. 즉, 레위기는 성막이 세워진 후 시내산을 떠나기 전까지의 기간인 출애굽 제 2년 중 1개월 20일 동안에 시내산 기슭에서 기록된 말씀이다(출 40:17; 민 1:1).

레위기는 무엇을 지향(指向)하고 있는가

모든 주석가들은 본서에 나타나 있는 제사와 각종 예식이 한결같이 장차 새 언약의 중보자이신 예수 그리스도를 지향하고 있다고 주장한다. 1) 레위기에 나타난 5대 제사는 예수 그리스도를 지향하고 있다. 희생제물을 태워드리는 번제(1, 6, 9장)는 장차 예수 그리스도께서 인류의 구속을 위해 성부 하나님의

---

5) 레위기에는 '속죄하다'라는 단어가 최소한 45회가 나타난다. 이 같은 사실은 인간은 모두 죄인이라는 사실을 진술하는 것이며, 죄인인 인간은 하나님 앞에 속죄를 받아야만 하나님과의 바른 관계를 회복하고 유지할 수 있음을 보여주고 있다.

뜻에 철저히 순종하고 헌신하여 자신을 대속 제물로 드리실 것을 예표 하고 있고, 소제(2장)는 예수 그리스도께서 자신을 철저히 부수어 하나님께 희생제물이 되실 것을 보여주고 있으며, 화목제(3, 7장)는 거룩하신 하나님과 범죄한 인간의 화해를 위해 예수 그리스도께서 친히 십자가에서 달려 죽으실 것을 예표 한다. 그리고 속건제(5-7장)는 거룩하시고 공의로우신 하나님께 대하여 인류의 죄에 대한 대가를 그리스도께서 갚아주실 것을 예표 하고(골 2:13-14), 속죄제(4, 5, 16장)는 우리의 죄를 위해 대신하여 십자가의 형틀에서 고난당하시며 죽어 가신 예수 그리스도의 희생을 예표 한다.

2) 구약의 대제사장직은 예수 그리스도를 지향하고 있다. 대제사장은 범죄한 인간이 하나님께 나아가는데 반드시 통해야만 하는 직분이었는데, 이는 예수 그리스도의 중보 직을 예표하고 있다. 즉, 우리가 하나님께 나아가기 위해서는 반드시 그리스도를 통해야 가능하게 되어 있다(요 14:6).

3) 각종 절기(節氣)도 예수 그리스도를 지향하고 있다. 구약의 안식일은 예수 그리스도의 안식을 통한 안식의 날을 예표 한다(마 12:8). 유월절은 유월절에 죽은 어린 양이 십자가에서 우리를 대신하여 죽으신 예수 그리스도를 예표 한다(고전 5:6-8). 무교절은 우리의 거룩한 삶을 위해 예수 그리스도께서 헌신하실 것을 예표 한다. 초실절은 부활의 첫 열매이신 예수 그리스도의 부활을 예표 한다(고전 15:20-23). 오순절은 교회 형성을 위한 성령의 활동의 기초가 되신 예수 그리스도의 부활 승천과 긴밀한 관련을 갖는다(행 2:1-4). 나팔절은 예수 그리스도의 영광의 재림을 예표 한다(살전 4:16). 7월 10일 속죄일은 인류의 죄를 대속하신 그리스도의 십자가 죽음을 예표 한다(롬 3:24-25). 7월 15일의 초막절은 예수 그리스도의 재림으로 완성될 새 하늘과 새 땅에서의 기쁨의 축제를 예표 한다(계 21:1-3).

■ 내용분해

I. 하나님께서 원하시는 제사들   1:1-7:38

 A. 번제   1:1-17

  1. 번제를 드리라는 명령   1:1-2

  2. 소로 번제를 드리라   1:3-9

  3. 양과 염소로 번제를 드리라   1:10-13

  4. 비둘기로 번제를 드리라   1:14-17

 B. 소제(곡식으로 드리는 제사)   2:1-16

  1. 소제를 드리라는 명령   2:1-3

  2. 구운 떡으로 소제를 드리라   2:4-10

  3. 일반적인 규례들   2:11-13

  4. 첫 이삭으로 소제를 드리라   2:14-16

 C. 화목제   3:1-17

  1. 소로 화목제를 드리라   3:1-5

  2. 양으로 화목제를 드리라   3:6-11

  3. 염소로 화목제를 드리라   3:12-17

 D. 속죄제   4:1-5:13

  1. 제사장이 드리는 속죄제   4:1-12

  2. 회중이 드리는 속죄제   4:13-21

  3. 족장이 드리는 속죄제   4:22-26

  4. 평민이 드리는 속죄제   4:27-5:13

   a. 암염소와 어린양으로 드리는 속죄제   4:27-35

   b. 속죄제를 드려야 할 경우   5:1-6

   c. 비둘기나 곡물로 드리는 속죄제   5:7-13

 E. 속건제   5:14-6:7

■ 참고도서

[주석, 주해, 강해서]

김수흥. *마태복음주해*, 도서출판 목양, 2010.

_____. *마가복음주해*, 기독교연합신문, 2008.

_____. *누가복음주해*, 기독교연합신문, 2010.

_____. *요한복음주해*, 도서출판: 목양, 2007.

_____. *로마서주해*, 서울: 기독교연합신문사, 2008.

_____. *고린도전후서주해*, 도서출판 목양, 2011.

누르체, A. *레위기, 반즉신구약성경주석*, 최종태번역. 서울: 도서출판 크리스챤서
    적, 1999.

박윤선. *레위기, 민수기, 구약주석*, 서울: 영음사, 1985.

웬햄, 골든. *모세 5경, Exploring the Old Testament*, 박대영역, 서울: 성서유니온선
    교회, 2007년.

C. F. 카일, & F. 델리취. *레위기 3, 카일. 델리취 구약주석*, 김득중역, 서울:
    도서출판, 기독교문화사, 1983.

헨리, 매튜. *레위기, 성서주석시리즈*, 홍정수역, 서울: 기독교문사, 1991.

옥스퍼드 원어 성경대전. *레위기 1-17장*, 서울: 제자원, 성서교재주식회사,
    1999.

칼빈, 존. *출애굽기, 레위기, 민수기, 신명기, 성경주석 3*, 서울: 성서교재간행사,
    1990.

_____. *출애굽기, 레위기, 민수기, 신명기, 성경주석 4*, 서울: 성서교재간행사,
    1995.

_____. *출애굽기, 레위기, 민수기, 신명기, 성경주석 5*, 서울: 성서교재간행사, 1995.

_____. *출애굽기, 레위기, 민수기, 신명기, 여호수아 성경주석 6*, 서울: 성서교재 간행사, 1995.

Allis, Oswald T. "Leviticus" in *The New Bible Commentary*, Eerdmans, 1967: 140-167.

Bailey, Lloyd R. *Leviticus-Numbers, Smyth & Helwys Bible Commentary*, Macon: Smyth & Helwys Publishing Inc., 2005.

Baker, David W. *Leviticus, Cornerstone Biblical Commentary*, Carol Stream: Tyndale House Publishers, 2008.

Bellinger, Jr., W. H. *Leviticus and Numbers, NIBC*. Peabody: Hendrickson Publishers, 2001.

Bonar, Andrew A. *Commentary on Leviticus*, Banner of Truth, 1966.

Boyce, Richard N. *Leviticus and Numbers*, Louisville: Westminster John Knox Press, 2008.

Budd, Phillip J. *Leviticus (New Century)*, Sheffield Academic, 1999.

Bush, George. Notes, *Critical and Practical on the Book of Leviticus*, New York: Newman and Ivison, 1852.

Currid, John D. *Study Commentary on Leviticus*, Evangelical Press, 2004.

DeWelt, Don. *Leviticus, BSTS*, Joplin: College Press, 1975.

Douglas, Mary. *Leviticus as Literature*, Oxford University Press, 2000.

Gardiner, Frederic. "Leviticus or the Third Book of Moses", in *Commentary on the Holy Scriptures, Genesis-Leviticus*, by John Peter Lange, Grand Rapids: Zondervan Publishing House, 1980.

Gane, Roy. *Leviticus, Numbers, NIV Application Commentary*, Grand Rapids: Zondervan, 1955.

George A. F. Knight, Leviticus (Daily Study Bible), Westminster John Knox, 1981.

Gerstenberger, Erhard S. *Leviticus*, Louisville: Westminster John Knox Press, 1996.

Gill, John. *Exposition of Old & New Testaments*, Vol. 1. Genesis to Numbers, The Baptist Standard Bearer, Inc. 2006..

Gorman Jr., Frank H. *Divine Presence and Community: A Commentary on the Book of Leviticus (ITC)*, Eerdmans, 1998.

Jordan, James B. *Covenant Sequence in Leviticus and Deuteronomy, Institute for Christian Economics*, 1989.

Hartley, John E. *Leviticus* (Word), Word Books, 1992.

Harrison, Roland K. *Leviticus* (Tyndale), Inter Varsity, 1980.

Kaiser Jr., Walter. "The Book of Leviticus" in *New Interpreter's Bible*, Abingdon, 1994.

Kellogg, Samuel Henry. *Studies in Leviticus: Tabernacle Worship and the Law of the Daily Life*, Kregel, 1988.

Gardiner, Frederic. *Leviticus*, Grand Rapids: Zondervan, 1980.

Levine, Baruch A. *Leviticus: The Traditional Hebrew Text With the New JPS Translation* (JPS Torah Commentary, 3), 1989.

Lindsey, F. Duane. "Leviticus" in the *Bible Knowledge Commentary, An Exposition of the Scriptures* by Dallas Seminary Faculty, OT. ed. by John F. Walvoord, Ill Weaton: Victor Books, 1985.

Meyrick, F. *Leviticus*, trans. by Pulpit Commentary Translation Committee, 대구시: 보문출판사, 1988.

Milgrom, Jacob. *Leviticus 1-16: A New Translation With Introduction and Commentary* (Anchor, 3), Doubleday, 1991-2001 (3 vols.)

Murphy, J. G. *Commentary on the Book of Leviticus*, Andober: Warren F. Draper, Publisher, 1976.

Nicoll, W. Robertson. *Genesis-Ruth, The Expositor's Bible*, Grand Rapids: Baker Book House, 1982.

Noth, Martin. Leviticus, *A Commentary, Philadelphia*: Westminster Press, 1977.

Porter, J. R. Leviticus, *The Cabridge Bible Commentary on the English Bible*, Cambridge, London, New York, Melbourne: Cambridge University Press, 1976.

Rendtorff, Rolf. *Leviticus*, Neukirchener Verlag des Erziehungsvereins, 1985.

Rooker, Mark F. *Leviticus (New American Commentary*, 3A), Broadman & Holman, 2000.

Ross, Allen P. Holiness to the Lord, *A Guide to the Exposition of the Book of Leviticus*, Grand Rapids: Baker Academic, 2002.

Schultz, Samuel J. *Leviticus: among His People*, Moody, 1983.

Seiss, Joseph A. *Gospel in Leviticus*, Lindsay & Blakiston, 1860; Kregel, 1981.

Snaith, N. H. *Leviticus and Numbers, The Century Bible*, Thomas Nelson & Sons Ltd., 1967.

Unger, M. F. *Unger's Commentary on the Old Testament, vol.1 Genesis-Song of Solomon*, Chicago: Moody Press, 1981.

Warning, Wilfried. *Literary Artistry in Leviticus* (Biblical Interpretation Series, 35), Brill Academic, 1999.

Wenham, Gordon J. *Leviticus (NICOT)*, Eerdmans, 1994.

[논문]

김수흥. *그리스도의 말씀이 연합에 미친 영향.* 도서출판 목양, 2011.

[사전]

인터넷 판. *딜럭스 바이블 성경사전.*

Achtemeier, Paul J. *Harper's Bible Dictionary*, New York: A Division of HarperCollinsPublishers, 1985.

Baker, David W. *Dictionary of the Old Testament: Pentatuch*, Leichester: InterVarsity Press, 2003.

Douglas, J. D. *New Bible Dictionary*, (2nd edition), Wheaton: Tyndale House Publishers, 1982.

Tenney, Merrill C. *The Zondervan Pictorial Bible Dictionary*, Grand Rapids: Regency, 1967.

Tregelles, Samuel Prideaux. *Gesenius' Hebrew and Chaldee Lexicon*, Grand Rapids: Eerdmans, 1969.

Unger, M. F. *Unger's Bible Dictionary.* Chicago: Moody, 1957.

제 1 장

I. 하나님께서 원하시는 제사들   1:1-7:38

1-7장은 이스라엘 백성이 언약 백성의 입장에서 여호와께 바쳐야 할 제물들을 다룬다는 점에서 하나의 단위를 구성한다(Noordtzij). 그러나 이 단위 중에는 분명하게 몇 개의 소구분들이 있다. 이 소구분들 중에 첫째가 1-3장 부분이다. 1-3장 부분은 세 가지 종류의 제물을 다루고 있다. 제 1장은 번제를 다루고, 제 2장은 소제에 대해 언급하며, 제 3장은 화목제를 다룬다.

다음 두 번째 부분은 4-5장이다. 이 부분은 속죄제(4:1-5:13)와 속건제(5:14-6:7)를 다루고 있는데, 특별히 속죄를 언급하고 있다. 첫 부분(1-3장)과 이 둘째 부분은 모두 전체 이스라엘 백성을 대상으로 말씀하고 있다.

다음 세 번째 부분은 6:8-7:21인데, 여기서 제시된 규례들은 아론과 그 아들들을 대상으로 말씀하고 있다(6:9). 이 부분에서 언급된 제사는 차례로 번제, 소제, 임직 제, 속죄제, 속건제, 그리고 화목제 등이다. 임직할 때 드리는 제사를 제외하고는, 이 제사들은 첫 두 부분(1-3장과 4-5장 부분)에서 언급된 제사들과 동일하다. 단지 순서가 다를 뿐이다.

네 번째 부분(7:22-34)은 다시 전체 이스라엘을 대상으로 말씀한다. 이 부분은 이스라엘을 대상으로 기름과 피를 먹는 것을 금하고 있다(22-27절). 그리고 화목제에서 제사장들에게 돌아가는 몫에 대해 언급한다(28-34절). 7장 마지막에 두 개의 결론 형식의 글이 나타난다(35-36절과 37-38절). 두 결론 형식문 중에 첫 번 째 것은 화제에서 제사장 몫을 다루고 있고, 두 번째 결론 구(37-38절)는 번제, 소제, 속죄제, 속건제, 임직 제사, 화목제에 관한 규례들을 마무리 짓는다. 그리고 이 결론 구는 1-7장 부분 전체 내용과 관련된다.

A. 번제 1:1-17

번제6)는 자신을 하나님께 전적으로 바치는 제사로 그 자신을 인류의 속죄물로 온전히 바치신 예수 그리스도의 지상의 생애와 죽음을 예표 한다. 이 제사는 가장 오래된 제사이고, 또 가장 중요한 제사이며, 레위기에서 가장 먼저 나타나는 제사이다. 번제는 제물을 완전히 태워 하나님께 바침으로 헌신을 상징하는 제사이다. 이 제사는 제물을 온전히 불태우므로 "온전한 번제"(삼상 7:9, 시 51:19)라 불리기도 한다. 이 부분의 내용은 번제를 드리라는 명령(1:1-2), 소로 번제를 드리라는 말씀(1:3-9), 양과 염소로 번제를 드리라는 말씀(1:10-13), 그리고 비둘기로 번제를 드리라는 말씀(1:14-17) 등이 나온다.

1. 번제를 드리라는 명령 1:1-2

레 1:1. 여호와께서 회막에서 모세를 부르시고 그에게 말씀하여 이르시되.
본 절 초두에는 "그리고"(ﬠ , and)란 말이 있어 레위기가 출애굽기 뒤에 연속되는 글임을 표시한다.7) "(그리고) 부르시고"(אֶל-קָרָא)란 말은 히브리의 관례를 따라 본서의 이름이 되었다. 본서, 즉 "레위기"란 책명은 이스라엘 백성이 애굽을 떠나 시내 산에 이르고(출 1:1-19:2), 그곳에서 대략 1년을 머물면서 율법을 부여받고(출 19:3), 회막을 건설한(출 25-31장; 35-40장) 후, 그 회막에서 드려질 제사법을 받았는데 그 제사법이 바로 레위기이다. "여호와8)"(언약과 구원의 하나님)께서 "회막9)"에서 모세를 부르신 것은

---

6) "번제": 번제는 매일 아침과 저녁으로 드렸다(민 28장). 번제를 드리는 자는 번제물의 머리에 안수하여 자기 죄를 번제물에게 전가시켰다. 그리고 자신을 대신하여 제물을 죽게 했다. 번제물의 피를 받아서 제단 4방에 뿌리고, 각을 떠서 그 전부를 불살라 드렸다. 피를 뿌리는 것은 죄를 덮는다는 의미를 상징적으로 보여주는 것으로 속죄를 의미한다.

7) 레위기는 모세 3경이다. 레위기 다음으로는 민수기로 이어진다.

8) "여호와": Jehovah. 구약성경의 하나님의 고유명사(출 6:3 등 다수). 모세 이전부터 이스라엘의 선조들에게 알려져 있었는데(창 4:26), 특히 모세를 통하여, 여호와는 계시와 은혜의 하나님, 언약과 구원의 하나님, 예배를 받으시는 하나님이심을 보여주셨다. 그가 이스라엘을 택하시고, 이를 언약의 백성으로 삼기 위해, 애굽에서 구출해 내신 구원자이시라는 점을 보여주신 것은 무엇보다 중요한 점이다(출 6:7; 7:5). 이 이름은 구약에 가장 많이 씌여져 있고, 이 이름에 대하여 다른 모든 이름은 2차적이다. 쾰러 바움가르트너(Koehler-Baumgar-tner)의 사전에 의하

획기적인 일이었다(출 40:34-35; 민 12:4-5). 회막이 완성되기 전에는 여호와께서 떨기나무 불꽃 가운데서 모세를 부르셨고(출 3:4) 또 산에서 부르셨는데(출 19:3), 회막이 완성된 뒤에는 회막에서 부르신다. 그러니까 회막이 만남의 장소가 된 것이다. "회막"은 예수 그리스도의 성육신의 그림자이다(요 1:14; 2:21). 여호와께서 모세를 부르신 다음 여호와께서는 이스라엘 자손에게 이르실 말씀을 모세에게 이르셨다. 우리도 여호와의 말씀을 들으면 사람들에게 전해야 한다.

레 1:2 이스라엘 자손에게 말하여 이르라 너희 중에 누구든지 여호와께 예물을 드리려거든 가축 중에서 소나 양으로 예물을 드릴지니라.

모세를 부르신 여호와께서는(1절) "이스라엘 자손에게 말하여 이르라"고 부탁하신다. 이는 이스라엘 자손 전체에게 이르라는 뜻으로 1장부터 6:7까지는 이 형식으로 되어 있고, 6:8부터 7:21까지는 "아론과 그의 자손에게 명령하여 이르라"라는 형식으로 되어 있다(Noordtzij, 이상근).

이스라엘 자손에게 말하여 일러야 할 내용은 '누구든지 여호와께 예물을 드리려거든 가축 중에서 소나 양으로 예물을 드리라'는 것이다(22:18-19). '누구든지', 즉 제사장에게나 일반 사람들에게나 똑같이 적용되는 말로 '누군가 할 때'라는 뜻이다. 이런 동일한 형식은 레위기와 민수기에서 자주 나타난다(2:1; 4:2; 5:1, 15; 12:2; 13:2; 민 5:6, 12; 6:2; 15:2; 27:8; 30:3). 이런 문구들에는 일반적으로 '만약, 혹은 '_할 때'라는 말로 나타난다. 이런 경우 하나님께서 이스라엘 사람이 아닌 다른 사람들에게까지 누구에게나 말씀하시는 것으로 볼 수 있다.

본문의 "예물"(코르반)이란 말은 피 있는 제사나 피 없는 제사 모두를 지칭하는데 사용되었다. 이 "예물"이란 명사는 '가까이 하다'라는 동사 '콰라

면, 이 이름은 구약에 6,823회 쓰여져 있다. 이에 대해 창조자, 지배자로서의 하나님을 나타내는 '엘로힘'은 2,550회로서, 이에 비하면 2배 반 이상의 빈도이다. 그리고 구약성경에 여호와의 이름이 보이지 않는 것은 에스더서, 전도서, 아가서 3서뿐이다.

9) "회막": Tent of meeting. 장막에 대한 명칭의 하나. 하나님께서 예배하는 자를 만나기 위해, 자기를 계시하시는 장소였다(출 29:42, 44 기타).

브'(קרב)에서 왔는데, 이 동사가 사역형(히필형)이 되면(הַקְרִיבוּ) '가까이 다가가다', 혹은 '가까이 오게 하다'라는 뜻이 되어, 강제적인 마음으로 예물을 드리는 것이 아니라, 마음으로부터 우러나서 드리는 것을 가리킨다. 아무튼 모세가 이스라엘 자손에게 말해야 할 내용은 '누구든지 여호와에게 접근하게 하기 위하여 예물을 드리고 싶다면 가축 중에서 소나 양으로 예물을 드리라'는 것이었다. 우리는 우리를 하나님께 가까이 다가가게 하는 예물(제물)을 드려야 한다. 예수 그리스도는 구약 제물의 완성으로 우리를 하나님께 접근할 수 있게 만들어 주는 유일한 제물이시다.

여호와께서 지정하신 예물의 종류는 가축 중에서 "소나 양"이었다. 고대 칼타고에서는 수사슴과 새끼 사슴 등이 번제물이 되었으나, 이스라엘에게 있어서는 오직 가축이었다. 야생의 들짐승은 제물에서 제외되었다. 제물이 되기 위해서는 사람이 기르고 있는 가축 중에서 드려야 했다. 이유는 자기 것을 드리는 것이 제물의 요건이었기 때문이다. 또 소나 양은 유순한 짐승이다. 이 짐승들은 유순하고 온화하여 그리스도를 예표 한다(엡 5:2). 우리도 그리스도 안에서 온유한 성격의 소유자로 변해야 한다. 제물은 유순한 짐승만 될 수 있었다. 물론 특수한 경우에는 산비둘기가 허용 되었다(1:14; 5:7; 12:6, 8; 14:22, 30; 15:14, 29).

2. 소로 번제를 드리라   1:3-9
이 부분(3-9절)은 소(수송아지)로 번제를 드리는 경우를 다룬다. 번제란 짐승을 태워 바치는, 헌신을 뜻하는 제사로, 소(牛)외에 양과 염소로도 드렸고 (10-13절), 산비둘기나 집비둘기 새끼(14-17절)로 드리기도 했다.

레 1:3 그 예물이 소의 번제이면 흠 없는 수컷으로 회막 문에서 여호와 앞에 기쁘게 받으시도록 드릴지니라.

모세가 이스라엘 백성에게 제일 먼저 말해야 했던 제사는 "소의 번제"였다. 번제가 제일 처음 언급된 이유는 이 제사가 이스라엘 제사 제도 중에 가장 중요한 제사였기 때문이다. 여기 "소"는 '수송아지'를 뜻하고(5절), "번제"(burnt offering)란 말은 히브리어로 '올라감'(עֹלָה)이란 뜻인데, '번제단 위에서 제물을 태울 때 연기가 위로 올라갔기' 때문에 붙여진 이름이다. 그러니까 "소의 번제"란 말은 '번제단 위에서 소를 태워서 드릴 때 그 연기가 위로 올라갔기에 소를 태워 드리는 제사'란 뜻이다. 소를 태워드리는 제사는 온전한 헌신을 뜻하는 것으로 예수 그리스도의 십자가의 온전하신 헌신을 예표 한다. 번제가 헌신을 뜻하는 제사였음으로 이스라엘 백성은 매일 아침저녁으로 "회막 입구에서" 여호와 앞에 어린 양 두 마리를 번제물로 바치도록 명령받았다(출 29:38-42, 상번제). 번제는 정기적으로 바치는 것이 있었고, 또 사적인 것으로는 개인적인 서약이나 감사의 표시로 바치는 사적인 것이 있었다.

소(牛)로 번제를 드릴 때의 조건은 첫째, 제물에 "흠이 없어야" 했다(3:1; 22:20-21; 출 12:5; 신 15:21; 말 1:14; 엡 5:27; 히 9:14; 벧전 1:19). 이는 모든 제물은 흠이 없어야 했던 것과 같다(레 22:20-22; 신 15:21). 이런 분명한 지시가 있었음에도 불구하고 말 1:8, 14에 보면 이스라엘 백성들은 흠이 있는 것을 드리다가 여호와로부터 책망을 들었다. 히 9:14은 "흠 없는 자기를 하나님께 드린 그리스도의 피가 어찌 너희 양심을 죽은 행실에서 깨끗하게 하고 살아 계신 하나님을 섬기게 하지 못하겠느냐"고 증언한다. 벧전 1:19도 예수님을 "점 없고 흠 없는 어린 양"이라고 증언한다. 구약의 제물들이 흠이 없었던 것은 흠과 죄가 없으신 그리스도의 온전하심을 예표 한다. 둘째는, '수컷'이어야 했다. 모든 제물이 수컷이어야 한다는 제약은 모든 제물용 짐승에 해당했다(4:3, 23; 5:18; 6:6; 22:19; 출 12:5; 29:1). 어떤 특수한 경우에는 암컷 짐승이 바쳐질 수 있었다(3:1, 6; 4:28, 32; 5:6). 그러나 번제의 제물로는 암컷을 드릴 수가 없었다. 이렇게 수컷을 드리는 이유는 아마도 값이 더 나가기 때문이었을 것이고 또 힘이 더 세다는 사실에서 비롯되었을 것이다(Noordtzij).

수송아지를 잡는 장소는 "회막 문에서"(at the entrance to the Tent of Meeting) 잡아야 했다. 이유는 바로 '번제단에서' 바쳐야 했기 때문이다(출 40:6; 번제단은 성전 건축 후에는 성전의 앞면에 위치했다; 왕하 16:14). 이렇게 모든 요건을 맞추어 번제를 드림으로 "여호와 앞에 기쁘게 받으시도록" 드려야 했다. 다시 말해 '여호와 앞에 기쁘게 받으시도록 드려야 한다'는 말은 지금까지 말한바 모든 요건을 갖추어야 한다는 뜻이다. 모든 요건을 갖추어 제사를 드리면 여호와께서 기쁘게 받으신다. 오늘 우리의 예배가 하나님께 받아지려면 신령과 진정으로 드려야 한다(요 4:24).

레 1:4 그는 번제물의 머리에 안수할지니 그를 위하여 기쁘게 받으심이 되어 그를 위하여 속죄가 될 것이라.

번제물을 가져온 사람이 번제물의 머리에 안수하면 모든 요건(흠 없는 수컷을 드려야 한다는 것, 번제 단에서 잡아야 한다는 것 등-3절)을 갖춘 것이니 그 사람을 위하여 속죄가 된다는 뜻이다(3:2, 8, 13; 4:15; 8:14, 22; 16:21; 출 29:10, 15, 19). 여기 "안수한다"(חָזַק, סָמַךְ)는 말은 문자적으로 '그의 손으로 단단히 누른다'는 뜻인데, 안수의 의미에 대해서는 몇 가지 견해가 있다. 1) 자신의 것을 제거하여 바치는 행위라는 견해(Knobel). 그러나 안수가 바치는 행위라는 성경적 증거가 없다. 2) 자신을 제물과 일치시키는 것 (Meyrick, Cook, R. K. Harrison, 이상근)이라는 견해. 안수가 자신을 제물과 일치시키는 행위라면 자신에게도 아직 죄가 그저 남아있고, 짐승에게도 또 죄가 전가되었다는 것을 뜻하게 되니 이 학설은 받을 수 없다. 3) 자신의 죄를 짐승에게 전가하는 행위(Delitzsch, Noordtzij,[10] 박윤선)라는 견해. 3번의 견해가 가장 타당하다. 이유는 본 절에 안수하면 "속죄가 될 것이라"는 말 때문이며, 또 16:21에도 안수로 모든 죄를 전가시킨다는 말이 있기 때문이다. 우리가 예수님을 의지할 때 우리의 죄는 다 예수님에게 전가되고, 예수님의 의가 우리에게 전가된다.

안수는 각종 제사에서 매우 중요한 부분을 차지하고 있다. 번제(8:18; 출 29:15; 민 8:12)에서, 화목제(3:12-13)에서, 속죄제(4:4; 8:14)에서, 제사장의 임직식(8:22; 출 29:19)에서 그러하였다. 우리는 번제물 되시는 예수님에게 우리의 죄를 힘 있게 떠 넘겨야 한다. 즉, 예수님을 대속주로 힘 있게 믿어 우리의 모든 죄가 다 속해져야 한다. '속죄'[11]란 말은 '대가를 지불함에 의한

---

10) 누르체(A. Noordtzij)는 안수란 "안수하는 자의 부정함과 죄악을 그 짐승이 받는 것이다. 어떤 의미에서 안수하는 것은 그 짐승이 그 바치는 자의 계승자가 되게 만든다. 그 짐승이 바치는 자를 대신하는 것이다. 그리하여 제물 짐승이 피를 쏟으며 죽을 때, 이는 마치 그 제물을 바친 자가 피를 흘리며 그 영혼이 그에게서 떠나 죽은 것이나 마찬가지였다. 두 손을 얹는 행위에서 나타나는 사고는 이처럼 대속의 사고이다(16:21-22; 24:14)"라고 말한다(*레위기*, 반즈 성경주석, 최종태역, p. 61).

11) "속죄": Atonement, Redemption. 대가지불에 의한 죄와 속박에서의 해방과 구원, 특히

죄와 속박에서의 해방과 구원, 특히 신약에서는 예수님께서 십자가에 못 박혀 죽으심으로써 인류의 죄를 속량하신 것을 뜻한다. 우리의 죄(우리에게 달라붙어 있는 어떤 구체적인 오염)는 그리스도의 피로 다 깨끗이 씻음 받았으니 무한한 감사와 찬양을 드려야 할 것이다.

레 15 그는 여호와 앞에서 그 수송아지를 잡을 것이요 아론의 자손 제사장들은 그 피를 가져다가 회막 문 앞 제단 사방에 뿌릴 것이며.

번제물을 가져온 사람은 번제물의 머리에 안수한 후(4절) 여호와 앞에서 그 수송아지를 잡아야 했다. 본문의 '여호와 앞에서'란 말은 '번제단 곁에서'란 뜻이다(4:4; 출 29:11). 번제물을 가져온 사람이 잡던 사역은 후대에 가서 제사장 또는 레위인에게 위임되었다(대하 29:24, 34; 35:9-11; 겔 44:11). 번제물을 가져온 사람이 안수한 다음 그 수송아지(그리스도의 예표)를 잡았으니 오늘 우리가 그리스도를 잡은 것이다. 우리의 죄 때문에 그리스도께서 십자가에서 죽으신 것이다.

번제물을 가져온 사람이 번제물을 죽인 다음 "아론의 자손 제사장들은 그 피를 가져다가 회막 문 앞 제단 사방에 뿌려야" 했다(대하 35:11; 히 10:11). 이제부터는 아론의 자손 제사장들이 일을 해야 했다. 즉, 번제물을 잡는 것까지는 번제물을 가져온 사람이 했지만, 그 피를 가져다가 회막 문 앞 제단 사방에 뿌리는 일은 제사장의 몫이었다. 제사장은 그 피를 가져다가 회막 문 앞 제단 사방에 뿌렸다. 제사장은 손가락으로 그릇에 담긴 그 피를 찍어 번제단과 그 사방에 뿌린 것이다(4:6, 17; 16:14-15). 제단 사방에 뿌린 것을 보면 피의 양이 많았던 것으로 보인다(1:11; 3:2, 8, 13; 9:18 참조). 여기 번제를 드리는

신약에서는 예수께서 십자가에 못 박혀 죽으심으로써 인류의 죄를 속량하신 것을 말하고 있다. 구약에서는, 사람이 하나님께 대하여 범한 죄를 사함 받거나 없이하기 위해, 또는 하나님과의 교통을 회복하기 위해서는, 소나 양 등의 가축을 잡아, 그 피(생명)를 제단에 붓고, 혹은 그 고기를 불살라 이것을 드려 대신 속죄했다(출 29:1-28, 36; 레 4:20-35). 이것은 하나님께서 인류를 깊이 사랑하시는 사랑의 연고로 마련된 속죄의 수단(방도)이었다. 그러나 희생(제물)이나 제사도, 그것에 의해 완전한 속죄는 성취되지 못했다. 그것은 다만 하나님께서 이스라엘 백성의 통회와 희생 제사를 간과하시어, 실제의 희생(제물)이 임하는 때까지 그들의 죄를 관용해 주신 것이었다(롬 2:25-). 그러므로 신약에 있어서의 속죄의 완성자로서의 예수 그리스도의 강림과 십자가의 죽으심이 있게 되었다. 그가 오신 것은 '많은 사람의 대속물로 주려'하심이었다(마 20:28; 막 10:25).

중에 먼저 피를 뿌린 것은 속죄제를 먼저 드려야 했고 다음으로 번제를 드려야
했다는 것을 말한다(5:7 주해 참조). 그러니까 먼저는 속죄가 중요하고 다음으
로 헌신제가 뒤따라야 한다는 것을 말한다. 죄를 용서받지 않고는 헌신이
불가능하다. 수송아지의 피는 그리스도의 속죄의 피를 예표 한다(Matthew
Henry, 박윤선).

레 1:6. 그는 또 그 번제물의 가죽을 벗기고 각을 뜰 것이요.

번제물을 가져온 자가 또 두 번째12) 해야 할 일은 "그 번제물의 가죽을
벗기고 각을 뜨는 것"이었다. 이 가죽은 제사장에게 돌아갔다(7:8). 가죽은
제사장이 번제에서 얻는 유일한 소득이었다. 그리고 수송아지를 조각조각
각 뜬 것13)은 기름들과 함께 태우기 위해 번제 단 위에 얹어야 했다.

레 1:7. 제사장 아론의 자손들은 제단 위에 불을 붙이고 불 위에 나무를 벌여 놓고.

번제물을 가져온 자가 수송아지의 가죽을 벗기고 각을 뜨는 것까지 담당한
다음에는 제물을 여호와께 바치는 순서는 제사장의 몫이었다. 즉, "제사장
아론의 자손들은 제단 위에 불을 붙이고 불 위에 나무를 벌여 놓아" 했다(창
22:9). 다시 말해 제단 위에 불을 붙이고 불 위에 나무를 벌여 놓는 일은
아론의 자손들이 하는 일이었다. 그런데 제사장들이 제단 위에 불을 붙이는
일은, 한번 불을 피우면 끄지 않고 보존했으므로(6:9-13), 최초에 불을 붙이는
일로 볼 수도 있고, 아니면 번제를 드릴 때마다 새로운 불을 첨가한 것으로
볼 수도 있을 것이다.

레 1:8. 아론의 자손 제사장들은 그 뜬 각과 머리와 기름을 제단 위의 불 위에 있는 나무에 벌여 놓을 것이며.

아론의 자손 제사장들이 해야 하는 일은 "그 뜬 각과 머리와 기름을 제단
위의 불 위에 있는 나무에 벌여 놓는 알"이었다. 제사장들은 수송아지의 몸통을

---

12) 번제물을 가져온 자가 첫 번째 한 일은 제물을 죽이는 일이었다.
13) 유대인 전승에 의하면 10조각을 냈다고 한다.

저민 고기와 머리통과 기름기를 불 태워 화제를 드리기 위해 제단 위의 불14) 위에 있는 나무에 벌여 놓는 일이었다. 기름(12절, 8:20)은 항상 불태워 여호와께 화제로 드렸다. 이 기름은 내장에 붙은 기름이었다(3:3; 출 29:13, 22).

레 1:9. 그 내장과 정강이를 물로 씻을 것이요 제사장은 그 전부를 제단 위에서 불살라 번제를 드릴지니 이는 화제라 여호와께 향기로운 냄새니라.

번제물을 가져온 자가 세 번째 해야 하는 일15)은 "그 내장과 정강이를 물로 씻는 일"이었다. "내장"이란 가슴부분이 아니라, 배 부분을 뜻하는데 배 부분을 씻어야 하는 이유는 아직 소화되지 않은 음식물이 있을 뿐 아니라 거의 다 소화된 변들이 있기 때문이었고, 정강이, 즉, 다리들을 씻어야 하는 이유는 땅을 밟고 다녔기에 더럽기 때문이었다.

제물을 가져온 자가 해야 할 일을 마친 후에는 "제사장은 그 전부를 제단 위에서 불살라 번제를 드려야" 했다. "그 전부"란 '내장과 다리들'을 총칭하는데, 제사장은 그 전부를 태워(제사장에게 돌리는 가죽 외에는 모두를 태워야 했다, 6절, 7:8) 번제, 즉 태워 제사를 드려야 했다. 이렇게 태워 드리는 제사를 "화제"라고 한다. 이 "화제"(火祭)는 불로 태우는 제사를 총칭하는 것으로, 거제(7:14, 32), 요제(7:30; 8:27, 29), 전제(23:13, 18, 37)와 더불어 제사의 4가지 방법 중의 하나이다. 이렇게 드리는 화제가 여호와께 "향기로운 냄새"(ניחוח)16)가 되는 이유는 이 화제가 여호와의 공의를 만족시켜 여호와의 진노를 진정시키기 때문이다(겔 20:28, 41; 고후 2:15; 엡 5:2; 빌 4:18). 이 화제에서 나는 냄새는 여호와를 평안하게 해드리는 냄새임에 틀림없다.

3. 양과 염소로 번제를 드리라 1:10-13

---

14) 여기 "불"은 하나님의 공의를 비유한다(박윤선). 이 불은 제물을 불태웠다. 예수님은 우리를 위해 십자가에서 고난을 당하셨다.

15) 번제물을 가져온 자가 첫 번째 하는 일은 번제물을 죽이는 것이었고(5절), 두 번째 해야 하는 일은 번제물의 가죽을 벗기고 각을 뜨는 일이었으며, 이제 세 번째 해야 하는 일은 본 절에 있는 대로 내장과 다리들을 씻는 것이었다.

16) "향기로운 냄새"란 말은 '안식의 냄새'란 뜻으로 여호와에게 안식과 평안을 드리는 냄새란 뜻이다. 번제단 위에서 제물이 불탈 때 여호와의 공의가 만족됨으로 여호와께서는 향기롭게 여기신다.

이 부분(10-13절)은 아직도 번제를 다루고 있는데 그 제물이 양과 염소이다. 제사의 내용과 순서는 큰 가축인 수송아지의 경우와 똑같고, 다만 이 부분에서 기록을 간략히 한 것뿐이다. 양과 염소로 드리는 두 제물의 번제 절차도 똑같다. 두 제물 중에 어느 제물을 선택하느냐 하는 것은 바치는 자가 임의대로 한 듯하다.

레 1:10. 만일 그 예물이 가축 떼의 양이나 염소의 번제이면 흠 없는 수컷으로 드릴지니.

번제를 드릴 예물이 가축 중에서 양이나 염소이면 흠 없는 수컷(3절)으로 드리라는 명령이다. 작은 가축의 번제의 경우도 큰 가축인 수송아지의 경우와 똑같다(3-9절 주해 참조).

레 1:11. 그가 제단 북쪽 여호와 앞에서 그것을 잡을 것이요 아론의 자손 제사장들은 그것의 피를 제단 사방에 뿌릴 것이며.

양이나 염소의 예물을 가져온 자는 제단 북쪽 여호와 앞에서 예물을 잡아야 했다(5절). 여기 "제단 북쪽"이란 '번제단 북쪽'을 말함인데, 이곳에서 속죄제(4:24, 29, 33; 6:25)와 속건제(7:2)와 정결케 하는 제물을 잡았다(14:13).

제단 동편은 재를 버리는 곳(16절)이고, 제단 서편에는 씻는 대야가 있었으며(출 30:18; 40:30), 남편에는 제단으로 올라가는 계단이 있었으므로 북편이 제물의 도살장이 된 것으로 보인다(Flavius Josephus, War. 제 5권 6장 in Noordtzij).

레 1:12. 그는 그것의 각을 뜨고 그것의 머리와 그것의 기름을 베어낼 것이요 제사장은 그것을 다 제단 위의 불 위에 있는 나무 위에 벌여 놓을 것이며.

양이나 염소를 가져온 사람은 당연히 가죽을 벗기고, 그 짐승의 각을 떠야 했으며, 또 그 짐승의 기름을 떼어내야 했다. 그리고 제사장은 그것들을 모두 제단 위의 불 위에 있는 나무 위에 벌여 놓아야 했다(6절, 8절 주해 참조).

1:13. 그 내장과 그 정강이를 물로 씻을 것이요 제사장은 그 전부를 가져다

가 제단 위에서 불살라 번제를 드릴지니 이는 화제라 여호와께 향기로운 냄새니라.

본 절의 주해를 위하여 9절 주해를 참조하라. 내용이 똑같다. 이 부분(10-13절)에서 많이 생략한 것은 3-9절의 내용과 같기 때문이다. 가장 중요한 것은 13절의 "이는 화제라 여호와께 향기로운 냄새니라"는 말이니 생략하지 않고 기록하고 있다. 큰 짐승으로 번제를 드리나 작은 짐승으로 번제를 드리나 중요한 것은 불로 태워드리면 여호와께서 기뻐하신다는 것이다. 예수님은 자신을 불살라 여호와를 기쁘시게 하셨다.

4. 비둘기로 번제를 드리라   1:14-17

이 부분(14-17절)은 비둘기로 번제를 드리는 문제를 다룬다. 여호와 하나님은 번제를 드리는 사람의 형편을 고려하셔서 비둘기도 허락하셨다. 여호와께서는 극빈자를 돌아보신다(5:7; 12:8; 14:21-22, 30; 15:14, 29; 민 6:10). 예수님의 어머니 마리아가 예수님을 낳으신 후 결례 때 비둘기로 제사한 것(눅 2:24)은 마리아의 가정이 가난했다는 것을 실증하는 것이다. 이곳 비둘기의 번제에서는 앞 선 소나 양의 경우보다는 약간의 차이가 있는데 그것은 제사장이 전적으로 제사를 주관했다는 것이다. 그러나 제사의 결과는 앞선 경우와 똑같다(17절).

레 1:14. 만일 여호와께 드리는 예물이 새의 번제이면 산비둘기나 집비둘기 새끼로 예물을 드릴 것이요.

만일 사람이 가난하여(5:7; 12:8; 14:21-22, 30; 15:14, 29; 민 6:10) 새(鳥) 종류로 번제를 드리려면 산비둘기(5:7; 12:8; 눅 2:24)나 집비둘기 새끼로 예물을 드리라고 하신다. 아무리 가난해도 비둘기를 구하는 일은 어렵지 않았다. 비둘기는 성지의 산과 들에서 쉽게 잡을 수가 있었다. 성지에는 비둘기가 7종류나 된다고 한다. 가난한 자도 얼마든지 번제를 드릴 수 있었다. 예수님 당시 두 렙돈을 드린 과부가 있었다(눅 21:2). 오늘 아무리 가난해도 생활비 전부를 드리려면 얼마든지 드릴 헌금이 있게 마련이다. 하나님은 없는 것을 요구하시지 않는다(고후 8:12; 9:7). 비둘기는 거룩한 새로 간주되었고(창 8:11), 성령의 상징으로도 나타났다(마 3:16). 비둘기는 온유한 새로 죽기까지 순종하신 그리스도의 온유함을 상징한다(눅 2:24).

레 1:15. 제사장은 그것을 제단으로 가져다가 그것의 머리를 비틀어 끊고 제단 위에서 불사르고 피는 제단 곁에 흘릴 것이며.

제사장은 예물을 가져온 사람의 손에서 산비둘기나 혹은 집비둘기 새끼를 받아 제단으로 가져다가 머리를 비틀어 끊고 번제 단 위에서 불사르고 피는 제단 곁에 흘려야 했다. 1) 수송아지(3-9절)나 양과 염소(10-13절)의 번제를 드리는 경우와의 차이점은 예물을 가져온 자가 짐승을 죽였으나, 비둘기의 경우 제사장이 받아서 죽였다. 2) 잡는 장소가 제단 북편이 아니라 제단에서 잡았고, 3) 가죽을 벗기지 않고, 따라서 제사장이 가죽을 가지지 않는 점, 4) 피를 그릇에 담아 단 사면에 뿌린 것이 아니라 피가 적으므로 단 곁에 흘린 점이다. 이런 차이에도 불구하고 번제를 드린 효과는 동일했다(17절). 여호와 하나님은 경제적으로 여유 있는 사람이나 가난한 사람의 제물을 동일하게 받으신다.

짐승을 죽일 때 "비둘기의 머리를 비틀어 끊었다"(5:8). 머리는 제단에서 사라져야 했기 때문에 끊은 것이다. 이렇게 비둘기를 잔인하게 죽인 것은 그리스도의 죽음을 예표 한다. 예수님은 십자가에서 우리를 대신해서 잔인하게 죽임을 당하셨다.

레 1:16. 그것의 모이주머니와 그 더러운 것은 제거하여 제단 동쪽 재 버리는 곳에 던지고.

비둘기의 "모이주머니와 그 더러운 것"은 앞서 언급한 짐승들의 내장에 해당하므로 제단 동쪽 재 버리는 곳에 던졌다(6:10). 여기 "그 더러운 것"이란 말은 모이주머니의 안에 들어있는 "내용물"을 지칭할 것이다(RSV, Noordtzij, Meyrick).

레 1:17. 또 그 날개 자리에서 그 몸을 찢되 아주 찢지 말고 제사장이 그것을 제단 위의 불 위에 있는 나무 위에서 불살라 번제를 드릴지니 이는 화제라 여호와께 향기로운 냄새니라.

본 절 해석을 위하여 표준 새 번역을 인용하면 "그가 두 날개를 잡고, 그 새의 몸을 찢어서, 두 동강이 나지 않을 정도로 벌려 놓으면, 제사장은 그것을 가져다가, 제단에서 불타는 장작 위에 얹어서 불살라야 한다. 이것이 번제인데 이는 제물을 불에 태워서 그 향기로 주님을 기쁘게 하여 드리는, 불살라 바치는 제사이다"라고 되어 있다(9절, 13절).

본 절의 "그 날개 자리에서 그 몸을 찢되 아주 찢지 말고"(창 15:10)란 말씀은 수송아지나(6절), 양과 염소의 경우(12절)의 "각을 뜨고"에 해당하는 말이다. 즉, '그가 두 날개를 잡고, 그 새의 몸을 찢어서, 두 동강이 나지 않을 정도로 벌려 놓으라는 말이다. 다시 말해 가슴을 열어젖힌 상태가 되게 하라는 것이다. 이렇게 해서 태워서 번제를 드리라는 것이다.

이렇게 값이 싼 비둘기의 번제를 드려도 그 효력은 소(9절)나 양(13절)을 드린 것과 똑같다. 하나님은 부자의 제물이나 가난한 자의 제물을 똑같이 기뻐하신다. 제사는 제물의 풍성함에 있지 않고 제사를 드리는 자의 신앙과 정성에 있다. 오늘날 혹자들은 돈이 있어야 신앙생활을 할 수 있는 것이라 말하나 가난한 자도 얼마든지 신앙생활을 할 수 있고 복을 받을 수 있는 것이다.

제 2 장

B. 소제(곡식으로 드리는 제사) 2:1-16

1장에서는 번제를 드리는 문제를 다루었으나, 이제 본 장은 소제17)를 드리는 문제를 다룬다. 소제(מִנְחָה)는 다섯 가지 제사 중 유일하게 식물로 드리는 제사이다. 번제가 드리는 자의 헌신을 표현하는 것이나, 소제는 드리는 자가 노력을 드린다는 뜻으로 드리는 제사이다. 이 소제는 그리스도의 역사를 예표 하는 제사이다. 본 장의 내용은 소제를 드리라는 명령(1-3절), 구운 떡으로 소제를 드리라는 명령(4-10절), 소제의 일반적인 규례들(11-13절) 및 첫 이삭의 소제(14-16절)이다.

1. 소제를 드리라는 명령 2:1-3

번제의 경우처럼(1:1-2), 소제의 경우도 먼저 하나님의 소제를 바치라는 명령이 나온다(1-3절). 그러나 이렇게 바치라는 명령이 나옴에도 불구하고 번제처럼 자원제이다.

레 2:1. 누구든지 소제의 예물을 여호와께 드리려거든 고운 가루로 예물을 삼아 그 위에 기름을 붓고 또 그 위에 유향을 놓아.

소제는 두 타입(types)이 있었는데, 1) 순전히 곡물만을 드리는 제사가 있었다. 본 장은 오로지 독자적으로 드리는 곡물 제사만 언급한다(5:11-12;

---

17) "소제": 소제는 제사 중에서 유일하게 동물의 피와 상관없이 곡식으로 드리는 제사였다. 소제는 단독으로 드려지지 않고 다른 제사들과 더불어 드려졌는데, 인간 편에서의 감사와 희생이 중요시되고 있다. 다시 말해 인간편의 자원하는 마음과 기쁨을 나타낸다. 소제의 곡식 제물에는 반드시 소금을 넣었는데, 소금을 넣는 이유는 하나님과 맺은 언약이 영원한 언약이라는 것을 상기시켜 주기 위함이다.

6:14-23; 민 5:15 참조). 2) 다른 피의 제사와 함께 드려지는 경우가 있었다. 즉, 회중이 매일 드리는 제사와 함께(민 28:3-8), 절기 때 드리는 제사와 함께 (23:12-13; 민 28:9-10), 무의식적인 범죄를 대속하기 위하여 드려지는 번제와 함께(민 15:24), 나실인의 기간을 마칠 때 드리는 제사와 함께(민 6:14-15), 제사장이 임직식 때 드리는 제사와 함께(8:26-28), 감사제와 함께(7:11-14), 또 특정한 번제들과 희생제사와 함께(민 15:1-16) 드려졌다.

누구든지 "소제"[18](그리스도께서 그의 모든 노력을 하나님께 바치신데 대한 예표)의 예물을 여호와께 드리려고 하면 "고운 가루로 예물을 삼아 그 위에 기름을 붓고 또 그 위에 유향을 놓아야" 했다(6:14; 9:17; 민 15:4). 즉, '고운 가루를 드리라는 것이고, 그 고운 가루 위에 기름을 붓고, 또 그 위에 유향을 놓으라는 것'이다. 소제(素祭)는 '곡물로 드리는 제사'(grain offering)를 뜻한다. 본문의 "고운 가루"는 '밀가루'(출 29:2)를 지칭하며, 왕가의 식물로서 (왕상 4:22), 귀빈에게 제공되었다(창 18:6). 밀가루를 여호와께 드린 것은 최고의 것을 드린 것을 뜻한다. 이 밀가루는 그리스도의 인성적 노력을 예표하고, "기름"은 '감람유'(24:2; 출 27:20)를 지칭하는데 요리를 위해 사용되었다. 성경에서 기름은 성령을 상징한다. 그리고 "유향"[19]은 향료로 사용되었고

---

18) "소제": Cereal offering. 주로 피 없는 곡류를 주체(主體)로 한 예물을 가리킨다. 원래는 단독으로 드린 농경적 제물이었는데, 차츰 동물희생의 번제에 종속하는 부가물로서 곡물을 드리는 경우의 예물의 명칭으로 되었다(민 15:18-29장). 고운가루로 전병을 만들어, 또는 첫 이삭을 볶아 찧은 것으로 바쳤다(레 2:1, 2, 4-10, 14-16). 어떤 경우에는 소금, 유향을 넣어 드렸다(레 2:11-13). 극빈자에게는 이것이 속죄제로 인정되었다(레 5:11-13). 그것은 어떠한 가난한 사람을 위해서도 하나님께 가까이 나아가는 길이 열려 있었음을 보여주는 것이고, 제사신학에 있어서의 만인 포섭의 이념을 알려주고 있다. 번제는 헌신을 표시하고, 소제는 근로의 열매를 드린 데서 행위의 성별을 상징했다. 그런 점에서 원래는, 번제와 소제는 구별되어 있었다(왕상 8:64; 왕하 16:13, 15; 사 43:23; 56:7기타). 히브리어 "민하-"는 명사로서, "예물"(창 32:13; 삼상 10:27; 단 2:46), "공물"(삿 3:15, 17, 18), "제물"(창 4:3, 4, 5기타), "소제"(2:1기타; 출 29:41; 30:9; 40:29)로 번역되고 있다. 다시 말해 이 "소제"란 말이 일찍이 '선물'(창 32:13; 삼상 10:27), 또는 주권자에게 바치는 '공세'(삿 3:15, 18; 삼하 8:2, 6)를 지칭했으나, 레위기에 와서는 '공물 제사'만을 뜻하게 되었다.

19) "유향": 그리스어로 '리바노스'라는 유향. 남부 아라비아와 그 대안(對岸) 소말린랜드의 특산물인 감람과의 고목(高木)으로서, 높이 12m까지 자란다. 여름에 수피(樹皮)를 상처 내어 얻은 수지(樹脂)를 건조시킨 젖빛 갈의 방향물질로서, 고대에는 향료로서 귀히 여겨졌다(출 30:34). 이것은 특히 예배의 희생제사용으로 수입되었다(2:1-2; 6:15; 24:7). 또 제사장에게 부어지

(출 30:34), 떡과 함께 바쳐졌으며(24:7), 본문에서는 소제에 바쳐졌다. 유향은 기도를 상징한다.

레 2:2 아론의 자손 제사장들에게로 가져갈 것이요 제사장은 그 고운 가루 한 움큼과 기름과 그 모든 유향을 가져다가 기념물로 제단 위에서 불사를지니 이는 화제라 여호와께 향기로운 냄새니라.

예물, 즉 밀가루와 기름, 그리고 유향을 가져온 사람은 그 예물을 "아론의 자손 제사장들에게로 가져가야 했다"(그 중 일부는 제사장의 몫이 되었다). 그 예물을 받아든 제사장은 그 고운 가루 한 움큼20)과 기름과 그 모든 유향을 가져다가 여호와께 기념(9절, 5:12; 6:15; 24:7; 사 66:3; 행 10:4)이 되도록 제단위에서 불살랐다. 이렇게 불사른 예물이 화제(火祭)불로 태운 희생 제사로 주로 번제를 뜻한 말)였다. 이는 하나님을 기쁘시게 하는 냄새가 되었다(1:9, 13, 17 주해 참조). 하나님께서는 어떤 제사든지 믿음으로 드리고 또 정성을 다하여 드리면 기쁘게 받으신다.

레 2:3 그 소제물의 남은 것은 아론과 그의 자손에게 돌릴지니 이는 여호와의 화제물 중에 지극히 거룩한 것이니라.

곡식제물 가운데서 살라 바치고 남은 것, 즉 기름과 함께 섞인 곡식제물 중에서 남은 것은 아론과 그 자손들의 몫으로 돌아갔다(7:9; 10:12-13). 이 점이 바로 번제의 경우와 달랐다. 번제의 경우 전체를 불태웠기 때문에 아론과 그의 자손들에게 돌아갈 것이 없었다. 이렇게 남은 것을 아론과 그의 자손에게 돌아가게 한 것은 복음 전하는 자들이 복음에서 나오는 것으로 산다는 뜻이다.

남은 것은 "여호와의 화제물 중에 지극히 거룩한 것이라"고 하신다(출 29:37; 민 18:9). 여기 "지극히 거룩한 것"(קֹדֶשׁ קָדָשִׁים)이란 말은 '거룩한 것들 중의 거룩한 것'이란 뜻으로, 제사장이 받은 제물에는 '거룩한 것'과

는 성유(聖油)의 4향료의 하나(출 30:34)이다. 스바에서 수입되었고(사 60:6; 렘 6:20), 몰약과 섞어 사용되었다(아 3:6; 4:6). 동방의 박사는 이것을 아기 예수께 드렸다(마 2:11). 이것은 바벨론(=로마)의 사치한 수입품의 하나로도 기록되어 있다(계 18:13). 유향은 기도의 상징이다(디럭스 바이블 성경사전).

20) "한 움큼"은 한줌을 가리키는데, 손바닥에 가득히 담을 수 있는 양을 말한다.

'지극히 거룩한 것'이 있다는 것을 뜻한다. '거룩한 것'은 제사장의 가족들도 먹을 수 있는 것으로, 화목제나 첫 이삭 등으로 성막 뜰(이곳은 성전 밖이다)에서 먹을 수 있었다(10:12-14). 이런 부분은 단지 '거룩하다'고 불려졌다. 그에 비해 '지극히 거룩한 것'(문자적으로는 '거룩함의 거룩')은 오직 제사장만이 먹을 수 있는 것으로, 소제의 남은 것(10:12), 속죄제(6:25-26), 속건제(7:1-6), 진설병(바쳐진 떡, 24:9)이 포함되었다. 이것들을 먹을 수 있는 장소는 성막 마당에서 먹을 수 있었다(6:16, 26; 10:12-13). 결코 성소 밖으로 나갈 수는 없었다. 지극히 거룩한 것은 하나님과 가장 가까운 극소수만 먹을 수 있었다.

2. 구운 떡으로 소제를 드리라   2:4-10

제사를 드리라는 명령을 하신(1-3절, 이 부분에서는 3인칭으로 말씀하셨다) 다음 이제 이 부분(4-10절, 이 부분에서는 2인칭으로 말씀하신다)에서는 소제물을 어떻게 요리하느냐를 두고 교훈하신다. 요리하는 방법으로 세 가지를 지시하신다. 첫째, 화덕에 굽는 법(4절), 번철에 부리는 법(5절), 솥에 삶는 법(7절)을 말씀하신다.

레 2:4. 네가 화덕에 구운 것으로 소제의 예물을 드리려거든 고운 가루에 기름을 섞어 만든 무교병이나 기름을 바른 무교전병을 드릴 것이요.

이는 첫 번째 요리법이다. "화덕"(תנור-오븐)21)에 구워서 소제의 예물을 드리려고 하면 고운 가루에 기름을 섞어 만든 "무교병"22)이나, 기름을 바른

---

21) "화덕": Oven. 가정의 취사용 열기구의 하나. 과자나 전병(떡)을 굽는데 사용되었다(출 8:3; 레 2:4; 7:9; 11:35; 26:26; 호 7:4, 6). 빵을 굽는 가장 간단한 형식은 달군 돌 위에서 얇은 빵을 놓아 굽는 것이었다(왕상 19:6). 그러나 일반 가정에서 사용한 화덕은(출 8:3), 직경 60cm, 높이 1m, 가량의 원추형의 토기로서, 안쪽을 숯불 또는 장작불로 달구고(마 6:30; 눅 12:28 아궁이), 화덕 내벽에, 반죽한 가루로 만든 얇은 떡을 붙여 굽는다. 각 가정에 한 개씩 가지고 있으므로, "열 여인이 한 화덕에서 떡을 구워"(레 26:26)라는 묘사는, 전화(戰禍) 또는 기근에서 극도로 식료사정이 나빠진 상황을 말해준다(디럭스 바이블 성경사전).

22) "무교병": Unleavened bread. 누룩을 넣지 않고 만든 떡. 효모인 이스트(yeast 뜸씨)를 넣지 않고 구운 둥글고 얇은 떡(빵)을 말한다. 이에 대하여 누룩을 넣고 만든 것을 유교병으로 번역하고 있다(출 12:15). 발효케 할 시간이 없는 때, 뜻하지 않았던 손님이 갑자기 찾아온 때, 밀가루를 반죽하여 그대로 구워드리고(창 18:6,삼상 28:24 참조), 긴급한 때 무교병을 만들어 먹었다(출 12:33). 이스라엘 백성들은 출애굽 직전 긴급한 상황 속에서 무교병을 하나님의 지시에 따라 만들어 먹었는데, 이것을 기념하여 무교절을 지키게 되었다(출 12:17; 23:15 기타).

무교전병(누룩을 넣지 않고 얇게 만든 넓적한 과자-표준 새 번역)23)을 드리라고 하신다(출 29:2). 화덕에 넣어 만든 예물은 두 가지였다.

레 2:5-6. 철판에 부친 것으로 소제의 예물을 드리려거든 고운 가루에 누룩을 넣지 말고 기름을 섞어 조각으로 나누고 그 위에 기름을 부을지니 이는 소제니라.

여호와께서는 두 번째 요리법을 제시하신다. 떡을 굽는데 사용하는 철판에 고운 가루를 부친 것으로 소제의 예물을 드리려고 하면, 고운 가루에 누룩을 넣지 말고 기름을 섞어 작은 조각으로 나누고 그 위에 기름을 부어 부쳐야 했다. "조각으로 나누는" 이유는 이 과자가 얇아 깨어지기 쉽기 때문이다. 이런 식의 과자는 현재 베드윈들의 식생활에 잘 나타나 있다고 한다.

레 2:7. 네가 냄비의 것으로 소제를 드리려거든 고운 가루와 기름을 섞어 만들지니라.

이는 세 번째 요리법이다. 냄비에 구워서(혹은 삶아서) 곡물제물을 드리려고 하면 고운 가루와 기름만 섞어 구워야(삶아야) 했다. "냄비"란 말은 이곳과 7:9에만 보인다. 곡식 제물을 만들 때 재료는 앞선 화덕과 철판의 경우와 같이 고운 가루에 기름을 섞어서 냄비에 넣고 구웠다. 이는 가장 가난한 자들의 제물이었다. 소제의 경우도 번제처럼 가정 형편에 따라 화덕에 구워서, 혹은 번철에 부쳐서, 혹은 냄비에 구워서 자유롭게 만들어 바쳤다. 이처럼 값싼 제물은 또 없었다. 하나님께서 사람의 형편을 고려하신 것이었다. 위의 네 가지 곡식 제물의 공통점은 모두 누룩을 넣지 않는 것이었다.

"무교병"으로 번역되고 있는 원어는 히브리어 명사 "맛차-"(2:4; 7:12; 23:6; 창 19:3; 출 12:8, 15, 18, 20; 13:6, 7; 23:15; 29:2, 23; 34:18; 민 6:15, 19; 9:11; 신 16:3, 8; 수 5:11; 삿 6:19, 20, 21; 삼상 28:24; 왕하 23:9; 대상 23:29), 헬라어 형용사 "아주모스"(마 26:17 무교절, 막 14:1, 12; 눅 22:1, 7; 행 20:6)로서, "누룩을 넣지 않고 만든"(made without yeast), "발효작용을 하지 않은"(without fermentation)등을 뜻하고 있다. 무교병은 쉽게 말해 고운 밀가루에 기름을 넣어서 반죽하여, 누룩을 넣지 않고 가운데 구멍을 내어 만든 과자를 지칭한다(디럭스 바이블 성경사전).

23) "무교전병": 누룩을 넣지 않고 기름만 발라서, 무교병보다는 얇고 넓적하게 만든 과자를 지칭한다.

레 2:8. 너는 이것들로 만든 소제물을 여호와께로 가져다가 제사장에게 줄 것이요 제사장은 그것을 제단으로 가져가서

소제의 예물을 드리려는 사람들은 고운 가루와 기름으로 만든('made of these things')[24] 소제물을 여호와께로 가져다가 제사장에게 주어야 했다. 물론 세 가지(화덕에 구운 것, 철판에 부친 것, 냄비에 삶거나 구운 것)를 다 가져다가 제사장에게 드린 것이 아니라, 가정 형편에 따라 만든 한 가지를 가져다가 제사장에게 주어야 했다.

이렇게 만든 자가 "여호와께로", 즉 '성막으로' 가져다가 제사장에게 넘겨주면, 다음으로 제사장은 "그것"(it), 즉 '세 가지 중 한 가지'를 제단으로 가져갔다. 그리고 제사를 드리는 순서는 앞 선 제물을 드리는 순서와 같다(2:3절). 여기 제사장은 제물 드리는 사람과 여호와의 중보 역할을 했다. 오늘 예수님은 우리의 중보자이시다.

레 2:9. 그 소제물 중에서 기념할 것을 가져다가 제단 위에서 불사를지니 이는 화제라 여호와께 향기로운 냄새니라.

제사장은 그 소제물 세 가지 중 하나 곧 기념할 것(5:12; 6:15; 24:7)을 가져다가 번제단 위에서 불살라야 했다. 이렇게 불사른 것이 "화제"인데(출 29:18), 이렇게 불살라지는 제물은 여호와의 공의를 만족시키는 제사이니 여호와께 향기로운 냄새가 된다. 우리의 죄 때문에 곡식 제물이 불태워질 때 여호와의 공의가 만족되는 것이니 여호와께서 기뻐하신 것이다. 본 절의 주해를 위해서 2절 주해를 참조하라.

레 2:10. 소제물의 남은 것은 아론과 그의 아들들에게 돌릴지니 이는 여호와의 화제물 중에 지극히 거룩한 것이니라.

---

24) 이들 재료에 유향도 넣었을 것이다(1-2절 참조). 본문의 "이것들"이 무엇을 지칭하느냐를 두고 표준 새 번역이나 공동번역은 모두 "이렇게 하여" 혹은 "이렇게 만든"이라고 번역했고, 주석가들도 역시 '세 가지로 만든'이라고 주석하여 화덕에 굽는 방법으로, 철판에 부치는 방법으로, 또 냄비에 삶는 방법으로 만든 것으로 주해했으나 아무래도 재료들을 지칭했을 것으로 보아야 할 것이다. "이것들"은 만들어진 소제물들을 의미하지 않고 재료를 의미한 것으로 보아야 할 것이다.

본 절의 주해를 위해서 3절 주해를 참조하라.

3. 일반적인 규례들 2:11-13

이 부분(11-13절)은 소제물에 무엇은 넣고, 또 무엇은 넣어서는 안 된다는 것을 말하는 규례를 말한다. 누룩이나 꿀은 넣지 말아야 하고, 소금은 넣어야 하며, 처음 익은 것은 단에 올리지 말라는 것이다.

레 2:11. 너희가 여호와께 드리는 모든 소제물에는 누룩을 넣지 말지니 너희가 누룩이나 꿀을 여호와께 화제로 드려 사르지 못할지니라.

본 절은 곡식 예물을 살라 제물로 드릴 때 누룩이나 꿀을 여호와께 드려서는 안 된다는 교훈을 말한다. 누룩을 넣어 발효된 것은 제단위에 놓을 수가 없다는 철칙이 있다(출 23:18; 34:25). 발효를 시키는 것은 부패를 시키는 것이므로 금지된 것으로 보인다(마 16:6; 고전 5:7-8). 그러나 화목제의 일부를 구성했던 발효된 떡이나(7:13), 칠칠절 때 드리는 발표된 빵(23:17)은 제단에서 태우지 않고 제사장의 소유가 될 수 있는 제물이므로 누룩을 넣을 수가 있었다.

꿀은 이스라엘의 곡물 예물에 넣을 수가 없었는데, 그 이유는 꿀도 누룩처럼 발효작용을 일으키기 때문이라는 것이다(W. H. Gispen, Keil and Delitzsch, Noordtzij, Meyrick, F. C. Cook, 박윤선). 누르체(Noordtzij)는 "꿀은 티그리스-유브라데스 지역에서 신들의 음식이라 하여 귀하게 여겨졌음에도, 이스라엘의 곡물 예물에는 첨가될 수 없었다. 이유는 이스라엘이 바친 제물이 여호와의 음식이라는 사고에서 유출되어야 하기 때문이 아니라(Maimonides의 설명), 오히려 꿀은 쉽사리 발효를 일으켜 부패케 할 수 있었기 때문이었을 것이다. 그러나 효소처럼 꿀은 첫 열매를 드리는 제물의 일부에 끼일 수 있었다(23:17; 민 18:12-13; 대하 31:5)"라고 주장한다. 이처럼 누룩이나 꿀은 곡식 예물에 허용되지 않았다. 그러나 꿀이 사치스런 식물로 간주되었기 때문에 금지했다는 주장이 있으나(이상근) 설득력이 약한 것 같다. 그 이유는 문맥에 잘 맞지 않는 것 같기 때문이다. 즉, 누룩이 부패의 상징이니 꿀도 다른 것들을 발효시켜 부패케 하기 때문에 금지한 것으로 보는 것이 좋을 것이다.

레 2:12 처음 익은 것으로는 그것들을 여호와께 드릴지나 향기로운 냄새를
위하여는 제단에 올리지 말지며.

본 절은 누룩과 꿀이 허용되는 경우를 말한다. 즉, 맨 처음 거둔 곡식을
제물로 드릴 때는 주님께 누룩과 꿀을 가져와서 드려도 된다는 것이다
(23:10-11; 출 22:29). 다시 말해 처음 익은 곡식을 드리는 오순절 때 "새
소제"로 바칠 수 있다는 것이다(23:15-22). 이때에는 금지된 누룩과 꿀을 제물
로 드릴 수 있었다(23:17; 대하 31:5). 그러나 제단에 향기로운 냄새가 나는
화제로는 드리지 못했다.

레 2:13 네 모든 소제물에 소금을 치라 네 하나님의 언약의 소금을 네 소제에
빼지 못할지니 네 모든 예물에 소금을 드릴지니라.

현대인의 성경은 본 절을 '너희는 곡식으로 드리는 모든 소제물에 소금을
쳐라. 소금은 너희와 나 사이에 맺은 계약의 상징이므로 너희 모든 예물에
이 소금을 쳐야 한다'로 번역했다. 본 절의 교훈은 모든 소제물에는 누룩과
꿀을 넣지 못하게 했으나, 소금은 반드시 넣어야 한다는 것이다(막 9:49, 골
4:6). 소금은 방부제 역할을 함으로 정결과 불변의 상징이었다(민 18:19, 대하
13:5; 겔 43:24; 마 5:13; 막 9:49; 눅 14:31; 골 4:6). 소금을 모든 소제물에
넣어야 하는 이유는 소금이 하나님과 우리 사이에 맺은 언약의 상징이기
때문이다.

4. 첫 이삭으로 소제를 드리라 2:14-16

이 부분(14-16절)은 첫 이삭으로 소제를 드리라는 말씀을 다루고 있다.
첫 이삭으로 소제를 드리라는 것은 본 장에서 세 번째 형태의 제사이다. 첫
번째 것은 고운 가루로 소제를 드리는 것이었고(1-3절), 두 번째 형태는 고운
가루로 굽거나 부치거나 삶아 드리는 것이었는데(4-10절), 세 번째 형태의
소제는 첫 이삭을 그대로 드리는 형태의 제사이다. 이런 첫 소산은 매년 드려야
했다. 왜냐하면 여호와께서 그 땅의 주인이시고 이스라엘은 그 주인의 소작인
에 불과했기 때문이다(23:9-10; 25:23; 출 22:29; 23:19; 34:26; 신 26:1-2).
이를 보면 우리가 하나님께 얼마나 감사해야 할지를 알 수 있다.

레 2:14. 너는 첫 이삭의 소제를 여호와께 드리거든 첫 이삭을 볶아 찧은 것으로 네 소제를 삼되.

표준 새 번역은 "네가 맨 먼저 거둔 것을 주께 곡식 제물로 드릴 때에는, 햇곡식을 불에 볶거나 찧은 것으로 곡식제물을 드려야 한다"로 되어 있다(23:10, 14). 첫 이삭으로 드리는 소제는 오순절 때 드렸다(23:14). 첫 이삭으로 드리는 소제는 이삭을 그대로 볶아 절구에 넣어 찧거나, 아니면 손으로 비비어 드렸다(룻 2:14; 수 5:11). "첫 이삭"으로 드리는 소제는 부활의 첫 열매가 되신 예수 그리스도의 그림자이다(고전 15:20). 첫 이삭으로 드리는 소제는 1-3절의 고운 가루로 드리는 소제나, 또 4-7절의 고운 가루로 만들어 드리는 소제들과는 달리 고운 가루로 만들지 않았다.

레 2:15. 그 위에 기름을 붓고 그 위에 유향을 더할지니 이는 소제니라.

첫 이삭으로 드리는 소제는 이삭을 볶아 찧은 것 위에 기름을 붓고 그 위에 유향을 더해야 했다(1절). 기름을 붓고 유향을 더하는 점에서는 2:1의 소제와 같다.

레 2:16. 제사장은 찧은 곡식과 기름을 모든 유향과 함께 기념물로 불사를지니 이는 여호와께 드리는 화제니라.

제사장은 첫 이삭으로 소제를 드리는 자의 찧은 곡식 일부와 또 기름 일부를 모든 유향과 함께 기념물이 되도록 번제단 위에서 불살라야 했다(2절). 나머지는 제사장의 몫이 되었다. 이렇게 나머지가 제사장의 몫이 되는 것은 소제에 공통되는 규례였다. 나머지는 지극히 거룩하기 때문에 제사장이 성소 안에서만 먹어야 했다(3절). 여기 "기념물로 불사른다"는 말은 '여호와 께서 기억하시도록 불사른다는 뜻이다. "기념물" 해석을 위해서 2절 주해를 참조하라.

제 3 장

C. 화목제 3:1-17

"화목제"(בַח שְׁלָמִים)[25]는 인간이 하나님과 평화를 얻기 위해 드리는 제사이다. 화목제는 하나님께 만족을 드림으로써 하나님과 인간 사이에 화목을 시도하는 제사로 그리스도의 속죄의 예표였다. 하나님은 그리스도의 대속(代贖)에서 만족을 얻으시고 많은 사람을 구원하신다(막 10:45). 이 제사는 번제나 소제처럼 인간 측에서 자원하는 마음으로 드리는 제사로, 일명 '평안 제사'라고도 불린다. 이 제사는 성경에서 많이 말하는 감사제라고도 불린다(7:12; 시 107:22). 화목제를 드리는 순서는 먼저 제물의 기름과 내장을 완전히 불태워 하나님께 바쳤고, 요제(제물을 성소를 향하여 앞으로 내밀었다가 다시 가져오는 형식으로 드리는 제사)로 바친 오른 다리와 가슴은 제사장에게 주었으며, 그 외는 바치는 자에게 주었다. 화목제는 국가적인 경사가 있을 때나(삼상 11:15; 삼하 6:17), 오순절 때(23:19), 백성들이 환난을 만나 구원을 애원하는 때(삿 20:26; 21:4; 삼상 13:9; 삼하 24:25), 또는 제사장을 성별할 때(9:4)에

---

25) "화목제": Peace offerings. 하나님과 사람과의 평화와 친교를 얻기 위해, 동물희생을 드린 제의(3:1-17,7:11-21; 출 20:24). 화목제는 특히 번제와 함께 기록되어 있는 동물희생(제사)으로서, 자원하는 제사(제물)로 드려진 것이다(7:16). 그러나 이것은 단독의 제사(제물)로서가 아니라, 다른 제물과 함께 드려졌는데, 나실인의 제사(제물)의 경우가 그것이다(민 6:14). 이것은 번제가 전부를 제단불로 사른 것과 비교하면, 제물(동물)의 일부만 제단불로 태우고, 일부는 제사장의 몫으로 돌리고, 일부는 봉헌자에게 주어져서 하나님 앞에서 먹는 것이 허용된 점이 특징이었다. 즉, 이것은 하나님 앞에서 먹음으로써 하나님과의 친교에 들어가는 것을 나타내는 것이었다(신 12:12, 18). 고대에 있어서 이 화목제는 국가적인 경축 시에 드려진 것으로 기록되어 있기도 하다(삼하 6:17). 칠칠절 즉 오순절에(레 23:19), 또는 제사장의 성별식에 있어서는(9:14), 공적인 화목제가 드려졌다. 그리스도는 땅위에 오셔서 하나님과 인간 사이를 화목하게 하셨을 뿐 아니라, 자신을 화목제물로 바치심으로써, 온 세상의 죄를 위한 화목제물이 되었다(요일 2:2). 그는 희생제물이 되어, 하나님과 인간 사이에 끊어져서 생긴 거리를 회복시켜 주셨다(요일 2:1-6)(디럭스 바이블 성경사전).

드렸다. 화목제에 대해서는 7:11-34에서 많이 언급하고 있다. 화목제는 기쁨을 표시하려고 할 때, 혹은 하나님과의 온전한 관계를 갈구하고 싶을 때 드린다고 봄이 좋을 것이다. 이 부분(1-17절)의 내용은 소로 드리는 화목제(1-5절), 양으로 드리는 화목제(6-11절), 그리고 염소로 드리는 화목제를 다룬다(12-17절).

1. 소로 화목제를 드리라 3:1-5

이 부분(1-5절)은 소로 드리는 화목제에 대해 언급하는데, 번제를 드릴 때의 순서와 같이, 제물을 바치는 자가 제물을 회막까지 몰고 와서 제물의 머리에 안수한 후 그 제물을 잡고, 제사장은 그 피를 번제단 사면에 뿌리며, 내장의 기름과 콩팥과 꺼풀 등을 취하여 단 위에서 화제로 드렸다.

레 3:1. 사람이 만일 화목제의 제물을 예물로 드리되 소로 드리려면 수컷이나 암컷이나 흠 없는 것으로 여호와 앞에 드릴지니.

사람이 소로 화목제26)(하나님과 인간 사이에 화목을 도모하게 하는 제사)를 드리려고 하면 1) 암컷도 가능하다는 것이다(1, 6, 12절). 그러나 2) 반드시 흠이 없어야 했다. 번제의 경우는 반드시 수컷으로 드렸으나(1:3) 화목제의 경우는 암컷도 가능했다. 흠이 없어야 한다는 규정은 모든 제사에 공통이었다. 이는 예수 그리스도께서 전혀 흠과 결점이 없으신 분임을 예표 한다. 그러므로 우리는 예수 그리스도께서 화목제물이 되셔서 우리를 하나님과 화평하게 하신 사실로 인하여 무한 감사, 찬양을 올려드려야 할 것이다.

레 3:2. 그 예물의 머리에 안수하고 회막 문에서 잡을 것이요 아론의 자손 제사장들은 그 피를 제단 사방에 뿌릴 것이며.

화목제를 드리려는 사람은 소를 몰고 회막까지 와서, 먼저 예물(소)의 머리에 안수해야 했다(1:4-5; 출 29:10). 자신의 모든 죄를 소에게 전가시키는

---

26) 화목제를 왜 드렸느냐를 두고 G. J Wenham(the Book of Leviticus, NICO, p. 77)은 많은 연구 끝에 전통적인 해석 즉, "평화제"(peace offering)란 해석이 구약의 증거에 가장 잘 어울리는 것 같다고 말하고 있다. 히브리어의 "평화"란 '전쟁이 없는 것 이상'을 의미한다. 즉, 건강, 번영, 하나님과 평화, 다시 말해 구원을 의미한다는 것이다. 이런 식의 해석이 구약의 증거에 가장 어울린다고 많은 학자들이 동의한다는 것이다(예를 들어 Calvin, Keil, Elliger, Millgrom).

행위가 필요하다는 뜻이다(1:4-5). 아무리 화목제(감사제)를 드리더라도 인간에게 있는 죄를 먼저 해결해야 한다는 것을 보여준다. 따라서 우리는 감사할 때에도 먼저 예수님의 대속을 믿음으로 예수 안에서 감사해야 한다.

다음으로 제물을 드리는 자는 그 제물을 "회막 문에서 잡아야" 했다. 여기 "회막 문"이라 함은 '번제 단'을 지칭하는 말인데, 제물을 번제단 곁에서 잡은 것을 말한다. 그런 다음 제사장의 사역이 시작되었다. 즉, "아론의 자손 제사장들은 그 피를 제단 사방에 뿌려야" 했다. 여기 제사장들을 칭할 때 "아론의 자손"이라고 수식어를 붙인 것은 모든 제사장들은 아론의 자손 중에서 나와야 한다는 것을 명시하는 말이다.

제사장들은 소의 피를 번제 단 사방에 뿌리는 사역을 해야 했다. 번제 단 사방에 피를 뿌리는 의식을 두고 견해가 갈린다. 1) 피를 뿌리는 의식 절차는 이스라엘을 정결케 하는 속죄 수단이 아니라, 출 24:6과 유사하게 제단에 피를 뿌리는 목적은 이스라엘이 여호와께 연합된 그 긴밀한 유대관계의 실체를 저들로 새롭게 깨닫도록 하기 위함이라는 견해(Noordtzij). 2) 제단위에 제물을 드리기 전에 먼저 번제 단 자체도 속죄함을 받아야 하기 때문에 번제단 사방에 뿌렸다는 견해(Matthew Henry, R. K. Harrison, 박윤선, 이상근). 위의 두 견해 중에 두 번째 견해가 바른 것으로 보인다.

레 3:3-4. 그는 또 그 화목제의 제물 중에서 여호와께 화제를 드릴지니 곧 내장에 덮인 기름과 내장에 붙은 모든 기름과, 두 콩팥과 그 위의 기름 곧 허리 쪽에 있는 것과 간에 덮인 꺼풀을 콩팥과 함께 떼어낼 것이요.

화목제를 드리려는 사람은 "또 그 화목제의 제물 중에서 여호와께 화제를 드려야" 했다. 즉, 소를 전체로 태워드리는 것이 아니라[27] 소(牛)의 제물 중에서 화제를 드리기 위해서 네 부분을 떼어내야 했다. 그 네 부분은 1) 내장에 덮인 기름(4:8-9, 출 29:13, 22). 위 아래쪽에서 내장을 가려주고 있는, 두께 약 2.5cm의 큰 보자기 같은 것으로 기름기가 풍부하다. 이렇게 지방이

---

27) 번제의 경우에는 전체를 불태워 하나님께 바쳤다. 그러나 화목제의 경우는 일부를 하나님께 바쳤고, 뒷다리와 가슴은 제사장에게 주었으며(7:30-32), 그 외는 제물을 바치는 자에게 돌렸다.

풍부한 것은 하나님의 것으로 제단에 태워 하나님께 바쳤다. 2) 내장에 붙은 모든 기름. 이는 장간막(腸間膜)의 기름기인데, 장 주위의 지방을 지칭한다. 3) 두 콩팥과 그 위의 기름 곧 허리 쪽에 있는 것. 여기 두 콩팥이란 두 신장(腎臟)을 지칭하고, 두 콩팥 위에 있는 기름은 두 콩팥 위와 뒷면에 있는 많은 기름기를 이름이다. 4) 간(liver)에 덮인 꺼풀. 이는 간을 덮고 있는 껍질을 말함인데, 기름이 풍부하다. 이렇게 생축 속에 있는 기름을 태워 바침은 생명과 직결된 부분을 바쳤음을 뜻하고 또 아주 좋은 것을 바쳤음을 의미한다. 두 콩팥을 제단위에 놓는 것은 이것들이 그 짐승의 느낌과 사고, 의식의 좌소라고 생각되었기 때문이라 할 수 있다. 두 콩팥과 마음이 함께 종종 언급되는 이유는 바로 이런 이유 때문이라고 할 수 있다(시 7:9; 26:2; 렘 17:10; 20:12, Noordtzij). 이런 귀한 것을 하나님께 바침은 생축의 최고의 것을 바침을 의미한다.

레 3:5. 아론의 자손은 그것을 제단 위의 불 위에 있는 나무 위의 번제물 위에서 사를지니 이는 화제라 여호와께 향기로운 냄새니라.

아론의 자손 제사장은 조심스럽게 기름기를 다 떼어낸(3-4절) 후, "그것을 제단 위의 불 위에 있는 나무 위의 번제물 위에서 살라야" 했다(6:12; 출 29:13). 그런데 제단 위의 불 위에 있는 나무 위에는 번제물이 이미 타고 있었다. 이 번제물은 제사장이 아침마다 드리는 번제물이었다(6:12; 민 28:3-8). 아론의 자손 제사장은 바로 그 번제물 위에 기름기를 살라야 했다. 화목제를 드릴 때 아직 번제를 드리는 불이 꺼지지 않고 타고 있었는데, 이는 번제가 화목제의 기초가 됨을 보여준다. 예수님께서 번제를 드리심이 우리와 하나님과의 화목의 기초가 됨을 보여준다. 예수님께서 자신을 하나님께 완전히 순복시킴으로 화평과 조화가 하나님과 인간 사이에 이룩되었다는 것을 보여준다. 예수 그리스도께서 십자가에서 죽으시는 고통을 당하셨기에 인간들은 하나님과 화목을 누리게 된 것이다.

이렇게 드리는 것이 화제라고 하는데, '여호와께 향기로운 냄새'라고 한다. 다시 말해 이렇게 모든 기름기를 불태워 드리는 제사를 화제라 하는데, 이것이 여호와를 기쁘시게 하는 향기가 된다는 것이다. 1:9 주해 참조.

2. 양으로 화목제를 드리라 3:6-11

이 부분(6-11절)의 양으로 화목제를 드리는 문제는 소로 화목제를 드리는 것(1-5절)과 거의 같다. 단지 소가 양으로 바뀐 것뿐이라고 생각하면 될 것이다.

레 3:6 만일 여호와께 예물로 드리는 화목제의 제물이 양이면 수컷이나 암컷이나 흠 없는 것으로 드릴지며.

화목제의 제물을 양으로 드리는 경우 수컷이든 암컷이든 관계없고, 다만 흠이 없는 것이면 된다는 것이다(1절). 이는 소로 화목제를 드리는 때와 똑같다. 소로 드릴 때 역시 수컷이나 암컷이 상관없었다(1절 주해 참조). 성경에서 양은 그리스도의 그림자로 나타난다(사 53:7; 요 1:29; 계 5:6).

레 3:7-8 만일 그의 예물로 드리는 것이 어린 양이면 그것을 여호와 앞으로 끌어다가 그 예물의 머리에 안수하고 회막 앞에서 잡을 것이요 아론의 자손은 그 피를 제단 사방에 뿌릴 것이며.

화목제물이 어린 양이면 여호와 앞으로 끌어다가 그 예물의 머리에 안수해야 하고, 회막 앞에서 잡아야 하며, 아론 자손 제사장은 그 피를 번제 단 사방에 뿌려야 했다. 양으로 드리는 화목제의 경우는 번제의 경우(1:10-11)와 같고, 소로 드리는 화목제의 경우(3:2)와도 같다. 그곳 주해 참조.

레 3:9-10 그는 그 화목제의 제물 중에서 여호와께 화제를 드릴지니 그 기름 곧 미골에서 벤 기름진 꼬리와 내장에 덮인 기름과 내장에 붙은 모든 기름과 두 콩팥과 그 위의 기름 곧 허리 쪽에 있는 것과 간에 덮인 꺼풀을 콩팥과 함께 떼어낼 것이요.

제사장은 양의 피를 번제 단 사방에 뿌린(8절) 다음 제물을 가져온 사람은 여호와께 화제를 드려야 했다. 화제를 드려야 할 부분은 모두 소의 경우와 같고(3-4절), 단지 "기름 곧 미골에서 벤 기름진 꼬리"("기름기, 곧 엉치뼈 가운데서 떼어 낸 꼬리 전부"-표준 새 번역)가 첨가되었을 뿐이다. "기름진 꼬리"(Fat tail)는 양의 꼬리를 말함인데, 이 부분은 제물로 드려야 했다(7:3; 8:25; 9:19; 출 29:22). 이 기름진 꼬리는 지미양(脂尾羊, fat-tailed sheep, Ovis

laticaudatus)의 꼬리를 가리키는 말로서, 양고기 중 최상의 부분으로 알려지고
있다. 팔레스틴 지방의 어린양 꼬리는 지방분이 많아, 버터의 대용품으로도
쓰여지고, 아라비아인은 이 부분의 맛 때문에 이를 아주 소중히 여긴다고
한다. 이렇게 아주 귀한 기름기를 하나님께 바침은 그리스도께서 하나님께
감심순종 곧 능동적 순종을 바침을 비유한다(박윤선). 오늘 우리 역시 그리스도
안에서 감심순종을 해야 할 것을 보여준다.

레 3:11. 제사장은 그것을 제단 위에서 불사를지니 이는 화제로 여호와께 드리는 음식이니라.

제사장은 그 모든 기름기를 번제 단 위에서 불살라 하나님께 바쳐야 했다.
불사른 기름기는 여호와께 드리는 음식이었다(16절; 21:6, 8, 17, 21-22; 22:25;
민 28:2, 24; 겔 44:7; 말 1:7, 12). 4-5절 주해를 참조하라. 여호와께서는 이렇게
화제로 불사른 음식을 아주 기뻐하신다. 여호와께서는 그리스도의 능동적순종
과 우리의 순종을 아주 기뻐하신다.

3. 염소로 화목제를 드리라 3:12-17

소로 드리는 화목제(1-5절)와 양으로 드리는 화목제(6-11절)에 이어 이
부분(12-17절)에서는 염소로 드리는 화목제에 대해 언급한다. 이 부분은 양으
로 드리는 화목제와는 달리 기름진 꼬리에 대해서는 언급이 없고, 여기서는
기름과 피를 먹지 말라는 경고의 말씀이 있다(17절).

레 3:12. 만일 그의 예물이 염소면 그것을 여호와 앞으로 끌어다가.

이제 본 절부터는 예물이 염소인 경우를 다룬다. 여기 "염소"(ἐz)가 암컷인
지 수컷인지 구별이 없다. 그러나 이 단어가 보통 문장에서 암염소만을 지칭하
는 때가 있는 것으로 보아, 본 문장에서도 암염소를 지칭할 것으로 보인다.
염소가 성경에서 어떤 때에 불의한 자를 비유하기도 하나(마 25:32-33), 이
문장에서는 염소가 하나님께 드려지는 유순한 가축으로 그리스도의 희생을
비유하고 있다. 염소를 여호와께 드리는 절차는 앞의 가축의 경우와 동일하다
(6-11절). 화목제의 경우 새를 드리라는 말은 없다. 아마도 음식의 분량으로

너무 적기 때문일 것이다.

레 3:13. 그것의 머리에 안수하고 회막 앞에서 잡을 것이요 아론의 자손은 그 피를 제단 사방에 뿌릴 것이며.

염소의 머리에 안수하는 것이나, 회막 앞에서 잡는 것, 그리고 아론의 자손이 그 피를 제단 사방에 뿌리는 모든 절차는 양의 절차와 똑같다(7-8절).

레 3:14-15. 그는 그 중에서 예물을 가져다가 여호와께 화제를 드릴지니 곧 내장에 덮인 기름과 내장에 붙은 모든 기름과 두 콩팥과 그 위의 기름 곧 허리 쪽에 있는 것과 간에 덮인 꺼풀을 콩팥과 함께 떼어낼 것이요.

제물을 가져온 사람은 염소 중에서 예물 곧 "내장에 덮인 기름과 내장에 붙은 모든 기름과 두 콩팥과 그 위의 기름 곧 허리 쪽에 있는 것과 간에 덮인 꺼풀"을 콩팥과 함께 떼어 내야했다. 이 부분(14-15절)은 9-10절의 경우와 같다. 다만 "그 기름 곧 미골에서 벤 기름진 꼬리"라는 말이 빠졌을 뿐이다.

레 3:16a. 제사장은 그것을 제단 위에서 불사를지니 이는 화제로 드리는 음식이요 향기로운 냄새라.

제사장은 그 모든 기름기를 제단 위에서 불살라야 했다. 기름기를 불사르는 것은 여호와께 화제로 드리는 음식이면서(7:11-18 참조) 동시에 여호와 앞에 지극히 향기로운 냄새(1:9 주해 참조)였다.

레 3:16b-17. 모든 기름은 여호와의 것이니라 너희는 기름과 피를 먹지 말라 이는 너희의 모든 처소에서 너희 대대로 지킬 영원한 규례니라.

"모든 기름은 여호와의 것이라"(7:23, 25; 삼상 2:15; 대하 7:7)는 말은 '기름는 다 주님께 드려야 한다'는 뜻으로, 이는 번제 단에서 화제로 드려야 할 것을 뜻한다(3-4절, 9-10절, 14-15절). 기름기를 태워 주님께 바치는 것은 주님께 아주 향기로운 냄새가 되니 모든 기름은 여호와의 것이다. 기름은 생명을 유지시키는 요소이다.

한 걸음 더 나아가 "너희는 기름과 피를 먹지 말라"고 말씀한다(16절;

신 32:14과 비교; 느 8:10). "기름을 먹지 말라"는 규정은 7:10-14, 23-25에도 있다. 기름은 생명을 유지시키는 요소임으로 생명을 존중시 하는 뜻으로 기름을 먹지 말라 하신 것이다. 그리고 "피를 먹지 말라"는 규정은 7:26-27; 17:10; 19:26; 창 9:4; 신 12:16, 23; 15:23; 삼상 14:32-33; 겔 33:25; 행 15:20, 29에도 있다. 피를 먹지 말라고 한 이유는 육체의 생명은 피에 있고, 피는 대속하는데 사용되기 때문이다(17:11; 신 12:23). 기름을 먹지 말고 피를 먹지 말라는 규정은 당시 한 기간만 있어야 하는 규정이 아니라, 영원히 있어야 하는 규정으로 정하셨다. 하나님께서 이렇게 영원한 규정을 인류에게 주셔서 지키게 하셨다(6:18; 7:36; 17:7; 23:14).

제 4 장

D. 속죄제 4:1-5:13

번제(1장)와 소제(2장), 그리고 화목제(3장)를 언급하신 주님은 이제 "속죄제"를 언급하신다. "속죄제"(תָּאטָּח)란 이스라엘이 범죄 했을 때 속죄 받기 위하여 반드시 드려야 하는 제사였다. 이 제사는 이스라엘의 5대 제사 중에서 속건죄(5:14-6:7)와 더불어 가장 중요한 제사이다. 번제와 소제 그리고 화목제는 자원해서 드리는 자원 제사에 속한 반면, 속죄제와 속건죄는 반드시 드려야 하는 의무제사이다. 주님은 모세를 통하여 사람들이 번제가 무엇이고, 곡식제사가 무엇이며, 화목제가 무엇인지를 아는 것을 전제하여 말씀하시고 있는 반면, 속죄제와 속건제에 대해서는 백성들이 잘 모르고 있는 것으로 아시고, 보다 상세하게 제사들의 의미와 목적을 제시하신다. 속죄제와 속건죄는 무의식 중 혹은 무지로 인한 범죄에 한한 제사였고, 고의적인 범죄에 대해서는 속죄할 수 없었다.[28] 속죄제는 예수 그리스도의 속죄에 대한 가장 분명한 예표가 되는 제사이다. 범죄한 사람은 반드시 예수 그리스도의 속죄를 통해서만 죄 용서와 구원을 받을 수 있는 것이다. 이 부분(4:1-5:13)은 먼저 제사장의 속죄제 (4:1-12), 회중의 속죄제(4:13-21), 족장의 속죄제(4:22-26), 평민의 속죄제 (4:27-5:13)로 나누어진다.

1. 제사장이 드리는 속죄제 4:1-12

제사장, 회중, 족장 및 평민 중에서 제일 먼저 제사장의 속죄제가 나온다.

---

28) 고의적으로 죄를 범한 자는 "백성 중에서 끊어져야 했다"(민 15:30). 이는 그 공동체에서 끊어지는 것을 의미하지 않고 사망선고를 당한 것을 뜻한다. 여기서 사망선고란 백성들이 돌로 쳐 죽이거나 아니면 하나님께서 그를 직접 죽이심을 뜻한다.

제사장은 백성들의 속죄제를 집례 하는 자임으로 먼저 자신이 정결함을 받아야 했다. 제사장과 예수님이 달랐던 점은 제사장은 자신의 죄를 속해야 했으나, 예수님은 항상 온전하신 분임으로 속죄제를 드릴 필요가 없었다. 그는 온전 무죄하셨다.

제사장의 속죄제는 흠 없는 수송아지로 드렸는데, 먼저 회막 문에 끌고 와서 그 제물을 잡아, 그 피를 성소의 휘장 앞에 뿌리며, 향단 뿔에 바르고, 그의 피를 번제 단 앞에 쏟았다. 그리고 수송아지와 내장과 기름은 번제 단 위에서 태웠고, 그 외 다른 부분은 진 밖의 재 버리는 곳에서 살랐다.

레 4:1-2 여호와께서 모세에게 말씀하여 이르시되 이스라엘 자손에게 말하여 이르라 누구든지 여호와의 계명 중 하나라도 그릇 범하였으되.

"여호와께서 모세에게 말씀하여 이르셨다"(이 형식은 본서에 26회 나타난 다)는 말씀은 본서가 하나님께로부터 온 책이라는 것을 말한다. 속죄제는 "누구든지 여호와의 계명 중 하나라도 그릇 범한" 자가 드리는 제사임을 알 수 있다. 본문은 "그릇 범한" 경우만을 다룬다. 다시 말해 '무의식중에 범한 경우'(알지 못하고 범한 경우)를 말한다(4:22, 27; 5:15, 17, 18; 민 15:24-29; 35:11, 15; 수 20:3, 9). 고의적(짐짓 범하는 경우, 민 15:30)으로 죄를 범한 자는 속죄의 방법이 없다. 1-2절의 말씀은 속죄제의 기사 전체(4:1-5:13)의 서론이다.

레 4:3 만일 기름 부음을 받은 제사장이 범죄하여 백성의 허물이 되었으면 그가 범한 죄로 말미암아 흠 없는 수송아지로 속죄제물을 삼아 여호와께 드릴지니.

표준 새 번역은 우리의 이해에 도움을 준다. 즉, "특히, 기름부음을 받고 임명받은 제사장이 죄를 지어서, 그 벌이 백성에게 돌아가게 되었을 경우에, 그 제사장이 지은 죄를 용서받으려면, 소 떼 가운데서 흠 없는 수송아지 한 마리를 골라 속죄 제물로 주께 바쳐야 한다"이다(8:12; 9:2). 기름 부음을 받고 임명 받은 제사장이 사역 중에 죄를 지어서 그 벌이 백성에게 영향을 주게 되면, 그 제사장이 지은 죄를 용서받으려면, 수송아지 한 마리를 골라 속죄 제물로 주님께 바쳐야 했다. "기름 부음을 받고 임명 받은 제사장"이란 말은 다른 곳에서는 '대제사장'이라 불렸다(21:10; 민 35:25, 28; 수 20:6). "제사장이 범죄 하여 백성의 허물이 된다"는 말은 '제사장이 범죄 하면 온 백성들은 큰 영향을 받게 되고 또 백성들의 속죄제를 드릴 수 없게 된다는 뜻이다. 오늘날도 목회자가 범죄 하면 그 범죄가 회중 전체에게 돌아가는 것과 같다. 제사장이 범죄 하면 수송아지를 제물로 드려야 했다. "수송아지"는 큰 제물이다. 제사장의 신분이 중하기 때문에 제물도 큰 제물이 요구되었을 것이다. 회중의 속제물도 수송아지였고(15절), 족장의 제물은 수염소였으며(23절), 평민의 제물은 암염소나 혹은 어린 양의 암컷이었다(28절, 32절). 모든 제물은 "흠이 없어야" 했다. 이는 그리스도의 무흠함을 예표 한다.

레 4:4. 그 수송아지를 회막 문 여호와 앞으로 끌어다가 그 수송아지의 머리에 안수하고 그것을 여호와 앞에서 잡을 것이요.

대제사장은 그 수송아지를 회막 문 여호와 앞으로 끌어다가(1:3-4) 대제사장이 그 제물의 머리에 안수하고(죄를 전가하는 표시) 그 제물을 여호와 앞에서 잡아야 했다. 본 절은 1:4-5의 말씀과 동일하다. 그 곳 주해 참조할 것.

레 4:5-6. 기름 부음을 받은 제사장은 그 수송아지의 피를 가지고 회막에 들어가서 그 제사장이 손가락에 그 피를 찍어 여호와 앞 곧 성소의 휘장 앞에 일곱 번 뿌릴 것이며.

"기름 부음을 받은 제사장", 즉 '대제사장'은 그 수송아지의 피를 가지고 회막에 들어가서 대제사장이 손가락에 그 피를 찍어 여호와 앞, 즉 성소의 휘장 앞에 일곱 번 뿌려야 했다(16:14; 민 19:4). 번제의 경우 번제 단에서 피를 즉시 "제단 사방에 뿌렸으나"(1:5), 여기 속죄제의 경우 대제사장이 먼저 피의 일부를 취해서 성소로 가져가야 했고, 그런 다음 대제사장이 손가락에 그 피를 찍어 여호와 앞 성소의 휘장 앞에 일곱 번 뿌려야 했다. 본문의 "여호와 앞 성소의 휘장 앞"이란 '성소와 지성소 사이에 있는 휘장 앞'(출 35:12; 40:21)을 말함이다. 거기 피를 뿌린 것은 그 휘장 앞 땅에 피를 뿌렸다는 뜻이니, 지성소에 들어가는 입구에 뿌린 것을 말한다. 거기에 피를 뿌린 것은 그리스도

의 피를 통하여만 지성소(하나님께서 계신 곳)에 들어갈 수 있게 된다는 뜻이
다. 또 피를 "일곱 번 뿌린다"는 것은 그리스도의 완전하신 피를 예표 한다(수
6:15; 왕하 5:10).

그러면 왜 이렇게 피를 뿌리는 양식이 다른 것인가? 대제사장과 회중
전체가 죄를 지었을 경우는 그들의 죄책이 무거운 것이니 대제사장이 피를
가지고 성막 안에 들어가서 뿌렸고, 제사 드리는 자가 보통 사람인 경우에는
그 죄책이 덜 무거운 것이니 성막 뜰에 있는 번제 단에 피를 뿌린 것으로
본다.

레 4:7. 제사장은 또 그 피를 여호와 앞 곧 회막 안 향단 뿔들에 바르고 그 송아지의 피 전부를 회막 문 앞 번제단 밑에 쏟을 것이며.

제사장이 성소의 휘장 앞에 피를 일곱 번 뿌린(앞 절) 다음 그는 "또 그
피를 여호와 앞 곧 회막 안 향단 뿔들에" 발라야 했다(8:15; 9:9; 16:18). 즉,
대제사장은 '그 피를 휘장(성소와 지성소를 가로 막고 있는 휘장) 바로 앞에
있는 향단 뿔들'에 발라야 했다. 본문의 "여호와 앞"이란 표현은 '회막 안'을
뜻하는 말이다. 대제사장이 피를 "향단 뿔들에 바름"은 우리의 기도가 그리스
도의 피 공로로만 가능하고 또 상달할 수 있다는 것을 말한다(출 30:10). "향단"
은 기도의 상징이고(계 8:3-4), "향단 뿔(네 뿔, 출 30:2)"은 '기도는 힘이 있음'
을 보여주는 말인데, 거기에 피를 바름은 우리의 기도는 그리스도의 속죄의
피 공로가 아니면 하나님 앞에 상달할 수 없음을 보여주는 것이다. 우리는
끊임없이 그리스도의 피 공로를 의지해야 한다.

여호와께서는 모세에게 또 "그 송아지의 피 전부를 회막 문 앞 번제단
밑에 쏟으라"고 말씀하신다(5절, 9절). "그 송아지의 피 전부를 회막 문 앞
번제 단 밑에 쏟으라"는 말을 두고 견해가 네 가지로 나뉜다. 1) 이 행위는
더 이상 속죄 행위가 아니었고, 모든 인간적인 사용에서 남은 피를 제거하고자
하는 바램의 결과라는 견해(Frederic Gardiner, Noordtzij, F. Duane Lindsey,
Meyrick, Lange, F. C. Cook). 다시 말해 쓰고 나머지를 버린 것으로 보아야
한다는 것이다. 그러나 제단에서 흘린 피를 쓸모없는 것으로 보는 것은 성경적
으로 옳지 않은 견해이다. 2) 나머지 피를 놋 제단의 발아래 부은 것은 죄인이

자기의 피가 그렇게 물처럼 땅에 쏟아졌어야 했다는 것을 인정하도록 보여주는 행위라는 견해(Matthew Henry). 다만 인정하도록 보여주는 행위라는 이 견해는 정곡을 찌르지 못하는 것으로 보인다. 차라리 그렇게 물처럼 땅에 쏟아진 자체가 속죄를 이루는 것이라고 보아야 할 것이다. 3) 번제단 위의 모든 제사를 성립시키는 것이 번제 단 밑에 쏟은 피 공로에 의한다는 견해(이상근). 성경의 견해에 한층 접근한 견해로 보이나 미흡한 점이 보인다. 4) 번제단 위의 모든 제사도 그대로 효과가 있는 것이며, 번제 단 밑에 쏟은 피는 또 속죄의 효과를 내는 것으로 보아야 한다. 4번의 견해가 보다 성경적이다. 8:15에 제사장들의 위임식 때 속죄제를 드리고 나머지 피를 "제단 밑에 쏟아 제단을 속하여 거룩하게 했다"는 말을 상고할 때 번제 단 밑에 쏟은 피는 제단을 속하게 한 것으로 보아야 할 것이다.

레 4:8-10. 또 그 속죄제물이 된 수송아지의 모든 기름을 떼어낼지니 곧 내장에 덮인 기름과 내장에 붙은 모든 기름과 두 콩팥과 그 위의 기름 곧 허리 쪽에 있는 것과 간에 덮인 꺼풀을 콩팥과 함께 떼어내되 화목제 제물의 소에게서 떼어냄 같이 할 것이요 제사장은 그것을 번제단 위에서 불사를 것이며.

대제사장이 피를 뿌려야 할 곳에 뿌리고(6절), 또 피를 바를 곳에 바르고(7a), 남은 피를 번제 단 밑에 쏟은(7b) 다음, "그 속죄제물이 된 수송아지의 모든 기름을 떼어내야" 했다. 여기 "모든 기름"은 화목제에서와 같이 똑같은 부분(내장에 덮인 기름. 내장에 붙은 모든 기름. 두 콩팥과 그 위의 기름 곧 허리 쪽에 있는 것. 간에 덮인 꺼풀)에서 떼어내야 했다(3:3-5, 9-11, 14-15 주해 참조). 그런 다음 대제사장은 그 모든 기름을 번제 단 위에서 불살랐다. 그 후 다음 절들과 같이 버릴 것을 버릴 곳에 가져다가 불살랐다.

레 4:11-12. 그 수송아지의 가죽과 그 모든 고기와 그것의 머리와 정강이와 내장과 똥 곧 그 송아지의 전체를 진영 바깥 재 버리는 곳인 정결한 곳으로 가져다가 불로 나무 위에서 사르되 곧 재 버리는 곳에서 불사를지니라.

대제사장이 수송아지의 모든 기름을 번제단 위에서 불사른(10절) 다음, 수송아지 가죽, 모든 고기, 머리, 정강이, 내장과 똥 곧 그 수송아지의 전체를

"진영 바깥 재 버리는 곳인 정결한 곳으로 가져다가 불로 나무 위에서 사르되 곧 재 버리는 곳에서 불살라야" 했다(출 29:14; 민 19:5). 화목제의 경우, 고기의 일부는 제사장의 몫이 되었고(7:31), 제물을 드리는 자도 일부를 차지했으며, 번제의 경우, 가죽은 벗겨 제사장에게 주었고, 그 외 전부는 번제 단 위에서 불태웠다(1:6, 9). 그러나 속죄제의 경우는 제물을 드린 후, 남은 모든 것은 진 밖에서 불태웠다. 이렇게 제사장을 위한 속죄제의 경우 모두를 불태운 이유는 제사장 자신이 제사를 드리는 죄인의 입장이었기 때문이었다. 그러나 족장을 위한 속죄제나 평민을 위한 속죄제를 드리는 경우는 남은 부분을 제사장에게 주었다(6:26, 29 참조).

본문의 "진영"이란 말은 '성막을 중심하여 이스라엘 12지파가 진을 친 진영'을 말한다. "진영 바깥"은 12지파가 진을 친 곳을 벗어난 곳을 뜻한다. 속죄제를 드리고 남은 모든 것들은 진영 바깥 재버리는 곳(6:11)으로 가져다가 불태웠다(히 13:11). 그런데 "진영 바깥 재 버리는 곳"을 "정결한 곳으로" 묘사하는 이유는 1) 번제단의 재를 버리는 곳이기 때문이었다(K&D). 2) 이곳에서 속죄제물을 불태웠기 때문이었다(Meyrick). 진영 밖이란 곳은 장차 예수 그리스도께서 우리의 죽음을 대신 죽으실 그림자가 되는 곳이었다(마 27:32-32; 막 15:20; 눅 20:15; 요 19:20; 히 13:11-13).

2. 회중이 드리는 속죄제 4:13-21

이 부분(13-21절)은 온 회중이 범죄한 경우에 속죄제를 드림에 대해 언급한다. 온 회중이 범죄한 경우에도 제사장이 범죄한 경우(1-12절)와 마찬가지로 가장 큰 제물인 송아지로 드렸다. 제사 절차는 제사장을 위한 속죄제와 동일하나 단지 안수하는 사람들이 회중의 대표자들인 장로라는 점이다. 안수하는 사람들은 회중 전체가 될 수 없으니 회중의 대표자들이 나서야 했다. 그리고 그 중의 한 사람이 짐승을 잡았다. 제사를 다 드리고 난 후 송아지 전체를 제사장의 경우와 마찬가지로 영문 밖에서 불살랐다.

레 4:13 만일 이스라엘 온 회중이 여호와의 계명 중 하나라도 부지중에 범하여 허물이 있으나 스스로 깨닫지 못하다가.

혹시 이스라엘의 온 회중29)이 주님께서 하지 말라고 명하신 모든 계명 중 단 한 가지라도 실수로 저질러도 허물이 되는데(민 15:24; 수 7:11; 삼상 14:33 참조) 그 잘못을 금방 죄인 줄 깨닫지 못하는 수가 있다는 것이다(5:2-4, 17). 온 회중, 즉 오늘날의 당회, 지방회, 노회, 연회, 총회가 무엇을 잘못 결정하는 수가 있는데, 그 때 실수로 저지른 것을 얼른 죄인 줄 알지 못하는 수가 있다. 이유는 단체가 했으니 잘못이 아니라고 안도하기 때문일 것이다. 그러나 무식 죄(sin through ignorance)도 죄는 죄이다.

혹자는 본 절의 "회중"(עֵדָה)과 다음 절(14절)의 "회중"(קָהָל)을 어원적으로 구별하여 본 절의 "회중"을 '의회'(congregation)로 보고, 다음 절의 "회중"을 많은 사람의 모임으로 구별하나, 서로 교대로 사용할 수 있는 단어들로 보는 것이 나을 것이다(출 12:6; 민 14:5). 이 두 낱말이 교대로 쓰이는 때가 있는 것을 감안하면, 많은 사람들의 모임이나, 이스라엘 백성을 지칭하는 것으로 보는 것이 나을 것이다.

레 4:14 그 범한 죄를 깨달으면 회중은 수송아지를 속죄제로 드릴지니 그것을 회막 앞으로 끌어다가.

무식 죄(의도하지 않은 죄)를 지은 다음, 훗날 죄인 줄 깨달으면 회중은 수송아지를 속죄제로 드려야 하니 그것을 회막 문까지 끌어와야 한다.

레 4:15 회중의 장로들이 여호와 앞에서 그 수송아지 머리에 안수하고 그것을 여호와 앞에서 잡을 것이요.

회중의 장로들은 '여호와 앞에서', 즉 '회막 앞에서' 그 수송아지 머리에 죄를 전가하는 뜻으로(1:4 주해 참조) 수송아지 머리를 힘 있게 눌러야 한다 (1:4) 그리고 그 수송아지를 회막 앞에서 잡아야 한다. 제사의 절차는 제사장을 위한 속죄제의 절차와 같다(3-7절 주해 참조).

---

29) 여기 "회중"(קָהָל)이란 말은 "교회"를 지칭한다. 그래서 본 절의 범죄는 교회의 단체적 범죄를 뜻한다(삼상 14:33).

레 4:16-17. 기름 부음을 받은 제사장은 그 수송아지의 피를 가지고 회막에 들어가서 그 제사장이 손가락으로 그 피를 찍어 여호와 앞, 휘장 앞에 일곱 번 뿌릴 것이며.

수송아지를 회막 앞에서 잡은(15절) 다음, "기름 부음을 받은 제사장", 즉 '대제사장'은 그 수송아지의 피를 가지고 회막에 들어가서 그 제사장이 손가락으로 그 피를 찍어 "여호와 앞",30) 즉 '휘장 앞에 일곱 번 뿌려야 했다(5절; 히 9:12-14). 제사의 절차는 제사장을 위한 속죄제의 절차와 같다(3-7절 주해 참조).

레 4:18. 또 그 피로 회막 안 여호와 앞에 있는 제단 뿔들에 바르고 그 피 전부는 회막 문 앞 번제단 밑에 쏟을 것이며.

피를 대제사장이 휘장 앞에 일곱 번 뿌린(17절) 다음, 대제사장은 그 피로 회막 안 향단 뿔들에 바르고, 나머지 피 전부를 회막 문 앞 번제단 밑에 쏟아야 했다.

레 4:19-20. 그것의 기름은 다 떼어 제단 위에서 불사르되 그 송아지를 속죄제의 수송아지에게 한 것 같이 할지며 제사장이 그것으로 회중을 위하여 속죄한즉 그들이 사함을 받으리라.

그리고 대제사장은 수송아지의 기름 일체(내장에 덮인 기름. 내장에 붙은 모든 기름. 두 콩팥과 그 위의 기름 곧 허리 쪽에 있는 것. 간에 덮인 꺼풀)를 다 떼어내어 제단 위에서 불살라야 했다. 3:3-5 주해 및 본 장 8-10절 주해를 참조하라. 대제사장이 수송아지로 회중을 위하여 속죄하면 회중 전체가 사함을 받는다(민 15:25; 단 9:24; 롬 5:11; 히 2:17; 10:10-12; 요일 1:7; 2:2). 이는 우리가 그리스도의 대속을 믿으면 사함 받는 것의 모형이 되는 것이다 (막 10:45).

레 4:21. 그는 그 수송아지를 진영 밖으로 가져다가 첫 번 수송아지를 사름

---

30) 여기 "여호와 앞"이란 표현은 회막 앞이나 회막 안이나 다 해당되는 말이다. 이유는 여호와께서 회막에 계시기 때문이다(1:1 주해 참조).

같이 불사를지니 이는 회중의 속죄제니라.

본 절의 주해를 위하여 11-12절 주해를 참조하라.

3. 족장이 드리는 속죄제 4:22-26

대제사장(1-12절)과 회중(13-21절)이 드리는 속죄제에 대해 언급한 모세는 이 부분(22-26절)에서는 족장이 드리는 속죄제에 대해 언급한다. 대제사장과 회중의 속죄제는 값이 비싼 수송아지로 드렸으나, 1) 족장이 드리는 속죄제는 값이 비교적 싼 염소이고, 2) 피를 회막 안으로 가지고 들어가지 않았고, 3) 고기 중 일부는 제사장에게 돌린 것이 달랐다. 족장이 드리는 속죄제의 생축이 더 값 싼 것을 바친 것은 아주 합당했다. 이유는 족장은 대제사장과 그 회중 아래에 위치하였기 때문이었다(Noordtzij).

레 4:22. 만일 족장이 그의 하나님 여호와의 계명 중 하나라도 부지중에 범하여 허물이 있었는데.

본문의 '족장'[31]이란 말은 '한 지파의 우두머리'(출 16:22; 민 1:16), '회중의 우두머리'(출 22:28), '방백'(민 7:2), 혹은 '왕'을 지칭하기도 한다(왕상 11:34). 최고 통치자가 죄를 범한 경우에도 여호와께 속죄제를 드려야 했다(2절, 13절). 최고 통치자도 여호와께서 하지 말라고 말씀한 것 중 하나라도 실수로 범해도 허물이 되었다.

레 4:23. 그가 범한 죄를 누가 그에게 깨우쳐 주면 그는 흠 없는 숫염소를 예물로 가져다가.

---

31) "족장": Chief. Heads. Patriach. 일반적인 의미로는 일족의 우두머리(tribal head). 작게는 가족의 어른(head of a family). 구약에 있어서는 보통으로는 모세 이전의 창세기에 이름이 나와 있는 선조들의 호명으로서, 즉 모세 이전의 이스라엘의 선조인 아브라함, 이삭, 야곱을 주로 말한다. 족장시대(Patriarchal Age)라는 표현은 모세 이전의 시대로서, 아브라함, 이삭, 야곱, 또는 야곱의 아들들의 시대를 지칭한다. 족장들은 반(半) 유목생활을 했는데, 상당히 높은 문화를 가지고 있었다. 누주(Nuzu-지금 이라크의 수도 바그다드의 북 240 km), 또는 마리(Mari-시리아 이라크 국경의 시리아측 아부 케말 Abu-kemal의 북북동 약 11 km)에서 출토된 토판은 족장시대의 사회적 배경 이해를 돕고 있다. 그 당시의 결혼, 양자, 상속권 등의 관습에 의해 성경의 기술을 분명히 알게 하는 것에 도움이 되고 있다.

백성의 지도자가 자기도 모르는 중에 지은 죄를 누가 그에게 깨닫게
하여 자신이 죄를 지은 줄을 알게 되는 순간(14절), 그 지도자는 흠 없는
숫염소(양과 비슷하며, 목과 등에 긴 털이 있는 짐승)를 예물로 가져와야
했다. 숫염소는 번제에도 사용되었고(1:10 주 참조), 화목제에도 사용되었으
며(3:12), 대속죄일 제사(16:7)에도 사용되었다. 그리고 무슨 예물이든지 "흠
이 없어야" 한다는 것은 이 예물들이 예수 그리스도의 예표가 되어야 하기
때문이었다. 이렇게 경우에 따라 여호와께서 예물을 달리 지정하신 것은
여호와의 주권에 의한 것이었다. 여호와께서 그렇게 정하시면 사람은 반드시
그 지시를 따라야 했다.

레 4:24 그 숫염소의 머리에 안수하고 여호와 앞 번제물을 잡는 곳에서 잡을지니 이는 속죄제라.

백성의 지도자는 예물을 회막 앞(번제단 북편, 즉 회막 문과 번제단 사이의
뜰, 1:11 주해 참조)으로 가져온 후 "그 숫염소의 머리에 안수"해야 했다(4절).
여기 안수행위는 자신의 죄를 짐승에게 전가하는 행위였다. 이렇게 진행하는
제사가 바로 "속죄제"였다.

레 4:25 제사장은 그 속죄제물의 피를 손가락에 찍어 번제 단 뿔들에 바르고 그 피는 번제 단 밑에 쏟고.

죄를 지은 백성의 지도자가 회막 앞에서 숫염소의 머리에 안수한 후
"제사장(일반 제사장)은 그 속죄제물의 피를 손가락에 찍어[32] 번제 단 뿔들에
발라야" 했고(30절), 또 "그 피는 번제 단 밑에 쏟아야" 했다. 백성의 지도자를
위한 속죄제 순서는 제사장(1-12절)이나 회중(13-21절)을 위한 속죄제보다는
두 단계가 생략되었다. 다시 말해 성막 안의 지성소와 성소를 가로 막은
휘장 밖 바닥에 피를 뿌리는 일이나, 또 향단 뿔에 피를 바르는 일을 하지
않았다. 백성의 지도자를 위한 속죄제에서는 그 두 가지 순서는 생략된 채
번제 단 밑에 피를 쏟음으로 끝난다. 여호와께서 두 가지를 생략하신 이유는

---

32) 랍비들에 의하면 번제단의 네 뿔에 바를 때 집게 손가락으로 해야 했다. 그리고 손가락의
피가 없어지기까지 계속해서 발라야 했다(30절, 34절; 출 29:12 참조).

지도자나 평민이 부지중에 범한 죄가 대제사장이나 온 회중이 범한 죄보다는 가볍기 때문이었을 것이다. 지도자나 평민이 지은 죄는 그 개인에게만 영향을 주었다.

레 4:26. 그 모든 기름은 화목제 제물의 기름 같이 제단 위에서 불사를지니 이같이 제사장이 그 범한 죄에 대하여 그를 위하여 속죄한즉 그가 사함을 얻으리라.

다음으로 제사장은 그 모든 기름(내장에 덮인 기름과 내장에 붙은 모든 기름과 두 콩팥과 그 위의 기름 곧 허리 쪽에 있는 것과 간에 덮인 꺼풀)을 화목제 제물의 기름을 불사름 같이(3:3-5, 4:8-10), 번제 단 위에서 불살라 여호와께 돌려져야 했다. 이와 같은 순서로 제사장이 그의 속죄를 위해 절차를 밟으면 그 통치자는 사함을 얻게 되는 것이다(20절; 민 15:28). 그리고 그 외의 고기는 제사장의 몫으로 돌렸다(7:7). 대제사장의 속죄제나, 온 회중의 속죄제에서는 모든 고기를 진 밖의 재버리는 곳에서 태웠으나(11-12절, 21절), 백성의 통치자를 위한 속죄제에서는 제사장의 몫으로 돌렸다.

4. 평민이 드리는 속죄제 4:27-5:13

모세는 대제사장, 온 회중, 백성의 통치자가 드리는 속죄제에 대해 언급한 다음, 이제는 평민이 드리는 속죄제에 대해 언급한다. 평민이 드리는 속죄제는 앞 선 대제사장과 온 회중이 드리는 속죄제와는 달리 값 싼 짐승으로 드렸다는 것, 그리고 백성의 지도자가 드리는 속죄제와 동일하게 값 싼 짐승으로 드렸다는 것을 언급한다. 평민이 드리는 속죄제는 백성의 지도자가 드렸던 속죄제와 순서가 똑같으나, 제물을 택할 때 암염소나 암양 중에서 택할 수 있다는 것, 또 가난한 자를 위해서는 비둘기를 택해 제사를 드릴 수가 있었다는 것을 언급한다.

이 부분(4:27-5:13)의 내용은 암염소와 어린양으로 속죄제를 드릴 수 있다는 것을 언급하고(4:27-35), 속죄제를 드려야 할 경우가 어떠했는지를 언급하고 있으며(5:1-6), 가난한 자를 위해 비둘기의 제사가 가능하다는 것(7-10절)과 더 가난한 자는 곡물 속죄제가 허락된다는 것을 언급한다(11-13절).

a. 암염소와 어린양으로 드리는 속죄제   4:27-35

레 4:27-28. 만일 평민의 한 사람이 여호와의 계명 중 하나라도 부지중에 범하여 허물이 있었는데 그가 범한 죄를 누가 그에게 깨우쳐 주면 그는 흠 없는 암염소를 끌고 와서 그 범한 죄로 말미암아 그것을 예물로 삼아.

일반 평민 중의 한 사람이 여호와께서 하지 말라는 금령 중 하나를 자신도 모르는 중에 범하여 허물이 있었는데(2절; 민 15:28), 깨우침을 받아 자신의 죄를 알게 되면, 그 평민은 "그는 흠 없는 암염소를 끌고 와서 그 범한 죄로 말미암아 그것을 예물로 삼아야" 했다(23절). 그는 흠 없는 암염소를 회막 앞으로 끌고 와서 그의 범한 죄를 속하기 위하여 그것을 예물로 삼아 속죄제를 드려야 했다. 백성의 지도자를 위한 속죄제의 경우에는 숫염소를 드렸는데(23절 주해 참조), 평민의 한 사람은 암염소를 드려도 되었다. 암염소는 숫염소보다는 좀 값싼 염소였다. 아무튼 숫염소나 암염소나 흠이 없어야 한다는 것은 똑같은 사항이었다. 암염소도 그리스도를 예표한다.

레 4:29-31. 그 속죄제물의 머리에 안수하고 그 제물을 번제물을 잡는 곳에서 잡을 것이요 제사장은 손가락으로 그 피를 찍어 번제단 뿔들에 바르고 그 피 전부를 제단 밑에 쏟고 그 모든 기름을 화목제물의 기름을 떼어낸 것 같이 떼어내 제단 위에서 불살라 여호와께 향기롭게 할지니 제사장이 그를 위하여 속죄한즉 그가 사함을 받으리라.

죄가 있다고 깨달은 평민의 한 사람은 암염소를 끌고 회막에 와서 "그 속죄제물의 머리에 안수해야 했고"(4절, 24절), "그 제물을 번제물을 잡는 곳(번제단 북쪽)에서 잡아야" 했다. 제사 순서는 백성의 지도자의 경우와 같다(24-26절 주해 참조). 다만 다른 제사들(대제사장, 온 회중, 백성의 지도자를 위한 제사)에는 나타나지 않던 "여호와께 향기롭게 할지니"(1:9 주해 참조)란 말이 이곳에 나타나고 있다. 다른 제사들에도 있는 것으로 간주해야 한다.

32-35절. 평민이 어린 양으로 드리는 속죄제.

레 4:32. 그가 만일 어린 양을 속죄제물로 가져오려거든 흠 없는 암컷을 끌어다가.

평민의 속죄제를 위하여 암염소(23절 주해 참조) 외에도 어린 양을 택할 수도 있다는 것을 말씀한다. 어린 양을 가져올 때 "흠 없는 암컷"을 끌어다가 제물을 삼으라는 것이다(28절).

레 4:33-35. 그 속죄제 제물의 머리에 안수하고 번제물을 잡는 곳에서 속죄제물로 잡을 것이요 제사장은 그 속죄제물의 피를 손가락으로 찍어 번제단 뿔들에 바르고 그 피는 전부 제단 밑에 쏟고 그 모든 기름을 화목제 어린 양의 기름을 떼 낸 것 같이 떼내어 제단 위 여호와의 화제물 위에서 불사를지니 이같이 제사장이 그가 범한 죄에 대하여 그를 위하여 속죄한즉 그가 사함을 받으리라.

어린 양을 드리는 속죄제 절차도 암염소의 절차(29-31절 주해 참조)와 동일하다. 어린 양을 드리는 속죄제 진술에는 "여호와께 향기롭게 할지나"라는 말이 생략되었다(31절 주해 참조). 그러나 생략되었어도 있는 것으로 간주하면 된다. 왜냐하면 어린 양의 기름을 여호와의 화제물 위에서 불사르게 되니 여호와를 기쁘시게 하기 때문이다.

제 5 장

b. 속죄제를 드려야 할 경우   5:1-6

이 부분(1-6절)은 어떤 죄를 범했을 경우에 속죄제를 드려야 하는지를 다룬다. 대표적인 경우 4가지를 진술한다. 1) 증언을 고의적으로 하지 않는 경우(1절), 2) 동물들의 사체(死體)에 접촉된 경우(2절), 3) 사람의 부정에 접촉된 경우(3절), 4) 경솔하게 맹세한 경우(4절) 등이다. 어떤 범법자든지 범법했을 경우에는 죄를 자복하고, 속죄제를 드려야 했다.

레 5:1. 만일 누구든지 저주하는 소리를 듣고서도 증인이 되어 그가 본 것이나 알고 있는 것을 알리지 아니하면 그는 자기의 죄를 져야 할 것이요 그 허물이 그에게로 돌아갈 것이며.

개정 개역 판의 "저주하는 소리를 듣고서도"란 말은 문맥을 거스른 번역으로("저주"라는 말이 70인 역에 있긴 하나), 차라리 개역 판의 "맹세시키는 소리를 듣고서도"라는 말로 번역하는 것이 나을 것이다. 본 절은 속죄제를 드려야 하는 첫 번째 죄악으로, 법정으로부터 증인으로 채택되어 맹세시키는 소리를 듣고서도('증인으로 채택되고서도'라는 뜻이다. 즉, "나는 오직 진실만을 말하겠다"라는 맹세 같은 것을 지칭한다, 왕상 8:31; 마 26:63), 자신이 본 것이나 알고 있는 것을 말하지 않으면 그는 공범이 되어 벌을 받아야 하는 것이다(17절; 7:17; 17:16; 19:8; 20:17; 민 9:13). 그래서 그는 속죄제를 드려야 한다. 오늘날 사람들이 증인으로 출석하고서도 묵비권을 행사하는 것은 성경적으로는 잘못된 것이다.

레 5:2. 만일 누구든지 부정한 것들 곧 부정한 들짐승의 사체나 부정한 가축의 사체나 부정한 곤충의 사체를 만졌으면 부지중이라고 할지라도 그 몸이 더러워져서 허물이 있을 것이요.

속죄제를 드려야 할 두 번째 죄악(혹자는 여기 두 번째 사건과 세 번째 사건-3절-을 동일시한다)은 "누구든지 부정한 것들"(들짐승의 사체, 부정한 가축의 사체, 부정한 곤충의 사체)을 만지는 경우(비록 모르고 만졌다 하더라도) 그 몸이 더러워진 것이니(11:24, 28, 31, 39; 민 19:11, 13, 16) 깨닫는 대로 속죄제를 드려야 했다. 들짐승의 사체, 부정한 가축의 사체, 부정한 곤충의 사체를 만지는 경우에 대해서는 11장에 상론되어 있다.

레 5:3 만일 부지중에 어떤 사람의 부정에 닿았는데 그 사람의 부정이 어떠한 부정이든지 그것을 깨달았을 때에는 허물이 있을 것이요.

세 번째 죄악은 자신도 모르는 중에 어떤 사람의 부정에 닿았을 경우이다 (12절, 13절, 15절). 좀 더 상설하자면 사람의 부정이 어떠한 부정이든지 상관없이 그 부정에 닿기만 해도 부정을 입는 것이니 그 사실을 깨달을 때에는 죄가 된다는 것이다. 허물이라고 알면 반드시 속죄제를 드려야 했다. 이런 부정에 대해서는 12-15장에 상설되어 있다. 아이를 낳은 여인(12장), 피부병이나 나병 환자(13-14장), 유출병자(15:1-15), 설정한 자(15:16-18), 월경한 자, 혈루병자(15:19-30) 등과 모르는 중에라도 접촉되었으면 부정하게 된 것이니 그 사실을 깨달은 후 속죄제를 드려야 했다. 부지중에 죄를 짓는 경우 죄를 지은 것은 사실이나 자신이 죄를 지은 사실을 깨닫기 전까지는 그리스도의 십자가를 의지하지 않는다. 그러다가 어떤 때에 자신이 죄를 지은 사실을 깨달으면 십자가를 바라보며 철저히 죄를 자복하게 되어 용서받게 된다.

레 5:4 만일 누구든지 입술로 맹세하여 악한 일이든지 선한 일이든지 하리라고 함부로 말하면 그 사람이 함부로 말하여 맹세한 것이 무엇이든지 그가 깨닫지 못하다가 그것을 깨닫게 되었을 때에는 그 중 하나에 그에게 허물이 있을 것이니.

속죄하여야 할 네 번째 죄악은 누구든지 마음에도 없는 생각으로 입을

놀려, 악한 일을 하겠다거나(삼상 25:22; 행 23:12), 착한 일을 하겠다고 맹세할
때에, 비록 그것이 생각 없이 한 맹세일지라도, 그렇게 말한 사실을 잊고
있다가, 뒤늦게 알고서 자기의 죄를 깨달으면, 그 죄를 속하여야 했다. 맹세한
것은 반드시 지켜야 하는데 지키지 않으면 죄가 되는 것이다. 맹세는 선한
맹세든 악한 맹세든 상관없이 맹세하고 지키지 않으면 어떤 맹세이든 죄가
된다(민 30:7-9).

**레 5:5-6. 이 중 하나에 허물이 있을 때에는 아무 일에 잘못하였노라 자복하고
그 잘못으로 말미암아 여호와께 속죄제를 드리되 양 떼의 암컷 어린 양이나
염소를 끌어다가 속죄제를 드릴 것이요 제사장은 그의 허물을 위하여 속죄할지
니라.**

1-4절에서 말하는 세 가지(혹은 네 가지) 허물 중에 단 하나에만 허물이
있다는 것을 발견하는 경우에도 발견자는 자신이 어떻게 해서 잘못하였는지를
고백하고(16:21; 26:40; 민 5:7; 스 10:11-12), 그 잘못한 것 때문에 여호와께
속죄제를 드려야 했다. 속죄제를 드릴 때에는 그는 양 떼 가운데서 암컷 한
마리나, 염소 떼 가운데서 암컷 한 마리를 골라서, 속죄제물로 바쳐야 했다.
제사장이 속죄제물을 바쳐서 그의 죄를 속하여 주면, 그는 용서받게 된다.
당시의 죄고백은 아마도 짐승 몸에 안수할 때 고백했을 것이다.

오늘날도 먼저 자기의 죄를 깨닫는 것이 필요하다. 죄를 깨닫지 않고는
죄를 자복할 수 없으므로 죄 사함을 받지 못한다. 죄를 깨닫는 일은 사람이
지적해주기도 하고, 하나님의 말씀을 읽는 중에 깨닫기도 하며, 아무튼 성령의
역사가 있을 때 깨닫게 된다.

c. 비둘기나 곡물로 드리는 속죄제 5:7-13

번제를 드리는 경우에도 가난한 자를 위해 비둘기로 제물을 드리도록
허락된 것처럼(1:14-17), 속죄제에 있어서도 가난한 자를 위해 비둘기를 제물
로 드리는 제사가 허락되었고(7-10절), 또 더 가난한 자를 위해서 곡물로 속죄
제를 드리도록 허락되었다(11-13절). 이는 극빈자를 위해 곡물 제사를 허락한
것(2장)이나 같다. 4:27-35 참조.

레 5:7. 만일 그의 힘이 어린 양을 바치는 데에 미치지 못하면 그가 지은 죄를 속죄하기 위하여 산비둘기 두 마리나 집비둘기 새끼 두 마리를 여호와께로 가져가되 하나는 속죄제물을 삼고 하나는 번제물을 삼아.

만일 속죄제를 드리는 사람의 경제 사정이 양을 바칠 수도 없는 경우(12:8, 14:21), 그렇다고 죄 사함을 받지 않을 수 없으니, 그가 지은 죄를 사함 받기 위하여 가장 값 싼 산비둘기 두 마리(1:14)나 혹은 집비둘기 새끼(1:14 주해 참조) 두 마리를 여호와께로 가져가서 하나는 속죄 제물로 드리고 또 다른 하나는 번제물로 드려야 했다(번제의 경우는 비둘기가 하나였다)[33] 속죄제를 먼저 드려야 했고 다음으로 번제를 드려야 했다. 그러니까 먼저는 속죄가 중요하고 다음으로 헌신제가 뒤따라야 한다는 것을 말한다. 죄를 용서받지 않고는 헌신이 불가능하다는 뜻이다.

레 5:8. 제사장에게로 가져갈 것이요 제사장은 그 속죄제물을 먼저 드리되 그 머리를 목에서 비틀어 끊고 몸은 아주 쪼개지 말며.

속죄제를 드리려는 사람은 산비둘기 두 마리나 혹은 집비둘기 두 마리를 제사장에게로 가져가야 했다. 제사장은 속죄제물을 먼저 드릴 때 그 머리를 목에서 비틀어 끊고 몸은 아주 쪼개지 말아야 했다. 비둘기로 드리는 속죄제는 번제의 경우와 비슷하다(1:15-17 주해 참조). 비둘기를 죽일 때 "비둘기의 머리를 비틀어 끊었는데" 이렇게 비둘기를 잔인하게 죽인 것은 그리스도의 죽음을 예표 한다. 비둘기의 머리를 끊은 이유는 머리는 제단에서 사라져야 했기 때문이었다.

레 5:9. 그 속죄제물의 피를 제단 곁에 뿌리고 그 남은 피는 제단 밑에 흘릴지니 이는 속죄제요.

비둘기의 피를 제단 곁에 뿌린 것은 비둘기로 번제를 드린 때와는 달랐다 (1:15-17). 이처럼 가난한 자도 비둘기로 속죄제를 먼저 드려야 했다. 그런

---

33) 산비둘기나 집비둘기 한 마리에서 얻을 수 있는 기름은 아주 적었기 때문에 한 마리가 더 필요했다. 둘째 비둘기는 전체를 번제물로 바쳐야 한다. 그러므로 두 마리의 비둘기가 속죄제물이 되었다(Noordtzij).

뒤에   다음 절(10절)처럼 번제를 드렸다.

레 5:10 그 다음 것은 규례대로 번제를 드릴지니 제사장이 그의 잘못을 위하여 속죄한즉 그가 사함을 받으리라.

그 다음으로 또 다른 비둘기를 가지고 번제를 드려야 했다. 여기 번제는 바치는 자의 헌신을 뜻했다. 제사장이 그의 잘못을 위하여 속죄제를 드리면 (4:26) 그의 죄가 사해진다는 것이다. 먼저 죄 사함, 다음으로 헌신제 순으로 진행되었다.

레 5:11. 만일 그의 힘이 산비둘기 두 마리나 집비둘기 두 마리에도 미치지 못하면 그의 범죄로 말미암아 고운 가루 십분의 일 에바를 예물로 가져다가 속죄제물로 드리되 이는 속죄제인즉 그 위에 기름을 붓지 말며 유향을 놓지 말고.

본 절부터 13절까지는 곡식으로 속죄제를 드리는 경우에 대해 언급한다. 속죄제를 드리는 사람의 경제 형편이 "산비둘기 두 마리나 집비둘기 두 마리를 드릴 수 없다면" 여호와께서 그의 범죄를 용서받도록 하기 위하여 "고운 가루 십분의 일 에바를 예물로 가져다가 속죄 제물로 드리도록" 허락하신다. 여기 "고운 가루 10분의 1에바"는 2.3 liter에 해당한다(한 에바는 3스아로 대략 2.3 liter이다). 이는 가장 작은 곡물제물(소제)과 마찬가지였다(6:20; 민 5:15; 15:4; 28:5). 그런데 여기 문제가 되는 것은 속죄제를 드리는데 있어서 피를 드리지 않고 곡물만 드려도 되는가 하는 문제가 생긴다. 이 문제는 이렇게 해결된다. 즉, 여기서 말하는 속죄제는 독립적인 속죄제가 아니라, 단순히 가축의 속죄제를 대신하였다는 것이다(W. H. Gispen, 박윤선).

"이는 속죄제인즉 그 위에 기름을 붓지 말며 유향을 놓지 말라"고 하신다 (민 5:15). 즉, '이것은 속죄제이기 때문에 그 위에 기름을 붓지 말아야 하고 또 유향도 놓지 말아야' 했다. 기름과 유향은 곡물 제사의 특징이었다(2:1). 그러므로 그것들은 여기 속죄제를 위해서는 사용할 수 없다.

레 5:12 그것을 제사장에게로 가져갈 것이요 제사장은 그것을 기념물로 한 움큼을 가져다가 제단 위 여호와의 화제물 위에서 불사를지니 이는 속죄제라.

제물을 가져온 사람은 그것(고운 가루 십분의 일 에바, 23liter)을 제사장에게로 가져가야 했다. 그리고 제사장은 그 고운가루 중에서 전체를 바쳤다는 뜻으로 여호와로 하여금 기억하게 하시도록 한 움큼 가져다가 제단 위, 여호와의 화제물 위에서 불살라야 했다(22). 이렇게 제사를 드리는 것이 바로 속죄제이다.

레 5:13 제사장이 그가 이 중에서 하나를 범하여 얻은 허물을 위하여 속죄한즉 그가 사함을 받으리라 그 나머지는 소제물 같이 제사장에게 돌릴지니라.

제사장이 그 제물을 가져온 사람에게 1-4절에서 말하는 세 가지(혹은 네 가지) 허물 중에 하나를 범하여 얻은 허물을 위하여 속죄제를 드려주면 그 범인은 사함을 받게 된다(4:26). 나머지 고운 가루는 소제물의 경우처럼(2:3 주해 참조) 제사장에게 돌아갔다.

E. 속건제 5:14-6:7

속건제[34]는 번제, 소제, 화목제, 속죄제에 이어 5대 제사의 마지막이다. 속죄제처럼 속건제도 의무제에 속한다. 속건제는 어느 정도 속죄제와 일치한다. 1) 두 제사가 모두 자기가 의식하지 못하는 중에 하나님의 법령 중 하나를 범했을 때 바치는 제사이고, 2) 두 제사 모두 죄 사함을 얻기 위하여 드린다(5:16, 18; 6:7; 19:22; 민 5:8). 그러나 이 두 제사는 또 다른 점이 있다(7:37; 민 18:19; 왕하 12:16). 1) 속건제는 여호와께 속하거나(5:14-19) 동족 이스라엘 사람들에게 속한 것(6:1-6)을 자기도 모르는 사이에 자기 것으로 유용한 경우에 드려진다. 다시 말해 속건제는 불신실한 행위가 있을 때 드려진다. 즉 하나님의 거룩함을 훼손했을 때 드려진다. 2) 절차상의 차이도 있다. 속건제는 제물만 바칠 뿐 아니라 불법으로 취한 것에다가 5분의 1을 더하여 배상한다는 점이다(5:16; 6:5). 3) 속죄제물은 그것을 바치는 자가 그것을 잡고(4:15, 24, 29,

34) "속건제": 속건제는 하나님과 이웃의 권리나 재산을 침해한 경우에 보상하며 용서를 구하기 위해 드리는 제사였다. 여호와의 성물과 이웃의 물건에 손해를 끼쳤을 때 5분의 1을 더하여 보상했다.

33) 불로 살라야 했다(4:21). 그러나 속건제에서 제물은 제사장이 잡아 그가 먹었다(14:12). 4) 속죄제에서는 암컷 짐승으로도 족하나(4:28, 32), 속건제에서는 숫양(5:18; 6:6)이 필요했다.

1. 여호와의 성물을 범했을 때 드리는 속건제   5:14-16

여호와의 성물을 범했을 때 그 성물(聖物)에 상당한 값의 숫양으로 속건제를 드렸다.

레 5:14. 여호와께서 모세에게 말씀하여 이르시되.

아래의 제사법(14-19절)은 여호와께서 모세에게 지시하신 것이다(4:1 주해 참조). 뿐만 아니라 모든 제사법은 여호와께서 지시하신 것임에 틀림없다. 결코 모세의 머리에서 나온 것이 아니다.

레 5:15. 누구든지 여호와의 성물에 대하여 부지중에 범죄하였으면 여호와께 속건제를 드리되 네가 지정한 가치를 따라 성소의 세겔로 몇 세겔 은에 상당한 흠 없는 숫양을 양 떼 중에서 끌어다가 속건제로 드려서.

"누구든지", 즉 '누구든지 예외 없이' "여호와의 성물에 대하여 부지중에 범죄 하였으면", 즉 '여호와께 마땅히 바쳐야 할 성물(聖物) 예를 들어 가축의 첫 태생(민 18:15), 첫 열매(23:10-14)나, 십일조(27:30-33; 민 18:26-29) 및 제물 등에 대하여 태만하여 받치지 않았으면(22:14) "여호와께 속건제를 드려야' 했다. "여호와께 속건제를 드려야 했다"는 말은 '여호와께 배상해야 했다'는 말이다(삼상 6:3-4, 8, 17; 왕하 12:16). 여호와께 속건제를 드릴 때는 먼저 배상하고, 뒤따라 여호와께 제사해야 했다.

여호와께서는 속건제를 드리라 말씀하시고 이내 속건제를 드리는 방법을 말씀하신다. 즉, "네가 지정한 가치를 따라 성소의 세겔로 몇 세겔 은에 상당한 흠 없는 숫양을 양 떼 중에서 끌어다가 속건제로 드리라"고 하신다(스 10:19). "네가 지정한 가치를 따라", 즉 '모세 율법에 이미 지정한 가치를 따라'[35)

---

35) 훗날에는 제사장이 그 가치를 정했다(27:12).

드려야 한다는 말이다. "성소의 세겔로"36) 란 말은 '시중에서 사용하는 세겔이
아닌, 이스라엘의 성년 남자가 매년 1회씩 바친 속량을 위한 세겔로'(출 30:13)
란 뜻이다. 성소의 세겔은 시중의 세겔의 5배나 되는 가치가 있었다고 한다(출
30:13; 27:25). "몇 세겔37) 은에 상당한 흠 없는 숫양"이란 말은 '2세겔 이상
되는 은에 상당한 숫양을 양 떼 중에서 끌어다가 속건제로 드려야 한다는
뜻이다. 은(銀) 1 세겔은 대략 11.5g의 무게였다.

**레 5:16. 성물에 대한 잘못을 보상하되 그것에 오분의 일을 더하여 제사장에게
줄 것이요 제사장은 그 속건제의 숫양으로 그를 위하여 속죄한즉 그가 사함을
받으리라.**

속건 제물을 드리는 사람은 거룩한 예물을 드리는 데 있어서 범한 잘못에
대하여 보상하되, 자기가 바치도록 되어 있는 예물의 5분 1이 더 추가된 벌금을
제사장에게 가져가야 한다(제사장은 하나님 대신으로 그것을 받는다)(6:5;
22:14; 27:13, 15, 27, 31; 민 5:7).

그리고 제사장은 속건제를 드리는 사람이 받친 속건제의 숫양으로 그를
위해 속죄해야 한다(4:26). 그러면 그가 사함도 받게 되고 또 용서도 받게
될 것이다. 속건제 제사에 대해서는 본 절에 기록되어 있지 않고, 다음 7:1-6에
대략 기록되어 있다.

2. 부지중 과오를 범했을 때 드리는 속건제 5:17-19

이 부분(17-19절)도 역시 앞선 부분(14-16절)이나 마찬가지로 여호와께
대한 속건제로 여호와의 계명 중 하나를 자기도 모르는 중에 범한 경우에
드리는 제사이다. 이렇게 자기도 모르는 중에 범죄 했을 때는 속건제 때 추가되
어 드려야 하는 5분의 1 벌금이 생략되고 있다.

레 5:17. 만일 누구든지 여호와의 계명 중 하나를 부지중에 범하여도 허물이라

---

36) "성소의 세겔"(Shekel of the sanctuary)이란 말은 이스라엘의 성년남자가 매년 1회씩
바친 속량을 위한 인두세였다(출 30:13). 이것은 20게라를 1세겔로 하는 새로운 중량을 가리키는
것으로 여겨진다.
37) 여기 "몇 세겔"이란 말은 복수이니, '두 세겔 이상'을 말한다.

벌을 당할 것이니.

누구든지 예외 없이 주께서 하지 말라고 명한 것 가운데서 어떤 한 가지라도 범하면(4:2), 비록 그가 그것이 금지된 것인 줄을 몰랐다고 하더라도(15절; 4:2, 13, 22, 27; 시 19:12; 눅 12:48), 그에게는 허물이 있다는 것이다(1절, 2절). 그는 자기가 저지른 악행의 결과에 책임을 져야 한다. 그가 그 죄를 깨닫지 못해도 죄는 죄이니 그는 벌을 당해야 한다.

레 5:18. 그는 네가 지정한 가치대로 양 떼 중 흠 없는 숫양을 속건제물로 제사장에게로 가져갈 것이요 제사장은 그가 부지중에 범죄한 허물을 위하여 속죄한즉 그가 사함을 받으리라.

자기도 모르는 중에 죄를 범한 자도 속건제를 드려야 함으로(앞 절), 모세가 율법에 기록해 놓아 이미 지정된 가치대로 "양 떼 중 흠 없는 숫양을 속건 제물로 제사장에게로 가져가야" 한다(15절). 그러면 제사장이 그 죄를 범한 자가 부지중에 범죄한 허물을 위하여 속죄의 의식을 치러주면 그 죄인은 사함 받고 용서받게 된다(16절). 본 절에는 5분의 1을 더 배상해야 한다는 조항이 없다.

레 5:19. 이는 속건제니 그가 여호와 앞에 참으로 잘못을 저질렀음이니라.

"이는 속건제니"란 말은 '이렇게(14절 이하부터 6:7까지) 의식을 치루는 것이 속건제'란 뜻이다. 그가 주의 계명을 범하였으니(스 10:2), 이 일에 책임을 지고 속건제를 드려야 마땅하다는 뜻이다.

제 6 장

3. 사람의 것들을 범했을 때 드리는 속건제 6:1-7

앞선 14-16절은 여호와의 성물을 범했을 때 그 성물(聖物)에 상당한 값의 숫양으로 속건제를 드리라는 문제를 다루었고, 또 17-19절도 여호와의 계명 중 하나를 자기도 모르는 중에 범한 경우에 여호와께 대하여 속건제를 드려야 한다는 것을 말씀했는데, 이제 이 부분(6:1-7)에서는 사람의 것들을 범했을 때 속건제를 드려야 한다는 것을 말씀한다. 사람이 물건을 위탁한 것을 잃은 경우, 강도 행위를 한 경우, 습득물을 돌려주지 않고 횡령한 경우 속건제를 드려야 했다. 이런 행동의 죄는 출애굽기에서는 재산 배상법(21:33-22:17)으로 취급하고 있으나, 여기서는 하나님께 대한 죄로 취급하고 속건제를 드리라고 하신다. 사실 인간 사회에서 잘못한 모든 죄는 하나님 앞에서 짓는 죄로 취급되고 있다(시 51:4).

레 6:1. 여호와께서 모세에게 말씀하여 이르시되.

사람의 것들을 범해도 여호와께 대한 죄이니 여호와께 속건제를 드리라(1-7절)고 여호와께서 모세에게 말씀하신다. 사람에게 속한 것들도 모두 여호와께서 관여하시고 주장하신다. 우리는 사람들의 것에 대해서도 조심해야 한다.

레 6:2-3. 누구든지 여호와께 신실하지 못하여 범죄하되 곧 이웃이 맡긴 물건이나 전당물을 속이거나 도둑질하거나 착취하고도 사실을 부인하거나 남의 잃은 물건을 줍고도 사실을 부인하여 거짓 맹세하는 등 사람이 이 모든 일 중의 하나라도 행하여 범죄 하면.

"누구든지 여호와께 신실하지 못하여 범죄하다"(민 5:6)란 말은 '누구든지 주께 성실하지 못하면 죄를 짓게 된다'는 뜻이다. 여호와께 신실하지 못하면 사람에게도 신실하지 못하게 마련이다. 곧 이웃이 맡긴 물건이나,38) 담보물39) 을 속이거나, 도둑질을 하거나, 이웃의 것을 강제로 빼앗거나, 남이 잃어버린 물건을 줍고도 감추거나, 거짓 증언을 하거나(19:12; 출 22:11; 렘 7:9; 슥 5:4),40) 사람이 하면 죄가 되는 일들 가운데 어느 하나라도 범하면(19:11; 행 5:4; 골 3:9) 여호와께 속건 제물을 가져가야 한다는 것이다(6절).

레 6:4-5 이는 죄를 범하였고 죄가 있는 자니 그 훔친 것이나 착취한 것이나 맡은 것이나 잃은 물건을 주운 것이나 그 거짓 맹세한 모든 물건을 돌려보내되 곧 그 본래 물건에 오분의 일을 더하여 돌려보낼 것이니 그 죄가 드러나는 날에 그 임자에게 줄 것이요.

남의 것을 도둑질하면(2-3절) 죄를 범한 것이고, 죄가 드러나는 날에, 그는 자기가 강도질을 하여 훔친 물건이든, 강제로 빼앗아서 가진 물건이든, 맡고 있는 물건이든, 남이 잃어버린 물건을 가지고 있는 것이든, 거짓으로 증언하면 서까지 자기의 것이라고 우긴 물건이든, 모두 돌려보내야 한다(5:16; 민 5:7; 삼하 12:6; 눅 19:8). 그는 이 모든 것을 모자람이 없이 다 갚아야 할 뿐 아니라, 물어내는 물건 값의 오분의 일에 해당하는 값을 보태어 본래의 임자에게

---

38) 이스라엘에서는 특히 이웃에게 물건을 맡기고 멀리 목축을 떠나는 사람들이 많았다. 멀리 갔다가 돌아온 사람이 자기의 물건을 도로 찾으려 할 때 물건 맡았던 사람이 물건을 맡지 않았다고 할 수 있었다.

39) "담보": Pledge, Security. 대금(貸金)의 담보로서 물품을 받아 보관해두는 일. 이것은 옛부터 행해졌다. 성경에도 이 습관을 인정하고 있는데, 그러나 부정을 방지하는 규정이 마련되어 있었다. 가난한 사람은 겉옷을 침구로 대용했기 때문에, 겉옷을 전당 물로 잡을 때는, 해지기 전에 그에게 돌려주어야 했다(출 22:26; 신 24:12, 13). 또한 과부의 옷, 맷돌은 전집(典執)하는 것이 금지되어 있었다. 그것은 일용할 양식을 가루로 빻는 도구이기 때문이다(신 24:6, 17). 또한 채권자는 스스로 채무자의 집에 들어가 전당 물을 선택하는 일이 금지되고, 집 밖에서 채무자가 그것을 가지고 나오기를 기다려야 했다(신 24:10f). 왕조 말기에는 전토나 가옥도 담보로 되었다(느 5:3). 제 3자가 보증인으로 되기도 했는데(잠 6:1; 11:15), 잠언에는, 그것에 대하여 아주 실리적인 충언이 언급되어 있다(잠 20:16; 27:13). 선지자들은 사회 정의의 입장에서, 무산자의 중하(重荷)로 된 전당의 교정에 진력했다(암 2:8; 겔 18:12, 16; 욥 22:6; 24:3, 9)(디럭스 바이블 성경사전).

40) 율법에는 남의 물건을 습득했을 경우 반드시 주인에게 돌려주어야 했고(신 22:1-3), 주인을 알 수 없을 때는 주인이 찾으러 오기까지 보관해 두어야 했다(신 22:2-3).

갚되, 그 죄가 드러나는 날에, 그 임자에게 갚아야 한다(5:16 주해 참조). 남의 것을 가지고 돌려주지 않는다는 것은 참으로 부끄러운 일이다.

레 6:6. 그는 또 그 속건제물을 여호와께 가져갈지니 곧 네가 지정한 가치대로 양 떼 중 흠 없는 숫양을 속건제물을 위하여 제사장에게로 끌고 갈 것이요.

남의 것에 5분의 1을 보태어 다 돌려보낸(4-5절) 다음에 그 범법자는 속건 제물을 여호와께 가져가야 했다. 즉 모세가 율법에 기록해놓은 가치대로(5:15) 양 떼 중 흠 없는 숫양을 속건 제물을 위하여 제사장에게로 끌고 가야 했다(마 5:23-24 참조).

레 6:7. 제사장은 여호와 앞에서 그를 위하여 속죄한즉 그는 무슨 허물이든지 사함을 받으리라.

제사장은 여호와 앞에서 그 범법한 사람을 위하여 속죄를 해주어야 했다 (4:26). 제사장의 속죄행위는 예수님의 십자가 속죄행위의 그림자이다. 제사장 이 그 범법한 사람을 위하여 속죄를 해주면 그가 무슨 허물을 범했든지 사함을 받게 된다. 이것이 바로 구약의 복음이다. 민 5:5-10의 규정은 이 부분(1-7절)의 규정을 능가한다. 민수기의 규정은 피해자가 죽은 후에까지 되어져야 할 일까 지도 언급하고 있다.

II. 여러 제사들에 대한 보충 규례들   6:8-7:38

모세는 1:1-6:7에 이르기까지 5대 제사(번제, 소제, 화목제, 속건죄, 속죄제) 에 대해 언급해왔는데, 이제는 그에 대한 보충 규례를 언급한다. 앞선 부분에서 는 모세는 "이스라엘 자손에게 말하여 이르라"(1:2), "이스라엘 자손에게 말하 여 이르라"(4:2) 등의 식으로 말씀했는데, 이제 이 부분(6:8-7:38)에서는 "아론 과 그 자손에게 명령하여 이르라"(6:9), "아론과 그의 아들들에게 말하여 이르 라"(6:25) 등의 식으로 말씀한다. 이 부분의 내용은 번제에 대한 보충 규례 (6:8-13), 소제에 대한 보충 규례(7:1-10), 화목제에 대한 보충 규례(7:11-38)를 언급한다.

A. 번제를 위한 보충 규례들 6:8-13

이 부분(8-13절)은 번제에 대한 보충 규례를 말씀한다. 1장에서는 개인적으로 드리는 번제에 대해 언급했으나, 이 부분(6:8-13)에서는 전체 이스라엘이 아침 저녁으로 드리는 번제에 대한 보충 규례, 즉 "상번제"에 대해 언급한다.[41] 모세는 이 부분에서 상번제를 드릴 때의 제사장의 임무에 관해 언급한다. 혹자는 이 부분의 보충규례들을 후대인의 보충으로 보나 그렇게 보아서는 안 되고 여호와께서 모세에게 주신 보충 규례로 보아야 한다.

레 6:8. 여호와께서 모세에게 말씀하여 이르시되.

번제에 대한 보충 규례도 역시 여호와께서 모세에게 말씀하셔서 실시하게 하신다. 어느 것도 사람의 생각대로 하지 않았다(5:14; 6:1 주해 참조).

레 6:9. 아론과 그의 자손에게 명령하여 이르라 번제의 규례는 이러하니라 번제물은 아침까지 제단 위에 있는 석쇠 위에 두고 제단의 불이 그 위에서 꺼지지 않게 할 것이요.

번제의 보충 규례는 '아론과 그의 자손' 제사장들이 실시해야 했던 일이었다. 모세는 아론과 그의 자손에게 명령하여 일렀다. 여호와께서는 모세에게 "번제의 규례는 이러하다"고 말씀하신다(10-13절). 다시 말해 '번제를 드리는 보충 규례는 아래와 같다'고 하신다. 즉, "번제물은 아침까지 제단 위에 있는 석쇠 위에 두고 제단의 불이 그 위에서 꺼지지 않게 해야 한다"고 하신다. '번제물은 아침까지 석쇠[42] 위에 두어야 하고 또 제단의 불은 그 제단위에서 꺼지지 않게 제사장들이 돌보아야 했다. 제단 불은 하늘에서 내려온 불임[43]으로 꺼지지 않게 해야 했다. 그런데 아론의 두 아들 나답과 아비후는 다른

---

41) 이 조석간의 번제는 아하스왕(Ahaz, 742-727, BC) 시대부터는 아침 한번 드렸고, 저녁에는 소제를 드렸다(왕하 16:15).

42) "석쇠": Hearth. 쇠 테두리에 철사로 그물 뜨듯이 만든 고기 따위를 굽는 기구. 본 절의 석쇠는, 희생 제물을 굽기 위한 것으로, 화로 같은 것을 지칭한다(디럭스 바이블 성경사전).

43) 제단 위의 불은 처음에 하늘에서 내려온 불이었다(9:24).

불을 가지고 여호와 앞에 드리려다가 하나님의 벌을 받아 죽었다(10:1-2). 오늘도 하늘에서 온 복음에다가 다른 세상 것(철학, 인문학, 심리학 등)을 섞어서 말하는 사람들은 벌을 받는다. 제사장은 그 불을 꺼뜨리지 않기 위하여 연료를 공급해야 했다. 아침까지 두고 타야 하는 번제물은 상번제였다.

레 6:10. 제사장은 세마포 긴 옷을 입고 세마포 속바지로 하체를 가리고 제단 위에서 불태운 번제의 재를 가져다가 제단 곁에 두고.

제사장이 해야 하는 일이 계속된다. 제사장은 번제를 드릴 때 세마포 긴 옷을 입어야 했고(16:4; 출 28:39-41, 43; 겔 44:17-18), 세마포 속바지로 아랫도리를 가려야 했다. 여기 세마포 옷은 의(義)와 성결을 상징하였고, 신약 시대의 모든 제사장들(벧전 2:9), 즉 성도들이 그리스도로 옷 입고 봉사해야 할 것을 보여준다. 그리고 이 옷은 장차 성도가 입을 옷의 그림자이기도 하다(계 19:8). 그리고 "세마포 속바지로 하체를 가린다"는 말은 '세마포로 만든 팬티로 하체를 가린다'는 말로, 하체는 인간 타락 이후 인간의 수치와 치욕을 상징했기 때문에 가린 것이다(사 3:17; 겔 23:10; 합 2:15). 그리고 제사장은 불태운 번제의 재를 가져다가 제단 곁에 두어야 했다. 여기 "제단 곁"(1:16)이란 말은 '제단 동쪽 재 버리는 곳'을 뜻한다(1:16 주해 참조).

레 6:11. 그 옷을 벗고 다른 옷을 입고 그 재를 진영 바깥 정결한 곳으로 가져갈 것이요.

제사장은 밤새도록 번제로 인하여 불탄 재를 제단 곁에 임시로 두었던 것(앞 절)을 옮기려고 할 때, 그가 입고 섬겼던 세마포 옷을 벗어(겔 44:19) 회막 안 거룩한 곳에 두고, 다른 일반 옷을 입은 다음, 그 재를 진영 바깥 정결한 곳(4:12 주해 참조)으로 가져가서 버려야 했다. 그가 옷을 갈아입는 이유는 겔 44:17-19에 제시되고 있다. 즉, 제사장의 거룩한 옷이 일반 사람들에게 닿으면 일반 사람들이 거룩하여지게 마련이었는데, 거룩한 옷을 입은 대로 세속적인 일에 종사하면 벌을 받기 때문이었다.

레 6:12. 제단 위의 불은 항상 피워 꺼지지 않게 할지니 제사장은 아침마다

나무를 그 위에서 태우고 번제물을 그 위에 벌여 놓고 화목제의 기름을 그 위에서 불사를 지며.

제사장이 할 일이 계속된다. 제사장은 "제단 위의 불을 항상 피워 꺼지지 않게 해야" 했다. '제단 불은 여호와께서 내려 주신 불이니 꺼지게 해서는 안 되었다. 꺼지지 않게 하기 위해서는 "제사장은 아침마다 나무를 그 위에서 태웠던 것"이다. 즉, 아침마다[44] 새로운 연료를 공급해서 불이 꺼지지 않게 했다. 오늘 우리의 성령의 불, 신앙의 불도 꺼지지 않게 계속해서 연료가 되는 말씀을 공급해야 한다.

그리고 제사장은 "번제물을 그 위에 벌여 놓아야" 했다. 즉, '번제물을 그 불 위에 벌여놓아야' 했다. 이렇게 계속해서 번제물을 태우는 것이 상번제였다. 그리고 또 "화목제의 기름을 그 위에서 불살랐다"고 한다(3:3, 9, 14). 즉, 화목제의 내장과 기름을 태웠다(3:3-5, 9, 14 주해 참조). 우리는 여호와 하나님을 끊임없이 기쁘시게 해야 한다.

레 6:13. 불은 끊임이 없이 제단 위에 피워 꺼지지 않게 할지니라.

제단 위의 불을 항상 피워두라고 또 강조하신다. 이 부탁의 말씀대로 제단 위의 불을 꺼지지 않게 했지만, 바벨론 포로 때에는 꺼뜨리게 된다. 제단의 불이 꺼지지 않게 하라는 말씀은 오늘 복음의 불이 꺼지지 않게 하라는 말씀과 같다.

B. 소제를 위한 보충 규례들 6:14-18

이 부분(14-18절)은 2장의 소제를 위한 규례를 약간 보충하고 있다.[45] 즉, 소제를 드리고 난후, 나머지 제물을 제사장들이 먹는 문제를 자세히 다루고 있다. 이 부분 교훈은 23, 10을 보충하고 있는데, 제사장들이 나머지 제물을

---

44) 본 절은 "아침마다" 드리는 번제를 언급하지만 9절부터 드러나는 것은 저녁 번제도 드러나고 있다는 점이다(왕하 16:15; 스 9:4-5; 단 9:21 참조). 왜냐하면 아침 제사는 연속 24시간 연기를 피울 수 없었을 것이기 때문이다. 이 구절들은 이처럼 상번제(매일 드리는 번제)와 관련되는 출 29:38-46을 소급하여 언급한다(Noordtzij).

45) 누르체(Noordtzij)는 이 부분(14-18절)의 곡물 제사는 "제 2장에 언급된 곡물 제사가 아니라...매일 드리는 곡식제사였다"고 주장한다. 그러나 우리는 이 부분이 제 2장의 내용을 약간 보충한 것이라고 본다(거의 모든 주석가들).

회막 뜰에서 먹으라고 권장하신다.

레 6:14. 소제의 규례는 이러하니라 아론의 자손은 그것을 제단 앞 여호와 앞에 드리되.

"소제의 규례는 이러하니라"[46)라는 말은 '소제의 규정은 다음과 같다'는 뜻이다(2:1; 민 15:4). 본문의 "제단 앞 여호와 앞에"라는 말은 '제단 앞'은 어디든지 '여호와 앞'이란 뜻이다. 이유는 여호와께서 성소에 계시니 제단 앞도 여호와 앞이라고 할 수 있는 것이다. 아론 자손 제사장들은 소제물을 제단 앞에 드려야 했다.

레 6:15. 그 소제의 고운 가루 한 움큼과 기름과 소제물 위의 유향을 다 가져다가 기념물로 제단 위에서 불살라 여호와 앞에 향기로운 냄새가 되게 하고.

제사장은 두 가지를 가져다가 제단 위에서 불살라야 했다. 1) "소제의 고운 가루 한 움큼", 즉 '소제물 중 고운 가루 한줌'과 2) "소제물 위의 유향"을 가져다가 여호와께 기념이 되도록 불살라야 했다. 본 절의 "기념물로 제단 위에서 불사른다"는 말씀은 '여호와께 기념(2:2, 9; 5:12; 6:15; 24:7)이 되도록 제단위에서 불사른다'는 뜻이다. 우리의 신앙생활은 여호와께서 기억하시도록 해야 한다.

제사장은 두 가지를 가져다가 제단 위에서 불살라, 여호와 앞에 향기로운 냄새가 되게 해야 했다. 즉, 두 가지를 불살라 여호와의 공의를 만족시킴으로 여호와 앞에 향기로운 냄새가 되게 해야 했다.

레 6:16. 그 나머지는 아론과 그의 자손이 먹되 누룩을 넣지 말고 거룩한 곳 회막 뜰에서 먹을지니라.

본 절은 2:10의 내용보다 한층 상세하다. 소제를 위해 한 움큼 화제를 바치고 그 나머지는 아론과 그의 자손 제사장들이 먹되 누룩을 넣지 말고(2:3,4, 11; 겔 44:29) 거룩한 곳 회막 뜰에서 먹으라는 것이다. 우선 누룩을 넣지

---

46) 5대 제사의 보충규례의 서두에 나타나는 형식(Formula)이다.

말라는 말씀이 보충되었고(26절; 10:12-13), 거룩한 곳 회막 뜰에서 먹으라(민 18:9-10 참조)는 말이 보충된 것이다. 회막 뜰이 거룩한 이유는 회막에 여호와 께서 계시기 때문이었다. 오늘도 여전히 그리스도께서 나타나시는 모든 곳은 거룩하다.

레 6:17. 그것에 누룩을 넣어 굽지 말라 이는 나의 화제물 중에서 내가 그들에게 주어 그들의 소득이 되게 하는 것이라 속죄제와 속건제 같이 지극히 거룩한즉.

여호와께서는 "그것에 누룩을 넣어 굽지 말라"고 하신다(2:11 주해 참조). 즉 '그 나머지에 누룩을 넣어 굽지 말라'는 것이다. 그 나머지는 여호와의 화제를 드리고 남은 것으로 아론과 그의 자손들에게 주어 그들의 소득이 되게 정하신 것이니(민 18:9-10), 죄를 상징하는 누룩을 거기에 넣어서는 안 된다는 것이었다. 그 나머지는 "속죄제와 속건제"(7:1; 10:17)의 제물같이 "지 극히 거룩하기 때문에"(2:3 주해 참조) 절대로 누룩을 넣어서는 안 되었다.

"지극히 거룩한 것"(至聖物)은 "거룩한 것"(聖物)과 구별되는 것으로, "지극히 거룩한 것"(25절; 2:3; 7:1; 출 29:37)은 아론의 자손 중 남자들만 거룩한 곳에서 먹을 수 있었고, "거룩한 것"은 제사장의 가족들도 먹을 수 있었다(10:14).

레 6:18 아론 자손의 남자는 모두 이를 먹을지니 이는 여호와의 화제물 중에서 대대로 그들의 영원한 소득이 됨이라 이를 만지는 자마다 거룩하리라.

아론의 자손들 가운데서 남자는 모두 화제물(주께 살라 바치는 제물)에서 남은 것(지극히 거룩한 것임, 앞 절 주해 참조)을 먹으라는 것이다(29절; 민 18:10). 화제를 드리고 남은 것은 여호와의 화제물 중에서 대대로 아론 자손의 남자들의 영원한 소득이 되도록 정하셨다(3:17). 그들이 이것을 먹을 수 있었던 이유는 아론 자손의 남자는 모두 앞으로 제사장이 될 것이기 때문이다. "이를 만지는 자마다 거룩하리라"는 말씀은 '여호와의 화제물 중에서 남은 것을 만지는 자마다 거룩하게 된다'는 뜻이다(11절; 22:3-7; 출 29:37). 누구든지 화제물 중에서 남은 것을 만지면 거룩하게 되는데(겔 44:17-19), 거룩하게 된 사람이 세속적인 일에 종사하면 죄를 짓게 마련이니 만지지 말라는 뜻이다.

C. 제사장을 위한 소제의 규례들 6:19-23

이 부분(19-23절)은 아론과 그의 자손이 기름 부음을 받는 날에 여호와께 드릴 예물에 대하여 언급한다.

레 6:19. 여호와께서 모세에게 말씀하여 이르시되.

이 부분(20-23절)의 보충 규례는 여호와께서 모세에게 말씀하여 이르신 것이라는 뜻이다. 여호와께서는 보충 규례도 주셨다.

레 6:20. 아론과 그의 자손이 기름 부음을 받는 날에 여호와께 드릴 예물은 이러하니라 고운 가루 십분의 일 에바를 항상 드리는 소제물로 삼아 그 절반은 아침에, 절반은 저녁에 드리되.

'아론과 그의 자손이 기름 부음을 받는 날에 여호와께 드릴 예물은 이러하다'고 하신다(출 29:2). 즉, '아론과 그의 자손이 대제사장으로 임직 받는 날에 여호와께 드릴 예물은 다음과 같다'는 뜻이다. 여기 '아론과 그의 자손들'은 대제사장을 지칭한다(22절). 그러나 일반 제사장을 배제할 것은 아니다.

본 절은 문법적으로 문제가 있다. 상반절과 하반절의 시제가 다르다. 상반절은 "기름 부음을 받는 날에"(그날 하루에) 드릴 예물에 대해 언급하고, 하반절은 "항상 드리는 소제물"(계속되는 사역)에 대해 언급한다. 그런고로 대제사장은 기름 부음을 받는 날에, 하반 절에 말씀한 양의 소제를 드렸고, 또 일단 대제사장으로 임직 받은 후에 계속해서("항상") 소제를 드린 것으로 보아야 할 것이다. 22절도 대제사장이 계속적으로 드려야 되는 소제에 대해 언급한다.

혹은 본 절의 문제를 해결하기 위해 번역을 달리 할 수 있을 것이다. 즉, "아론과 그의 자손이 기름 부음을 받는 날에"가 아니라, "모든 제사장들 각 사람이 기름 부음을 받는 날"로 번역하면(Noordtzij) 상반 절과 하반 절의 시제 문제가 풀린다. 즉, "모든 제사장들 각 사람이 기름 부음을 받는 날에"; "고운 가루 십분의 일 에바를 항상 드리는 소제물로 삼아 그 절반은 아침에, 절반은 저녁에 드리되"(출 1:36)라고 하면 될 것이다.

본 절의 "고운 가루 10분의 1에바"는 23 liter에 해당한다(한 에바는 3스아로 대략 23 liter이다). 이는 가장 작은 곡물제물(소제)과 마찬가지였다(6:20;

민 5:15; 15:4; 28:5). 이만한 무게의 고운 가루로 소제를 드리되 "그 절반은
아침에, 절반은 저녁에 드려야" 했다.

**레 6:21. 그것을 기름으로 반죽하여 철판에 굽고 기름에 적셔 썰어서 소제로
여호와께 드려 향기로운 냄새가 되게 하라.**

고운 가루 십분의 일 에바를 기름에 반죽하여 철판에 굽고 기름에 적셔
썰어서 소제로 여호와께 드려 향기로운 냄새가 되게 해야 했다. 여호와께
드려 향기로운 냄새가 되게 하라는 것은 여호와의 규례를 따라 화제로 정성껏
바쳐지는 소제물의 연기를 여호와께서 기쁘시게 여김이 되도록 해야 한다는
뜻이다(1:13; 2:9). 이렇게 드리는 화제가 여호와께 향기로운 냄새가 되는
이유는 이 화제가 여호와의 공의를 만족시켜 여호와의 진노를 진정시키기
때문이다. 이 소제제물은 2:5-6의 소제의 내용과 거의 같다.

**레 6:22. 이 소제는 아론의 자손 중 기름 부음을 받고 그를 이어 제사장 된
자가 드릴 것이요 영원한 규례로 여호와께 온전히 불사를 것이니.**

"이 소제", 즉 '20절 하반 절과 21절이 언급한 소제'는 아론 자손 중
기름 부음을 받고 그를 이어 대제사장 된 자가 영원히 드려야 했고(4:3) 이
소제는 온전히 불살라 드려야 했다(출 29:25).

레 6:23. 제사장의 모든 소제물은 온전히 불사르고 먹지 말지니라.

대제사장을 위한 모든 소제물은 온전히 불사르고 먹지 말아야 한다는
것이다. 백성들 개인이 드리는 소제(2:3, 10)와 회중이 드리는 소제(6:16-18)는
화제로 드린 것 외에 남은 것은 제사장의 소유가 되었다. 그러나 본 절처럼
제사장 자신을 위한 소제는 온전히 불사르고 먹지 말아야 했다. 제사장은
자신을 위해 드려진 제물을 취할 수 없었다.

D. 속죄제를 위한 보충 규례들 6:24-30

이 부분(24-30절)의 속죄제를 위한 보충규례는 4:1-5:13의 기사와 대체적
으로 같고, 속죄제물이 거룩해서 이 제물에 접촉되는 모든 것도 거룩한 것이

된다는 것을 강조하고 있다. 속죄제와 관련하여 이 부분(24-30절)은 어디서 제물을 잡아야 할는지에 대해 구체적으로 언급한다. 번제물은 번제단 북편에서 잡아야 했다(4:24, 29, 33). 이 부분의 강조점은 속죄제의 고기가 갖는 성격(25절, 30절)과 이에 상응하는 결과들에 있다.

레 6:24. 여호와께서 모세에게 말씀하여 이르시되.

여호와께서 모세에게 25-30절까지의 속죄제의 보충규례를 말씀하여 이르신다는 것이다. 이 서두는 다른 5대 제사들의 초두와 같다(6:8, 19 주해 참조).

레 6:25. 아론과 그의 아들들에게 말하여 이르라 속죄제의 규례는 이러하니라 속죄제 제물은 지극히 거룩하니 여호와 앞 번제물을 잡는 곳에서 그 속죄제 제물을 잡을 것이요.

여호와께서는 모세에게 아론과 그의 아들들에게 말하여 속죄제의 규례를 다음과 같이 전하라 하신다. 먼저, 여호와께서는 '속죄제 제물은 지극히 거룩하다'고 규명하신다(17; 4:2; 21:22). 속죄제 제물이 지극히 거룩하니 "여호와 앞 번제물을 잡는 곳에서 그 속죄제 제물을 잡으라"고 하신다(1:3, 5, 11; 4:24, 29, 33). 여호와께서 회막에 계시니 번제물을 잡는 번제단 북편도 여호와 앞이 되는 것이다. 바로 그 제단 북편에서 제물을 잡으라고 하신다(1:5 주해 참조).

레 6:26. 죄를 위하여 제사 드리는 제사장이 그것을 먹되 곧 회막 뜰 거룩한 곳에서 먹을 것이며.

죄를 위하여 제사를 집행하는 제사장이 속죄제 제물을 먹되(10:17-18; 민 18:9-10; 겔 44:28-29) "회막 뜰 거룩한 곳에서 먹으라"고 하신다(16절). 회막 뜰도 역시 거룩한 곳이었다. 이유는 여호와께서 회막에 계시기 때문이었다. 회막 밖은 거룩한 곳이 아니기 때문에 회막 밖으로 속죄제 제물을 가지고 나갈 수는 없었다.

속죄제물을 먹는 법은 먼저 속죄제물의 기름과 내장 등은 번제단 위에서 불살라야 했고(4:8-10), 그 외의 부분인 제사장을 위한 속죄제와 회중을 위한 속죄제의 제물(4:1-21)은 진 밖에서 살라야 했고(4:12, 21), 족장과 평민을 위한 속죄제물(4:22-5:13)은 제사장과 남자 가족이 회막 뜰 거룩한 곳에서 먹어야 했다.

레 6:27. 그 고기에 접촉하는 모든 자는 거룩할 것이며 그 피가 어떤 옷에든지 묻었으면 묻은 그것을 거룩한 곳에서 빨 것이요.

속죄제의 고기에 접촉하는 모든 사람은 거룩해지니(11절, 18절; 출 29:37; 30:29) 고기를 들고 성막 밖으로 나가서 사람에게 닿지 않게 해야 하며, 피도 역시 지극히 거룩하니, 어떤 옷에든지 묻지 않게 해야 하는데, 만일 묻었으면 피 묻은 그것을 거룩한 곳, 즉 성막 안에서 빨아 피를 깨끗이 지워야 했다. 이스라엘의 성물과 속물의 구별은 참으로 엄격했다.

레 6:28. 그 고기를 토기에 삶았으면 그 그릇을 깨뜨릴 것이요 유기에 삶았으면 그 그릇을 닦고 물에 씻을 것이며.

속죄제의 고기는 거룩한 고로 토기[47])에 고기를 삶는 경우 그 토기를 깨뜨려야 했고(11:33; 15:12), 유기[48])에 삶는 경우 그 유기를 물로 닦고 물에 씻어야 했다. 토기를 깨뜨려야 하는 이유는 토기는 그 고기가 스며들어 갔을 가능성이 있어, 토기에 흡수되어 있는 고기의 성분을 달리 제거할 방법이 없기 때문에 깨뜨려야 했다. 그러나 유기의 경우는 고기가 조금도 유기에 스며들지 않으니 그릇 안에 남아 있는 고기의 잔재만 깨끗이 씻으면 되었다. 고기의 거룩함은 절대로 그릇에 묻어도 안 된다는 것이었다. 그릇에 고기가 묻으면 그릇이 거룩해지니 거룩해진 그릇을 속용(俗用)에 사용해서는 안 되었다.

---

47) "토기": Earthen vessel. Earthenware vessel. 유약(glaze)을 바르지 않고 약한 불에 구워 만든 점토 제의 용기. 질그릇이라고도 한다(흙으로 초벌 구운 뒤에 오지물을 입혀 구운 그릇은 오지 그릇, 도기, 옹기). 적당한 수분을 점토에 주어 부드럽게 하고, 여기에 돌가루나 모래, 또는 식물섬유를 섞어 정형하여, 약 600-800도의온도에 굽는다. 색은 붉은 기(그을음 때문에 검게 보이는 것도 있다)를 띠고, 이것보다 고온에서 구운 도기나 자기에 비하면 질은 무르다. 토기는 기계를 쓰지 않기 때문에, 그 형체, 무늬 등에 작자의 특질이 잘 표시되고, 나아가서는 이것을 배경으로 하는 시대의 특성도 알 수 있어서, 인류문화의 연구 상 중요시된다(디럭스 바이블 성경사전).

48) 여기 "유기"는 놋 그릇(brasen pot, bronze pot)을 이름이다.

레 6:29. 제사장인 남자는 모두 그것을 먹을지니 그것은 지극히 거룩하니라.

제사장의 가족 중 남자는 모두 속죄제 제물을 회막 안 거룩한 곳에서 먹을 수 있었다(18절; 민 18:10).[49] 그 속죄제 제물은 지극히 거룩한 것이었다 (17절, 25절). 그리고 거룩한 것은 온 가족이 역시 거룩한 곳에서 먹을 수 있었다. 이스라엘에서는 "지극히 거룩한 것"(지성물)과 "거룩한 것"을 구별했다.

레 6:30. 그러나 피를 가지고 회막에 들어가 성소에서 속죄하게 한 속죄제 제물의 고기는 먹지 못할지니 불사를지니라.

본 절은 앞 절과는 달리 제사장의 가족 중 남자라도 먹을 수 없는 고기가 무엇인지 말씀하고 있다. 즉 피를 가지고 회막에 들어가 성소에서 죄를 속하기 위해 사용된 속죄제물의 고기는 제사장이라도 먹어서는 안 되며(4:7, 11-12, 18, 21; 10:18; 16:27; 히 13:11) 그것은 완전히 불로 태워야 했다. 다시 말해 제사장과 회중을 위한 속죄제의 제물은 먹어서는 안 되었다(4:1-21 주해 참조).

---

49) 여자들은 화목제물이나 첫 소산물은 함께 먹을 수 있었다.

제 7 장

E. 속건제를 위한 보충 규례들 7:1-10

속건제는 속죄제와 본질상 동일한 성격을 갖는다. 앞에서 언급한 속건제의 기사(5:14-6:7)는 제사를 바치는 사람들이 구분되었으나, 여기서는 제사 자체의 절차가 자세하게 지시되고 있다. 제사의 절차는 속죄제의 절차와 같으나 피를 단 사면에 뿌리는 것만 다르다(2절). 그리고 뒷부분(8-10절)에서 번제와 소제를 드릴 때, 제사장의 몫을 첨가하고 있는 것이 특징이다.

레 7:1. 속건제의 규례는 이러하니라 이는 지극히 거룩하니.

여호와께서는 속건제를 드리는 규례는 다음과 같다고 하신다(5절; 6:1-7, 9 주해 참조). 속건 제사에 바칠 제물은 가장 거룩하다 하신다(6:17, 25; 21:22).

레 7:2 번제물을 잡는 곳에서 속건제의 번제물을 잡을 것이요 제사장은 그 피를 제단 사방에 뿌릴 것이며.

여호와께서는 속건제물(흠 없는 숫양, 5:15, 18; 6:6)을 잡는 곳을 지정하신다. 속건제물을 드리는 자는 그 속건제물을 회막 문까지 끌고 와서 번제물을 잡는 번제단 북쪽에서 잡아서(1:3, 5, 11; 4:24, 29, 33) 제사장에게 주어야 했다. 그러면 제사장은 "그 피를 제단 사방에 뿌렸단" 것이다. 제사장이 그 피를 제단 사방에 두루 뿌린 이유는 속건제를 드리는 자의 죄를 확실히 씻는다는 표시였다. 이렇게 피를 제단 사방에 뿌린 경우는 번제를 드릴 때와 같다(1:5). 속죄제를 드릴 때는 피를 사방에 뿌리지 않았다(4:4-7). 속건제와 속죄제는 거의 모든 절차가 비슷했으나 이 점에서는 달랐다.

여기 문맥(1-7절)에서 한 가지 빠진 듯한 것이 있다. 그것은 속건제의 제물을 잡기 전, 안수의식이 있을 법한데 빠진 것 같은 인상을 받는다. 여기만 빠져 있는 것이 아니라 앞서 언급한 속죄제의 경우에서도 마찬가지다(6:25). 4장에는 언급되어 있다(4:4 참조). 유대인 전승은 안수의식이 있었던 것으로 보고 있다(Noordtzij). 안수의식이 빠져 있더라도 다른 의식에서 죄 문제는 다 해결되게 되어 있으니 문제는 없다.

레 7:3-5. 그 기름을 모두 드리되 곧 그 기름진 꼬리와 내장에 덮인 기름과 두 콩팥과 그 위의 기름 곧 허리 쪽에 있는 것과 간에 덮인 꺼풀을 콩팥과 함께 떼어내고 제사장은 그것을 다 제단 위에서 불살라 여호와께 화제로 드릴 것이니 이는 속건제니라.

속건제를 드릴 때도 역시 화목제를 드릴 때(3:9-11 주해 참조)나, 속죄제를 드릴 때(4:8-10)와 같이 모든 기름(기름진 꼬리, 내장에 덮인 기름, 두 콩팥, 그 위의 기름 곧 허리 쪽에 있는 것, 간에 덮인 꺼풀)을 떼어내서 제사장에게 주면 제사장이 그 기름을 모두 제단 위에서 불살라 여호와께 화제로 드려야 했다(3:4, 9-10, 14-16; 4:8-9; 출 29:13). 이렇게 기름(기름은 생명을 비유한다)을 불살라 드린 것은 속건제를 드려야 할 사람이 죄 때문에 완전히 불타야 할 것을 의미하는 것이며 또 온전히 불타 헌신한다는 것을 의미하는 것이다.

레 7:6. 제사장인 남자는 모두 그것을 먹되 거룩한 곳에서 먹을지니라 그것은 지극히 거룩하니라.

속건제를 드리고 난후 제사장 직분을 가지고 있는 남자는 모두 나머지(화제를 드리고 난 나머지) 제물을 거룩한 곳에서 먹어야 했다(6:16-18; 민 18:9-10). 거룩한 곳(회막 뜰)에서 먹어야 하는 이유는 제물이 지극히 거룩하기 때문이었다(2:3). 속건제는 속죄제와 같이 지극히 거룩한 것으로 분류된다(6:17 주해 참조). 오늘도 복음을 전하는 자들은 모두 복음으로 말미암아 사는 것과 같다. 마 10:10; 고전 9:13 참조.

레 7:7. 속죄제와 속건제는 규례가 같으니 그 제물은 속죄하는 제사장에게로

돌아갈 것이요.

속죄제와 속건제는 제물을 드리는 절차가 같고, 또 나머지 제물을 누구에게 돌리느냐 하는 것도 같다는 뜻이다(6:25-26; 14:13). 단 한 가지의 차이는 속건제는 단 사면에 피를 뿌리는 절차가 있고(2절 주해 참조) 속죄제의 경우는 그렇지 않았다.

8절-10절. 8절부터 10절까지는 번제와 소제를 드릴 때의 제사장의 몫을 첨가해서 언급하고 있다. 사실은 1-7절까지 속건제의 절차와 또 속건제를 드리고 난 후의 제사장의 몫을 논했으니, 계속해서 속건제에 대해 언급해야 정상일 것으로 보이나, 번제와 소제를 드릴 때의 제사장의 몫을 논하게 되니 좀 이색적이라 할 수 있다. 그런고로 이 부분(8-10절)은 1-10절의 내용에 부록적 혹은 첨가적이라고 할 수 있다. 속죄제와 속건제는 제물을 드리는 절차가 같고, 또 나머지 제물을 누구에게 돌리느냐 하는 것도 같다(7절)고 하신 여호와께서는 덧붙여서 번제와 소제를 드린 후의 제사장의 몫도 한번 언급하신 것으로 보인다.

레 7:8 사람을 위하여 번제를 드리는 제사장 곧 그 제사장은 그 드린 번제물의 가죽을 자기가 가질 것이며.

여호와께서는 번제를 드린 제사장이 번제물을 드린 후에 남은 가죽을 가져야 한다고 말씀하신다(1장에는 언급이 없다). 번제를 드릴 때에는 모든 것을 태웠으나 그러나 가죽만은 남겨서 제사장의 몫으로 해야 한다고 하신다. 너무나 자세한 지시이다. 하나님은 항상 자세하게 지시하시니 우리는 안전하게 그 지시를 따라 살 수가 있다.

레 7:9. 화덕에 구운 소제물과 냄비에나 철판에서 만든 소제물은 모두 그 드린 제사장에게로 돌아갈 것이니.

본 절 주해를 위하여 2:4-7 주해를 참조하라. "화덕에 구운 소제물과 냄비에나 철판에서 만든 소제물", 즉 '고운 가루를 기름으로 반죽하여 화덕에 구운 것, 냄비에 부친 것, 및 철판에 삶은 것 세 종류'는 모두 그 제물을 드린 제사장에게로 돌려야 했다(2:3, 10; 민 18:9; 겔 44:29). 즉, 이 세 가지 제물에서 여호와께 바치는 기념물을 제외한 나머지 것은 제사장의 몫이 되어야 했다 (2:10). 드리고 난 후의 제물에서 제사장의 몫이 돌아갔다.

레 7:10. 소제물은 기름 섞은 것이나 마른 것이나 모두 아론의 모든 자손이 균등하게 분배할 것이니라.

소제물(곡식 제물)은 모두, 기름에 반죽한 것이나 반죽하지 않은 것을 가릴 것 없이, 아론의 모든 아들이 똑같이 나누어서 가져야 한다는 것이다.

F. 화목제를 위한 보충 규례들   7:11-38

앞선 화목제의 기사(3장)는 5대 제사 중 세 번째로 놓여 있었으나, 여기 그 기사를 보충하는 기사에서는 맨 마지막에 놓여있다. 아마도 내용이 가장 길고, 또 상세하기 때문에 뒤로 돌렸을 것이다(이상근). 화목제에는 3종류가 있다. 하나는 감사예물(12-15절), 둘째는 서원의 예물, 셋째는 자원의 예물(16-18절) 등이다. 감사예물은 과거의 은혜에 대한 감사의 표시로 드리는 예물이고, 서원의 예물은 기존 서원이 실현되었을 때에 드리는 예물이며(이 서원의 예물은 모든 서원이 실현될 때마다 드렸다), 자원의 예물은 전에 서원을 하지 않았던 것을 서원할 때, 즉 무엇인가 추구하거나 바라는 것이 있어서 어떤 특별한 자비를 탄원할 때 드리는 예물이다(11-21절).

이 부분(11-38절)은 또 예물을 드릴 때 기름과 피를 먹지 말라는 경고를 담고 있다(22-27절). 또 화목제는 다른 제사와 같이 엄중하게 취급해야 한다는 것을 말씀한다(28-34절). 그리고 결론 부분이 따른다(35-36절). 즉, 아론과 그의 자손들에게 기름 부은 날에 그들에게 돌아갈 몫에 대해 언급한다. 그리고 37-38절은 모든 제사에 대한 결론을 주고 있다. 즉 모든 제사는 자아복종, 충성, 속죄, 사죄, 헌신, 그리고 평화를 교훈하고 있다.

1. 화목제를 위한 보충 규례들   7:11-21

세 가지 화목제인 감사의 화목제, 서원의 화목제, 그리고 자원의 화목제의 규례를 말하고, 제물의 고기를 먹는 규례를 밝힌다.

레 7:11. 여호와께 드릴 화목제물의 규례는 이러하니라.

본 절은 이 부분(11-21절)의 서문으로 여호와께 드리는 화목제물의 규례는 다음과 같다(3:1; 22:18, 21)고 말한다.

레 7:12. 만일 그것을 감사함으로 드리려면 기름 섞은 무교병과 기름 바른 무교전병과 고운 가루에 기름 섞어 구운 과자를 그 감사제물과 함께 드리고.

누구든지 여호와께로부터 받은바 은혜에 감사한 마음이 가득차서 화목 제물을 드리려면, 세 종류의 누룩 섞지 않는 과자(누룩을 넣지 않고 기름으로 반죽하여 만든 과자와, 누룩을 넣지 않고 기름만 발라서 만든 과자[2:4; 민 6:15]와, 고운 밀가루를 기름으로 반죽하여 만든 과자, 246 참조)를, 감사제사 의 제물과 함께 바쳐야 했다. 감사해서 드리는 제사의 제물은 소나 양이나 염소의 제물을 드리는데, 암수 구분 없이 드리는 것이 특색이다(3:1, 6, 12 주해 참조).

레 7:13. 또 유교병을 화목제의 감사제물과 함께 그 예물로 드리되.

세 종류의 누룩 넣지 않은 과자(앞 절, 2:11 주해 참조)와 더불어, 감사의 뜻으로 드리는 화목제사의 제물에는 누룩을 넣어 만든 빵도 곁들여서 바쳐야 했다(암 4:5). 그러니까 네 종류의 과자, 즉 세 종류의 누룩을 넣지 않고 만든 과자와 누룩을 넣어 만든 한 종류의 과자를 드린 것이다.

사실은 여호와께 바치는 모든 소제물에는 누룩을 넣지 말도록 되어 있었는 데(2:11 주해), 이렇게 누룩을 넣어 만든 유교병을 바친 이유는 무엇인가? 견해가 크게 두 가지로 갈린다. 1) 유교병을 거제(쳐들어서 들리는 표만 보임)로 드림은 그 제사 드리는 자의 부패성까지 높이 들어 하나님의 처분에 맡기기 위함이라는 견해(Patrick, Andrew Bonar, 박윤선). 2) 제사장과 바친 자의 식용 을 위해 바친 것으로 보는 견해(Matthew Henry, Keil & Delitzsch, Noordtzij, 이상근). 매튜 헨리는 "유교병을 먹는 것은 화목제가 완전하고 즐거운 잔치(절 기)가 되기에 부족함이 없게 해 주었던 것이다. 무교병은 별로 맛이 안 좋으므로 유월절 때는 특별한 이유 때문에 무교병을 사용하나, 다른 축제에는 유교병을 쓰라고 했다. 유교병은 보다 맛있고 먹기 좋은 것이었기 때문이다"라고 주장한다.50) 누르체(Noordtzij)는 "이 유교병은 화목제와 함께 드려졌다. 그렇지만 이것들은 자체로 하나의 제물이 된 것은 아니었다. 이스라엘은 떡(과자) 없이 고기를 먹지는 않았기 때문이다. 칠칠절 때 바쳐지는 유교병처럼 말이다 (23:15-17)'라고 주장한다.51) 이 두 견해 중 두 번째 것이 더 바람직한 견해로 보인다.

레 7:14 그 전체의 예물 중에서 하나씩 여호와께 거제로 드리고 그것을 화목제의 피를 뿌린 제사장들에게로 돌릴지니라.

그리고 각 예물 중(유교병 포함해서 네 종류의 과자)에서 하나씩(여러 종류의 떡을 종류대로 하나씩) 제단 앞에서 들어 올려 여호와에게 거제(תרומה)52)로 바친 다음, 그것을 화목제의 피를 뿌린 제사장에게 주어야 했다(민 18:8, 11, 19). 이 거제물은 화목제의 피를 흘린 제단 사면에 뿌린(3:2) 제사장의 몫이 되었다.

레 7:15 감사함으로 드리는 화목제물의 고기는 드리는 그 날에 먹을 것이요 조금이라도 이튿날 아침까지 두지 말 것이니라.

본 절부터 21절까지는 제물을 먹는 규례를 말한다. 감사해서 드린 화목제물(12절)의 고기는 당일에 먹으라는 것이고(22:30), 이튿날 아침까지 조금이라도 남겨두지 말아야 했다. 감사의 화목제는 다른 두 제사(다음 절, 즉 서원의 예물, 자원의 예물)보다 더 중요하게 취급되었으므로 당일에 먹어야 했다(출 23:18). 다른 두 화목제의 경우는 이틀간의 여유가 있었다(17절).

레 7:16 그러나 그의 예물의 제물이 서원이나 자원하는 것이면 그 제물을 드린 날에 먹을 것이요 그 남은 것은 이튿날에도 먹되.

감사해서 드리는 화목제(앞 절)와는 달리, 서원이 성취되었기 때문에 드리

---

50) Matthew Henry, *레위기*, 성서주석시리즈, 홍정수 역, p. 85.

51) A. Noordtzij, *레위기*, 반즈 성경주석, 크리스찬 서적, p. 129.

52) "거제": 구약에 있어서의 거제는, 제물(예물)을 높이 들었다가 다시 내려놓는 제사 의식을 말한다. 거제는 제사의 종류가 아니라 제사의 한 방법이다. 이는 한번 하나님께 바쳐진 것을 제사장이 하나님께로부터 받음을 보여주는 데서 생겨난 것이다(출 29:27, 28; 레 7:14,32).

는 화목제(19:6-8; 시 56:12; 66:13-14; 116:1-19)나, 혹은 무엇을 추구하거나 바라는 것이 있어서 어떤 특별한 자비를 탄원할 때 드리는 화목제(출 35:5, 21; 시 54:6; 95:12; 103:1-5)의 경우, 또는 자원적으로 감동이 일어나서 드리는 화목제(시 54:6)의 경우, 그 제물을 드리는 날에 먹어야 했는데, 그러나 그 남은 것은 이튿날에 먹어도 되었다. 서원 예물이나 자원 예물에 대해 여호와께서 간략하게 말씀하신 이유는 이 두 화목제가 감사의 화목제에 비해 덜 중요시되었기 때문일 것이다.

레 7:17. 그 제물의 고기가 셋째 날까지 남았으면 불사를지니.

만약 서원 제물이나 자원 제물의 고기가 3일까지 남는 경우 부패의 가능성이 있으니 불살라야 했다. 여기 불사르는 절차는 제사가 아니고, 제물의 소각일 뿐이었다.

레 7:18 만일 그 화목제물의 고기를 셋째 날에 조금이라도 먹으면 그 제사는 기쁘게 받아들여지지 않을 것이라 드린 자에게도 예물답게 되지 못하고 도리어 가증한 것이 될 것이며 그것을 먹는 자는 그 죄를 짊어지리라.

본 절은 화목제물의 고기가 제 3일까지 남은 것을 조금이라도 먹는 경우의 불행에 대해 언급한다. 제 3일까지 남은 것을 조금이라도 먹으면 첫째, 여호와께서 화목제물을 기쁘게 받지 않으신다는 것이고(19:5-8 참조), 둘째, 그 화목제물을 드린 자도 예물다운 예물을 드린 것이 못되고(민 18:27) 도리어 가증한 예물(썩은 제물)을 드린 것이 될 것이며(11:10-11, 41; 19:7; 사 65:4; 겔 4:14), 셋째, 먹는 자에게는 죄가 되어(유죄로 인정되어) 속죄제를 드려야 할 것이라는 것이다. 예물을 여호와께서 기쁨으로 받지 않으시고, 또 드린 자 측에서도 가증한 예물을 드린 것이 되며, 죄를 지어 속죄제를 드려야 할 정도라니 절대로 제 3일까지 남은 고기를 먹어서는 안 되었다.

레 7:19. 그 고기가 부정한 물건에 접촉되었으면 먹지 말고 불사를 것이라 그 고기는 깨끗한 자만 먹을 것이니.

본 절부터 21절까지는 제물은 반드시 정결해야 한다는 것을 역설하신다.

부정한 것에 접촉된 제물은 절대로 먹어서는 안 된다는 것을 교훈하신다.
"그 고기가 부정한 물건에 접촉되었으면 먹지 말고 불사르라"고 하신다.
그리고 "그 고기는 깨끗한 자만 먹을 것이라"고 하신다. "깨끗한 자만 먹을
수 있다"고 하신 말씀은 깨끗지 않은 자가 먹으면 그 고기가 부정하여짐을
의미한다. 그러므로 고기는 부정한 것이나 부정한 사람에 접촉되어서는 절대로
안 된다는 뜻이다.

**레 7:20. 만일 몸이 부정한 자가 여호와께 속한 화목제물의 고기를 먹으면
그 사람은 자기 백성 중에서 끊어질 것이요.**

앞 절은 부정한 것에 접촉된 고기를 먹어서는 안 될 것을 말씀하고(앞
절), 본 절은 부정한 자(나병 환자, 유출 병자, 설정한 자, 월경중인 여자,
시체에 접촉된 자)가 고기를 먹어서도 안 될 것을 교훈하시다. 본 절이 말하는
"부정한 자"는 율법에서 부정한 자로 규정된 자를 지칭한다(13장, 15장). 본문
의 "그 사람은 자기 백성 중에서 끊어질 것이라"(7:20-21, 25, 27; 17:4, 9,
14; 18:29; 19:8; 20:18; 23:29; 출 12:15, 19; 30:33, 38; 31:14; 민 9:13; 15:30-31;
19:13, 20)는 말은 여호와의 심판을 받아 이스라엘의 회중에서 추방되거나,
혹은 여호와의 심판으로 선민의 특권을 잃는 것을 지칭한다. 오늘날도 큰
죄를 범하고 회개하지 아니한 자들이 예배당 안에 있으나 실제로 영적으로는
교회 공동체에서 끊어진 사람들이 있음을 볼 수 있다.

**레 7:21. 만일 누구든지 부정한 것 곧 사람의 부정이나 부정한 짐승이나 부정하
고 가증한 무슨 물건을 만지고 여호와께 속한 화목제물의 고기를 먹으면
그 사람도 자기 백성 중에서 끊어지리라.**

사람이 부정하지 않고 깨끗해도, 부정한 것(사람의 부정[12-13절], 15절],
부정한 짐승[11:24, 28], 부정하고 가증한 물건[겔 4:14])을 만지고 화목제물의
고기를 먹으면 그 사람도 역시 자기 백성 중에서 끊어질 것이라고 하신다(20
절). 그런고로 자기가 아무리 깨끗해도 부정한 것에 접촉되었으면 절대로
화목제물의 고기를 먹어서는 안 된다는 뜻이다. 본문의 "부정한 짐승"은 '부정
하게 된 짐승'을 뜻하고, "부정하고 가증한 무슨 물건"이란 율법에 부정한

동물들(비늘 없는 어류, 11:10-12, 또 부정한 조류, 11:13-19)로 규정된 것들을 지칭한다. 누구든지 부정한 것들에 접촉하고 화목제 제물을 먹으면 자기 백성 중에 끊어진다는 것이다(앞 절 주해 참조).

2. 기름과 피를 먹지 말라 7:22-27

3:17에 이미 기름과 피를 먹지 말라고 교훈하셨으나, 여기서는 더욱 자세히 교훈하신다. 기름은 생명을 유지하는 것이고, 피는 그 생명 자체이니 먹지 말라고 하신 것이다.

레 7:22. 여호와께서 모세에게 말씀하여 이르시되.

여호와께서 다음 절부터 27절까지의 내용을 모세에게 말씀하신다고 한다 (61, 19 참조). 기름과 피를 먹지 말라는 말씀은 사람의 말이 아니고 여호와께서 모세를 통하여 하신 말씀이다.

레 7:23 이스라엘 자손에게 말하여 이르라 너희는 소나 양이나 염소의 기름을 먹지 말 것이요.

지금까지는 제사장을 상대하여 말씀한 것이지만, 이제는 여호와께서는 모세에게 "이스라엘 자손에게 말하여 이르라"고 하신다. "말하여 이르라" 는 내용은 뒤따라 나오는 모든 말씀들이다. 즉 말씀하시는 내용은 "소나 양이나 염소의 기름을 먹지 말라"는 것이다(3:17). 이 짐승들의 기름은 내장에 붙은 모든 기름을 의미하는데, 이 중에서 양의 기름은 '꼬리에서 벤 바 기름진 꼬리'를 지칭한다. 기름을 먹지 말라고 하신 이유는 기름은 단 위에서 태워야 하기 때문이었고, 기름을 먹으면 백성 중에서 끊어져야 하기 때문이었다(25절).

레 7:24 스스로 죽은 것의 기름이나 짐승에게 찢긴 것의 기름은 다른 데는 쓰려니와 결단코 먹지는 말지니라.

자연사(自然死)한 짐승의 기름이나, 맹수(猛獸)에 의해서 찢겨죽은 짐승 (피가 완전히 제거되지 않았음으로 부정한 것으로 간주되었다)의 기름은 다른 목적으로(연료 같은 것으로) 사용할 수는 있으나 결단코 먹지는 말아야 했다 (11:39-40; 22:8 참조).

레 7:25. 사람이 여호와께 화제로 드리는 제물의 기름을 먹으면 그 먹는 자는 자기 백성 중에서 끊어지리라.

모든 제물의 기름과 내장은 여호와의 것으로 번제단에서 화제(火祭-태워서 드리는 제사)로 드렸으니(3:3-5, 10-11, 14-16), 이는 여호와의 것이요, 여호와의 식물이었다(3:11). 이렇게 여호와께 성별된 기름을 먹는 자는 누구든지 여호와의 벌을 받아 백성의 공동체에서 끊어지게 되었다(20절 주해 참조).

레 7:26-27. 너희가 사는 모든 곳에서 새나 짐승의 피나 무슨 피든지 먹지 말라 무슨 피든지 먹는 사람이 있으면 그 사람은 다 자기 백성 중에서 끊어지리라.

이스라엘 민족이 사는 곳에서는 새 피나, 짐승 피나, 무슨 피든지 절대로 먹어서는 안 되었다(3:17; 17:13-14; 신 12:16; 15:23). 피를 먹지 말라는 규정은 이스라엘 경내에 거주하는 외국인 태생들에게도 동일하게 적용되어졌다 (17:12). 무슨 피든지 먹는 사람이 있다면 그것은 생명(피는 생명을 의미한다)을 먹는 것이니 그 사람은 모두 하나님의 벌을 받아 자기의 백성 중에서 끊어져야 했다(20절 주해 참조). 피를 먹어서는 안 될 또 하나의 이유는 피는 그리스도의 보혈을 예표하기 때문이었다.

3. 화목제의 제사장 몫 7:28-34

이 부분(28-34절)은 화목제를 드리고 난 후 제사장이 차지할 몫에 대해 언급한다. 그것은 요제로 드린 가슴과 거제로 드린 우편 뒷다리이다.

레 7:28. 여호와께서 모세에게 말씀하여 이르시되.

여호와께서 모세에게 화목제의 제사장 몫에 대해서 언급하시기를 원하신다(22절 주해 참조).

레 7:29. 이스라엘 자손에게 말하여 이르라 화목제물을 여호와께 드리려는 자는 그 화목제물 중에서 그의 예물을 여호와께 가져오되.

여호와께서는 모세를 향하여 '이스라엘 자손에게 말하여 이르라'고 하신다. '뒤따라오는 말과 같이 이르라'는 것이다. 즉, "화목제물을 여호와께 드리려는 자는 그 화목제물 중에서 그의 예물을 여호와께 가져오라'고 하신다(3:1). 다시 말해 '화목제물을 여호와께 드리기를 원하는 자는 그 화목제물 중에서 자기가 드리려는 제물을 회막 문 앞까지 몰고 오라'는 것이다(3:1-2, 7, 12). 그가 드릴 화목제물에서 주님께 화제로 바칠 제물(기름과 제사장의 몫이 되는 부분)을 자기의 손으로 직접 가져와야 한다는 것이었다(다음 절).

레 7:30. 여호와의 화제물은 그 사람이 자기 손으로 가져올지니 곧 그 제물의 기름과 가슴을 가져올 것이요 제사장은 그 가슴을 여호와 앞에 흔들어 요제를 삼고.

본 절은 전절의 반복으로, 주께 살라 바칠53) 제물을 자기 손으로 직접 가져 와야 했는데(3:3-4, 9, 14), 제물의 가슴54)에 붙은 기름기와 가슴 고기를 가져와야 했는데, 제사장은 그 가슴을 여호와 앞에 흔들어 요제55)로 드려야 했다(8:27; 9:21; 출 29:24, 27; 민 6:20).

레 7:31. 그 기름은 제단 위에서 불사를 것이며 가슴은 아론과 그의 자손에게 돌릴 것이며.

화목제를 드리려는 자가 가져온 기름은 번제단 위에서 불살라 화제로 여호와께 드려야 했고(3:5, 11, 16), 가슴 고기는 요제로 드린 후 아론과 제사장에게 돌려야 했다(34절).

---

53) "화제"에 대해서는 1:9; 3:3-5 주해를 참조하라.
54) "가슴 고기"는 갈비가 포함된 부분이며, 가장 맛이 좋은 부분으로, 유대인들은 축제 때에 즐겨 찾았다고 한다.
55) "요제": Wave offering. 주 여호와 앞에서 예물을 흔들어 움직이는 의식. 거제(擧祭)와 함께 동물 희생(제사)중 제사장이 받은 몫(가슴 고기)에 관해 행하는 의식(7:30; 8:27, 29). 희생 동물의 가슴을 좌우가 아니라 전후로 주(여호와) 앞에서 흔들어 일단 바친 것을 하나님께로부터 제사장이 받는 형식이다(7:30; 8:27, 29; 9:21; 10:15; 14:12, 24; 23:15, 17, 20; 출 29:24, 26, 27; 민 6:20; 8:11, 13, 15, 21; 18:11).

레 7:32 또 너희는 그 화목제물의 오른쪽 뒷다리를 제사장에게 주어 거제를 삼을지니.

이스라엘 자손들은 그 화목제물의 오른쪽 뒷다리를 제사장에게 주어 높이 드는 거제 의식 후에 제사장에게 주어야 했다(34절; 9:21; 10:12-15; 출 29:27-28; 민 6:20). 제사장의 몫은 가슴과 오른쪽 뒷다리 외에도 "앞다리와 두 볼과 위"(신 18:3) 등이 있었다.   가슴을 요제(제물을 성소를 향하여 앞으로 내밀었다가 다시 가져오는 형식으로 드리는 제사)로 드렸다가 제사장에게 주었고, 또 제물의 오른쪽 뒷다리를 거제로 드렸다가 제사장에게 준 것은 일단 여호와께 바쳤다가 제사장에게 준 것이니 제사장은 일용할 양식을 사람들에게서 받은 것이 아니고, 주님으로부터 받는다는 뜻이다. 오늘도 성도들이 일단 헌금한 것을 교역자에게 생활비로 지급하는 것이니 성도들은 자기들이 교역자에게 무엇을 주었다고 생각하지 말아야 하고, 또 교역자들은 성도들로부터 받는다고 생각하지 말아야 하며, 주님으로부터 생활비를 받는 것으로 알아야 한다.

레 7:33 아론의 자손 중에서 화목제물의 피와 기름을 드리는 자는 그 오른쪽 뒷다리를 자기의 소득으로 삼을 것이니라.

아론의 자손 중에서 "화목제물의 피와 기름을 드리는 자", 즉 '제사를 집례한 제사장'은 그 오른 쪽 뒷다리를 자기의 소득으로 삼아야 한다고 하신다.

레 7:34 내가 이스라엘 자손의 화목제물 중에서 그 흔든 가슴과 든 뒷다리를 가져다가 제사장 아론과 그의 자손에게 주었나니 이는 이스라엘 자손에게서 받을 영원한 소득이니라.

화목제사의 제물 가운데서, 제사하는 자가 주께 흔들어 바친(요제) 가슴 고기와 들어 올려 바친(거제) 넓적다리를 주께서 이스라엘 자손에게서 받아서, 그것들을 제사장 아론과 그의 아들들에게 주었으므로 이것은 항상 그들이 차지해야 할 몫이었다는 것이다(10:14-15; 출 29:28; 민 18:18-19; 신 18:3).

4. 맺는 말 두 가지   7:35-38

35-36절은 28-34절을 위한 결론이고, 37-38절은 1장 이후의 모든 제사에 대한 결론이다. 35-38절을 한 결론으로 묶는 것은 내용으로 보아 바람직하지 않다.

레 7:35-36 이는 여호와의 화제물 중에서 아론에게 돌릴 것과 그의 아들들에게 돌릴 것이니 그들을 세워 여호와의 제사장의 직분을 행하게 한 날 곧 그들에게 기름 부은 날에 여호와께서 명령하사 이스라엘 자손 중에서 그들에게 돌리게 하신 것이라 대대로 영원히 받을 소득이니라.

이 부분(35-36절)은 제사장들(아론과 그의 아들들)에게 주어야 하는 제물의 몫을 다룬다. 본 절 초두의 "이는"이란 말은 34절에 나온 "흔든 가슴과 든 뒷다리"를 지칭한다. 흔든 가슴과 든 뒷다리는 "여호와의 화제물 중에서 아론에게 돌릴 것과 그의 아들들에게 돌릴 것이라"고 말씀하신다. 이렇게 제사장들에게 몫을 지정하신 것은 여호와께서 "그들을 세워 여호와의 제사장의 직분을 행하게 한 날 곧 그들에게 기름 부은 날에 여호와께서 명령하신" 것이다(8:12, 30; 출 40:13, 15). 그들을 제사장으로 세우신 날에 제사장들의 몫을 정하셨다. 여호와께서는 제사장들에게 주는 몫을 도중에 폐지하지 말고 영원히 주라고 하신다. 오늘도 여호와께서 교회의 일꾼들을 세우실 때 그들에게 사례를 정하신다. 결코 사람의 임의로 정하거나 혹은 도중에 폐지하는 일이 없어야 한다.

레 7:37-38 이는 번제와 소제와 속죄제와 속건제와 위임식과 화목제의 규례라 여호와께서 시내 광야에서 이스라엘 자손에게 그 예물을 여호와께 드리라 명령하신 날에 시내 산에서 이같이 모세에게 명령하셨더라.

이 부분(37-38절)은 제사법 전체(1-7장)의 결론이다. 그렇게 보아야 하는 이유는 "이는 번제와 소제와 속죄제와 속건제와 위임식과 화목제의 규례라"는 말 때문이다. 이 부분은 번제(1:1-17; 6:8-13), 소제(2:1-16; 6:14-23), 속죄제(4:1-5:13; 6:24-30), 속건제(1절; 5:14-6:7; 7:1-10), 화목제(3:1-17; 7:11-36) 등 5대 제사와 위임식(6:19-23; 7:35-36; 출 29:1)에 관한 규례의 결론이다.

1-7장의 모든 것은 "여호와께서 시내 광야에서 이스라엘 자손에게 그 예물을 여호와께 드리라 명령하신 날에 시내 산에서 이같이 모세에게 명령하산" 것이었다(1:2). "여호와께서 시내 광야에서 이스라엘 자손에게 그 예물을 여호와께 드리라 명령하신 날"은 이스라엘 백성이 회막을 세운 날로부터 이스라엘 백성이 시내 산을 떠난 날까지 50일의 기간이었다. 회막을 세운 날은 출애굽 제 2년 1월 1일이었고(출 40:17), 이스라엘 백성이 시내 산을 떠난 것은 같은 해 2월 20일이었다(민 10:11-12). 그러니까 출애굽한지 2년 1월 1일부터 시내 산을 출발한 2월 20일까지 50일의 기간 중에 여호와께서 회막에서 모세를 부르시고(1:1) 주신 명령이었다. 혹자는 "이러한 법규들의 현재 형태는 이스라엘 사람들이 이미 가나안에 거할 때라고 추정하나"56) 가나안 이전, 시내 산에 있을 때에 주신 명령으로 보아야 할 것이다.

---

56) 누르체(Noordtzij)는 1-7장의 제사법전이 이스라엘 민족이 가나안에 정착할 당시의 것으로 보나, 1-7장의 제사법전은 시내 산에서 주신 것으로 보아야 할 것이다. 누르체가 그렇게 보는 이유는 6:12의 명령은 이미 가나안에 정착한 때의 형편이라는 것이고, 또 1-7장 부분에서 쉽사리 구분이 가능한 여러 부분들의 연결은 몇 가지 규정들을 바로 이해하는 것을 돕기 위해 되어진 배열로 인하여 몇 군데 자리바꿈을 불가피하게 했다고 주장한다. 그러나 1-7장의 모든 명령은 법 자체를 말씀하신 것으로 보면 무리가 없을 것으로 보인다. 다시 말해 앞 뒤 연결이 좀 어색해 보이는 듯이 보이는 곳들은 그렇게 보일뿐 여호와께서 원칙을 말씀하신 것으로 보면 될 것이다.

제 8 장

III. 여호와의 제사장직 8:1-10:20

이 부분(8-10장)은 제사장에 관한 법을 선포한다. 모세는 여호와의 명령을 받들어 1-7장에서는 제사법을 선포했으나, 이 부분(8-10장)에서는 그 제사를 집례 할 제사장의 위임식에 대해 말하고(8장), 또 제사장이 무슨 일을 하는지를 말하며(9장), 또 제사장들이 경계할 것들이 무엇인지(10장) 말한다. 이 부분 중에 8장은 출 29장과 병행한다.

A. 제사장 위임식 8:1-36

제사장 위임식을 다룬 본 장은 출 29장과 아주 밀접하게 병행한다. 다시 말해 여호와께서 출 29장에서 명령하신 것이, 역사적인 사실로 실현된 것을 본 장이 다룬다. 모세는 아론과 그의 아들들의 제사장의 위임예식을 주관했다. 먼저 모세는 위임예식의 준비에 대해 말하고(1-21절), 다음으로는 위임식 자체(22-36절)를 말한다.

1. 위임식 준비 8:1-21

1) 위임식 준비(1-5절), 2) 의복을 입힘과 관유(6-13절), 3) 속죄제와 번제(14-21절)에 관해 언급한다.

a. 위임식 준비 8:1-5

모세가 여호와의 명령에 의거하여 제사장의 위임예식에 필요한 모든 것을 가지고 회막에 이르며, 전체 백성을 회막에 모은다.

레 8:1. 여호와께서 모세에게 말씀하여 이르시되.

여호와께서 모세로 하여금 위임예식에 필요한 모든 것을 가지고 회막에 이르게 하고, 또 백성들을 회막에 모으도록 말씀하신다. 본 절의 언어는 새로운 것을 말씀하시기 위한 언사이다(7:22, 28 주해 참조). 회막은 이미 건립되었으니(출 40장), 이제 그 회막에서 사역할 제사장을 임직하려는 것이다.

레 8:2 너는 아론과 그의 아들들과 함께 그 의복과 관유와 속죄제의 수송아지와 숫양 두 마리와 무교병 한 광주리를 가지고.

여호와께서는 모세를 향하여 아론과 그의 아들들과 함께(출 29:1-3) 다섯 가지를 가지고 회막에 이르라고 하신다. 즉, "그 의복"은 '그들이 입을 제사장 옷들'을 지칭하고(출 28:2-4), "관유"[57]는 '제사장들에게 부을 기름'(출 30:23-25)을 뜻하며, "속죄제의 수송아지"는 '속죄제로 드릴 수송아지'(4:2-4; 8:14-17)를 뜻하며, "숫양 두 마리"는 '번제와 위임식 제사를 위한 숫양 두 마리'(8:18-32)를 뜻한다. 그리고 "무교병 한 광주리"는 '소제로 드릴 무교병 한 광주리'(출 29:2)를 지칭한다. 모세는 이 다섯 가지를 준비해 가지고 회막에 이르러야 했다.

레 8:3. 온 회중을 회막 문에 모으라.

모세만 회막에 이르러야 하는 것(앞 절)은 아니었다. 온 회중도 회막 문에 이르러야 했다. 위임예식 때 온 회중도 참석해야 했던 이유는 제사장들이 그들을 위해 일해야 했기 때문이었다. 제사장은 여호와와 백성들의 중보자 역할이었으므로 백성들의 참석은 반드시 필요했다.

레 8:4 모세가 여호와께서 자기에게 명령하신 대로 하매 회중이 회막 문에 모인지라.

모세는 여호와께서 명령하신 대로 회중을 회막 문에 모이게 했다.

---

57) "관유": Anointing oil. 머리위에 부어 바르거나 뿌리는 향료를 섞은 기름. 올리브유에 향료를 넣어 만든 것으로서, 주로 제사장의 성별 위해 사용되었다(출 25:6, 29:7,21, 30:25; 31:11, 35:8, 15, 28; 37:29; 39:38; 40:9; 레 8:2, 10, 12, 30; 10:7; 21:10, 12; 민 4:16). 이 거룩한 관유는 제사장 이외의 누구에게도 붓는 일이 허용되지 않았다(디럭스 바이블 성경사전).

레 8:5. 모세가 회중에게 이르되 여호와께서 행하라고 명령하신 것이 이러하니라 하고.

모세는 회중을 모으고 위임예식을 거행하려고 하면서 먼저 그 위임예식이 여호와께서 명령하신 것이라고 말한다(출 29:4). 오늘날의 위임예식도 여호와의 명령에 의존한 것이다.

b. 씻기고 의복을 입히며, 기름을 붓다 8:6-13

제사장 위임식은 1) 아론과 아들들의 몸을 씻기고(6절), 2) 아론에게 제사장 의복을 입히며(7-9절), 3) 관유로 모든 것을 거룩하게 하고, 또 머리에 붓고(10-12절), 4) 아론의 아들들을 데려다가 속옷을 입히고 띠를 띠우며 관을 씌우고 진행했다(13절).

레 8:6. 모세가 아론과 그의 아들들을 데려다가 물로 그들을 씻기고.

모세는 아론과 그의 아들들(네 아들)을 데려다가 물로 씻기는 일을 했는데(11:32; 13:58; 14:8-9; 17:15-16; 출 29:4; 민 31:23-24 참조) 이는 백성들 앞에서 했다. 씻을 때는 베로 만든 고의(출 28:42)로 감싼 부분을 제외하고 나머지 부분을 씻었다. 제사장은 위임식 때만이 아니라 회막에 들어갈 때마다 수족을 씻었다(출 30:20). 씻음은 정결을 상징하는 것이다. 죄로부터 깨끗함이 의의 옷과 영적인 기름 부음에 앞선다.

레 8:7. 아론에게 속옷을 입히며 띠를 띠우고 겉옷을 입히며 에봇을 걸쳐 입히고 에봇의 장식 띠를 띠워서 에봇을 몸에 매고.

7-9절은 옷 입히기에 대해 언급한다(출 29:5-6, 8-9). 이는 위임식 절차 중에 두 번째 순서이다. 이 부분(7-9절)은 주로 대제사장에게 옷 입히는 것에 관해 언급한다. 아론의 아들들을 위해 옷 입히는 것에 관한 기사는 13절에 기록되어 있다.

본 절에서 모세가 한 일은 1) "아론에게 속옷을 입혔다": "속옷을 입혔다"는 말은 '베실로 만든 통옷'을 입혔다는 뜻이다. 이 옷은 알몸에 입었고, 두 무릎까지 내려왔다(출 20:26; 28:42의 규례). 그리고 이 옷의 소매는 짧았다.

2) "띠를 띠웠다". "띠를 띠웠다"는 말은 베실로 만든 통옷을 입힌 다음 '가슴에서 띠로 묶었다'는 뜻이다. 띠를 띤 이유는 옷이 제자리에 있도록 한 것이었다. 3) "겉옷을 입혔다". "겉옷"은 전부 청색으로 짜서 만든다. 옷의 양 어깨 사이에는 구멍을 만들고, 청색, 자색, 홍색실과 가는 베실로 그 옷 가장자리에 석류로 수놓고, 정금으로 방울을 만들어 그 옷 가장자리에 돌아가게 했으며, 석류를 사이사이에 달게 한 것이고, 방울과 석류들 사이를 수놓아 그 옷 가장자리에 돌아가게 한 것이었다(출 28:31-32). 4) "에봇을 걸쳐 입히고 에봇의 장식 띠를 띠워서 에봇을 몸에 맸다": '에봇'58)은 '조끼와 같은 것'으로, 두 견대로 만들어졌는데 금실과 청색 자색 홍색실과 가늘게 꼰 베실로 공교회 짠 것이었다. 그 길이는 허리까지 내려왔고, 양 어깨에 이음새가 있어 대제사장의 권위를 돋보이게 했다. 양 허리에는 띠가 있어 앞뒤 두 부분을 연결시켰을 뿐 아니라 몸에 밀착시켰다(출 28:6-12). 모세가 "에봇의 장식 띠를 (아론에게) 띠웠다"는 말은 '에봇의 전후 양쪽을 연결하는 띠를 띠웠다'는 뜻으로 그 "장식 띠"는 '금실과 청색, 자색, 홍색실과 가는 베실로 짠 띠'를 이름이다. 대제사장이 이 장엄한 의복을 입은 것은 그리스도를 예표하기 위함이었다.

레 8:8. 흉패를 붙이고 흉패에 우림과 둠밈을 넣고.

모세가 본 절에서 한 일을 보면(1-4번까지는 앞 절에 있다), 5) "흉패를 붙였다": "흉패"는 '가슴 패'를 지칭한다. 이 가슴 패는 수놓은 실로 네모반듯하게 만들었는데, 길이와 너비는 한 뼘씩이었고, 재료는 에봇과 같은 재료로, 같은 공법으로 만들어, 그 안에 판결의 우림과 둠밈을 넣기 때문에 판결의 흉패라 불리기도 했다(출 28:15-16, 30 참조). 이 흉패 안에는 이스라엘의 12지파의 이름이 새겨진 12개의 보석이 3개씩 네 줄로 배치되어 있다. 이는

---

58) "에봇": 대제사장의 복장의 하나로(출 28:6-12), 겉옷위에 착용했다(레 8:7). 형태는 명백하지 않으나 허리부근까지 드리워져 있었다고 생각된다. 베실로 짜서, 전신(前身)과 후신을 견대(肩帶)로 두팔을 달았다. 그 좌우의 견대에는, 호마노에 여섯 지파씩 이름을 새겨, 어깨에 메어, 대제사장이 이스라엘의 책임을 짊어지고 하나님 앞에 서 있는 것을 표시했다(출 28,29장; 레8:7) (디럭스 바이블 성경사전).

대제사장이 이스라엘의 12지파의 생명을 맡았다는 뜻이다(출 28:17-21 참조).
예수 그리스도께서 우리의 생명을 책임지신다는 것을 예표 한 것이었다.

모세는 "우림과 둠밈을 넣었다". "우림과 둠밈"(אורים תמים)[59]은 나라의
일이나 어떤 중대한 사건에서 하나님의 뜻을 묻는 신탁의 도구였는데(출
28:15-30; 삼상 28:6), 모세는 대제사장으로 하여금 여호와의 뜻을 알아서
일을 처리하도록 우림과 둠밈을 흉패 안에 넣어주어서 처리하게 했다. 오늘날
전도자들은 성경으로 여호와의 뜻을 알고, 또 기도로 여호와의 뜻을 알 수
있으니 감사하다.

**레 8:9. 그의 머리에 관을 씌우고 그 관 위 전면에 금패를 붙이니 곧 거룩한
관이라 여호와께서 모세에게 명령하신 것과 같았더라.**

6) 모세는 "아론의 머리에 관을 씌웠다"(출 29:6). 여기 "관"은 일종의
터번(turban)과 같은 것으로 청색 실로 짠 것이다(출 28:39 참조). 탈무드
(Talmud)가 전하는 바에 의하면 관의 길이는 16규빗(7.2m)이었다고
한다. 7) 모세는 다음 "관 위 전면(全面)에 금패를 붙였다". 이 관은 거룩한
관으로서 "여호와께 성결"이란 글자가 중앙에 새겨져 있었다. 아론은 이
관을 쓰고 여호와께 나아감으로 성결을 유지하고, 그의 제사장 직무를 감당했
다. 오늘의 전도자들은 외부에 무엇을 쓰거나 부착하여 사명을 감당하는
것이 아니라 성령으로 감당한다.

모세가 아론의 대제사장 위임식을 위하여 위의 7가지 사역을 감당했는데,
이는 "여호와께서 모세에게 명령하신 것과 같았다"고 한다(출 28:37). 여호와
께서 명령하신 대로 한다는 것만큼 중요한 것은 없다.

---

59) "우림과 둠밈": Urim and Thummin. 고대이스라엘에 있어서 신의 뜻을 묻기 위해 쓴
제비, 혹은 점치던 도구. 우림과 둠밈의 순서가 바뀌어 나오는 것이 1회(신 33:8), 우림만 단독으로
나오는 것이 2회(민 27:21; 삼상 28:6), 이외에는 언제나 (우림과 둠밈)이 함께 나오고 있다(출
28:30; 레 8:8; 스 2:63; 느7:65). 뜻은 빛(複數)과 완성(복수)을 의미하고 있다. 어원이나 재료
및 형상 등은 분명치가 않다. 나무 조각이거나 막대 모양의 제비라는 설, 금속이든가 돌로
만든 주사위 모양의 것이라는 설이 있으나, 모두 추측에 지나지 않는다. 제사장은 이것을 [판결
흉패]안에 넣어 휴대하여, 에봇과 함께 제사장의 직능의 표로 삼았다(출 28:30; 레 8:8; 신 33:8;
삼상 14:41). 우림과 둠밈으로 신의 뜻을 묻는 것은, 그 성질상 다만 '가부'를 결정하면 좋은
단순한 문제의 경우에 많이 쓰여졌다(디럭스 바이블 성경사전).

레 8:10. 모세가 관유를 가져다가 성막과 그 안에 있는 모든 것에 발라 거룩하게 하고.

본 절부터 12절까지는 모세가 기름 부은 일에 대해 언급한다. 모세는 위임식 준비를 한(7-9절) 다음 거룩하게 구별하는 데 쓰는 기름을 가져다가, 성막과 그 안에 있는 모든 기구(법궤, 향단, 촛대, 그리고 떡상 등)에 발라서, 그것들을 거룩하게 하였다(출 30:26-29). 기름 부음의 목적은 그 일부가 그 기름 부음을 받는 자의 생명을 강건하게 하는 것이었다(시 23:5; 암 6:6; 눅 7:46). 그러나 그 기본적인 목적은 그를 성별하기 위함이었다. 다시 말해 그로 하여금 여호와를 섬기는 일에 성별하기 위함이었다. '관유'는 성령을 비유한다 (2절 주해 참조).

레 8:11. 또 제단에 일곱 번 뿌리고 또 그 제단과 그 모든 기구와 물두멍과 그 받침에 발라 거룩하게 하고.

본 절은 앞 절에 이어 관유를 뿌린 곳들을 열거한다. 모세는 번제단(출 27:1-8)에 일곱 번 뿌렸다. "일곱"이란 숫자는 완전수인데, 관유를 일곱 번 뿌림은 아주 거룩하게 했음을 뜻한다. 그리고 "그 모든 기구와 물두멍과 그 받침에 발라 거룩하게" 했다. 여기 "그 모든 기구"란 말은 번제단에 부속된 '재 담는 통, 부삽, 대야, 고기 갈고리, 불 옮기는 그릇' 등을 지칭한다. 이런 부속 기구에는 "일곱 번 뿌렸다"는 말이 없는 것으로 보아 한번 뿌린 것으로 보인다. 이렇게 성소 전체를 기름으로 성별한 것은 제사장들이 자신들의 직무를 수행하기 위함이었다. 거룩한 사람들은 거룩한 장소에서 그들의 일을 시작할 수 있었기 때문에 성소 전체를 성별한 것이었다. 다음 또 모세는 '물두멍과 그 받침에 발랐는데' 물두멍은 번제단과 회막 중간에 있어 제사장들이 집례할 때 수족을 씻는 곳이었다. 그리고 모세는 "그 받침에도 발랐다"(출 30:17-21 참조). 물두멍과 받침의 규격에 대해서는 알려진 것이 없다. 그러나 훗날 솔로몬 성전의 경우 직경이 10규빗(4.5m), 주위 30규빗(13.5m), 높이 5규빗(2.25m)의 큰 놋바다(제사장들이 성전에서 봉사하기 위해 그들의 몸을 씻기 위하여 만들어 놓은 인조 바다)였다(왕상 7:23-39).

레 8:12. 또 관유를 아론의 머리에 붓고 그에게 발라 거룩하게 하고.

모세는 "관유를 아론의 머리에 붓고 그에게 발라 거룩하게" 했다(21:10, 12; 출 29:7; 30:30; 시 133:2). 출 29:7에 의하면 "관유를 가져다가 그의 머리에 부었다"고 묘사한다. 기름을 아론의 머리에 부었기에 그 기름이 턱수염을 거쳐 옷에까지 내려온 것이다. 그러기에 대제사장을 "기름 부음을 받은 제사장"이라 부른다(4:3, 5; 6:22; 16:32; 21:10). 기름은 거룩한 물건에 뿌리거나(앞절) 사람에게 뿌려서(본 절) 모두를 거룩하게 했다. 여기 기름은 성령의 그림자였다(삼상 10:1, 6; 16:12-13; 사 61:1; 행 4:27; 고후 1:21; 요일 2:20, 27). 이때에 대제사장이 기름 부음을 받은 것은 장차 오실 예수 그리스도에게 성령이 한량없이 임하실 것을 예표 한다(눅 4:18; 요 3:34).

레 8:13. 모세가 또 아론의 아들들을 데려다가 그들에게 속옷을 입히고 띠를 띠우며 관을 씌웠으니 여호와께서 모세에게 명령하신 것과 같았더라.

아론에게 기름을 부은(앞 절) 모세는 "아론의 아들들을 데려다가 그들에게 속옷을 입히고 띠를 띠우며 관을 씌웠던 것"이다(출 29:8-9). 여기 "아론의 아들들"은 '나답과 아비후와 엘르아살과 이다말'이었다(출 28:1-5). 모세는 이들을 데려다가 대제사장에게 하듯 속옷과 겉옷을 입히고, 에봇과 흉패를 입히며, 띠를 띠우고, 머리에 두건을 감아 주었다. 그러나 예복에 있어서는 대제사장의 것과 차이가 있었다(출 29:5-9 참조). 여기 주석가들 중에 크게 문제가 된 것은 본 절에 아론의 아들들에게는 기름 부음이 언급되지 않았다는 것이다. 대제사장 아론의 경우 성막에 기름 부음이 있은 후 기름이 부어졌는데(앞 절 참조) 아들들의 기름 부음에 대해서는 언급이 없다는 점이다(본 절). 이 문제를 두고 견해는 크게 갈린다. 1) 혹자는 일반 제사장들도 기름 부음을 받았다고 주장한다(빌, 출 29:1-9 참조). 2) 일반 제사장은 기름 부음을 받지 않았다는 주장도 있다. 고대에는 모든 제사장들이 기름 부음을 받았으나 왕정이 몰락한 이후에는 기름 부음이 오로지 대제사장에게만 해당되게 되었다고 주장한다(에델쿠르트, 민 33 참조). 3) 모든 새 대제사장은 새로운 모든 왕처럼 직무를 시작할 때 기름 부음을 받았으나 일반 제사장은 받지 않았고, 일반 제사장들은 대제사장이 기름 부음을 받을 때 기름 부음을 받았을 것으로

간주한다. 다시 말해 대제사장의 기름 부음에 참여한 것으로 여긴다
(Noordtzij). 4) 대제사장의 경우 머리에 기름을 부었으나, 일반 제사장의 경우
이마에 발랐을 것이라고 주장한다(W. H. Gispen[60], Meyrick). 위의 4개의
견해 중, 첫 번째 견해도 바른 것으로 보이나, 네 번째 견해가 가장 바른
것으로 보인다. 아론의 아들들도 관유를 받도록 되어 있다는 점(7:36; 10:7;
출 28:41; 출 40:15)을 감안할 때 기름 부음을 받았을 것으로 보인다. 그러나
본 장 30절 이하의 '뿌렸다'는 묘사는 일반 제사장들의 경우 머리에 '발랐을
것'이라고 결론을 도출할 수 있을 것이다. 모세는 여호와께서 명하신대로
다 행했다. 여호와께서 명하신대로 행하는 일은 아주 감미로운 일이다.

c. 속죄제를 드리라 8:14-17

아론과 그 아들들의 위임식은 진행되고 있었을 뿐(6-13절), 아직 끝난
것은 아니었다. 이제 그들을 위해 속죄제를 드려야 했고(14-17절), 번제를
드려야 했으며(18-21절), 화목제를 드려야 했다(22-36절).

**레 8:14. 모세가 또 속죄제의 수송아지를 끌어오니 아론과 그의 아들들이
그 속죄제의 수송아지 머리에 안수하매.**

모세는 여호와의 명을 따라 "속죄제의 수송아지를 끌어왔다"(출 29:10;
겔 43:19;). 성직을 수행하기 위해서는 속죄제가 필요했다(1:4 주해 참조;
출 29:10-14 참조)[61]. 다시 말해 사죄의 은총을 받아야 했다. 아론과 그의
아들들이 "그 속죄제의 수송아지 머리에 안수"했다(4:4). "안수"행위는 아론과
그의 아들들과 수송아지를 일치 시키는 행위가 아니라, 그들의 죄를 수송아지
에게 전가시키는 행위이다. 오늘의 우리는 그리스도를 의지할 때 우리의 죄가
그리스도에게 전가되고 그리스도의 의(義)가 우리에게 전가되는데, 그러므로
안수행위는 아주 중요한 의미를 지닌다.

레 8:15 모세가 잡고 그 피를 가져다가 손가락으로 그 피를 제단의 네 귀통이

---

60) W. H. Gispen, 출애굽기, 서울: 크리스찬 서적, 1989, pp. 381-82.
61) 속죄제의 절차는 4:1-5:13; 6:24-30 주해를 참조하라.

뿔에 발라 제단을 깨끗하게 하고 그 피는 제단 밑에 쏟아 제단을 속하여
거룩하게 하고.

모세가 수송아지를 잡고 "그 피를 가져다가 손가락으로 그 피를 제단의
네 귀퉁이 뿔에 발라 제단을 깨끗하게" 했다(4:7; 출 29:12, 36; 겔 43:20,
26; 히 9:22). 성소 안(향단)에 뿌리는 순서는 없고(4:7 주해 참조) 제단에
피를 바르는 순서만 있다. 이 속죄제는 4:3-12에 규정된 방식대로 행해졌다(출
29:10-14). 제사장을 위한 이 속죄제는 7일간 매일 행해졌다(출 29:36-37).

다음 순서로는 "그 피는 제단 밑에 쏟아 제단을 속하여 거룩하게 하는"
순서였다. 즉, '나머지 피는 제단의 밑바닥에 쏟아서 제단을 속하여 거룩하게'
하였다. 많은 주석가들(Frederic Gardiner, Noordtzij, F. Duane Lindsey,
Meyrick, F. C. Cook)은 4:7을 주해하면서 "나머지 피를 제단의 밑바닥에
쏟은 것"을 두고 '필요하지 않은(쓰고 남은) 피를 제단 밑바닥에 부은 것'으로
해석했으나, 분명히 본 절은 제단 밑에 쏟은 피가 제단을 속한 것으로 말하고
있다. 기름 부음으로 인해 제사장들이 거룩해지기는 했어도 근본적인 죄
사함은 단에 뿌려지는 희생제물의 피로써만 가능하다는 사실을 보여준다.
다시 말해 번제단은 이미 기름부음을 통해 정결해졌음에도(11절), 다시금
희생제물의 피 뿌림을 통해 단을 정결하게 해야 했다는 것이다. 이유는 향후
제사 도중 제사장들이 범할지도 모르는 모든 허물을 피로써 사하고, 또한
번제단의 모든 부정(不淨)으로부터 오염되는 것을 방지하기 위함이었다고
말할 수 있다(Keil).

레 8:16 또 내장에 덮인 모든 기름과 간 꺼풀과 두 콩팥과 그 기름을 가져다가
모세가 제단 위에 불사르고.

"내장에 덮인 모든 기름과 간 꺼풀과 두 콩팥과 그 기름을 가져다가
모세가 제단 위에 불사른 것"은 화제를 드린 것을 말한다(3:3-4, 9-11, 14-15;
4:8-9; 7:3-4; 출 29:13).

레 8:17. 그 수송아지 곧 그 가죽과 고기와 똥은 진영 밖에서 불살랐으니
여호와께서 모세에게 명령하심과 같았더라.

제사장을 위한 속죄제물 수송아지는 화제를 드리고(앞 절) 난후, 남은
부분인 "가죽과 고기와 똥은 진영 밖에서 불살랐다". 진영 밖, 즉 재버리는
정결한 곳에서 불태웠다(4:11-12 주해 참조). 아론과 아들들은 속죄제를 드려
모든 죄가 속해졌으니 의를 얻은 것이었다. 다시 말해 의가 그들에게 전가된
것이다. 모세가 이렇게 한 것은 여호와의 명령에 따른 것이었다(4:11, 12;
출 29:14).

d. 번제를 드리라   8:18-21

위임식을 위한 속죄제를 끝낸 다음, 이제는 번제를 드릴 차례이다(출
29:15-18). 번제는 헌신제였으니 제사장은 속죄제를 드리고 난후 여호와께
헌신을 다짐하는 제사를 드려야 했다. 즉, 자신들의 삶 전체를 온전히 여호와께
바친다는 표시가 있어야 했다.

**레 8:18. 또 번제의 숫양을 드릴새 아론과 그의 아들들이 그 숫양의 머리에
안수하매.**

속죄제를 드리고 난 다음 번제를 드려야 했는데(출 29:15) 아론과 그의
아들들이 "그 숫양의 머리에 안수"했다. 여기 안수도 위임을 받을 아론과
그의 아들들이 숫양의 머리를 힘껏 누른 것을 뜻한다. 안수 행위는 죄를 전가하
는 행위였다. 번제의 절차는 1:3-13에 있다. 출 29:15-18 참조.

레 8:19. 모세가 잡아 그 피를 제단 사방에 뿌리고.

아론과 아들들이 숫양의 머리에 안수한 다음 모세가 숫양을 잡아 "그
피를 제단 사방에 뿌렸다"(1:5, 11주해 참조). 제단 사방에 뿌린 것은 죄를
속하기 위함이었다. 모세는 아론과 아들들의 위임식을 아직 마치지 않았기
때문에 제사장 역할을 계속 맡아 수행했다.

**레 8:20. 그 숫양의 각을 뜨고 모세가 그 머리와 각 뜬 것과 기름을
불사르고.**

모세는 숫양을 각 뜬 다음 그 숫양의 머리와 각 뜬 것과 기름을 불살랐다.

레 8:21. 물로 내장과 정강이들을 씻고 모세가 그 숫양의 전부를 제단 위에서 불사르니 이는 향기로운 냄새를 위하여 드리는 번제로 여호와께 드리는 화제라 여호와께서 모세에게 명령하심과 같았더라.

불사를 것을 불사른(앞 절) 다음, 모세는 "물로 내장과 정강이들을 씻고 그 숫양의 전부를 제단 위에서 불살랐다": 모세는 번제의 절차를 따라 수행했다(1:1-6, 12-13 주해 참조). 이 모든 화제(불로 태운 제사)는 "향기로운 냄새를 위하여 드리는 번제로 여호와께 드리는 화제"였다. 즉, 불로 태우는 제사는 하나님을 기쁘시게 하는 헌신제였다. 그리고 또 여호와께 드리는 화제였다. 모세는 여호와께서 명하신대로 순종했다(출 29:18).

2. 임직 제사를 드리라　8:22-32

제사장의 위임식을 위하여 속죄제를 드렸고(14-17절) 또 번제를 드린(18-21절) 다음, 이제는 화목제를 드려야 했다. 이 화목제를 드릴 때의 그 제물을 "임직식 숫양"이라고 부른다. 이유는 이 화목제를 드린 다음 제사장들이 그 직무를 수행했기 때문이다.

레 8:22. 또 다른 숫양 곧 위임식의 숫양을 드릴 새 아론과 그의 아들들이 그 숫양의 머리에 안수하매.

본 절의 "다른 숫양"이란 제사장 위임식을 위해 준비된 "숫양 두 마리"(2절) 중 남은 한 마리를 지칭한다(출 29:19). 다른 한 마리는 번제의 숫양으로 이미 드렸다(18절). 여기 남은 한 마리를 "위임식 숫양"이라고 한다.

모세가 번제의 숫양을 드리고 난(18-21절) 후, 위임식에 쓸 "또 다른 숫양" 한 마리를 끌어 오게 하였다. 그리고 "아론과 그의 아들들이 그 숫양의 머리에 안수"했다. 안수한다는 것은 숫양의 머리를 손으로 누르는 것을 뜻하는데, 죄를 전가한다는 뜻으로 숫양의 머리를 힘껏 누른 것이다. 이는 우리가 그리스도를 믿을(의지할) 때 우리의 죄가 전가되는 것을 예표한다.

레 8:23. 모세가 잡고 그 피를 가져다가 아론의 오른쪽 귓부리와 그의 오른쪽 엄지 손가락과 그의 오른쪽 엄지발가락에 바르고.

본 절과 다음 절(24절)은 제사장의 위임을 위한 화목제가 일반 화목제와 다름을 보여준다. 모세는 제물의 피를 제단 사방에 뿌리기(24절 하반 절) 전, "제물을 잡고 그 피를 가져다가 아론의 오른쪽 귓부리와 그의 오른쪽 엄지손가락과 그의 오른쪽 엄지발가락에 발랐다"(14:14-17). 모세가 이처럼 사람의 세 부분(오른쪽 귓부리, 오른쪽 엄지손가락, 오른쪽 엄지발가락)에 피를 바른 것은 일반 화목제와 다름을 보여준 것인데, 제사장은 항상 하나님의 거룩하신 말씀을 듣기 위해 귀가 성결해야 하고, 항상 깨끗한 일을 해야 하기 때문에 손이 거룩해야 하며, 또 깨끗한 길을 걷기 위해 발이 거룩해야 했기 때문이었다. 여기 세 군데의 오른편에 피를 바른 것은 왼편이 중요하지 않다는 뜻이 아니라, 오른편이 왼편을 대표하고 있음을 보여준다. 오늘날도 모든 성도들은 제사장으로서(벧전 2:9) 그리스도의 피로 씻음을 받아야 한다. 그래야 그리스도의 말씀이 잘 들리고, 잘 행할 수 있으며, 잘 걸을 수 있는 것이다.

레 8:24 아론의 아들들을 데려다가 모세가 그 오른쪽 귓부리와 그들의 손의 오른쪽 엄지 손가락과 그들의 발의 오른쪽 엄지 발가락에 그 피를 바르고 또 모세가 그 피를 제단 사방에 뿌리고.

앞 절에서는 모세가 제물을 잡아서 아론의 몸에만 피를 바른 것을 말했는데, 본 절에서는 아들들을 데려다가 "그 오른쪽 귓부리와 그들의 손의 오른쪽 엄지손가락과 그들의 발의 오른쪽 엄지발가락에 그 피를 바른 것"을 말한다. 대제사장만 아니라 제사장들도 피로써 정결함을 받아야 한다는 것을 말한다. 피를 제사장들의 몸에 바른 후 일반 화목제의 규례를 따라서 "또 모세가 그 피를 제단 사방에 뿌렸다"(3:2, 8 주해 참조). 피를 제단 사방에 뿌린 것은 제단도 속죄를 받아야 했고 또 더욱 중요하게 제사장들의 속죄가 필요했음을 보여준다. 오늘 우리 성도들은 모두 제사장이므로 그리스도의 피를 철저하게 의지하여 깨끗함을 얻어야 한다.

레 8:25-26 그가 또 그 기름과 기름진 꼬리와 내장에 덮인 모든 기름과 간 꺼풀과 두 콩팥과 그 기름과 오른쪽 뒷다리를 떼어내고 여호와 앞 무교병

광주리에서 무교병 한 개와 기름 섞은 떡 한 개와 전병 한 개를 가져다가
그 기름 위에와 오른쪽 뒷다리 위에 놓아.

본 절로부터 28절까지의 제사의식은 제사장 위임을 위한 화목제로서 일반
화목제와는 다르다. 이 부분(25-28절)의 제사의식은 출 29:22-26을 따라 진행
되었다.

일반 화목제의 경우, 여러 부분의 기름들과 콩팥 부분은 화제로 불살라
드렸고(3:9-11 주해 참조), 우편 뒷다리는 거제로 따로 드려 제사장의 몫으로
삼았는데(7:32-34), 제사장 위임식을 위한 화목제의 경우에는, 여러 부분의
기름들과 그리고 콩팥, 오른쪽 뒷다리와, 세 가지 소제물(무교병 한 개와 기름
섞은 떡 한 개와 전병 한 개, 26절)을 첨가하여 다 같이 요제로 드린 후 제단에서
불살랐다(출 29:23). 여기서 이 모든 것을 불사른 이유는 제사장 자신의 위임식
제사였으므로 모두 불사른 것이다. 본문의 "무교병 광주리"란 말은 무교병들
(둥글넓적한 무교병 한 개와 기름 섞은 떡 한 개와 기름 바른 전병 한 개)을
넣었기 때문에 생긴 이름이다.

레 8:27. 그 전부를 아론의 손과 그의 아들들의 손에 두어 여호와 앞에 흔들어
요제를 삼게 하고.

본문 초두에 있는 "그 전부"란 말은 '화목제로 드릴 숫양의 기름들과
우편 뒷다리와 세 가지 무교병들'을 지칭한다. 모세는 그 전부를 아론과 그
아들들의 손에 맡겨(이미 이들이 위임을 받았으니 그들의 손에 맡긴 것이다)
여호와 앞에 흔들게 해서 요제를 삼았다(출 29:24). 여기 "여호와 앞에 흔들어
요제를 삼게 했다"는 말은 제물을 흔들되 수평으로 흔들었는데, 제물을 일단
여호와 앞에 드리고 또 그 제물을 자신들 앞으로 받아들이는 형식으로 흔든
것을 말한다.

레 8:28. 모세가 그것을 그들의 손에서 가져다가 제단 위에 있는 번제물 위에
불사르니 이는 향기로운 냄새를 위하여 드리는 위임식 제사로 여호와께 드리는
화제라.

모세는 "그것"(요제로 드린 우편 뒷다리, 여러 부분의 기름들, 소제물의

무교병들)을 위임받은 제사장들의 손으로부터 받아 번제물 위에서 불살랐다
(출 29:25). 여기 "번제물 위에서 불살랐다"는 말은 이미 드린 속죄물(수송아지
14-17절)과 번제물(숫양 18-21절) 위에 요제로 드린 것들(앞 절)을 불살랐다는
뜻이다. "이는 향기로운 냄새를 위하여 드리는 위임식 제사로 여호와께 드리는
화제"란 말의 주해를 위해서는 1:9 주해를 참조하라.

**레 8:29. 이에 모세가 그 가슴을 가져다가 여호와 앞에 흔들어 요제를 삼았으니
이는 위임식에서 잡은 숫양 중 모세의 몫이라 여호와께서 모세에게 명령하심과
같았더라.**

모세는 그 위임식 숫양(22절)의 가슴 고기를 가져다가 제단 앞에서 흔들어
여호와께 요제(제물을 성소를 향하여 앞으로 내밀었다가 다시 가져오는 형식
으로 드리는 제사)로 바친 다음 그것을 자기 몫으로 삼았다(7:30-31; 출 29:26).
이 가슴고기는 위임식에서 잡은 숫양 중 모세의 몫이었다. 모세는 모든 것을
여호와의 명령대로 행했다(출 29:19-26 참조).

**레 8:30. 모세가 관유와 제단 위의 피를 가져다가 아론과 그의 옷과 그의
아들들과 그의 아들들의 옷에 뿌려서 아론과 그의 옷과 그의 아들들과 그의
아들들의 옷을 거룩하게 하고.**

모세는 거룩하게 구별하는 기름(출 29:21; 30:22-33; 민 3:3)과 제단에
있는 희생제물의 피를 섞어 만든 '피 섞인 기름'(Harrison, Lange, Gardiner,
Meyrick)을 아론과 그의 옷과 그의 아들들과 그의 아들들의 옷에 뿌려서,
아론과 그의 옷 및 그의 아들들과 그들의 옷을 거룩하게 했다. 모세가 앞서
기름과 피를 이미 그들에게 뿌렸는데(12절, 24절) 또 아론과 그 아들들에게
피와 기름을 다시 뿌린 이유는 그들이 성직자인 만큼 보통 사람보다 배나
성결해야 할 것을 가리킨다(박윤선). 이 반복을 두고 누르체(Noordtzij)는
"하나님과 제사장들과의 관계를 가능한 한 강하고 효과적이 되도록 만드는
것"이라고 말한다.[62] 오늘날도 주의 일을 성실히 감당하기를 원하는 자들은

---

62) 누르체, *레위기*, p. 151.

무엇보다도 그리스도의 보혈의 능력과 성령의 능력을 힘입어야 한다는 사실
을 보여준다.

레 8:31. 모세가 아론과 그의 아들들에게 이르되 내게 이미 명령하시기를 아론과 그의 아들들은 먹으라 하셨은즉 너희는 회막 문에서 그 고기를 삶아 위임식 광주리 안의 떡과 아울러 그 곳에서 먹고.

모세는 아론과 그의 아들들에게 거룩하게 구별하는 기름과 피를 뿌린(앞절) 다음, 이제는 여호와의 명령을 받들어 회식하기를 권한다(7:11-21). 아론과 그의 아들들이 고기와 떡을 먹을 장소는 회막 문이라 말하고, 그 고기를 삶아 광주리 안의 떡과 아울러 먹으라고 한다(출 29:31-32). 여기 "고기"는 위임식을 위한 화목제물 숫양의 고기 중 번제단 위에서 화제로 여호와께 불살라 드리는 부분(여러 기름들과 콩팥, 그리고 우편 뒷다리)과 또 모세에게 돌려진 가슴부위를 제외한 나머지 고기였다. 제사장들은 이 고기를 삶아 광주리 안의 떡과 함께 거룩한 장소로 불리는 회막 뜰 안에서 먹어야 했다. 오직 제사장들만이 이 회식을 할 수 있었던 것은 이제 모든 의식을 마친 제사장들이 하나님과 화목하게 되었다는 것을 의미한다(출 24:11).

레 8:32. 고기와 떡의 나머지는 불사를지며.

모세는 남은 고기와 떡은 불사르라고 한다(6:30; 출 29:34). 제사장들은 위임식 숫양의 고기와 위임식 광주리의 떡을 당일에만 먹을 수 있었다(출 29:34). 따라서 만일 당일 다 먹지 못할 경우 다 불태워야 했다. 나머지는 결코 다른 사람이 먹거나 혹은 다른 용도로 쓸 수가 없었다(출 29:31-34). 성물은 결코 변질되어서도 안 되고 속물과 접촉되어서도 안 되었다.

3. 임직 주간 규례 8:33-36

레 8:33. 위임식은 이레 동안 행하나니 위임식이 끝나는 날까지 이레 동안은 회막 문에 나가지 말라.

위임식은 7일 동안 매일 반복해야 했다. 즉, 매일 수송아지 하나와 속죄제를 드려야 했고, 또 아침과 저녁으로 숫양을 한 마리씩(도합 두 마리) 드려야

했으며, 또 소제와 전제를 겸하여 드려야 했다(출 29:36-39). 이렇게 위임식
제사를 7일 동안 반복하라고 하신 이유는 7이란 숫자가 완전수이니, 하나님과
제사장들 사이의 관계가 아주 완전해져야 하고 확고하게 되어져야 한다는
것을 말한다(4:8; 8:11; 출 12:15; 23:15; 29:30, 35, 37; 겔 43:25-26).

　　모세는 "위임식이 끝나는 날까지 이레 동안은 회막 문에 나가지 말라"는
여호와의 명을 전한다. 7일 동안 회막 문 밖으로 나가지 못하게 하신 이유는
거룩한 제사장으로서의 성별식이 최종 완료되기까지 그들은 성막 밖의 부정한
일체의 것들로부터 엄격히 보호하기 위함이었다. 이렇게 7일 동안 회막 문
밖으로 나가지 못하게 한 것은 제사장들이 성직에 전무하도록 하기 위함이었다
(박윤선).

레 8:34 오늘 행한 것은 여호와께서 너희를 위하여 속죄하게 하시려고 명령하신 것이니.

　　본 절 초두의 "오늘"이란 말은 어느 하루를 지칭하는 것이 아니라 7일
동안 전체를 지칭하는 말로 받아야 한다. 여호와께서 7일 동안의 위임식 기간을
정하시고 제사장들이 몸가짐에 신중을 기하도록 지시하신(히 7:16) 이유는
1) 구별된 자로서 제일 먼저 하나님께 순종하는 자세를 숙지하도록 가르치기
위하심이었고, 2) 특별히 제사장들은 이 기간 동안 매일 속죄제, 번제, 화목제를
통해, 희생제물의 피 뿌림 의식을 통과하면서 속죄를 경험하게 하여, 그들로
하여금 제사장으로서 거룩한 여호와의 사역을 잘 감당하도록 함에 있었다.

레 8:35. 너희는 칠 주야를 회막 문에 머물면서 여호와께서 지키라고 하신 것을 지키라 그리하면 사망을 면하리라 내가 이같이 명령을 받았느니라.

　　모세는 여호와로부터 명령 받은 것(출 29:1-37)을 다시 전한다. 제사장들은
7일을 회막 문에 머물면서 여호와께서 지키라고 하신 것을 지키라고 말해준다
(민 3:7; 9:19; 신 11:1; 왕상 2:3). 그렇게 여호와의 명령을 지키면 죽음을
당하지 않을 것이라고 한다. 제사장들은 7일간 성막에 있으면서 위임식 절차를
지켜야 했다. 오늘 우리도 여호와께서 지키라고 하신 것들을 매일 지키면서
사역해야 할 것이다.

레 8:36. 아론과 그의 아들들이 여호와께서 모세를 통하여 명령하신 모든 일을 준행하니라.

아론과 그의 아들들은 여호와께서 모세를 통하여 명령하신 모든 일을 준행했다(겔 43:27). 그렇게 했기에 아론은 대제사장으로, 아들들은 제사장으로 위임받는 영광을 가지게 되었다. 그런데 얼마 가지 않아 아론의 두 아들은 다른 불을 여호와 앞에 분향하다가 죽임을 당하고 말았다(10:1-2). 오랜 기간의 위임식을 통하여 다짐되고 훈련을 받았음에도 중도 탈락하는 자들이 생긴 것이다. 우리는 항상 그리스도 안에만 있어야 한다.

제 9 장

B. 제사장 직무를 시작하다 9:1-24

아론과 그 아들들의 7일간의 임직식이 끝나고(앞 장), 이제는 드디어 그들
의 직무가 시작된다. 아론과 그 아들들은 장로들과 온 회중 앞에서 모세의
지시 하에 제물들을 바침으로 저들의 사역을 시작한다. 9장의 내용은 제사준비
(1-7절), 자신을 위한 제사(8-14절), 백성을 위한 제사(15-21절), 그리고 이어
아론의 축복이 이어진다(22-24절).

1. 준비 9:1-7

아론과 그 아들들의 7일간의 임직식이 끝나고, 모세는 신임 대제사장과
제사장들에게 속죄제와 번제와 화목제를 드릴 것을 명한다.

레 9:1. 여덟째 날에 모세가 아론과 그의 아들들과 이스라엘 장로들을 불러다가.
본 절 초두의 "여덟째 날"이란 '7일 간의 임직식(8:33-35)이 끝난 다음
날', 즉 '8일째 되는 날'을 지칭한다. 모세는 아론과 그 아들들의 임직식을
끝낸 후 '아론과 그의 아들들과 이스라엘 장로들'을 불러다가 일을 시작하게
한다. 여기 "장로들"이 특별히 따로 언급된 것은 그들이 전체 이스라엘의
대표들이었기 때문이었다(4:15). "장로'63)란 말은 '노인'이란 뜻이었으나 훗

---

63) "장로": Elders. Presbyter. 이스라엘에 있어서는 신분 있는 정치 참여 지도자에 대한
술어이고, 교회에 있어서는 가르치고 다스리는 직책의 직분 명. 구약성경에 있어서 보통 '장로'
로 번역되어 있는 히브리어 [자-켄-]은, '턱수염'을 뜻하는 말에서 유래하고, 턱수염을 길게
기른 사람, 즉 연장자를 말한다. 이스라엘의 옛 역사에 있어서는, 성읍의 지도자들이 '이스라엘
장로'로 불렸다(출 3:16; 19:7; 24:1). 이러한 장로는 이스라엘 민족 이외의 민족들 사이에도
있었다(창 50:7; 민 22:7). 신 16:18등에 의하면, 이스라엘의 성읍들에, 지파를 따라 '재판장'과

날 점진적으로 백성들을 대표하는 '장로직'을 지칭하게 되었다. 훗날 70인 장로는 공회가 되어 이스라엘의 최고 회의가 되었다.

레 9:2 아론에게 이르되 속죄제를 위하여 흠 없는 송아지를 가져오고 번제를 위하여 흠 없는 숫양을 여호와 앞에 가져다 드리고.

모세는 아론에게 명하기를 '속죄제를 위하여 흠 없는 송아지를 가져오고 번제를 위하여 흠 없는 숫양을 여호와 앞에 가져다 드리라'고 한다(4:3; 8:14; 출 29:1). 아론은 7일간의 위임식 기간 동안 매일 속죄제, 번제, 화목제를 반복 드렸는데도(8:33-36), 모세는 아론이 직무를 시작하기 전에 아론 자신을 위하여 또 속죄제와 번제를 드리라고 한다. 이것은 구약 제사의 불완전함을 잘 드러내는 부분이다. 다시 말해 율법 아래에서는 동물로 인한 속죄제사가 죄를 온전히 없애주지 못한다는 사실을 암시하고 있다(히 10:1-4). 구약 시대의 동물 제사는 불완전했으나, 신약 시대의 예수 그리스도는 자신을 십자가에 달리셔서 구약 제사를 완전히 성취하셨다(히 9:26). 구약의 반복성과 신약의 단회성의 차이가 그 사실을 드러낸다.

모세가 아론에게 속죄제를 위하여 '송아지'를 드리라고 한데 대하여, 여러 학자들은 아론이 광야에서 금송아지를 만들어 숭배했기 때문에 이렇게 배려한 것이라고 말한다(Matthew Henry, Lange, Rashi, Patrick). 참고할만한 주장이다.

본문의 "여호와 앞"에 드리라는 말은 구체적으로 '회막 문 앞 번제단 위'에서 드리라는 말인데, 사실은 회막 뜰 안은 어디든지 여호와 앞이라고 할 수 있다. 이유는 여호와께서 지성소 안에. 임재해 계셨기 때문이다(1:11).

레 9:3-4 이스라엘 자손에게 말하여 이르기를 너희는 속죄제를 위하여 숫염소를 가져오고 또 번제를 위하여 일 년 되고 흠 없는 송아지와 어린 양을 가져오고 또 화목제를 위하여 여호와 앞에 드릴 수소와 숫양을 가져오고 또 기름 섞은

'유사가 세워졌는데, 그 성읍의 장로들 중에서 세워진 것으로 여겨진다. 가나안 정주 후 이스라엘 민족이 차츰 민족으로서 통일되고, 국가의 형태를 갖추어감에 따라, 성읍의 장로들이, 가족이나 종족을 대신하여 행정기구에 참여했다(신 19:12; 21:3; 22:18).

소제물을 가져오라 하라 오늘 여호와께서 너희에게 나타나실 것임이니라 하매,

모세는 "이스라엘 자손에게" 명령한다. 여기 "이스라엘 자손"이란 '이스라엘 장로들'을 말한다(1절, 70인 역).

제사장은 자신 뿐 아니라 또한 이스라엘 자손 전체를 위하여 속죄제, 번제, 화목제, 소제를 드려야 했다. 이 제물은 솔로몬이 바친 제물에 비하면 아주 소량의 것이었다(왕상 8:63). 이스라엘 자손들(이스라엘 장로들)은 "속죄제[64])를 위하여 숫염소를 가져와야 했고(4:23; 스 6:17; 10:19), 번제[65]를 위하여 일 년 되고 흠 없는 송아지와 어린 양을 가져와야 했으며, 또 화목제[66]를 위하여 여호와 앞에 드릴 수소와 숫양을 가져오고 또 기름 섞은 소제물[67])"을 가져와야 했다(2-4). 사람은 제물 없이 제사를 드릴 수 없었다. 반드시 제물이 필요했다. 본 절에 드러난 이스라엘 자손들을 위한 제사의 순서를 보면, 성민(聖民)은 하나님 앞에 나아갈 때에 먼저 그의 죄를 속함 받아야 하고, 다음으로는 번제를 드려 헌신해야 하며, 다음으로 하나님 앞에 화목제를 드려 거룩한 영적 교제를 가져야 하고, 소제를 드려 자신을 희생해야 한다는 것이다.

모세는 이스라엘 자손들이 여호와께 속죄제, 번제, 화목제, 소제를 드리면 "오늘 여호와께서 너희에게 나타나실 것이라"고 말한다(6절, 23절; 출 29:43). 그리스도의 피를 예표 하는 제사를 드리는 경우 여호와께서 나타나 주신다는 것이다. 이 원리는 오늘도 변함이 없다. 그리스도의 피를 기억하고 예배를 드리면 여호와께서 그 제사를 받아주시고 복을 내리신다.

레 9:5. 그들이 모세가 명령한 모든 것을 회막 앞으로 가져오고 온 회중이 나아와 여호와 앞에 선지라.

이스라엘 자손이 모세가 명령한 모든 것(3-4절에 기록된 제물들)을 회막 앞으로 가져왔을 뿐 아니라, 그들 온 회중이 나아와서 여호와 앞에 섰다.

---

64) "속죄제물"에 관하여 4장에서는 회중을 위하여 수소(4:13-21), 족장을 위하여 숫염소 (4:22-26), 평민을 위하여 암염소(4:27-35)로 되어 있으나, 본 절에서는 숫염소로 되어 있다. 이는 특이한 경우이므로 다르게 된 것으로 보인다.

65) "번제"에 대해서 1:10-13 주해를 참조하라.

66) "화목제"에 대해서 3:1-11 주해를 참조하라.

67) "소제"에 대해서 2:1-3 주해를 참조하라.

그들은 모세가 명령한 것을 잘 순종했다.

레 9:6. 모세가 이르되 이는 여호와께서 너희에게 하라고 명령하신 것이니 여호와의 영광이 너희에게 나타나리라.

모세는 회중이 회막 앞으로 가져온 모든 제물들을 보고 "이는 여호와께서 너희에게 하라고 명령하신 것이니 여호와의 영광이 너희에게 나타나리라"고 말한다(23절; 출 24:16). 여호와의 명령에 순종하면 여호와의 영광이 나타난다는 것이다. 아론이 모세가 들려준 여호와의 명령대로 제사를 집례하면 반드시 여호와의 영광이 나타난다는 뜻이다. 이때 여호와의 영광은 불로 나타났다(23-24절). 영광은 때로는 "구름"으로 나타나기도 하며(출 24:16; 40:35; 왕상 8:10) 때로는 다른 모양으로도 나타난다.

레 9:7. 모세가 또 아론에게 이르되 너는 제단에 나아가 네 속죄제와 네 번제를 드려서 너를 위하여, 백성을 위하여 속죄하고 또 백성의 예물을 드려서 그들을 위하여 속죄하되 여호와의 명령대로 하라.

모세는 또 아론에게 첫 번째 제사 명령을 내린다. 모세는 이제 제사장 역할을 아론에게 맡긴다. 대제사장 아론과 그의 아들들은 이스라엘 자손들을 위한 예물을 드리기 전에 먼저 자신들의 죄를 속하기 위해 흠 없는 송아지로 속죄제를 드려야 했고(4:3; 삼상 3:14; 히 5:3; 7:27; 9:27), 또 흠 없는 숫양으로 번제를 드려야 했다(2절). 제사장을 위한 속죄제와 번제는 백성들의 죄까지 속하는 효과가 있었다("백성을 위하여 속죄하고"란 말이 그 뜻이다).

모세는 아론에게 "또 백성의 예물을 드려서 그들을 위하여 속죄하되 여호와의 명령대로 하라"고 명한다(4:16, 20; 히 5:1). 아론은 모세의 명을 받아 제단에 나아가 백성을 위하여 속죄하되(3-4절) 모세를 통한 여호와의 명을 따라 실시해야 했다. 순종 없는 제사는 허망한 것이다(삼상 15:22).

2. 제사장들을 위한 제사를 드리다 9:8-14
1-3절은 모세가 아론에게 제사를 드리라는 명령을 내린 것을 기록한 것이

고, 이 부분(8-14절)은 아론이 명령을 받고 실행에 옮긴 것을 기록한 것인데, 속죄 제와 번제 드린 것을 기록한 것이다.

레 9:8. 이에 아론이 제단에 나아가 자기를 위한 속죄제 송아지를 잡으매.

아론은 모세의 명령을 받고(2절), 제단에 나아가 자기를 위하여 속죄제 송아지를 잡았다. 아론은 자기를 위한 대속제물인 송아지가 있어서 잡게 되었다. 오늘 우리에게는 대속 제물 되시는 그리스도께서 계시니 얼마나 다행스러운 일인가. 이 부분(8-11절)의 내용은 8:14-17의 내용과 같다. 그 주해를 참조하라.

레 9:9. 아론의 아들들이 그 피를 아론에게 가져오니 아론이 손가락으로 그 피를 찍어 제단 뿔들에 바르고 그 피는 제단 밑에 쏟고.

아론의 아들들이 그 피를 아론에게 가져오니(8:15) 아론이 손가락으로 그 피를 찍어 제단 뿔들에 발랐다. 여기 "제단 뿔들에 발랐다"는 말은 '번제단의 네 뿔에 발랐다'는 뜻이다. 뿔은 힘을 상징하는 곳인데 거기에 피를 발랐으니 힘을 발휘하게 된 것이다.

번제단 뿔들에 피를 바른 다음 아론은 "그 피를 제단 밑에 쏟았다". 제단 밑에 쏟은 것도 역시 그리스도께서 피를 하나도 남김없이 우리를 위하여 십자가에서 속죄의 피를 흘려주신 것을 예표 한다(요 19:34).

레 9:10. 그 속죄제물의 기름과 콩팥과 간 꺼풀을 제단 위에서 불사르니 여호와께서 모세에게 명령하심과 같았고.

아론은 그 속죄제물의 기름과 콩팥과 간 꺼풀을 번제단 위에서 불살랐다(8:16). 속죄제물이 제단 위에서 불살라졌다는 것은 6:12-13에 제시된 규정과 일치하게 불이 7일간의 임직식 이후에도 꺼지지 않았다는 것을 보여준다. "기름과 콩팥과 간 꺼풀"은 동물의 고기 중 가장 중요한 부위로서 희생 제물 전체를 여호와께 바쳐드렸다는 것을 뜻한다. 아론은 모세를 통하여 명령된 여호와의 명령대로 이 모든 일을 했다(4:8).

레 9:11. 그 고기와 가죽은 진영 밖에서 불사르니라.

일반 번제의 경우, 희생제물의 가죽은 제사장의 몫으로 돌려졌으나 제사장이나 이스라엘 회중을 위한 속죄제의 경우 고기와 가죽은 모두 진 밖에서 불태워졌다(4:11; 8:17). 여기 "진 밖"(outside the camp)이란 말은 희생과 저주의 장소로, 그리스도께서 죽으실 갈보리 언덕을 상징한다.

레 9:12 아론이 또 번제물을 잡으매 아론의 아들들이 그 피를 그에게로 가져오니 그가 그 피를 제단 사방에 뿌리고.

본 절부터 14절까지는 아론이 자신을 위해 번제를 드린 것을 말한다. 이 부분의 내용은 8:18-21의 내용과 같다. 그 주해를 참조하라.

아론이 자신을 위해 두 번째로 번제물을 잡았을 때 아론의 아들들이 그 피를 아론에게로 가져오니 아론이 그 피를 번제단 사방에 뿌렸다는 내용이다(1:5; 8:19). 피를 번제단 주위에 뿌린 것은 번제단을 정결하게 할뿐 아니라, 제물 드리는 자의 무수한 죄를 속한다는 것을 보여주는 의식이다.

레 9:13. 그들이 또 번제의 제물 곧 그의 각과 머리를 그에게로 가져오매 그가 제단 위에서 불사르고.

아론의 아들들이 또 번제의 제물 중 각 뜬 것(고기를 취급하기 편하게 여러 조각으로 자른 조각들)과 머리를 아론에게 가져오니(8:20) 아론이 그것들을 번제단 위에서 불살랐다. 이처럼 고기를 여러 조각으로 나누어 드린 것은 온전한 헌신의 상징이면서, 동시에 희생 제물로 바친 고기를 제단에 드려 태우기 편하도록 하기 위함이었다.

레 9:14 또 내장과 정강이는 씻어서 단 위에 있는 번제물 위에서 불사르니라.

본 절의 제사장 임직을 위해 번제 희생으로 짐승을 바치는 경우, 희생 제물의 내장(inner parts)과 정강이(legs)는 씻어서 단 위에 있는 번제물 위에서 불살라 드렸다(8:21). 이는 일반 번제의 경우와 같다. 1:9 주해를 참조하라.

본 절의 "단 위에 있는 번제물 위에서 불사르니라"는 말은 방금 드린 번제물(앞 절) 위에 얹어서 태웠다는 뜻이다.

3. 백성을 위한 제사들을 드리다　9:15-21

아론은 자신을 위한 두 가지 제사를 드린(8-14절) 후 이제는 백성을 위한 제사를 집례 한다. 백성을 위한 제사는 속죄제, 번제, 소제 및 화목제였다. 이 내용은 앞 선 내용과 동일하다.

아론이 백성을 위한 제사를 드릴 때 속죄제, 번제, 소제 및 화목제의 순으로 드린 것은 백성들이 죄를 고백함으로 먼저 죄 사함을 받아야 하고, 다음 헌신을 위한 제사를 드려야 하며, 여호와께 봉사하는 것이 필요하고, 또 감사를 통해 여호와와 언약 백성간의 관계를 정상적으로 유지하기 위함이었다.

레 9:15. 그가 또 백성의 예물을 드리되 곧 백성을 위한 속죄제의 염소를 가져다가 잡아 전과 같이 죄를 위하여 드리고.

아론은 이제 백성을 위한 제사를 시작했다. 아론은 "백성을 위한 속죄제 염소를 가져다가 잡아 전과 같이 속죄제"를 드렸다(3절; 사 53:10; 히 2:17; 5:3). 본문의 "전과 같이"란 말은 아론이 자신을 위해 속죄제 의식을 가짐과 같이(8-11절) 백성을 위해 속죄제를 드렸다는 뜻이다. 백성들은 무엇보다 먼저 속죄가 필요했다. 여기 백성은 많은데 속죄제 염소는 한 마리밖에 되지 않는 것은 우리 인생이 많은데 예수님 홀로 피 흘려 속죄한 것의 예표이다.

레 9:16. 또 번제물을 드리되 규례대로 드리고.

아론은 또 번제물을 드렸는데 규례를 따라 드렸다. 여기 "규례대로 드렸다"는 말은 '앞서 제시한 규례를 따라서 똑같이 드렸다'는 뜻이다(1:3, 10). 다시 말해 그 제사 절차나 방법이 제사장으로부터 이스라엘 회중에 이르기까지 모두 동일하다는 뜻이다. 단지 드리는 제물이 약간 차이가 난 것은 각자의 경제적인 차이 때문에 생긴 것이었다(1:3-9; 9:12-14 참조).

레 9:17. 또 소제를 드리되 그 중에서 그의 손에 한 움큼을 채워서 아침 번제물에 더하여 제단 위에서 불사르고.

아론은 이어서 백성을 위하는 세 번째 제사로 곡식제물을 드렸다(4절; 2:1-2). 그 곡식제물 중에서 한 줌 가득히 집어서(한 움큼 집어낸 다음 남은

것은 제사장의 몫이 되었다, 10:12 참조) 아침마다 정규적으로 드리는 번제물에
더하여(위에 얹어서)(출 29:39) 단에서 불태웠다.

**레 9:18 또 백성을 위하는 화목제물의 수소와 숫양을 잡으매 아론의 아들들이
그 피를 그에게로 가져오니 그가 제단 사방에 뿌리고.**

　　아론은 백성을 위한 네 번째의 제사로 화목 제사를 드렸다. 화목 제사를
드리기 위해 수소(3:1-5 참조)와 숫양(3:6-11 참조)을 잡았다. 화목 제사를
드리기 위해서는 암수 관계없이 바칠 수 있었으나 여기서는 수컷을 바쳤다.
아론의 아들들이 피를 받아서 아론에게 넘겨주니, 아론은 그 피를 제단 사방에
뿌렸다(3:2 주해 참조). 화목제는 하나님과의 친교를 위해 드리는 제사였다.
아론이 이렇게 네 번째로 화목제를 드린 것은 이유가 있다. 먼저, 사람이
속죄제를 드려 죄 문제를 해결한 뒤에야 하나님과 진정한 화목이 성립될
수 있었기 때문이고, 하나님과의 진정한 화목은 그리스도의 중재 사역을 통해
서만이 최종적으로 이루어질 수 있기 때문이다.

**레 9:19. 그들이 또 수소와 숫양의 기름과 기름진 꼬리와 내장에 덮인 것과
콩팥과 간 꺼풀을 아론에게로 가져다가.**

　　아론의 아들들은 수소와 숫양의 여러 부위의 기름들(내장에 덮인 기름,
콩팥, 간 꺼풀, 3:3-4 주해 참조)과 양의 기름진 꼬리(3:9 참조)를 가져왔다.
이것들을 불사르기 위함이었다.

레 9:20 그 기름을 가슴들 위에 놓으매 아론이 그 기름을 제단 위에서 불사르고.

　　전절에 기록한 여러 부위의 기름(내장에 덮인 기름, 기름진 꼬리, 콩팥,
간 꺼풀 등)을 수소와 숫양의 가슴들 위에 놓았다가 번제단 위에서 불살랐다
(3:5, 16). 이는 화제로 여호와께 향기로운 냄새가 되게 하기 위해서였다.

**레 9:21. 가슴들과 오른쪽 뒷다리를 그가 여호와 앞에 요제로 흔드니 모세가
명령한 것과 같았더라.**

　　아론은 수소와 숫양의 가슴들과 오른쪽 뒷다리들을 여호와 앞에 요제

(7:30-34)로 흔들어 바쳤다(요제로 바친다함은 제물을 성소를 향하여 앞으로 내밀었다가 다시 가져오는 형식으로 드리는 제사를 말한다). 성경 다른 곳들을 보면 오른쪽 뒷다리들은 거제(높이 쳐들어 드림을 말한다)로 드렸으나(7:32; 10:14), 본 절에서는 요제(제물을 성소를 향하여 앞으로 내밀었다가 다시 가져오는 형식으로 드리는 제사)로 드렸다고 말한다. 그러니까 가슴들이나 오른쪽 뒷다리들이나 다 같이 요제로 드려 두 가지 제물이 모두 제사장의 몫으로 돌아갔다. 아론이 이렇게 한 것은 모세의 명령 때문이었는데, 모세의 명령은 결국 여호와의 명령이었을 것이다(10절; 8:9 참조). 여호와께서는 제사장들의 음식을 챙겨주셨다.

4. 아론이 축복하다 9:22-24

아론은 백성을 두 번 축복한다. 한번은 제사들(속죄제, 번제, 화목제)을 마치고 혼자 백성을 향하여 손을 들어 축복하고 내려왔고, 또 한 번은 모세와 함께 회막에 들어갔다가 나와서 백성을 향하여 축복했다. 이 때 불이 여호와 앞으로부터 나와 번제물과 기름을 살랐다. 이렇게 된 것은 여호와께서 제사를 응답하셨다는 뜻이다.

레 9:22 아론이 백성을 향하여 손을 들어 축복함으로 속죄제와 번제와 화목제를 마치고 내려오니라.

'손을 들어'란 말은 히브리어에서 단수로 기록되었으나 '두 손을 들어' 축복한 것으로 본다(민 6:23; 신 21:5; 눅 24:50). 이유는 모세도 아말렉과의 전쟁에서 한 손(출 17:11)을 들어 기도한 것으로 묘사되어 있으나, 모세의 팔이 피곤해졌을 때 옆에서 두 사람(아론과 훌)이 "한 사람은 이쪽에서, 한 사람은 저쪽에서 모세의 손을 붙들어 올렸더니 그 손이 해가 지도록 내려오지 아니했다"고 묘사한 것을 보면 아론도 분명 두 손을 들어 기도한 것으로 보인다(출 17:12 참조). 손을 들고 행한 축도는 정상적인 축도의 형태이다. 개인적으로 축복할 때는 머리에 손을 얹고 축복했으나(창 48:14), 대중을 상대하여 축복할 때는 손을 들고 축복했다. 이 축복 기도는 오늘 신약 교회에 그대로 전승되었다.

손을 드는 것은 하나님을 가리키는 것이고, 또 하나님의 복이 내려오는 것을 상징하는 행위이다. 아론은 축복 기도를 할 때 분명히 민 6:24-26의 말씀으로 했을 것이다.

아론이 백성을 향하여 손을 들어 축복한 것은 제사의 일부였다. 다시 말해 결코 축복 기도와 제사를 별도로 여긴 것이 아니라, 축복 기도가 끝나야 제사가 끝나는 것으로 여긴 것이다. 이유는 문맥이 그것을 지지하고 있고, 또 하나님을 대행하여 아론이 축복해야 제사가 끝나는 것이지 축복이 없는 제사는 있을 수 없다는 것을 알 수 있다. 오늘도 예배를 드릴 때 마지막에 축도를 넣는 것은 축도 없는 예배를 생각할 수 없기 때문이다.

본문의 마지막에 "내려 오니라"는 말은 모든 제사를 마치고 번제단에서 내려 왔다는 뜻이다. 번제단의 높이는 3규빗(45cm x 3=1.35m)이니 내려왔다는 표현이 바른 표현이다.

레 9:23 모세와 아론이 회막에 들어갔다가 나와서 백성에게 축복하매 여호와의 영광이 온 백성에게 나타나며.

거의 모든 주석가들이 동의하는 바와 같이 모세는 이번에 마지막으로 회막에 들어갔고, 아론은 처음으로 들어간 것이다. 이때 아론은 제사장의 자격으로 들어갔다.

모세와 아론이 회막에 들어갔다가 나와서 백성에게 축복한 것은 아주 중요한 의미를 갖는다. 그들이 회막에 들어갔던 이유에 대해 여러 견해들이 있다. 1) 이스라엘 온 회중이 여호와께 제사를 드렸음을 고하고, 앞으로도 제사장의 거룩한 임무를 잘 감당하도록 기도하기 위함이었다는 견해(Keil). 2) 모세와 아론이 백성에게 축복하기 전에 함께 기도하려고 회막에 들어갔다는 견해(Jonathan Targum). 3) 두 사람이 함께 회막에 들어감으로써 아론의 대제사장직의 합법성이 백성들 앞에서 확증되었다는 견해(A. Noortzij). 4) 모세가 아론에게 성소 내부를 안내하고, 앞으로 행할 일을 가르치기 위해서였다는 견해(John Gill, Matthew Henry, K & D, Lange, R. K. Harrison, Coleman, Fredric Brown, Meyrick, 이상근). 네 가지 견해 중 마지막 견해가 가장 타당할 것으로 보인다.

모세와 아론이 회막으로부터 나와서 "백성에게 축복해서" 여호와의 영광이 온 백성에게 나타났다는 사실은 대단히 중요하다(6절; 민 14:10; 16:19, 42). 여호와의 축복은 기도를 통해서 임한다는 것을 보여준다. 오늘도 전도자의 축복기도는 큰 역할을 한다.

본문의 "여호와의 영광"이란 '여호와의 정체, 권능, 지혜, 위대하심 등이 나타나는 것'을 말한다. 본 문맥에서는 여호와의 영광이 다음 절의 불길로 나타난 것을 볼 수 있다. 두 사람의 놀라운 기도로 말미암아 초자연적인 일이 나타났다.

레 9:24. 불이 여호와 앞에서 나와 제단 위의 번제물과 기름을 사른지라 온 백성이 이를 보고 소리 지르며 엎드렸더라.

"불이 여호와 앞에서 나왔다"는 말은 '불이 지성소를 덮고 있는 구름에서 나왔다'(출 40:34)는 뜻이다. 혹자는 본 절의 "불"을 천적 기원의 불이라고 말하나, 번제단의 불도 이미 하늘에서 내려온 불이니, 본 절의 불이 여호와 앞에서 나왔다는 말은 이미 번제단에서 불이 타고 있었는데, 다시 불이 나와서 이미 타고 있던 것에 가세한 것을 뜻한다(창 4:4; 삿 6:21; 왕상 18:38; 대하 7:1; 시 20:30). 이렇게 불이 여호와 앞에서 나온 것은 여호와께서 제사장이 집례한 첫 제사를 받으셨다는 표시이다.

이렇게 불이 여호와 앞에서 나와서 번제단의 번제물과 기름을 사른 것을 보고 "온 백성이 소리를 지르며 엎드린 것"(왕상 18:39; 대하 7:3; 스 3:11)은 '기쁨으로 소리 지르고 엎드린 것'을 뜻한다. 그들은 두렵기도 했고 또 기쁘기도 했을 것이다. 여호와께서 나타나신 것을 보고 기뻤기도 했으며 또 한편 초자연적인 사건이니 두렵기도 했을 것이다.

제 10 장

C. 나답과 아비후가 죽다   10:1-7

제사장의 첫 번 직무 수행이 은혜 중 끝날 무렵(9장) 제사장이 백성들을 축복하였음으로 여호와의 불의 응답을 받고 기쁨이 절정에 달했을 때, 놀라운 재앙이 찾아왔다. 그것은 다름 아니라 나답과 아비후가 여호와께서 명하시지 않은 다른 불을 드리다가 첫 아들 나답과 둘째 아들 아비후가 죽음을 당한 것이다. 이 때문에 여호와께서는 앞으로의 제사장직을 위해 여러 경계를 하시게 되었다.

레 10:1. 아론의 아들 나답과 아비후가 각기 향로를 가져다가 여호와께서 명령하시지 아니하신 다른 불을 담아 여호와 앞에 분향하였더니.

아론의 첫 아들 나답과 둘째 아들 아비후68)(11:6; 22:9; 민 3:3-4; 26:61; 대상 24:2)가 각각 향로69)를 가져다가(16:12; 민 16:18) 여호와께서 명령하시지 않은 다른 불을 담아 여호와 앞에 분향했다가(출 30:9) 큰 재앙을 만난 것이다. 여기 "다른 불"(strange fire)이란 하늘에서 내려온 불(9:24), 즉 번제단의 불이 아니고, 사람들이 만든 불을 지칭한다. 즉, 일반 불을 말한다. 나답과 아비후는 오직 번제단의 불만 사용했어야 했는데 아마도 술에 취해(8-11절에

---

68) 나답과 아비후는 자기 아버지 아론과 또 70인 장로들과 함께 모세를 동행하여 시내산에서 언약을 확증하는 의식에 참여하여 이스라엘의 하나님을 보았던 자들이었다(출 24:1, 9-10).

69) "향로": Censer. 불을 담고, 그 위에 향을 두는 분향 용기(민 16:6, 7, 39). 향로는 불씨를 옮기던 금으로 만든 그릇을 지칭한다. 향로는 성소 안에 설치된 분향단에 아침과 저녁으로 새롭게 향을 사를 때 사용되는 불씨를 번제단에서 향단까지 옮기는데 쓰이던 금제 그릇을 지칭한다. 대제사장은 속죄일에 이것을 가지고 지성소에 들어가, 실내를 향연으로 가득케 했다(16:12-13). 성막의 것은 놋(청동제, 민 16:38-39), 성전 및 계시록 중의 것은 금으로 만들어졌다(대하 4:22; 히 9:4; 계 8:3, 5).

보면 제사장들에게 음주 경계령이 내려지고 있다) 다른 불을 가져다가 사용해서 죽음을 만난 것이다. 이 두 형제가 죽었기 때문에 대제사장직이 셋째 아들 엘르아살에게 돌아갔다.

이 불은 오늘날의 인본주의, 세속주의를 의미한다. 오늘 우리는 여호와의 계시에 의해서만 주님을 예배해야 한다. 설교 시간에 세상 철학, 인문학, 심리학, 역사학 등 세상의 학문을 선전하는 과오를 범하지 말아야 할 것이다.

레 10:2. 불이 여호와 앞에서 나와 그들을 삼키매 그들이 여호와 앞에서 죽은지라.

본 절은 아론의 두 아들, 즉 일반 불을 향로에 담다가 여호와 앞에 분향한 첫째 아들 나답과 둘째 아들 아비후가 벌을 받아 죽은 사실을 언급한다. 본문의 "불이 여호와 앞에서 나와 그들을 삼켰다"(9:24; 민 16:35; 삼하 6:7)는 말에 대하여 혹자들은 번제단 위에서 타고 있던 '여호와의 불'(9:24)에 타죽은 것으로 주장하나(Keil, Lange, Meyrick, 이상근), 속죄소로부터 나온 여호와의 불에 의해 타죽은 것으로 보는 것이 더 옳을 것이다. 이유는 번제단 위의 불은 여호와께로부터 나온 불이긴 해도(9:24), 그 불은 제물을 태우는 불로써, 나답과 아비후를 태웠을 것 같지는 않다. 그런고로 차라리 지성소 위의 구름 기둥에서 나온 불이 두 형제를 태워 죽였다고 보는 것이 옳을 것 같다(민 16:35; 왕하 1:10-13 참조).

그리고 본문의 "삼켰다"는 말은 그저 '죽었다'는 뜻으로 보아야 할 것이다. 두 아들을 "삼켰다"는 말은 아주 태워서 없애 버렸다는 말은 아니다. 문맥을 보면 그들의 시체도 남아 있었고(4절), 또 그들의 옷도 타지 않았음을 알 수 있다(5절).

레 10:3. 모세가 아론에게 이르되 이는 여호와의 말씀이라 이르시기를 나는 나를 가까이 하는 자 중에서 내 거룩함을 나타내겠고 온 백성 앞에서 내 영광을 나타내리라 하셨느니라 아론이 잠잠하니.

모세는 두 아들을 잃은 형 아론에게 여호와의 말씀으로 경고한다. 즉, "나는 나를 가까이 하는 자 중에서 내 거룩함을 나타내겠고 온 백성 앞에서 내 영광을 나타내리라"고 한다(21:6, 17, 21; 출 19:22; 29:43; 사 51:11; 겔 20:41; 42:13). '여호와께서는 여호와를 가까이 하여 섬기는 자들, 즉 나답과 아비후와 같은 제사장들에게 여호와의 거룩함(위대하심, 권세, 능력, 지혜 등)을 나타내시겠다'고 하시며, 또 '여호와를 가까이 섬기는 자들에게만 아니라, 한 단계 멀리 있는 온 이스라엘 백성 앞에서도 여호와의 영광(거룩함과 동의어)을 나타내리라'고 하신다(사 49:3; 겔 28:22; 요 13:31-32; 14:13; 살후 1:10). 그러니까 여호와께서는 여호와를 가까이 섬기는 자들이나 멀리서 섬기는 자들에게나 동일하게 여호와의 거룩함과 영광을 똑같이 드러내시겠다고 하신다. 여호와는 우리 피조물과는 달리 거룩하시고 또 영광스러우신 분임을 알아야 한다는 뜻이다. 나답과 아비후 뿐 아니라 아론의 남은 아들들도 여호와께서 두려우신 분인 줄 알고, 여호와의 명령에 순종해야 할 것이다.

오늘도 이 진리는 예배를 집례 하는 모든 교역자들에게 통하는 말씀이다. 전도자는 인본주의, 세속주의의 심정을 가지고 아무렇게나 예배를 인도하면 금방 영적 생명이 죽고 마는 고로 여호와의 명령에 절대 순종하여 섬겨야 할 것이다.

아론은 모세가 전해주는 여호와의 말씀을 듣고 "잠잠"했다(시 39:9). 아론의 잠잠함은 순종을 뜻하는 잠잠함이었다. 아론은 결코 여호와께 항의하거나 모세에게 불평하지 않고 조용히 순종했다(욥 1:22; 시 39:9 참조).

레 10:4 모세가 아론의 삼촌 웃시엘의 아들 미사엘과 엘사반을 불러 그들에게 이르되 나아와 너희 형제들을 성소 앞에서 진영 밖으로 메고 나가라 하매.
표준 새 번역은 본 절을 다음과 같이 번역했다. "모세는 미사엘과 엘사반을 불렀다. 그들은 아론의 삼촌 웃시엘의 아들들이다. 모세는 그들에게 일렀다. 어서 가서, 네 조카들을 성소에서 진 바깥으로 옮겨라"고.

모세는 엘르아살과 이다말에게 형들의 시체를 옮기라고 명령하지 않고 아론의 삼촌 웃시엘(출 6:18, 22; 민 3:19, 30)의 아들 미사엘과 엘사반을 불러 '나아와 너희 형제들을 성소 앞에서 진영 밖으로 메고 나가라'고 명령한다(눅 7:12; 행 5:6, 9-10; 8:2). 본문의 "너희 형제들"이란 말은 사실은 '너희 조카들'이라고 번역했어야 했다. 표준 새 번역은 촌수를 잘 따져서 번역한 것이다.70) 엘르아살과 이다말에게 시체를 메어 내가라고 명령하지 않은 것은 제사장들은 시체를 운반할 수 없게 되어 있기 때문이었다(21:2-3, 11).

모세는 두 사람의 시체를 "성소 앞에서 진영 밖으로 메고 나가라"고 했다. "진영 밖으로 메고 나가라"고 한 것은 시체가 진영 안에 있어서는 안 되기 때문이었고, 또 진영 밖(4:12)으로 메어나가야 많은 사람들이 보고, 여호와의 두려우심을 알고 경고를 받겠기 때문이었다.

레 10:5. 그들이 나와 모세가 말한 대로 그들을 옷 입은 채 진영 밖으로 메어 내니.

"그들", 즉 '미사엘과 엘사반'이 나와 모세가 명령한 대로 두 제사장들을 옷 입은 채 진영 밖으로 메어 가서 장사했다. 모세가 성경을 기록할 때 "옷 입은 채", 즉 '제사장 복(8:13)을 입은 채' 진 밖으로 메어 내간 것을 말한 것은 두 제사장이 범죄하고 죽었기에 이들의 옷들도 더러워졌으므로 옷을 입은 채 그대로 진 밖으로 메어 내갔고, 또 옷 입은 채 그대로 장사를 지냈다.71) 성도나 제사장이나 죄를 지으면 비참하게 취급되는 것임을 알 수 있다.

레 10:6. 모세가 아론과 그의 아들 엘르아살과 이다말에게 이르되 너희는 머리를 풀거나 옷을 찢지 말라 그리하여 너희가 죽음을 면하고 여호와의 진노가 온 회중에게 미침을 면하게 하라 오직 너희 형제 이스라엘 온 족속은 여호와께서 치신 불로 말미암아 슬퍼할 것이니라.

모세는 나답과 아비후의 죽음을 맞이하여 두 동생들 엘르아살과 이다말은 슬퍼하지 말라고 주문한다. 다시 말해 형들이 죽은 사실 때문에 동생들은 슬퍼하지 말라는 것이었다. 모세는 엘르아살과 이다말에게 "너희는 머리를 풀거나 옷을 찢지 말라(13:45; 21:1, 10; 출 33:5; 민 6:6-7; 신 33:9; 겔 24:16-17)

---

70) 아론의 아버지 "아므람"은 4형제중 제일 큰 형이고, 웃시엘은 제일 막내였다(출 6:18). 그리고 "미사엘과 엘사반"은 웃시엘의 세 아들 중 첫째 아들과 둘째 아들이었으니 그들은 아론의 4촌들이었다. 그런고로 죽은 두 제사장은 미사엘과 엘사반의 5촌 조카였다. 그러나 모세는 본 절에서 통속적 표현으로 "너희 형제들"이라고 표현했다.
71) 제사장 복을 입고는 원래 절대 진 밖으로 나갈 수 없었다. 만약 제물의 재를 버리려고 할 때는 반드시 제사장 복을 벗고 나갔다가 들어와서 다시 입어야 했다(6:10-11).

그리하여 너희가 죽음을 면하고 여호와의 진노가 온 회중에게 미침을 면하게 하라"(민 16:22, 46; 수 7:1; 22:18, 20; 삼하 24:1)고 경고한다. 머리를 푸는 일이나 옷을 찢는 일은 슬픔을 표시하는 것이었다. 슬픔을 표시하는 것은 하나님께서 심판하신 것에 대해 불만을 표시하고, 반기를 드는 것이었기 때문에 슬픔을 표시하는 일을 금지하신 것이다. 우리는 하나님께서 하신 일에 대해 큰 슬픔을 표시하지 말아야 한다.

모세는 엘르아살과 이다말이 슬픔을 표시하지 않아야 그들도 죽지 않게 된다고 말한다. 형들의 죽음에 대하여 슬픔을 나타낼 경우 그들 자신들도 죽을 수 있다는 것이었다. 또 그들이 슬픔을 표시하면 여호와의 심판에 대해 불만을 표시하는 것이 되니 여호와의 진노가 온 회중에게 미치게 될 것인 고로 슬픔을 표시하지 말라는 것이었다. 대제사장은 죽은 자를 위해 슬퍼하는 일이 금지되어 있었다(21:10-11). 그런데 여기 엘르아살과 이다말은 대제사장은 아니었으나 형들의 죽음이 범죄로 인한 죽음이었으므로 그들을 위해 슬퍼하지 말라는 것이었다. 두 형제는 자기들의 형들보다도 하나님을 더 사랑해야 하는 고로 하나님께서 하신 일을 잠잠히 받아들여야 했다.

그런데 모세는 예외를 둔다. 즉, "오직 너희 형제 이스라엘 온 족속은 여호와께서 치신 불로 말미암아 슬퍼할 것이니라"고 말씀한다. 백성들이 두 제사장의 죽음을 맞이하여 슬퍼하는 것은 자연스러운 일이었고, 또 인정적으로 당연한 것이었다. 하나님은 사람들의 정당한 슬픔을 금하지 않으신다.

레 10:7. 여호와의 관유가 너희에게 있은즉 너희는 회막 문에 나가지 말라 그리하면 죽음을 면하리라 그들이 모세의 말대로 하니라.

모세는 아론과 또 두 형제 엘르아살과 이다말을 향하여 '여호와의 관유가 너희에게 있은 즉 너희는 회막 문에 나가지 말라'고 권한다(8:30; 21:12; 출 28:41). 즉, '여호와의 기름(출 30:22-33)이 제사장으로 안수를 받은 아론과 또 두 형제 엘르아살과 이다말에게 있기 때문에 회막 문에 나가지 말라고 말한다.

그러면 회막 문에 나가지 말라는 명령이 구체적으로 무슨 뜻인지를 두고 견해가 갈린다. 1) 기름 부음을 받은 제사장들은 회막 안에서 성역에 전무해야 한다는 뜻으로 보는 견해. 2) 나답과 아비후의 장례식에 참여하지 말라는 견해(Delitzsch, Matthew Henry, Lange, Noortzij, Meyrick, 이상근). 2번의 견해가 바른 견해이다. 이유는 회막 밖으로 나가지 말라는 명령 다음에 장례식에 참여하지 않으면 죽음을 면할 것이라고 했기 때문이다. 평생 회막 밖으로 나가지 않아야 죽음을 면하게 된다는 말은 있을 수 없는 명령이다. 그런고로 회막 밖으로 나가지 말라는 명령은 형들이 죽었을 때 장례식에 참여하지 말아야 한다는 명령으로 보아야 한다. 두 형제는 모세의 명령대로 행했다. 대제사장이나 제사장들은 아들이나 형제보다는 하나님을 더욱 가까이 해야 했고 사랑해야 한다는 것을 보여주는 말씀이다.

D. 제사장들에 대한 더 한 층의 규례들 10:8-20

나답과 아비후가 죽은 후 모세는 제사장들에게 더 한 층 다른 규례를 준다. 음주를 금하라는 말씀(8-11절), 소제와 화목제에서 제사장의 몫을 챙기라는 말씀(12-15절), 엘르아살과 이다말의 몫을 확인하라고 하는 말씀(16-20절) 등이 주어진다.

1. 음주를 금하라 10:8-11

여호와께서는 모세에게 직접 말씀하시지 않으시고, 아론에게 말씀하셔서 아론 자신과 자손 제사장들에게 술(포도주나 독주)을 금하라고 하신다.

레 10:8. 여호와께서 아론에게 말씀하여 이르시되.

여호와께서는 항상 모세를 통하여 아론에게 말씀하셨으나 음주를 금하라는 말씀은 직접 아론에게 말씀하신다. 민 18:1, 8, 20 참조. 이 아래 말씀(12-15절)을 상고할 때 아론과 두 아들들이 제사 음식을 먹을 때에 주신 경고로 보인다.

레 10:9. 너와 네 자손들이 회막에 들어갈 때에는 포도주나 독주를 마시지 말라 그리하여 너희 죽음을 면하라 이는 너희 대대로 지킬 영영한 규례라.

여호와께서는 아론에게 '너와 네 자손들이 회막에 들어갈 때에'; 즉 '회막
에서 제사장으로 봉사할 때'를 지칭하는 말씀이다. 회막에서 봉사할 때에
"포도주나 독주를 마시지 말라"고 하신다(사 28:7; 겔 44:21; 눅 1:15; 딤전
3:3; 딛 1:7). 이 명령을 지켜 포도주나 독주72)를 마시지 않는 경우 세 가지
유익이 있다고 하신다. 첫째 유익은 나답과 아비후처럼 죽지 않게 된다는
것이다. 그런데 이렇게 술을 금하는 것은 잠시만 아니라 제사장들 집안 대대로
영원한 규례가 되어야 한다고 하신다.

**레 10:10. 그리하여야 너희가 거룩하고 속된 것을 분별하며 부정하고 정한
것을 분별하고.**

둘째 유익(첫째 유익은 앞 절에 있다)은 정신이 맑아서 "거룩하고 속된
것을 분별하며 부정하고 정한 것을 분별하게" 된다고 하신다(11:47; 20:25;
렘 15:19; 겔 22:26; 44:23). 거룩한 것과 속된 것은 정 반대 개념이고, 부정한
것과 정한 것도 역시 정 반대의 개념이다. 술을 멀리 할 때 무엇이 거룩한
것이며 또 무엇이 속된 것인지를 분별하게 되고(삼상 21:5-6; 겔 22:26; 42:20;
44:23), 또 무엇이 부정한 것이며 또 무엇이 정한 것인지를 분별하게 된다는
것이다. 다시 말해 주님께 속한 것과 더러운 영향 아래 있는 것을 구분하게
된다는 것이다.

오늘 성도들과 교역자들이 이런 정도라도 분별하면 물질을 탐하거나, 이성
문제에 걸리거나, 혹은 명예 문제에 부끄러운 일을 하지 않게 될 것이다.
정신이 혼미하니 교회 안에서 각종 더러운 일이 벌어지는 것이다.

레 10:11. 또 나 여호와가 모세를 통하여 모든 규례를 이스라엘 자손에게

---

72) "독주": Strong drink. 포도주보다 알콜 성분이 강한 술. 포도주와 함께 기록되어 있는
일이 많고, 특히 취하게 하는 술을 '독주'로 말하고 있다(민 6:3; 사 5:11,22). 독주(毒酒)는 보통
석류, 사과, 종려나무의 열매, 또는 곡물이나 꿀로서 만들었다. 나실인에게는, 이런 종류의
술을 마시는 것이 금해져 있었다(민 6:3; 눅 1:15). 제사장도 성전에 들어갈 때에는, 그것을
마시지 못하도록 되어 있었다(레 10:9; 겔 44:21). 왕도 불공평한 재판을 하지 않기 위해 이것을
삼가야 했다(잠 31:4,5). 일반인도 그것을 마시는 경우 비난받았다(사 5:11, 22; 28:7; 미 2:11;
삼상 1:15; 잠 20:1; 31:4)(디럭스 바이블 성경사전).

가르치리라.

셋째 유익(첫째 유익은 9절에, 둘째 유익은 10절에 있다)은 여호와께서 모세를 통하여 명령하신 모든 것들을 이스라엘 자손에게 가르칠 수 있을 것이라고 하신다(신 24:8; 느 8:2, 8-9, 13; 렘 18:18; 말 2:7). 다시 말해 모세 5경의 율법을 다 가르칠 수 있을 것이란 뜻이다. 제사장은 제사만 집례하지 않고 가르치기도 해야 하는 직분이다(신 24:8; 말 2:7 참조). 가르치기를 잘하는 것은 성직자에게 더할 수 없이 중요한 것이다. 정신이 혼미한 교역자들은 성경의 말씀이 깨달아지지 않으니 정확하게 가르칠 수 없게 된다.

2. 소제와 화목제에서 제사장의 몫 10:12-15

위의 8절부터 11절까지의 말씀은 여호와께서 직접 아론에게 독주를 마시지 말라는 경고였는데, 이제 이 부분(12-15절)에서는 모세가 아론과 그 남은 두 아들에게 이른 말씀이다. 이 부분의 말씀은 소제와 화목제에서 제사장의 몫에 대해 언급한 것이다. 12-13절은 소제물에서 제사장들의 몫을 말한 것이고, 14-15절은 화목제 중에서 제사장들의 몫에 대해 언급한 것이다.

레 10:12 모세가 아론과 그 남은 아들 엘르아살에게와 이다말에게 이르되 여호와께 드린 화제물 중 소제의 남은 것은 지극히 거룩하니 너희는 그것을 취하여 누룩을 넣지 말고 제단 곁에서 먹되.

본 절은 모세가 아론과 그 남은 두 아들, 즉 엘르아살과 이다말에게 이르는 말씀이다. 모세는 대제사장과 두 제사장들에게 "여호와께 드린 화제물 중 소제의 남은 것은 지극히 거룩하니 너희는 그것을 취하여 누룩을 넣지 말고 제단 곁에서 먹으라"고 구체적으로 가르친다(6:16; 출 29:2; 민 18:9-10). 본문의 "여호와께 드린 화제물 중 소제의 남은 것"이란 말은 '여호와께 드린 화제, 즉 불로 태워드리는 제물 중에 소제의 남은 것'을 뜻한다. 소제는 일부 화제로 바친 것이 있었다. 다시 말해 "한 움큼을 취하여 번제와 같이 화제로 바친 것"(9:17)이 있었고, 남은 것이 있었는데, 남은 것은 지극히 거룩하여 (21:22) 제사장의 몫이 되어 먹을 수 있다는 것이다(6:14-18 주해 참조). 아론과 엘르아살과 이다말은 남은 것을 누룩을 넣지 말고, 제단 곁, 즉 회막 뜰에서

먹어야 한다는 말씀이다. 여호와께서는 아론과 그 자손 제사장의 몫에 대해
세심하시다.

**레 10:13 이는 여호와의 화제물 중 네 소득과 네 아들들의 소득인즉 너희는
그것을 거룩한 곳에서 먹으라 내가 명령을 받았느니라.**

　　모세는 아론과 또 남은 아들 엘르아살과 이다말이 "화제물 중 소제의
남은 것"(앞 절)을 '거룩한 곳(회막 뜰)에서 먹어야 할' 이유를 말한다. 이유는
화제물 중 소제의 남은 것은 여호와의 화제물 중에 아론과 두 아들의 몫이기
때문이라는 것이다. 그들이 백성들을 위해 수고했으니 응당 그들의 몫이 되어
야 하는 고로 거룩한 곳에서 먹어야 한다는 것이다. 모세는 이런 말씀을 자작해
서 말하는 것이 아니고 여호와로부터 명령을 받았다고 말한다(2:3; 6:16).
그런고로 명령으로 알고 먹으라는 것이다. 신약 시대에도 복음을 전하는 자들
은 복음으로 말미암아 살아야 한다고 말씀하신다(고전 9:13).

**레 10:14 흔든 가슴과 들어 올린 뒷다리는 너와 네 자녀가 너와 함께 정결한
곳에서 먹을지니 이는 이스라엘 자손의 화목제물 중에서 네 소득과 네 아들들
의 소득으로 주신 것임이니라.**

　　모세는 속죄제, 속건제, 그리고 화목제를 드릴 때 사용된 고기 중에서
"흔든 가슴"(앞뒤로 흔든 가슴부분 고기-7:30 주해 참조)과 "들어 올린 뒷다
리"(하나님을 향하여 높이 들어 올린, 오른 쪽 뒷다리-7:14 주해 참조) 고기는
아론과 그의 자손들이 정결한 곳에서 먹으라고 말한다(7:31, 34; 출 29:24,
26-27; 민 18:11). 본문의 "정결한 곳"이란 낱말이 앞 절에서 말한 "거룩한
곳"이란 낱말과 다른 단어가 사용되었다고 해서, 뜻까지 다르다고 말할 수는
없을 것 같다. 똑같이 회막 뜰을 지칭할 것이다. 그것들을 정결한 곳에서
먹어야 하는 이유는 그것들이 아론과 그의 자녀들에게 주어진 것이기 때문이라
는 것이다.

**레 10:15 그 들어 올린 뒷다리와 흔든 가슴을 화제물의 기름과 함께 가져다가
여호와 앞에 흔들어 요제를 삼을지니 이는 여호와의 명령대로 너와 네 자손의**

영원한 소득이니라.

본 절은 "들어 올린 뒷다리와 흔든 가슴"에 대해 다시 언급하면서 이 고기들을 아론과 아론 자손의 영원한 몫으로 삼으라고 말한다(7:19, 30, 34). 즉, 본 절은 앞 절의 반복으로 주신 것이다. 단 한 가지 차이점은 "화제물의 기름과 함께 가져다가"라는 말씀이 첨가되어 있어 해석에 어려움을 더한다. 얼핏 보면 화제물의 기름도 함께 요제로 삼아 제사장의 몫으로 돌리라는 말씀으로 들린다. 그러나 짐승의 기름은 언제나 불태워 여호와께 바치라는 성경 구절들(9:19-20)을 상고할 때 본 절의 의미는 '기름을 살라 여호와께 바칠 때에', 뒷다리나 흔든 가슴을 거제나 요제로 드리고 제사장들의 몫으로 돌리라는 뜻으로 보아야 할 것이다. 다시 말해 기름은 기름대로 불살라 여호와께 드리고, 동시에 두 가지 고기는 제사장들에게 돌리라는 말씀으로 해석해야 할 것이다(표준 새 번역이나, 현대인의 성경이나, 공동번역도 그렇게 번역했다).

3. 속죄제의 염소에 관한 오해 10:16-20

엘르아살과 이다말이 자기들의 몫으로 돌아가야 하는 염소를 불사른 실수를 계기하여 모세가 다시 속죄제물의 고기는 그들의 몫임을 말한다.

레 10:16. 모세가 속죄제 드린 염소를 찾은즉 이미 불살랐는지라 그가 아론의 남은 아들 엘르아살과 이다말에게 노하여 이르되.

모세가 제사장들이 속죄제 제물로 사용한 염소를 찾았을 때(9:3, 15), 제사장들이 이미 그 염소를 불사른 사실을 알고, 모세는 아론의 남은 두 아들 엘르아살과 이다말에게 그 염소를 아론과 제사장들이 마땅히 먹었어야 했는데 먹지 않고, 진 바깥 재버리는 곳에서 완전히 불살라 버린 것에 대해 심히 노하게 되었다. 모세는 제사장들이 법을 따르지 않고 법을 어긴 사실을 두고 아주 노했던 것이다(마음이 상했다는 뜻임). 모세가 노할만한 일이었다.

레 10:17. 이 속죄제물은 지극히 거룩하거늘 너희가 어찌하여 거룩한 곳에서 먹지 아니하였느냐 이는 너희로 회중의 죄를 담당하여 그들을 위하여 여호와

앞에 속죄하게 하려고 너희에게 주신 것이니라.

본 절은 모세가 제사장들에게 노한 이유를 설명한다. 모세는 "이 속죄제물
은 지극히 거룩하거늘 너희가 어찌하여 거룩한 곳에서 먹지 아니하였느냐"고
노했다(6:26, 29). 즉, 이 속죄제물(염소)은 일단 제물로 바쳐 여호와께 드린
것이니, 지극히 거룩한데(2:3 주해 참조), 제사장들이 거룩한 곳에서 마땅히
먹었어야 했음에도 먹지 않고 왜 불태웠느냐는 것이었다. 모세의 설명은 계속
된다. 이 속죄제물(염소)은 아론을 포함하여 제사장들이 회중의 죄를 담당하여
(맡아서),[73] 회중을 위하여 여호와 앞에 속죄하게 하려고 제사장들에게 주신
것이니 제사장들은 마땅히 그들에게 돌아가는 몫을 먹었어야 했다는 것이다.
그러니까 여호와께 제물을 드리는 일은 단순히 제사를 지내는 데서 끝나는
것이 아니라, 제사장들이 먹는 것까지를 포함한다는 것이다.

**레 10:18. 그 피는 성소에 들여오지 아니하는 것이었으니 그 제물은 너희가
내가 명령한 대로 거룩한 곳에서 먹었어야 했을 것이니라.**

본 절도 역시 속죄제 희생으로 드린 고기를 제사장들이 먹을 수 있는
이유를 보여준다. 먹을 수 있는 이유는 "그 피는 성소에 들여오지 아니했가"
때문이라는 것이다(6:30). 즉, 속죄제 희생으로 드린 제물의 피를 성소에 들여
오지 아니했기 때문에 그 제물을 먹을 수 있다는 것이다. 만약 그 피를 성소에
들여왔으면 제물을 먹을 수 없었을 것이지만, 그 속죄제물의 피를 성소 안으로
가지고 들어갈 필요가 없었으니[74] 제사장들이 거룩한 곳에서 먹을 수 있었다
는 것이다. 이처럼 제사장들이 거룩한 회막 뜰에서 희생제물의 고기를 먹는
행위 자체도 제사로 간주되었다.

**레 10:19. 아론이 모세에게 이르되 오늘 그들이 그 속죄제와 번제를 여호와께
드렸어도 이런 일이 내게 임하였거늘 오늘 내가 속죄제물을 먹었더라면 여호와**

---

73) 사실은 제사장들이 죄를 담당하는 것이 아니라 제사장들이 드리는 희생제물이 죄를
담당하는 것이다. 이 희생 제물들은 그리스도를 예표한다.

74) 성소 안으로 피를 가지고 들어갈 필요가 없었던 이유는 제사장들의 임직식 날 백성들의
특정한 범죄가 아니라, 백성들의 정결을 위해 속죄제를 드렸으니 속죄제의 피를 가지고 성소에
들어갈 필요가 없었던 것이다.

께서 어찌 좋게 여기셨으리요.

이제는 아론이 화가 나 있는 모세에게 대답한다. 아론은 그럴듯하게 말한다. 즉, "오늘 그들이 그 속죄제와 번제를 여호와께 드렸어도 이런 일이 내게 임하였거늘 오늘 내가 속죄제물을 먹었더라면 여호와께서 어찌 좋게 여기셨을까"라고 모세를 설득한다(9:8, 12). 다시 말해 아론은 그의 아들 엘르아살과 이다말이 속죄제와 번제를 드렸어도, 다른 두 아들 나답과 아비후가 죽었는데, 만일 우리가 이 속죄제 제물을 먹었더라면 여호와께서 좋게 여기지 않으셨을 것이라는 것이다(렘 6:20; 14:12; 호 9:4; 말 1:10, 13). 더 큰 화를 보내셨을 것이 아니냐고 말한다. 그러니까 이 날, 아론의 두 아들 나답과 아비후는 성소에 들어가 향단에 불을 피웠고, 막내 두 아들, 엘르아살과 이다말은 성소 밖의 번제단에서 속죄제와 번제를 드린 것이 드러났다. 아론이 이렇게 변명했지만 나답과 아비후가 죽은 것은 아래 동생들인 엘르아살과 이다말이 속죄제와 번제를 드린 것과는 아무 관련이 없는 일이었다. 그들을 죽게 한 그들의 죄, 즉 향로에 다른 불로 분향했기 때문이었다(1절). 그런고로 아론과 두 아들이 속죄제 제물을 먹지 않은 이유는 아마도 첫째, 두 아들이 죽은 것을 보고 아론과 나머지 두 아들은 심히 두려워하여 더 이상 화를 받지 않기 위하여 속죄제 제물을 먹지 않은 것으로 보이고, 둘째, 두 아들이 죽었는데, 아버지와 형제들이 고기를 먹는 것이 합당하지 않다고 느꼈기 때문이었을 것이다. 아무튼 아론과 두 아들의 근신이 보인다(박윤선).

레 10:20. 모세가 그 말을 듣고 좋게 여겼더라.

아론의 답변을 듣고 모세는 그 답변을 좋게 여기고 더 말하지 않았다. 사실은 그럼에도 불구하고 속죄제 제물을 먹었어야 했다고 말해야 했으나 모세는 더 이상 시비하지 않았다.

제 11 장

IV. 정(淨)하고 부정(不淨)함에 관한 규례들 11:1-15:33

이 부분(11:1-15:33)[75]은 하나님과의 교제가 중단된 상태를 어떻게 하면 회복할 수 있을까를 언급한다. 1-7장과 8-10장의 두 부분이 성소에 초점을 맞추었다면, 이제 이 부분(11:1-15:33)은 사람들로 하여금 일상생활 속으로 안내한다(A. Noortzij). 1-7장은 제사법이고, 8-10장은 제사장 법이니, 다 같이 '제사'에 관한 법이다. 결국 레위기의 제사법전(1-16장)은 제사법(1-10장)과 결례법(11-16장)으로 구분된다.

결례법이란 정하고 부정한 것을 구분하고, 부정한 것에 대해서는 어떻게 하면 정결하게 하는가를 보여주고 있으며, 그것을 분류하고 깨끗하게 하는 것이 제사장이 해야 하는 일이었다.

이 부분(11:1-15:33)의 내용은 결례법(11장), 출산의 결례법(12장), 나병의 결례법(13-14장) 및 유출병에 대한 결례법(15장) 등이 언급되어 있다.

A. 정한 동물과 부정한 동물 11:1-47

본 장은 정(淨)하고 부정한 동물이 무엇인지를 말하고(1-23절), 부정(不淨)한 동물을 접촉하지 말라고 말한다(24-47절). 정하고[76] 부정함[77]을 말하는

---

75) 1-7장은 이스라엘 백성들로 하여금 여호와 하나님과 교제할 수 있는 수단을 제시했다면, 8-10장은 어떻게 여호와 하나님께서 지명하신 제사장들이 자신들의 중보사역에 임직될지를 알려주었다.

76) 11장에서 정하다고 하는 것은 그것을 먹어도 성막에서 거행되는 종교의식에 참여하는데 아무런 지장을 주지 않으므로 자유롭게 먹을 수 있는 동물들을 말한다.

77) 11장에서 부정하다고 말하는 것은 먹을 경우 백성의 종교의식에 참여할 수 없도록 제외되는 그러한 동물들을 말한다.

것은 식용을 중심으로 말함인데, 정한 동물은 식용으로 사용할 수 있고, 부정한 동물은 식용으로 사용할 수 없다고 규정하시고, 또 부정하다고 말하는 것은 접촉을 중심으로 말함인데, 접촉하면 부정하게 된다는 것이다. 거룩하신 여호와 하나님께 나아가는 자들은 부정한 것들을 먹어서도 안 되고, 또 만져서도 안 된다. 음식 규정과 같은 율법들은 보편적인 것이 아니며 영원한 것도 아니다 (Wenham, Allen P. Ross, 막 7:14-23, 행 10:9-28; 11:1-18; 고전 10:23-33). "이러한 율법을 주신 여호와의 목적은 이스라엘 백성이 가나안 땅에 들어가서 구별된 백성으로 살아갈 수 있게 하려는 것이었다. 그 밑바탕에 놓인 동기는 의심의 여지없이 그들이 이웃에 있는 민족들의 신앙에 영향을 받지 않도록 막아주고, 그들을 가나안 족속의 저속한 더러움과 악들로부터 보존하는 것이었 다".(Allen P. Ross)[78]

본 장의 내용은 포유류(1-8절), 어류(9-12절), 조류(13-19절) 및 곤충류 (20-23절)에서 먹을 수 있는 동물과 먹을 수 없는 동물을 분류한다. 그리고 접촉하지 말아야 하는 것은 동물의 사체(24-40절)와 파충류(41-47절)이다.

1. 네 발 가진 정한 짐승과 부정한 짐승 11:1-8(병행구, 신 14:3-8)

이 부분(1-8절)에서는 부정한 동물만 들고 있다.[79] 정한 동물의 표준은 굽이 갈라지고 새김질을 하는 것들이다. 부정한 동물로는 약대, 사반, 토끼, 돼지가 언급되고 있다.

'먹을 만한 생물'이 있다는 말씀은 먹지 못할 생물이 있다는 것을 암시한다. 먹을 만한 생물은 3절에 기록되어 있고, 먹지 못할 생물은 5-7절에 기록되어 있다.

그러면 여호와께서 왜 먹을 만한 생물과 먹지 못하는 생물을 구별하셨을 까? 이를 두고 주석가들은 여러 견해를 발표했다. 1) 위생적 이유: 부정한 동물은 질병을 옮기거나 오염시키기 때문에 하나님께서 금하신 것으로 본다. 그러나 이 주장은 성경의 지지를 받지 못하고 있다. 훗날 예수님은 모든 동물이

---

78) 엘런 로스, 거룩과 동행, 김창동옮김, 도서 출판: 디모데. 2009, p. 347.
79) 신명기의 병행구(신 14:3-8)에는 먹을 수 있는 정한 동물 3종류의 가축(소, 양, 염소), 들짐승 7종류(사슴, 노루, 불그스름한 사슴, 산 염소, 흰 노루, 뿔 사슴, 산양)를 나열한 후 먹지 못할 부정한 동물을 언급하고 있다.

깨끗하다고 선언하셨다(Wenham). 2) 제의적 이유: 부정한 동물은 이스라엘 이외의 신들과 관련이 있기 때문에 하나님께서 부정하다고 선언하신 것이라고 한다. 그러나 이런 주장도 설득력이 약하다. 이유는 이 주장은 목록에 실린 몇몇 동물들만 설명하고 있기 때문이다. 실제로 이스라엘 민족은 가나안을 비롯해 많은 민족들이 자신들의 제사 의식에 사용하고 있는 것과 동일한 종류의 동물을 사용했다. 3) 임의적 이유: 하나님께서 어떤 동물을 금지하신 것은 하나님의 임의에 의해 정하신 것이라고 한다. 다시 말해 하나님께서 그 동물을 먹지 못하게 하신 이유는 그것이 하나님의 뜻이기 때문이라는 것이다. 그러나 이 주장은 너무 막연한 주장이다. 하나님께서 주장하시려면 모든 동물을 포함해야 하셨을 것이다. 4) 상징적 이유: 하나님께서 모든 부정한 동물과 정한 동물은 더 중요한 영적인 것들을 상징하여 이스라엘이 어떻게 살아야 할지를 계시하고 있다는 것이다. 예를 들면 새김질하는 것은 백성들에게 율법을 묵상할 것을 일깨워준다는 것이다. 또 어떤 동물의 더러운 습관은 죄의 더러움을 대변한다는 것이다. 이런 주장은 어느 정도 일리가 있는 주장으로 보인다.

이스라엘 백성은 부정한 동물을 멀리해야 했던 것처럼, 자기를 둘러싼 이교 세상으로부터 구별되어야 했다. 이스라엘은 구별된 민족으로 남아 있어야 했고, 음식을 먹는 문제에 있어서도 이교도들과 어울리지 아니해야 했다. 이스라엘은 음식의 경우 하나님께서 많은 구분을 하신 창조질서에 따라야 했다. 백성들은 음식을 통하여 하나님의 거룩하심을 닮고, 모든 생명을 창조하신 하나님의 계획에 따르는 삶을 살아야 했다.

레 11:1. 여호와께서 모세와 아론에게 말씀하여 이르시되.

여호와께서 지금까지는 모세를 통하여 아론에게 말씀하시기도 하시고 혹은 백성에게 말씀하시기도 하셨는데, 이제부터는 "모세와 아론에게" 말씀하신다. 왜냐하면 이제는 아론이 정식으로 대제사장으로 임직을 받았기 때문이다. 하나님은 지도자를 통하여 교회에 말씀하신다(13:1; 14:33; 15:1; 계 2-3장).

레 11:2 이스라엘 자손에게 말하여 이르라 육지의 모든 짐승 중 너희가 먹을

만한 생물은 이러하니.

두 지도자는 여호와 하나님으로부터 들은 것을 이스라엘 자손에게 말해야 했다. "육지의 모든 짐승80) 중 이스라엘 백성이 먹을 만한 생물81)은 이러하다"(신 14:4; 행 10:12, 14), 즉 '다음과 같다'는 말씀을 전해야 했다.

레 11:3. 모든 짐승 중 굽이 갈라져 쪽발이 되고 새김질하는 것은 너희가 먹되.

이스라엘이 먹을 수 있는 동물은 두 가지 요건, 즉 "굽이 갈라져 쪽발이 되고 새김질을 하는 것"이어야 했다. "굽이 갈라졌다"는 말은 '굽이 완전히 갈라져 두 개의 발톱을 가지고 있다'는 것을 뜻한다. 그리고 "새김질을 한다"는 것은 '일단 삼킨 음식물을 다시 꺼내 씹는 것'을 말한다. 신명기의 병행구에는 정한 동물로 "소, 양, 염소, 사슴, 노루, 불그스름한 사슴, 산 염소, 볼기가 흰 노루, 뿔이 긴 사슴, 산양" 등 10가지 동물을 열거하고 있다(신 14:4-5). 위에 열거된 동물들은 풀만 먹는 동물들로서 매우 정결한 짐승이라고 할 수 있다. 이런 동물들은 인간들에게 도덕적 정결을 권장할 수 있을 것이다.

레 11:4-7. 새김질하는 것이나 굽이 갈라진 짐승 중에도 너희가 먹지 못할 것은 이러하니 낙타는 새김질은 하되 굽이 갈라지지 아니하였으므로 너희에게

---

80) "짐승": Beast. 날짐승과 기어 다니는 길짐승의 총칭. 성경은 모든 생물(창 8:17; 레 11:2)을, 짐승, 새, 기는 벌레(곤충), 해물(바다의 생물 약 3:7)의 넷으로 분류하고(창 1:20, 24, 30; 6:7), 짐승을 들짐승(5:2; 26:22; 사 13:21; 겔 5:17; 막 1:13)과 가축(창 1:24; 눅 10:34)으로 다시 분류하고 있다. 레위기의 규정으로는, 짐승을 정, 부정으로 나누고, 부정동물의 식용을 금지하고 있는데(레11장), 유대인은 이것을 엄격히 지켰다(→행 10:9-16)(디럭스 바이블 성경사전).

81) "생물": Living creature. 생명을 가지고 생활을 영위하는 동식물을 총칭한다. 성경에 있어서는 생물 전반(全般)에 대해 이 말이 씌어져 있는 경우와 묵시 문학적 표현으로서 상징적으로 씌어져 있는 경우의 것이 있다. 11:2,47; 창 1:28; 6:19; 8:21; 계 16:3 기타는 일반 생물에 대해 말하고 있고, 겔 1:5, 13, 14, 15, 19, 20, 21, 22; 3:13, 10:15, 17, 20의 생물 및 계 4:6, 7, 8, 9; 5:6, 11, 14; 6:1, 3, 5, 6, 7; 7:11; 14:3; 15:7; 19:4의 생물은 묵시 문학에 있어서의 상징적 동물을 가리키고 있다. 특히 에스겔서 및 요한 계시록의 상징적 동물인 생물은 하나님께 쓰이는 그룹, 스랍 등의 천사를 가리키는 것으로 생각된다. 이 에스겔서와 요한 계시록의 생물은, 각각 형상(形象)은 다르지만, 사자, 독수리, 소, 사람 등의 형상에 의해 위력, 신속, 지구력 또는 권위, 지력(知力)등을 상징하고 있다(디럭스 바이블 성경사전).

부정하고 사반도 새김질은 하되 굽이 갈라지지 아니하였으므로 너희에게 부정하고 토끼도 새김질은 하되 굽이 갈라지지 아니하였으므로 너희에게 부정하고 돼지는 굽이 갈라져 쪽발이로되 새김질을 못하므로 너희에게 부정하니.

4절부터 7절까지 언급된 짐승들은 3절에 규명된 두 가지 요건을 갖추지 못하고 다만 한 가지 요건만 갖추었기 때문에 먹지 못한다고 하신다. 즉, "낙타"[82], "사반"[83], "토끼"[84]는 똑같이 "새김질은 하되 굽이 갈라지지 아니하였으므로 너희에게 부정하다"고 하신다(사 65:4; 66:3, 17).

반대로 "돼지는 굽이 갈라져 쪽발이로되 새김질을 못하므로 너희에게 부정하다"는 것이다. 두 가지 요건을 다 갖추었어야 정결한 동물로 인정되어 먹을 수 있다는 논리이다. 돼지는 게으르고 또 불결한 곳에서 불결한 식물을 먹기 때문에 '더러움'의 대명사처럼 되었다. 수리아의 '안티오커스 에피파네스'(BC 175-164년 통치)가 유대인들을 박해할 때 돼지고기를 강제로 먹이려 했는데, 유대인은 결사적으로 항거했다(II Mac. 6:18-19).

레 11:8. 너희는 이러한 고기를 먹지 말고 그 주검도 만지지 말라 이것들은 너희에게 부정하니라.

이스라엘 민족은 47절까지 언급된 동물들의 고기를 먹지 말고 그 사체도 만지지 말라고 하신다. 부정하게 여겨지는 일이라면 무슨 일이든지 하지 않아야 한다는 것이다(사 52:11; 마 15:11, 20; 막 7:2, 15, 18; 행 10:14-15; 15:29; 롬 14:14, 17; 고전 8:8; 골 2:16, 21; 히 9:10). 깨끗한 동물이 자연스레 죽은 것도 부정하여 접촉하는 것이 금지되었으니(39절), 당연히 부정한 동물의 사체

---

82) "낙타": Camel. 아시아, 이란, 아프리카, 인도 등의 사막지대에 사는 큰 몸집을 가진 초식수(草食獸)로 낙타과에 속하는 단봉낙타(單峰駱駝Camelus dromedarius)와 쌍봉낙타(雙峰駱駝 Camelus bactrianus)의 2종의 총칭. 등에 혹 모양의 육봉(肉峰)이 있고, 사막 생활에 중요한 가축이다(디럭스 바이블 성경사전).

83) "사반": 사반이란 너구리를 뜻하는데, 히브리 음을 그대로 옮긴 이름이다. 사반은 토끼만한 크기로 구멍을 파지 않고 바위틈에서 사는 동물이다(시 104:18; 잠 30:26). 수리아, 요르단, 팔레스틴, 북아프리카 등지에서 군생하는 초식동물이다. 아랍인들은 사반을 먹는다고 한다(디럭스 바이블 성경사전).

84) 토끼는 먹은 것을 다시 꺼내어 새김질을 하지 못한다고 한다. 그러나 토끼가 계속해서 새김질을 하는 것처럼 움직이니 새김질을 하는 것처럼 보인다고 한다. 학자들에 의하면 토끼가 그 이빨을 가느라고 새김질을 하는 것같이 보인다고 한다(Meyrick, 박윤선).

는 말할 것도 없이 멀리해야 했다.

2. 정(淨)하고 부전(不淨)한 수중 물고기 종류 11:9-12(신 14:9-10)

물고기 종류의 경우 "지느러미와 비늘 있는 것은 먹을 수 있고"; 두 가지가 없는 것은 먹을 수 없다는 것이다.[85] 이 부분(9-12절)에서는 표준만을 제시했고, 실제로 어떤 고기 종류를 언급하지는 않았다.

레 11:9. 물에 있는 모든 것 중에서 너희가 먹을 만한 것은 이것이니 강과 바다와 다른 물에 있는 모든 것 중에서 지느러미와 비늘 있는 것은 너희가 먹되.

"물"(강, 바다, 다른 물)에서 살고 있는 모든 것 중에서 이스라엘 사람들이 먹을 만한 것은 "지느러미와 비늘 있는 것"이라고 하신다(신 14:9). 비늘 없는 고기가 부정하다고 할 수 있는 이유는 비늘 없는 고기는 뱀과 비슷하기 때문이다. 그러하기에 이런 것들은 죄악을 상징하는 것들이라고 할 수 있다.

레 11:10. 물에서 움직이는 모든 것과 물에서 사는 모든 것 곧 강과 바다에 있는 것으로서 지느러미와 비늘 없는 모든 것은 너희에게 가증한 것이라.

9절과는 반대로 "지느러미와 비늘 없는 모든 것은 너희에게 가증하다"고 하신다. 지느러미와 비늘 없는 고기들은 우선 보기에도 흉하게 보이고, 그런 종류들은 부정한 것을 넘어 가증하다고 하신다(7:18; 신 14:3). "가증하다"는 표현은 고기 종류, 또 새 종류(13-19절), 곤충 종류(20-23절), 파충류(41-45절) 등에 사용되었다.

레 11:11-12. 이들은 너희에게 가증한 것이니 너희는 그 고기를 먹지 말고 그 주검을 가증히 여기라 수중 생물에 지느러미와 비늘 없는 것은 너희가

---

85) 비늘이 없는 것, 예컨대 뱀장어, 가재, 불도마뱀 등은 부정하다. 이러한 동물들에 대한 혐오감은 네 발 가진 짐승들에 대한 것보다 강력했다. 이것들은 부정한 것으로 아예 금지되었다. 이것들은 "가증한 것"으로 특징지어졌다(12절; 신 14:13 참조).

혐오할 것이니라.

하나님께서는 지느러미와 비늘 없는 모든 것이 가증하니 고기를 먹지도 말고 사체를 가증히 여기라고 하신다. 그런고로 사람들은 하나님의 말씀을 받아서 가증한 것을 먹지도 말고 그 사체를 마땅히 가증하게 여겨야 한다.

3. 정하고 부정한 날짐승들 11:13-19(신 14:11-18)

모세는 날짐승들은 고기 종류(9-12절)와는 반대로 깨끗하고, 혹은 깨끗지 아니함의 표준은 기록하지 않고, 다만 부정한 고기 종류 20가지만 나열한다. 신명기의 병행구에는 "정한 새는 모두 너희가 먹을 수 있다"(신 14:11)고 기록했으나 그 이름을 나열하지는 않았다. 이 부분(13-19절)에서는 깨끗하지 아니한 새들만 20가지를 나열하고 있다. 이런 새들은 다 생물을 잡아먹고, 썩은 고기를 먹는 맹금류와 외딴 광야에 사는 새들임으로 부정함의 상징이라고 할 수 있다(Noortzij, Meyrick, Allen, P. Ross, 박윤선, 이상근). 이 부분에서 먹을 수 있는, 깨끗한 새를 일일이 나열하지 않은 것은 아마도 그 종류가 너무 많기 때문이었을 것이다.

레 11:13. 새 중에 너희가 가증히 여길 것은 이것이라 이것들이 가증한즉 먹지 말지니 곧 독수리와 솔개와 물수리와.

새 종류(성지에는 316종이 있다고 한다) 중 하나님의 백성들이 가증하게 여길 것은 다음과 같이 20종류라고 하신다. 이것들이 가증한즉 먹지 말라고 하신다(신 14:10). 하나님께서는 가증한 새들에 대해서 직접 말씀해주신다(신 14:11-18 참조).

가증한 새 종류 중 본 절에 3 종류가 나열되었다. '독수리와 솔개와 물수리' 들이 그것이다. 독수리86)는 새 종류 중 왕이라고 할 수 있다. 그리고 '솔개'87)

---

86) "독수리": Eagle, Vulture. 독수리 과의 새. 큰 모양의 맹조로서, 식용이 금지되어 있는 조류표(레 11:13-19; 신 14:12-18)에 들어 있다. 레위기에 있어서의 동물의 식용금지의 이유는, 외관이 추악한 것, 악취를 발하는 것, 불결한 습관을 가진 것, 식육동물, 또는 이교의 희생 수 등인 데서였다(→사 65:4, 66:17)(디럭스 바이블 성경사전).

87) "솔개": kite. 소리개의 준말, 매과에 속한 매의 일종으로, 식육조(食肉鳥). 팔레스티나에는 10여종이나 있는 것으로 알려진다. 부정한 새로서 식용이 금지되어 있다(레 11:13; 신 14:12)(디럭스 바이블 성경사전).

는 유럽, 아시아, 아프리카 지역에 살고 있고, 팔레스틴에는 10여종이 있는 것으로 알려져 있다. 솔개는 맹수가 먹고 남은 짐승의 뼈를 부수고, 그 속의 진액을 먹는다. 그리고 "물수리"[88]는 식용이 금지되어 있는 새(11:13; 신 14:12)로서, 징경이, 어웅 기타 여러 가지 이름으로 불린다. 물수리는 조류 취응목(鷲鷹目) 물수리과의 새로, 거의 전 세계에 분포되어 있다.

레 11:14. 말똥가리와 말똥가리 종류와.

"말똥가리"[89]는 수릿과의 새로 한편 날개의 길이는 35-41cm이다. 등 쪽은 어두운 갈색이고 배 쪽은 누르스름한 빛에 가로무늬가 있다. "말똥가리 종류" 는 맹금류 중 시력이 가장 강하다는 흑 매(black kite)를 가리킬 것이다.

레 11:15. 까마귀 종류와.

"까마귀 종류"[90]는 '검다'는 뜻(아 5:11 참조)으로, 대홍수 때, 노아가 '그 방주에 지은 창을 열고 까마귀를 내어 놓았다'고 말한(창 8:6-7) 성경에 최초로 나오는 새이다. 까마귀 종류는 부정한 것으로서 식용이 금지 되어 있다(11:15; 신 14:14).

---

88) "물수리": Osprey. 식용이 금지되어 있는 새(레 11:13; 신 14:12). 징경이, 물수리 기타 여러 가지 이름으로 불린다. 조류 취응목(鷲鷹目) 물수리과의 새로, 거의 전 세계에 분포되어 있다. 솔개와 비슷한 새로서 크기도 이것과 같은 정도이고, 특히 다른 것은 머리에서 목의 내측, 또는 배에서 다리, 팔 부근의 깃털은 희며, 배 부근의 깃털은 진백(眞白)이 아니다. 물수리는 위에서 말한 이름 외에도, 불괴(佛波), 수악, 왕저, 저구, 조계, 하굴조 등으로도 불리다(디럭스 바이블 성경사전).

89) "말똥가리": buzzard, falcon. 식용이 금지되어 있는 부정한 새(레 11:14). 수리매과의 30종의 매류의 총칭. 수리매과 중 중형의 새인데, 식육조이고, 날개 길이 30cm, 부리 2.7cm, 시력은 예리하고 암컷은 사냥에 쓰여진다(디럭스 바이블 성경사전).

90) "까마귀 종류": '검다'는 뜻(아 5:11 참조)으로, 대홍수 때, 노아가 '그 방주에 지은 창을 열고 까마귀를 내어 놓았다'고 한(창 8:6-7) 성경에 최초로 나오는 새이다. 그 식용은 부정한 것으로서 금지 되어 있다(레 11:15; 신 14:14). 하나님은 까마귀로 하여금 그릿 시냇가에서 빵과 고기로서 조석으로 엘리야를 먹이게 하셨다(왕상 17:2-7). 검은 날개 빛은 여자의 머리털의 형용으로 되어 있다(아 5:11). 황폐한 곳에 살고 있으며(사 34:11), 죽은 자의 눈, 때로는 산 짐승의 눈을 쪼아댄다(잠 30:17). 팔레스틴에는 8종이나 되는 까마귀가 있는 것으로 알려지는데, 성경의 까마귀는 보통 것으로서, 강청색(鋼靑色), 옥충색(玉충色)을 띤 흑색. 체장 약 65cm, 남부 팔레스틴의 ,요단골짜기 사이에 많다(디럭스 바이블 성경사전).

레 11:16. 타조와 타흐마스와 갈매기와 새매 종류와.

"타조"는 타조과의 새로, 지금 살고 있는 새 종류 중 가장 큰 새이다. 키는 2m에 달한다. 부정한 새로 식용이 금지되어 있다(11:16; 신 14:15). 그러나 아라비아인은, 그 고기도, 알도, 식용하는 것으로 알려져 있다.

"타흐마스"는 부정한 새로 식용이 금지되어 있는 새(11:16; 신 14:15)이다. 썩은 고기 및 오물을 찾아다니는 고로 '가증한 것'으로 분류되어 있다.

"갈매기'91)는 팔레스틴에는 약 8종이 있는데 철새로서 겨울이 되면 갈릴리 바다에 와서 서식한다. 현재는 주민들이 이 새를 식용으로 사용한다고 한다.

"새매 종류'92)는 높은 산의 바위나, 높은 나무에 나무 가지 등으로 엉성하게 둥지를 만들고, 날고기를 그 새끼에게 운반하는데 썩은 고기에 모여드는 새 중에도 있다. 새매 종류는 조류나 토끼 또는 노루까지 사냥할 목적으로 사람들이 사육하는, 비교적 작은 맹금이다.

레 11:17. 올빼미와 가마우지와 부엉이와.

"올빼미'93)는 구약에서 주로 히브리어 명사 '코스'의 번역어로 되어 있는

---

91) "갈매기": Seagul. 1식용해서는 안될 부정한 것으로 되어 있는 새(레 11:16; 신 14:15)이다. 원어 '샤하프'는 '홀쭉하다'는 의미이다. 팔레스틴에는 약 8종이 있는 것으로 알려져 있다. 날개를 펴 쉬지 않고 날아다니는 모양은 아름답고, 지중해안, 갈릴리 호수 주변에 많다. 많은 새들이 굳은 먹이를 만나면 2,3회 쪼아 보다가 가망이 없으면 다른 데로 가지만, 꾀있는 갈매기는, 독수리나 매처럼 그것을 하늘 높이 가지고 올라가, 바위에 내려뜨려, 그 쪼개진 것을 먹는다. 물고기 외에도 썩은 고기도 먹는다(디럭스 바이블 성경사전).

92) "새매 종류": hawk. 부정한 새로서 식용이 금지되어 있는 맹금(猛禽)의 일종(레 11:16; 신 14:15)이다. 높은 산의 바위나, 높은 나무에 가지 등으로 엉성하게 둥지를 만들고, 날고기를 그 새끼에게 나르는데 썩은 고기에 모여드는 새 중에도 있다. 비행하는 모습은 아름답고, 날개를 솜씨 있게 써서 방향을 잡는다. 철새는 아니고, 사해의 거친들 등에 군거(群居)하는 일도 있다. 썩은 고기는 먹지 않으나, 식용이 금지되어 있는 것은 식용 동물인데서이다(디럭스 바이블 성경사전).

93) "올빼미: Owl, Screech owl(KJV), Night hag(RSV). 조류 올빼미과의 새. 구약에 있어서는 주로 히브리어 명사 '코스'의 번역어로 되어 있는데(레 11:17; 신 14:16, owl), 부정한 새 무리로서 식용이 금지되어 있다. 성지에는 여러 가지의 올빼미류가 있는데, 잘 알려져 있는 것은 '아테네 페르시카 Athene persica'라는 종류이고, 또한 남부에는 '아테네 글라욱스 A. glaux'라는 것이 있다. 이밖에 '스코프스 구이 Scops gui'라는 종류도 봄이 되면 성지로 돌아오는 올빼미로서 올빼미 중 가장 작아, 20cm정도의 것이다. 히브리어 명사 '릴리스'도 올빼미로 번역되어 있는데 (사 34:14, lilith), 이것은 아카드어의 [릴리투 lilitu]로서, 여자의 모양을 한 악마, 즉 마물(魔物)을

데(신 14:16, owl), 부정한 새 종류로서 식용이 금지되어 있다.

"가마우지"94)(개역 판에서는 '노자'라고 번역했다)는 본서에 식용이 금지
되어 있는 물새(11:17; 신 14:17), 철새로서, 겨울이 되면, 성지의 해안 지대라든
가, 갈릴리 바다에까지 날아와, 물속에 수직으로 들어가 어류를 잡아먹는다.

"부엉이"95)는 '큰 올빼미'로 번역되는데, '황혼의 새'라는 뜻이다. 팔레스
틴의 남부 광야 지대의 동굴에 살고 있다(사 34:11).

레 11:18. 흰 올빼미와 사다새와 너새와.

"흰 올빼미"96)(개역 판에서는 '따오기'로 번역했다)는 따오기과의 새이다.
부정한 새로서 식용이 금지되어 있다. 대체로 폐허된 성곽이나 늪지대에 살고
있고, 애굽에서는 신성한 새로 여겨지고 있다.

"사다새"97)(한글 개역판에서는 '당아'로 번역했다)는 '펠리칸'(KJV,

가리키고, 에돔 멸망후, 이런 것의 거처가 되리라는 데서, '올빼미', 공동번역은 '도깨비', 일본의
개역은 '밤의마녀', 미 표준개역(RSV)은 '나이트 해그, night hag'(밤하늘을 날아다닌다고 하는
마녀)로 번역하고 있다. 올빼미와 부엉이의 구별은 부엉이에게는 귀모양의 우모(羽毛)가 있는
것으로서 한다. 그러나 분류학상으로는 모두 올빼미과에 속한다(디럭스 바이블 성경사전).

94) "가마우지": Cormorant히브리어 '샬라크'는 '물고기를 따라 물속으로 들어가는 자',
또는 '물고기를 추적하여 몸을 던지는 자'라는 뜻이다. 레위기에 식용이 금지되어 있는 물새
(11:17; 신 14:17). 철새로서, 겨울이 되면, 성지의 해안 지대라든가, 갈릴리 바다에까지 날아와,
어류를 잡아먹는다. 가마우지과(Ciconiiformes)에 속하는 물새로, 암컷의 날개 길이는 31cm,
수컷은 34cm 내외이고, 몸빛은 검은데, 등과 죽지에 푸른 자주빛의 광택이 있고, 두부에 백색
나출부가 있다. 부리는 길고 황색이며, 목이 뱀같이 길고, 발가락 사이에는 물갈퀴가 있다(디럭스
바이블 성경사전).

95) "부엉이": Great owl. 조류 올빼미과에 속하는 새 중, 머리끝(頭頂)에 귀 같은 모양의
우모(羽毛, 耳羽)를 가진 것의 총칭. 히브리어 명사 셋이 '부엉이'로 번역되어 있는데, 11:17;
신 14:16에서는 '얀슈-프' (yanshuph)의 번역어로 되어 있다. 여기서 '부엉이'는 새 중에 가증하게
여길 새로 언급되고, 부정한 것으로서 식용이 금지되어 있다(디럭스 바이블 성경사전).

96) "흰 올빼미": Water hen. 따오기과의 새. 부정한 새로서 식용이 금지되어 있다(신 14:16).
해오라기 비슷한데, 몸이 희고, 검은 부리는 밑으로 굽어 있다. 천연 기념물로 극히 드문 새이다.
히브리어 '틴셰메스'의 번역어로 되어 있는데, 미개정표준역(RSV)은 [쇠물닭 Water hen] (붉은
雷鳥의 암컷)으로 하고 있다(디럭스 바이블 성경사전).

97) "사다새": Cormorant. Pelican. Vulture. 식용이 금지되어 있는 부정한 새(11:18; 신 14:17).
이것은 또한 황폐의 정황묘사에 사용되고 있다(시 102:6; 사 34:11; 습 2:14). 히브리어 '카아스'(시
102:6; 사 34:11; 습 2:14)와 '라-함-'(11:18; 신 14:17)의 번역어로 '당아'라고 쓰고 있는데, '못당'
(塘)과 '거위아'(鵝)의 합성어인데서, '연못의 거위'라는 뜻으로 쓰이고 있다. 이것은 기러기의
변종으로, 가금이 된 것의 하나이다. 개역과는 달리 영국의 흠정역(KJV)에서는 11:18; 신 14:17;

RSV)으로 번역하고 있는데 두 종류가 있고, 그 중에 흰 펠리칸이 주류를 이루고 있으며, 메론 호숫가의 적막한 곳에 서식하고 있다.

"너새"(한글 개역판에서는 '올응'으로 번역되어 있다)는 영국 흠정역(KJV)에서는 독수리의 일종(the gier eagle)으로 번역했고, 미국 개역 표준번역(RSV)에서는 '죽은 고기를 먹는 독수리'(the carrion vulture)로 번역했다. 아랍인들은 이 고기를 먹는 것을 금하고 있으나, 약이 된다고 하여 아이들에게 먹인다고 한다.

레 11:19. 황새와 백로 종류와 오디새와 박쥐니라.

"황새"[98](stork, 표준 새 번역에서는 '고니'로 번역하고 있다)는 부정한 새(鳥類)로, 식용이 금지되어 있는 새(11:19; 신 14:18)이다. 성지에는 적어도 7종 정도의 황새가 있는 것으로 알려지고 있다.

"백로 종류"(the heron after the kind)는 왜가릿과의 새를 총칭하는 말이다. 몸길이 28-142cm로, 날개는 크고, 꽁지는 짧다. 다리와 발은 길며, 몸은 S자 모양으로 굽어진다. 숲이 있는 민물과 바닷가에 살면서 물고기, 개구리, 뱀, 물벌레 따위를 잡아먹고 산다.

"오디새"[99](lapwing, hoopoe)는 한글 개역판에서는 "대승"으로 번역했다.

─────────────

시 102:6에서는 '펠리칸 pelican'이라고 번역하고 있고, 사 34:11; 습 2:14에서는 '가마우지 cormorant'라고 쓰고 있다. 미개정표준 준역(RSV)에서는 레 11:18,신 14:17에서 '펠리칸, pelican'을 쓰고, 시 102:6; 습 2:14에서는 '독수리(콘도르 속) vulture'를 번역어로 쓰고 있다. 이것은 고대 히브리인들이 말한 새와 오늘의 새의 동정이 곤란한데서 생겨지는 일들이다. 펠리칸의 한국어명은 '가람조'(伽藍鳥), 또는 사다새이고, 성지에는 펠리칸이 두 종류 있는 것으로 알려지고 있다(디럭스 바이블 성경사전).

98) "황새": stork. 부정한 것으로 식용이 금지되어 있는 새(11:19; 신 14:18). 성지에는 적어도 7종 정도의 황새가 있는 것으로 알려지고 있다. 황새과의 새로, 백로와 비슷하다. 날개 길이 약 66cm정도. 온몸은 순백색이고, 부리는 흑색, 다리는 암적색이다. 물갈퀴가 있고, 다리가 길어 물위를 잘 걸으며, 물고기, 뱀, 개구리 등을 잡아먹는다. 가장 잘 알려져 있는 것은 '아르데아 키네레아, ardea cinerea'라는 종류로서, 보통 '왜가리'로 통한다. 그런데서 영역은 백조과에 속하는 '왜가리'(stork)로, 일본 개역은 '백로'(해오라기)로 번역하고 있다(디럭스 바이블 성경 사전).

99) "오디새": Hoopoe. 식용이 금지되어 있는 부정한 새(11:19; 신 14:18)이다. '후투티'로도 알려져 있다. 오디새는, 그 머리에 깃관이 있는 것이 특징이고, 깃관의 빛깔은 황갈색, 그 끝은 흑색이며, 자유로 기복시킨다. 등의 위쪽은 회갈색, 허리와 배는 백색, 꼬리는 흑색인데, 중앙에 백색의 넓은 띠가 있고, 옆머리, 목, 가슴은 갈색, 다리는 청갈색이다. 모양이 아름다운 작은 새인데, 봄에서 여름에 걸쳐 성지에 날아오고, 애굽 부근에서는 겨울에도 있다고 한다. 나무

오디새는, 그 머리에 깃관이 있는 것이 특징이고, 깃관의 빛깔은 황갈색, 그 끝은 흑색이며, 자유로 기복시킨다. 등의 위쪽은 회갈색, 허리와 배는 백색, 꼬리는 흑색인데, 중앙에 백색의 넓은 띠가 있고, 옆머리, 목, 가슴은 갈색, 다리는 청갈색이다. 모양이 아름다운 작은 새인데, 봄에서 여름에 걸쳐 성지에 날아오고, 애굽 부근에서는 겨울에도 있다고 한다. 나무 구멍에 알을 낳고 새끼를 기르며, 곤충을 포식하는 익조(益鳥)로 알려져 있다.

먹을 수 없는 새로 맨 마지막에 "박쥐"를 들고 있다. "박쥐"(bat)[100]는 포유류에 속하는 네 발 가진 동물로서, 새 종류는 아니나 일반적으로 조류로 알고 있다. 원어의 뜻이 보여 주는 대로, 뜻에는 '암혈과 험악한 바위틈'에 숨어사는(사 2:20-21) 음산한 동물이며 추운 계절에는 동면(冬眠)하는 것이 보통이다. 이상 20종류의 새는 먹지 못할 부정한 새이다. 이렇게 하나님께서 20종을 알려주셨으니 먹지 않아야 했다.

4. 작은 곤충류 11:20-23(신 14:19-20)

먹을 수 있는, 정(淨)한 곤충류의 표준은 날개가 있고, 네 발이 있으며, 뛰는 것들이다. 신명기의 병행구에는 표준만을 말했으나, 이 부분(20-23절)에서는 먹을 수 있는, 정한 곤충의 이름까지 열거하고 있다.

레 11:20. 날개가 있고 네 발로 기어 다니는 곤충은 너희가 혐오할 것이로되.

여호와께서는 '날개가 있고 네 발로 기어 다니는 곤충은 이스라엘이 혐오해야 할 것'이라고 한다. "곤충"[101]이란 '떼를 짓는 것'을 뜻하며, 수중의 작은

구멍에 알을 낳고 새끼를 기르며, 곤충을 포식하는 익조(益鳥)로 알려져 있다. 시베리아, 중국, 한국 등지에서 번식하고, 인도, 인도지나에서 월동한다. 오디새는 사람의 배설물에 둥지를 틀고 살면서 인분이나 늪지대에서 먹이를 구하기 때문에 고약한 악취를 풍긴다고 한다(디럭스 바이블 성경사전).

100) "박쥐": Bat. 원어의 뜻은 [밤에 나는 것]. 먹을 수 없는 부정한 새로 기록되어 있다(11:19; 신 14:18). 박쥐는 포유류에 속하는 네 발 가진 동물로서, 새 종류는 아니다. 원어의 뜻이 보여 주는 대로, 뜻에는 '암혈과 험악한 바위틈'에 숨어사는(사 2:20-21) 음산한 동물이며 추운 계절에는 동면(冬眠)하는 것이 보통인데, 따뜻한 사해주변에서는 겨울에도 힘차게 활동하는 것으로 알려지고, 성지에는 17종의 박쥐가 있다고 한다(디럭스 바이블 성경사전).

101) "곤충": Insects. 벌레의 속칭. 절족(발걸음을 끊고 서로 오고 가지 않는) 동물의 한 부문으로, 머리, 가슴, 배로 되어 있고, 기관으로 호흡하며, 머리에는 촉각과 복안(複眼:여럿으로

동물들을 지칭하기도 한다(11:10, 창 1:20). 곤충은 여섯 개의 발이 있는 것이 특징이다. "혐오하다"는 말은 '가증하다'는 뜻이다(10절 주해 참조). 본 절에서 말하는 곤충들은 근동에서 아주 많이 볼 수 있으며 또 아주 해로운 재앙을 많이 야기 시키는 곤충들이다. 하나님께서 이런 곤충들을 가증하다고 보신 것은 죄악을 상징하는 것들이기 때문이다.

레 11:21. 다만 날개가 있고 네 발로 기어 다니는 모든 곤충 중에 그 발에 뛰는 다리가 있어서 땅에서 뛰는 것은 너희가 먹을지니.

두 가지 특징, 즉 날개가 있고, 동시에 네 발로 기어 다니는 특징을 가지고 있는 모든 곤충 중에 "그 발에 뛰는 다리가 있어서 땅에서 뛰는 것은 이스라엘이 먹을 수" 있다고 하신다. 여기 "그 발에 뛰는 다리가 있어서 땅에서 뛰는 것"(those which have legs above their feet, with which to leap on the earth-RSV)이란 말은 '여러 발들이 있는 곤충에게 뛰는 다리가 있어서 땅에서 뛰는 곤충'을 뜻한다. 다시 말해 '발뿐 아니라 다리가 있어서 땅에서 뛸 수 있는 곤충'은 이스라엘 사람들이 먹을 수 있다는 것이다. 이런 특징을 가지고 있는 곤충이 곧 메뚜기 종류이다. 먹을 수 있는, 정(淨)한 것으로 분류되는 곤충으로는 다음 절에 기록된 것과 같이 메뚜기 종류, 베짱이 종류, 귀뚜라미 종류, 팥중이 종류가 있다. 이렇게 뛰는 다리가 있어 뛰는 곤충들은 기어 다니는 것들과는 달리 뱀의 부정하고 사탄적인 요소들을 가지고 있지 않은 것으로 간주되었기 때문일 것이다.

레 11:22. 곧 그 중에 메뚜기 종류와 베짱이 종류와 귀뚜라미 종류와 팥중이 종류는 너희가 먹으려니와.

여호와께서는 곤충 중에 정한 것으로 분류되어 먹을 수 있는 것 네 종류를 열거하신다. 즉, "메뚜기 종류"[102)는 아주 많아, 팔레스틴에 40종이나 보인다

되어 있는 눈), 가슴에는 세 쌍의 다리와 두 쌍의 날개를 가진다. 자웅 이체(異體)로 난생하는 것이 많으며, 흔히 육지에서 살고, 변태의 과정으로 발육 성장한다. 그 수(數)는 지상동물의 3/4이나 되고, 메뚜기목(目), 딱정벌레목, 파리목, 벌목, 나비목, 매미목, 잠자리목 등으로 분류한다. 모세의 율법에는 부정한 곤충의 사체를 만졌으면 속죄제를 필요로 했다(5:2)(디럭스 바이블 성경사전).

고 한다(마 3:4; 막 1:6). 따라서 메뚜기의 원어는 많고(9-12종으로 본다), '메뚜기'로 번역된 것만도 7종이나 된다. 성지나 중동지방에서 메뚜기 재앙은 아주 큰 것으로 알려져 있다.

"베짱이 종류"[103]는 본 절에 1회 나타나는데 식용할 수 있는 곤충으로 기록되어 있다. 베짱이는 메뚜기 목(-目) 여치과에 속하는 곤충으로, 몸의 길이는 30-36mm 내외이고, 사람 사는 부근에 사는데, 베짱베짱하고 운다고 알려져 있다.

"귀뚜라미 종류"는 영어로 Cricket으로 번역되어 있고, 본 절에 1회 식용 가능한 것으로 되어 있는 곤충이다. 히브리어 명사 '하르골-'의 번역어로, 일반적으로 '귀뚜라미'류(類)에 속하는 특색의 곤충을 가리키는 것으로 알려져 있다. 칠십인 역은 '아크리스'로 번역하고 있다. '질주(疾走)하는 것', '뛰어 오르는 것' 등의 의미로서, 특히 큰 종류의 메뚜기로 여겨진다.

"팥중이 종류"[104]는 메뚜기 과에 속하는 곤충. 식용 곤충의 하나로(11:22), 또는 자연현상 중에 보여주는 회개의 경고에(욜 1:4; 암 4:9), 각각 인용되어 있다. 11:22에 '팟종이'로 번역된 단어의 원어는 히브리어 명사 '하가브'로서, 주로 '메뚜기'로 번역되어 있고(대하 7:13; 전 12:5; 사 40:22), 탈무드에서는

---

102) "메뚜기": Locust, Grasshoper. 메뚜기과(蝗蟲科)의 곤충의 총칭. 메뚜기의 종류는 아주 많아, 팔레스틴에 40종이나 보인다고 한다. 따라서 메뚜기의 원어는 많고(9-12종으로 본다), '메뚜기'로 번역된 것만도 7종이나 된다. 그 중 가장 일반적이고 많이 쓰여져 있는 히브리어는 명사 '아레베흐'로서 이것은 동사 '라바'(rabah, 많다)에서 파생된 말로, [무수](無數) 또는 [증식자]를 뜻한다. 이것은 24회나 쓰여져 있는데, 거의 모두 '메뚜기'(출 10:4를 비롯해 22회 메뚜기)로 번역되어 있고, 시 105:34; 렘 46:23에서는 황충으로 번역되어 있다(디럭스 바이블 성경사전).

103) "베짱이": Bald locust. 11:22에 1회 나타나는데 식용할 수 있는 곤충으로 나타난다. 베짱이는 메뚜기 목(-目) 여치과에 속하는 곤충으로, 몸의 길이는 30-36mm 내외이고, 사람 사는 부근에 사는데, 베짱베짱하고운다. 히브리어 원어는 명사 '솔람-'으로, '물어뜯는 자'를 뜻하고, 학명 '아크리디움 페레그리눔 Acridium peregrinum'으로서, RSV는 '대머리 메뚜기'(bald locust)라는 표현을 쓰고 있다(디럭스 바이블 성경사전).

104) "팥중이": Cutting locust, Grasshoper. 표준어는 팥중이. 메뚜기과에 속하는 곤충. 식용 곤충의 하나로(11:22), 또는 자연현상 중에 보여주는 회개의 경고에(욜 1:4; 암 4:9), 각각 인용되어 있다. 11:22에 '팟종이'로 번역된 말의 원어는 히브리어 명사 '하가브'로서, 주로 '메뚜기'로 번역되어 있고(대하 7:13; 전 12:5; 사 40:22), 탈무드에서는 짧은 촉각을 가지고 있는 여러 종류의 '메뚜기'를 가리키는 의미로 사용되어 있다. 이것은 '숨는 자'를 뜻하는 말로서, 작은 '메뚜기'를 가리키는 총칭적인 말로 여겨지고 있다. '가잠'은, 욜 1:4,2:25,암 4:9에만 나오는 말인데, '물어 끊는 것'을 뜻하는 말로서, 고(古) 루터 역에서는 '라우펜'(Raupen)으로 번역하고 있고, 유충(배추벌레)을 가리킨다(디럭스 바이블 성경사전).

짧은 촉각을 가지고 있는 여러 종류의 '메뚜기'를 가리키는 의미로 사용되어 있다. 이것은 '숨는 자'를 뜻하는 말로서, 작은 '메뚜기'를 가리키는 총칭적인 말로 여겨지고 있다. 이상의 정한 곤충 4종은 모두 메뚜기 종류이다. 성지에서 메뚜기는 기름에 튀기거나 가루를 만들어 빵을 만들어 먹는다고 한다 (Meyrick). 우리나라에서도 메뚜기는 식용으로 사용하는데 주로 볶아 먹는다.

레 11:23. 오직 날개가 있고 기어 다니는 곤충은 다 너희가 혐오할 것이니라.

본 절은 20절의 말씀을 다시 한 번 강조하고 있다. 강조하는 이유는 아마도 앞 절의 4종류의 메뚜기 종류를 먹을 수 있는 것으로 말한 다음, "날개가 있고 기어 다니는 곤충"은 그 어떤 것이든지 모두 가증한 것으로 알아 혐오해야 한다는 것을 말하기 위함일 것이다.

5. 동물의 주검을 접촉하지 말라 11:24-40

1-23절에서는 식물을 위한 결례법으로, 정(淨)하고 부정(不淨)한 동물을 구분했으나, 이 부분(24-40절)에서는 접촉을 위한 결례법을 다룬다. 즉, 접촉해서는 안 될 부정한 것으로 동물의 사체를 들고 있다. 동물의 사체는 부정하고, 그 사체에 접촉하면 부정하여 진다고 하신다. 이스라엘 백성들은 부정한 동물의 사체(24-28절), 파충류의 사체(29-38절), 정한 동물의 사체(39-40절)를 접촉하면 부정하게 된다고 하신다.

레 11:24 이런 것은 너희를 부정하게 하나니 누구든지 이것들의 주검을 만지면 저녁까지 부정할 것이며.

"이런 것"(these)이 무엇을 지칭하느냐를 두고 견해가 갈린다. 1) 뒤따르는 내용을 지칭한다는 견해. 2) 앞 선 내용을 지칭한다는 견해(K & D, Mickelm, 박윤선, 이상근). 두 견해 중 2번의 견해, 즉 앞 선 내용을 지칭한다는 견해가 바르다. 이유는 26-28절을 보면 이미 앞 서 언급한 부정한 동물에 대해 다시 언급하고 있기 때문이다. 즉, 앞 선 것들은 "너희를 부정하게 하나니 누구든지 이것들의 주검을 만지면 저녁까지 부정할 것이라"고 하신다. 부정한 동물(낙타, 사반, 토끼, 돼지 같은 것들, 발바닥으로 다니는 것들)을 먹으면 저녁까지 부정하다는 것이다. 여기 "저녁까지"란 말은 '그런 동물의 사체를 만진 날 저녁때까지'란 뜻이다. 밤에 만졌으면 날이 밝은 후 해질 때까지 부정한 것이고, 낮에 만졌으면 그 날 해가 질 때까지 부정하다는 것이다. 유대인의 하루는 해가 진때부터 다음 날 저녁까지이니 일단 더러워진 자는 그 날이 끝나는 시간까지 더럽다는 것이다.

레 11:25. 그 주검을 옮기는 모든 자는 그 옷을 빨지니 저녁까지 부정하리라.

　그 주검(사체)을 옮기는 모든 사람은 단순히 사체를 만지는 사람들보다(앞 절) 더 철저히 더러워졌을 것이니 "옷을 빨아야" 했다(14:8; 15:5; 민 19:10, 22; 31:24). 옷을 빤다고 해서 금방 깨끗해지는 것이 아니라 저녁까지 그냥 부정한 상태에 있게 된다. 그러니까 "옷을 빤다"는 것은 정결하게 되기 위한 전제조건이었고 또 완전한 회복을 위한 공식 선포였다. 오늘날 우리가 범죄 했을 때는 철저히 죄를 자복해야 할 것을 보여준다.

레 11:26. 굽이 갈라진 모든 짐승 중에 쪽발이 아닌 것이나 새김질 아니하는 것의 주검은 다 네게 부정하니 만지는 자는 부정할 것이요.

　굽이 갈라진 모든 짐승은 반드시 "쪽발이 되어야 하고 또 새김질을 해야" 정한 것으로 분류되어 먹을 수 있는 것인데(3절), "쪽발이 아닌 것이나 새김질 아니 하는 것의 주검은 다 이스라엘에게 부정하니 만지는 자는 부정하다"고 말씀하신다. 굽이 갈라진 모든 짐승 중에 쪽발이 아닌 것, 새김질 아니 하는 것은 모두 다 부정하다는 것은 당연한 것이고 또 만지는 자는 모두 부정하게 된다는 것이다.

레 11:27. 네 발로 다니는 모든 짐승 중 발바닥으로 다니는 것은 다 네게 부정하니 그 주검을 만지는 자는 저녁까지 부정할 것이며.

　본 절에는 부정한 동물들이 또 한 가지 추가된다. 즉, "네 발로 다니는 모든 짐승 중 발바닥으로 다니는 짐승"은 부정하다는 것이다. "발바닥으로 다니는 짐승"은 발굽을 가지지 않고 은밀히 다니는 동물을 의미하는데, 고양이 와 같은 포획 동물, 곰이나 개 같은 동물들을 가리킨다. 이런 동물들은 대체로

맹수에 속해 있는데, 이런 동물들은 육식동물로서 부정한 동물로 분류되고
있다.

**레 11:28 그 주검을 옮기는 자는 그 옷을 빨지니 저녁까지 부정하리라 그것들이
네게 부정하니라.**

　　본 절은 25절의 반복으로, 사체를 옮기는 자는 사체를 만지는 자보다
더 철저히 부정해진 고로 옷을 빨아야 하고 또 저녁까지 부정한 상태에 있게
된다는 것이다.

29-38절. 땅에 기는 길짐승의 사체에 접촉된 경우. 29-38절은 땅에 기는 8종의
길짐승에 접촉되면 부정하게 된다고 말한다.

**레 11:29. 땅에 기는 길짐승 중에 네게 부정한 것은 이러하니 곧 두더지와
쥐와 큰 도마뱀 종류와.**

　　본 절 초두의 '땅에 기는 길짐승'이란 '발이 없거나, 아주 눈에 띄지 않을
정도의 작은 발로 꿈틀거리듯이 움직이는 작은 짐승'을 지칭한다(Keil). 기어간
다는 것은 배로 기어가는 것을 의미한다. 이런 파충류들이 모두 부정한 것으로
취급되는 이유는 1) 땅에 기어 다니는 이런 짐승들은 뱀이 하나님으로부터
저주를 받았듯이(창 3:15) 땅에 기어 다니는 짐승은 모두 저주 받은 짐승으로
여겨졌기 때문이고, 2) 또 이 짐승들은 땅의 먼지나 벌레 등 불결한 것을
먹음으로 인간이 식용으로 삼기에도 부적합했기 때문이다(Matthew Henry).
이하 8종이 열거된다.

　　'두더지'는 한글 개역판에는 '쪽제비'로 번역되었으나 본 개정 개역판에서
는 '두더지'로 번역되었다(사 66:17). 두더지는 땅 속을 파고 들어가 알뿌리(땅
속 줄기 따위), 풀뿌리 등을 먹고 산다. 두더지는 동물학적으로는 포유동물로
분류되나, 사는 모양을 따라 '기는' 동물로 분류한 것이다.

　　'쥐'105)는 쥐 과에 속하는 동물의 총칭이다. 쥐는 부정한 동물로서 식용이

---

105) "쥐": Mouse. 포유류, 쥐 과에 속하는 동물의 총칭. 부정한 동물로서 식용이 금지되어
있다(11:29). 히브리어 '아크바르'의 역어인데, 이 원어도 여러 가지의 작은 설치류(rodent)의

금지되어 있다(11:29). 이 단어는 히브리어('עֲכְבָּר-')의 역어인데, 이 원어도 여러 가지의 작은 설치류(rodent-갉아먹는 종류)의 총칭으로 여겨진다.

"큰 도마뱀 종류"106)는 팔레스틴에는 도마뱀의 파충류가 44종이나 되고, 성경은 모두의 식용을 금지하고 있다(11:29, 30).

레 11:30. 도마뱀붙이와 육지 악어와 도마뱀과 사막 도마뱀과 카멜레온이라.

"도마뱀붙이"107)는 공동번역에서 '수궁'으로 번역되어 있다. 도마뱀붙이는 세계에 700종 가량 되는 것으로 알려지고 있고, 동아시아의 온대 및 아열대에 분포하고 있는 것으로 알려져 있다. 성지에도 몇 종류가 있는데, 그중 가장 흔하게 볼 수 있는 것이 '프토닥틸루스'(Ptyodactylus gecko)이다.

"육지 악어"108)는 유다 남부 지방에서 시내 반도 및 애굽에서도 모래땅에 보이는 것으로, 체장(體長) 1-1.5m 정도의 것인데, 식용하는 민족도 있는 것으로 알려져 있다.

"도마뱀"은 한글 개역판에는 "수궁"으로 번역하고 있는데, 이는 도마뱀의

총칭으로 여겨진다. 블레셋 사람은 '금쥐' 우상, 또는 '땅을 해롭게 하는 쥐'의 형상을 만들었다 (삼상 6:4, 5, 11, 18). '가증한 물건과 쥐를 먹는 자가 다 함께 망하리라'(사 66:17)고 하고 말하는 데서, 쥐는 부정한 동물임이 증명된다. 쥐는 쥐 과(muridae)에 속하는 동물로서, 그 속종은 아주 많고, 또 성지에는 25종 가량이 있다고 한다. 햄스터(hamster)로 불리는 적갈색의 들쥐인 Cricetus phoeus라는 종류가 있는데, 아라비아인은 이것을 특히 즐겨먹는 것으로 전해지고 있다. 이 hamster는 오늘날 실험용 동물로서 한국에서도 널리 사용되고 있다. 쥐는 포유동물 중 가장 잘 번식하고 또 그 종류도 많아 쥐 과만으로도 현존의 포유류 총수의 약 반수인 1,700종 가량을 차지하고 있다(디럭스 바이블 성경사전).

106) "도마뱀": Lizard, Great Lizard. 식용이 금지되어 있는 부정한 동물. 팔레스틴에는 도마뱀의 파충류가 44종이나 되고, 성경은 모두의 식용을 금지하고 있다(11:29,30). '도마뱀'은, 도마뱀과에 속하는 파충류의 총칭으로 산룡자, 석룡자, 석척, 천룡으로도 불리고 있다. 몸은 가늘고 긴데, 허리통은 통통하다. 산속의 바위나 들 사이에 산다. 율법에는 이 식용이 금지되어 있으나 아라비아인은 이것을 답브(dabb)라 부르며, 독이 없다는 이유로 즐겨 먹는다고 한다(디럭스 바이블 성경사전).

107) "도마뱀붙이": Gecko. 기는 것 중 부정한 동물의 하나. 히브리어의 '아나카'의 역어로 되어 있는데, 미표준개역(RSV)은 이것을 '도마뱀붙이 gecko', 일 개역 및 신개역도 '도마뱀붙이'로 번역하고 있다(디럭스 바이블 성경사전).

108) "육지악어": Land Crocodile. 원어의 뜻은 '강한 자'. 식용해서는 안 될 부정한(가증한) 것으로 1회 기록되어 있는 동물(11:30). 유다 남부 지방에서 시내 반도 및 애굽에서도 모래땅에 보이는 것으로, 체장 1-1.5m 정도의 것인데, 식용하는 민족도 있는 것으로 알려져 있다(디럭스 바이블 성경사전).

일종이다. 탈무드에는 도마뱀의 대명사로 말하고 있다.

"사막 도마뱀109)은 성지에는 수종의 사막 도마뱀이 있는데, 사막 도마뱀 중에는, 사지가 발달되지 않고, 가늘고 작게 퇴화하여, 외부에 잘 보이지 않는 것도 있다.

"카멜레온"110)은 NIV, RSV, 표준 새 번역, 공동 번역에 있어서는 모두 카멜레온(Chameleon)으로 번역하고 있다. 우리 개역판에 보이는 칠면석척의 석척은 도마뱀류의 카멜레온을 일컫는 한문용어인데, 칠면이라는 수식어를 붙여서 번역한 것은 카멜레온이 그 몸의 빛깔을 바꾸는 능력이 대단하고, 일명 변덕 장이로 불리고 있는데서 그 뜻을 취하여 쓴 것으로 되어 있다. 이 동물은 팔레스티나의 도처에 보이는데, 여리고 부근의 것은 특히 크고, 체색(體色)을 자유로 바꾸는 것으로 유명하다.

레 11:31. 모든 기는 것 중 이것들은 네게 부정하니 그 주검을 만지는 모든 자는 저녁까지 부정할 것이며.

29-30절에 언급된 8종류의 파충류들은 이스라엘에게 부정하고, 그 사체를 만지는 자는 저녁까지 부정하다고 하신다. 부정한 이유에 대해서는 29절의 주해를 참조하라.

레 11:32 이런 것 중 어떤 것의 주검이 나무 그릇에든지 의복에든지 가죽에든지 자루에든지 무엇에 쓰는 그릇에든지 떨어지면 부정하여지리니 물에 담그라 저녁까지 부정하다가 정할 것이며.

이상(29절)에 언급된 것 중에 어떤 파충류가 집에 들어와서 죽어 그 사체가

---

109) "사막 도마뱀": Sand lizard. 식용해서 안 될 부정한 것으로 언급되어 있는 동물의 하나 (11:30). 성지에는 수종의 사막 도마뱀이 있는데, 사막 도마뱀 중에는, 사지가 발달되지 않고, 가늘고 작게 퇴화하여, 외부에 잘 보이지 않는 것도 있다(디럭스 바이블 성경사전).

110) "카멜레온": Chameleon. 땅에 기는 부정한 것으로서 식용이 금지되어 있는 도마뱀류에 속하는 동물(11:30). RSV, 일본 개역, 공동번역에 있어서는 모두 카멜레온(Chameleon)으로 역하고 있다. 우리 개역에 번역되어 있는 칠면석척의 석척은 도마뱀류의 카멜레온을 일컫는 한문용어인데 칠면이라는 수식어를 붙여서 역한 것은 카멜레온이 그 몸의 빛깔을 바꾸는 능력이 대단하고, 일명 변덕쟁이로 불리고 있는데서 그 뜻도 취하여 쓴 것으로 되어 있다. 팔레스틴의 도처에 보이는데, 여리고 부근의 것은 특히 크고, 체색을 자유로 바꾸는 것으로 유명하다(디럭스 바이블 성경사전).

어떤 그릇(나무 그릇, 의복, 가죽으로 만든 그릇, 자루, 무엇에 쓰는 그릇 등)에 떨어지면 그 그릇이 부정하여지기 때문에 물에 담그라는 것이다(15:12). 물에 담그면 저녁까지 부정하다가 깨끗해진다는 것이다. 이런 방식의 정결은 외부적인 정결인데 이런 방식을 통해서라도 하나님께서는 정결하기를 가르치신다.

레 11:33. 그것 중 어떤 것이 어느 질그릇에 떨어지면 그 속에 있는 것이 다 부정하여지나니 너는 그 그릇을 깨뜨리라.

파충류(29절)의 사체가 어떤 질그릇에 떨어지는 경우 사체의 부정이 질그릇에 스며들어 그 질그릇 속에 있는 것이 다 부정하게 되는 고로 이스라엘 사람들은 그 질그릇을 깨뜨려야 했다. 질그릇도 중요하지만 정결이 더 중요하니 깨뜨리는 것이다(6:28; 15:12). 그리고 그 질그릇 속에 있었던 물건들도 다 버려야 했다. 정결은 대단히 중요하다. 이유는 하나님께서 거룩하시기 때문이다(44-45절).

레 11:34. 먹을 만한 축축한 식물이 거기 담겼으면 부정하여질 것이요 그 같은 그릇에 담긴 마실 것도 부정할 것이며.

본 절 초두의 "먹을 만한 축축한 식물"이란 '국이나 죽과 같은 식물'을 지칭한다(Keil). 국이나 죽과 같은 식물이 그릇에 담겨있거나, 또는 마실 음료수가 담겨져 있을 때 29-30절에 언급된 8종류의 파충류들의 사체가 떨어지면 국이나 죽, 또 음료수는 부정하게 된다는 것이다. 이런 식물들은 마른 식물에 비해 즉시 부정하게 된다.

레 11:35 이런 것의 주검이 물건 위에 떨어지면 그것이 모두 부정하여지리니 화덕이든지 화로이든지 깨뜨려버리라 이것이 부정하여져서 너희에게 부정한 것이 되리라.

29-30절에 언급된 파충류의 사체가 화덕111)에든지 화로112)에든지 떨어

---

111) "화덕": 빵이나 기타 음식물을 만들기 위해 그 안에 불을 피울 수 있도록 만든 큰 흙 그릇을 지칭한다.
112) "질탕관": 한글 개역판에는 "질탕관"으로 번역했다. 이는 흙으로 만든 단지 모양의 그릇을 말한다.

지면 그 그릇들이 유기 그릇 과는 달리 흡인(吸引)성이 있어 그 그릇 자체에 배어들기 때문에 그 그릇들을 모두 깨뜨려버려야만 했다. 이 그릇들이 부정해지는 고로 사람까지도 부정하게 되니 그냥 두어서는 안 된다는 것이다. 사람에게까지 부정이 임하는 것보다는 그릇을 깨뜨려버리는 것이 더 낫다고 하신다.

레 11:36. 샘물이나 물이 고인 웅덩이는 부정하여지지 아니하되 그 주검에 닿는 것은 모두 부정하여질 것이요.

여호와께서는 "샘물이나 물이 고인 웅덩이는 부정하여지지 아니하되"라고 밝히시고, 그러나 샘물이나 물이 고인 웅덩이에 29-30절에 언급된 파충류의 사체가 떨어지는 경우 그 사체를 건지는 도구들은 "모두 부정하여 질 것이라"고 밝히신다. 샘물이나 물이 고인 웅덩이가 파충류의 사체로 말미암아 부정하여지지 않는 이유는 샘물은 밑에서 계속해서 물이 솟아남으로 신선도가 유지되어 부정하여지지 아니하고, 물이 고인 웅덩이는 외부에서 계속해서 물이 유입됨으로 신선도가 유지되어 부정하여지지 아니한다는 것이다. 그런고로 사체가 떨어져도 샘물이나 물이 고인 웅덩이를 파괴할 필요가 없지만, 그 사체를 건지기 위해 사용된 도구들은 부정하여지니 처치해야 한다는 것이다. 여호와는 참으로 자세하게 말씀하신다.

레 11:37-38. 이것들의 주검이 심을 종자에 떨어지면 그것이 정하거니와 만일 종자에 물이 묻었을 때에 그것이 그 위에 떨어지면 너희에게 부정하리라.

29-30절에 언급된 파충류의 사체가 '심을 종자', 즉 '물이 묻지 않은 마른 종자에 떨어지면 그 종자가 정(淨)하지만, 만에 하나라도 종자에 물이 묻었을 경우에 사체가 종자 위에 떨어지면 종자도 부정하고 사람까지도 부정하게 여겨진다는 것이다. 물이 묻지 않은 마른 종자에 사체가 떨어지면 그 종자가 정(淨)한 대로 있는 이유는 그 종자 자체는 생명력이 있어 부정하여지지 않게 되고 또 그 종자는 부정함을 흡인하는 힘이 없으니 종자가 정하다는 것이다. 그러나 종자에 물이 묻었을 경우는 사체의 부정이 침윤하게 되니 부정하다는 것이다.

레 11:39. 너희가 먹을 만한 짐승이 죽은 때에 그 주검을 만지는 자는 저녁까지 부정할 것이며.

먹을 만한 짐승이 자연사한 경우 사람이 그 사체를 만지면 저녁때까지 부정하다고 말한다. 그러니까 부정한 짐승뿐만 아니라, 정결한 짐승이 자연사한 경우에도(본 절), 그 사체는 모두 부정함으로 그 사체를 접촉한 자는 반드시 정결의식을 거쳐야 했으며 그날 저녁때까지 계속해서 부정한 상태에 있다는 말씀이다.

레 11:40. 그것을 먹는 자는 그 옷을 빨 것이요 저녁까지 부정할 것이며 그 주검을 옮기는 자는 그의 옷을 빨 것이요 저녁까지 부정하리라.

앞 절은 먹을 만한 짐승이 자연사한 경우 그 주검을 만지는 자는 저녁까지 부정하다는 것을 말씀했고, 본 절은 그 사체를 먹는 자와 옮기는 자는 똑같이 그 옷을 빨 것이고(17:15; 22:8; 신 14:21; 겔 4:14; 44:31) 또 저녁까지 부정하고 말씀하신다. 본 절의 주해를 위해서는 24-28절의 주해를 참조하라.

6. 조그마한 기는 동물들을 접촉하지 말라　11:41-45

29-38절은 파충류의 사체를 부정하다고 규정했으나, 이 부분(41-45절)에서는 파충류 자체를 부정한 것으로 규정하고, 이를 먹지 말라고 말씀한다.

레 11:41. 땅에 기어 다니는 모든 길짐승은 가증한즉 먹지 못할지니.

"땅에 기어 다니는 모든 길짐승", 즉 '모든 파충류'는 가증하기 때문에 먹지 말아야 한다는 것이다.

레 11:42. 곧 땅에 기어 다니는 모든 기는 것 중에 배로 밀어 다니는 것이나 네 발로 걷는 것이나 여러 발을 가진 것이라 너희가 먹지 말지니 이것들은 가증함이니라.

한글 개역판이나 개역개정판은 본 절을 번역할 때 약간 오해의 소지가 생기도록 번역했다. 즉, "땅에 기어 다니는 모든 기는 것 중에" 일부를 언급하는 것처럼 되어 있는데, 실제로는 땅에 기어 다니는 모든 기는 것은 세 가지라는 뜻이다. 즉, "배로 밀어 다니는 것, 네 발로 걷는 것, 여러 발을 가진 것"을 먹지 말라는 내용이다.

　이 세 가지 종류는 가증하니 먹지 말아야 한다는 것이다. 배로 밀어 다니는 것은 뱀(이는 사탄의 상징이다, 창 3:1)이나 벌레나 구더기 같은 것을 지칭하고, 네 발로 다니는 것은 쥐, 쪽제비, 두더쥐, 고슴도치 등과 같이 네 발로 걷는 포유류를 지칭하며, 여러 발을 가진 것은 거미, 지네, 쐐기벌레, 삼발이 등 발이 많은 종류의 파충류를 지칭한다(Meyrick). 파충류를 먹지 않아야 했던 이유는 파충류는 뱀과 같은 모양을 하고 있기 때문인데, 뱀은 사탄을 상징한다(창 3:14).

레 11:43. 너희는 기는바 기어 다니는 것 때문에 자기를 가증하게 되게 하지 말며 또한 그것 때문에 스스로 더럽혀 부정하게 되게 하지 말라.

　여호와께서는 그의 백성들에게 기는바 기어 다니는 파충류를 접촉하여 자신들을 가증한 인간들이 되게 하지 말며(20:25), 그것들을 먹어서 자신들을 더럽혀 부정하게 되게 하지 말라고 부탁하신다. 본 절의 상반 절과 하반 절은 동의절(同意節)이다.

레 11:44. 나는 여호와 너희의 하나님이라 내가 거룩하니 너희도 몸을 구별하여 거룩하게 하고 땅에 기는 길짐승으로 말미암아 스스로 더럽히지 말라.

　여호와께서는 29-43절에서 땅에 기는 길짐승을 접촉하거나 먹어서 더럽히지 말라고 말씀하신 다음 이제 본 절에서는 자신이 누구임을 다시 한 번 엄숙히 알리신다. 여호와는 "나는 여호와 너희의 하나님이라"고 선언하시고, 그리고 여호와께서는 자신께서 "거룩하다"[113]고 선언하시면서, 이스라엘 사람들도 "몸을 구별하여 거룩하게 하라"고 권하신다(19:2; 20:7, 26; 출 19:6; 살전 7; 벧전 1:15-16). "몸을 구별하여 거룩하게 하라"는 말씀은 '사람의 몸을 땅에 기는 길짐승과 닿지 않게 분리시켜 깨끗한 상태에 있게 하라'는 말씀이다. 여호와께서는 이스라엘이 "땅에 기는 길짐승으로 말미암아 스스로

---

113) "거룩하다"는 말은 분리 개념이다. 여호와께서는 피조물과 분리되어 있으시고 인간의 죄악과도 분리되어 있으시다.

더럽히지 말라"고 단호하게 말씀하신다.

레 11:45. 나는 너희의 하나님이 되려고 너희를 애굽 땅에서 인도하여 낸 여호와라 내가 거룩하니 너희도 거룩할지어다.

　　여호와 하나님께서는 "이스라엘의 하나님이 되려고 그들을 애굽 땅에서 인도하여 냈다"고 밝히신다(출 6:7; 19:5-6). 오늘 하나님께서는 우리의 하나님이 되시려고 그의 아들을 이 땅에 보내셔서 십자가에서 대속의 죽음을 죽게 하셨다. 그런 놀라운 사역(하나님의 보내심과 아들의 대속의 죽음)을 통하여 우리를 구원하셨다.

　　이스라엘을 출애굽 시키신 하나님은 "내가 거룩하니 너희도 거룩하라"고 권고하신다(44절). 이 사상은 레위기의 중요한 사상이고, 본서의 제 2부(17-27장)를 관통하는 사상이다(19:2; 20:7-8, 26; 21:6-8, 15, 23; 22:32). 그리고 거룩하라는 말씀은 출 19:6; 민 15:40; 신 23:14에서도 나타난다. 하나님은 "거룩하신 분"이시다. 하나님은 피조계로부터 초연(超然)하신 분이시고, 또 인간의 죄악으로부터 초연하신, 성결하신 분이시다. 거룩하신 하나님은 따라서 그의 백성들에게 "거룩함"을 요구하신다. 백성들이 거룩해야 하나님께 예배할 수 있고, 또 하나님과 조화되는 삶을 살 수가 있다(이상근). 구약 시대에는 외부적인 것들을 통하여 거룩함을 요구하셔서 내부적인 성결로 들어가게 하셨는데, 이제 신약 시대에는 아예 직접적으로 영적인 성결을 요구하신다. 성경은 50여 가지의 죄악을 나열하면서 우리에게 죄로부터 멀어질 것을 요구한다. 골 3:5-9은 "그러므로 땅에 있는 지체를 죽이라 곧 음란과 부정과 사욕과 악한 정욕과 탐심이니 탐심은 우상 숭배니라 이것들로 말미암아 하나님의 진노가 임하느니라 너희도 전에 그 가운데 살 때에는 그 가운데서 행하였으나 이제는 너희가 이 모든 것을 벗어 버리라 곧 분함과 노여움과 악의와 비방과 너희 입의 부끄러운 말이라 너희가 서로 거짓말을 하지 말라"고 권고한다. 우리는 모든 죄로부터 철저히 성결해져야 한다. 성결해지지 않으면 하나님의 진노를 받게 되니 온전히 죄로부터 탈피하고 거룩함을 얻어야 한다. 거룩함을 얻는 방법은 죄를 자복함으로 된다. 우리는 죄를 떠난 만큼 복되게 된다.

7. 맺는말   11:46-47

이 부분(46-47절)은 지금까지 말한 동물의 결례법(11장)을 요약하는 말씀이다.

레 11:46-47. 이는 짐승과 새와 물에서 움직이는 모든 생물과 땅에 기는 모든 길짐승에 대한 규례니 부정하고 정한 것과 먹을 생물과 먹지 못할 생물을 분별한 것이니라.

본 절 초두의 단어 "이는"(this, 혹은 these)이란 말은 '지금까지 11장에서 말한 모든 것'을 지칭하는 단어로 지금까지 말한 모든 것은 "짐승과 새와 물에서 움직이는 모든 생물과 땅에 기는 모든 길짐승에 대한 규례"라는 것이다. 즉, 짐승, 새, 물에서 움직이는 모든 생물, 땅에 기는 모든 길짐승에 대한 규례(법, 혹은 규정)라는 뜻이다.

짐승, 새, 물에서 움직이는 모든 생물, 땅에 기는 모든 길짐승에 대한 규례(법, 혹은 규정)는 어떤 것이 부정하고, 어떤 것이 정한 것이며, 어떤 것이 먹을 생물이고, 어떤 것이 먹지 못할 생물인지 분별하는 것이다(10:10).

하나님께서 금하신 부정한 짐승의 특징을 살펴보면, 첫째, 다른 짐승을 해쳐서 피 째 먹어버리는 맹수들은 부정하고, 둘째, 사탄을 상징하는 뱀처럼 땅을 기는 것도 부정하며, 셋째, 다른 짐승의 사체를 먹는 조류들도 부정하고, 넷째, 아무 것이나 마구잡이로 먹어치우는 잡식성 동물도 부정하며, 다섯째, 늪지대에서 먹이를 찾는 새들과 파충류들도 부정하다는 것이다. 이런 짐승들은 모두 부패한 것을 가까이 하는 특성들을 가진 동물들이다. 이스라엘 백성들이 이런 부정한 짐승들을 가까이 하면 이스라엘 백성들이 이 짐승들로 말미암아 악한 습성에 빠질 우려가 있어 하나님은 부정한 짐승으로 분류하여 금하신 것이다.

구약의 결례법은 이처럼 정하고 부정한 것을 분별하는 것일 뿐, 부정한 것을 정하게 만드는 규례(법칙)는 없다. 우리는 신약 시대에 예수님 안에서 모든 것이 정하다고 하신 것을 잊지 말아야 할 것이다(막 7:19). 고전 10:23-31 참조. 오늘 우리는 부정한 사람들이었으나 그리스도의 대속의 피로 정하게 되었음을 알고 무한한 감사를 드려야 할 것이다.

제 12 장

A. 출산 후의 정결 의식 12:1-8

본 장은 출산한 여인이 다시 이스라엘의 종교의식에 참여할 수 있기 위하여 취해야 할 조처들에 대해 언급한다. 출산한 여인이 남자 아이를 낳은 경우와 여자 아이를 낳은 경우에 부정한 기간이 다르다고 말한다(1-5절). 그리고 결례법에 대해 말한다(6-8절).

1-5절. 산모가 부정한 기간이 얼마나 되는가.

레 12:1. 여호와께서 모세에게 말씀하여 이르시되.

여호와께서는 아론을 빼놓고 모세에게 말씀하신다(11:1; 13:1; 15:1 참조). 모세를 통하여 이스라엘 전체에게 말씀하신다.

레 12:2 이스라엘 자손에게 말하여 이르라 여인이 임신하여 남자를 낳으면 그는 이레 동안 부정하리니 곧 월경할 때와 같이 부정할 것이며.

"여인이 임신하여 남자 아이를 낳으면 그는 이레 동안 부정한데" 여인이 "월경할 때와 같이 부정할 것이라"고 하신다(15:19). "월경"114)은 성숙한 여자의 자궁으로 부터 피가 흐름을 뜻하는데(15:19), 임신 중이나 수유기(授乳期)를 빼놓고는 4-5주 간격의 주기로 나오고, 3-7일 계속되는데 혈액의 양은 매회 100-300g 정도이다. 월경하는 여자는 의식적으로 부정한 것으로 여겨졌다

---

114) "월경": Menstruation. 뜻은 '부정'(不淨). 성숙한 여자의 자궁에서 나오는 출혈. 임신 중이나 수유기(授乳期)를 빼놓고는 4-5주 간격의 주기로 나오고, 3-7일 계속되는데 혈액의 양은 매회 100-300g 정도이다. 월경 있는 여자는 의식적으로 부정한 것으로 여겨졌다(18:19, 20; 20:18; 겔 22:10)(디럭스 바이블 성경사전).

(15:19; 18:19, 20; 20:18; 겔 22:10).

여인이 임신하여 남자 아이를 낳으면 그는 7일 동안 부정한데(눅 2:22), 그 부정의 정도는 월경할 때와 같이 부정하다는 것이다(15:19-24). 즉, 다른 사람이나 물건을 접촉할 수 없는 정도로 부정하다고 한다. 그래서 그를 간호하는 사람도 부정에 이른다고 한다. 4절에서 말하는 33일간의 추가적인 부정기간은 하나님의 성소에 나아갈 수 없는 부정이다.

그러면 어떤 이유로 여자가 아이를 낳으면 7일 동안 부정한 것인가? 여러 견해가 제시되었다. 1) 해산은 죄인을 번식시키는 일이니 여자가 아이를 낳으면 부정하다는 견해(Rev. S. H. Kellogg). 그러나 이 견해는 성경의 주장과 다르다(시 127:4; 128:3). 2) 인류의 조상 하와의 범죄의 결과로 해산의 고통을 받았으니 여인이 아이를 낳으면 부정할 수밖에 없다는 견해(G. CH. Aalders). 이 견해는 해산의 고통과 부정함을 동일한 것으로 본다. 그러나 고통이 온다고 해서 다 부정하다고 보는 견해는 바르지 않다. 3) 인체가 파괴된 결과로 나오는 피(산모가 해산할 때 흘리는 피)는 부정하다는 견해(Keil & Delitzsch, Allen P. Ross, 박윤선). 3번의 견해가 가장 바르다. 산모가 아이를 출산할 때 흘리는 하혈이나 월경의 결과로 나오는 피는 똑같이 인체가 파괴된 결과로 나오는 것이다. 인체의 파괴는 아담의 범죄에 대한 하나님의 저주이다. 그런고로 피(산모의 피, 월경에서 흘리는 피)는 부정한 것이다.

레 12:3. 여덟째 날에는 그 아이의 포피를 벨 것이요.

여자가 남자 아이를 낳으면 7일의 부정기간을 지나 여덟째 날에 아이의 포피(포경, 양피)를 베어야 했다(창 17:12; 눅 1:59; 2:21; 요 7:22-23). 이는 여호와께서 아브라함의 가정에서 태어난 남자 아이에게 할례를 행하라는 여호와의 명령을 따름이었다(창 17:10-14). 언약의 증표인 할례를 받지 않으면 여호와의 백성 중에서 끊어졌다. 예수님께서도 나신 지 8일 만에 할례를 받으셨다(눅 2:21). 예수님께서 할례를 받으신 것은 율법을 지키시기 위함이었다. 아랍인들도 할례를 받았는데 그것은 위생을 위함이었고, 유대인들이 할례를 받은 것은 하나님의 선민 된 표로 받았다.

레 12:4. 그 여인은 아직도 삼십삼 일을 지내야 산혈이 깨끗하리니 정결하게 되는 기간이 차기 전에는 성물을 만지지도 말며 성소에 들어가지도 말 것이며.

남자 아이를 낳은 산모는 아직도 33일을 지내야 산혈이 깨끗하게 된다는 말은 7일의 부정 기간(2절)을 지내는 것만 가지고는 되지 않고, 33일의 기간을 더 지내야 성물을 만질 수 있고 또 성소에 들어갈 자격이 갖추어지게 된다는 말이다. 정결하게 되는 기간, 즉 7일+33일=40일이 차기 전에는 성물을 만지지도 못하고 성소에 들어가지도 못한다는 것이다. 정(爭)한 자만 거룩하신 하나님과 하나님께 속한 모든 것에 접근할 수 있으니(7:19-21; 22:3; 민 18:11; 삼상 21:5) 40일이 차기 전에는 성물을 만지지도 못하고 성소에 들어가지도 못한다.

레 12:5. 여자를 낳으면 그는 두 이레 동안 부정하리니 월경할 때와 같을 것이며 산혈이 깨끗하게 됨은 육십육 일을 지내야 하리라.

산모가 여자 아이를 낳으면 그 산모는 두 이레 동안 부정하다고 한다. 그 부정함의 정도는 여자가 월경할 때와 같다고 한다. 그러니까 남자 아이를 낳은 때보다 두 배나 부정기간이 길다. 여자 아이를 낳으면 14일간 다른 사람과 접촉할 수도 없고, 무엇을 만질 수도 없다는 것이다.

그리고 산모가 여자 아이를 낳는 경우 "산혈이 깨끗하게 됨은 육십육 일을 지내야 하리라"고 한다. 즉, 산혈이 아주 깨끗하게 되는 기간은 14일 부정 기간에다가, 추가 기간 66일을 보태어 80일이 되어야 한다는 것이다. 두 가지(처음 부정 기간과 산혈이 깨끗해지는 기간)에 있어 남자 아이를 낳는 경우보다 두 배가 되는 셈이다. 여자 아이를 낳는 경우에 부정 기간이 두 배가 긴 이유에 대하여 여러 견해가 제시되었다. 1) 여자 아이를 낳으면 유출이 더 많고 길었기 때문이라는 견해(Hippocetes, D. I. Macht, K & D). 이 견해는 설득력이 약하다. 2) 새로 태어난 딸이 앞으로 해산과 월경으로 피를 흘릴 것이니 여자 아이를 낳은 산모는 두 배의 부정 기간을 가져야 한다는 견해(Magonet). 역시 설득력이 약하다. 3) 아담은 첫째 주간에 창조되었고, 하와는 둘째 주간에 창조되었기 때문에 남아 출산 때는 1주간 부정하고, 여자 아이 출산 때는 2주간 부정하며, 아담은 창조된 후 40일에 에덴에 들어갔고, 하와는 80일이 지난 후에 들어갔기 때문에 남아 출산 때는 40일, 여아 출산 때는

80일이 지난 후에 성소에 들어갈 수 있게 되었다는 견해(The Book of Jubilees, 3:4-14). 4) 여아를 낳는 경우 어머니에게 더 큰 위험과 어려움을 부담하기 때문이라는 견해(A. Noortzij). 이 개념은 이스라엘이 이웃 국가들과 함께 가졌던 개념인데, 설득력이 약하다. 5) 인류의 범죄가 여자에게서 시작되었기 때문이라는 견해(Brown, Jellie, 이상근). 6) 여자 아이를 낳은 경우 부정 기간이 두 배나 되는 이유는 여자로 하여금 원죄의 책임을 더 중하게 느끼게 하기 위함이라는 견해(딤전 2:14, 박윤선). 여러 견해 중에 마지막 여섯 번째의 견해가 가장 받을만한 견해로 보인다. 원죄의 책임을 더 느끼게 하기 위해 율법에 써놓은 것이다.

레 12:6. 아들이나 딸이나 정결하게 되는 기한이 차면 그 여인은 번제를 위하여 일 년 된 어린 양을 가져가고 속죄제를 위하여 집비둘기 새끼나 산비둘기를 회막 문 제사장에게로 가져갈 것이요.

산모는 남아(男兒)를 낳았든지, 여아(女兒)를 낳았든지, 몸이 부정한 기간(남아의 경우 40일, 여아의 경우 80일)이 지났다고 해서 자동적으로 정결해지는 것은 아니니 번제115)로 드릴 1 년 된 어린 양 한 마리와, 속죄제로 드릴 집비둘기 새끼 1 마리나 산비둘기 1 마리를, 회막 어귀로 가져가서 제사장에게 드려야 했다. 이 말은 부정 기간이 끝났어도 반드시 하나님 앞에서 해결을 받아야 한다는 것을 의미한다(눅 2:22). 산모의 부정이 윤리적인 불결이 아니고 의식적(儀式的)인 불결이라 할지라도 모세의 법에 있어서는 윤리적인 불결을 상징하는 것이었으므로 그 불결의 문제를 해결하기 위해서는 그리스도의 윤리적 속죄를 상징하는 의식적 제사가 필요했다.

일반적인 경우 속죄제가 앞서고, 번제가 다음으로 드려졌는데, 산모의 경우 번제가 앞서고, 속죄제가 뒤따른다. 속죄제가 뒤따른 것은 산모에게는 특별한 죄가 없었기 때문이었을 것이다(Meyrick). 산모는 본 절에서 먼저 번제를 드려야 했는데, 번제는 자신의 몸을 기쁨으로 하나님께 바친다는 뜻으로 드려진 헌신제사였다.

---

115) 이 경우 "번제"는 생명을 새롭게 바치는 것을 의미한다.

산모는 번제를 위하여 값비싼, 1년 된 양 한 마리를 드려야 했는데, 혹시 산모가 가난하면 값이 싼 제물로도 제물을 삼을 수 있었다(8절). 문제는 제물의 값이 문제가 아니라 기쁨으로 몸을 드린다는 마음으로 드리는 것이 중요했다. 그런데 속죄제는 가난하거나 부하거나 똑같이 비둘기를 드렸다. 산모는 제물만 준비했고 제사는 제사를 전담하는 제사장이 드렸다. 제사장은 그리스도를 예표 하는 중보자였다.

레 12:7. 제사장은 그것을 여호와 앞에 드려서 그 여인을 위하여 속죄할지니 그리하면 산혈이 깨끗하리라 이는 아들이나 딸을 생산한 여인에게 대한 규례니라.

　　본 절은 제사장이 할 일을 진술하고 있다. 산모 측에서 번제(1:10-13; 6:8-13)와 속죄제(4:27-5:13)를 위해 제물을 드리면 제사장은 그 제물을 여호와 앞에 드려서 그 여인을 위해 속죄해야 했다. 그렇게 속죄제를 드리면 산혈이 깨끗하게 된다는 것이다.

레 12:8. 그 여인이 어린 양을 바치기에 힘이 미치지 못하면 산비둘기 두 마리나 집비둘기 새끼 두 마리를 가져다가 하나는 번제물로, 하나는 속죄제물로 삼을 것이요 제사장은 그를 위하여 속죄할지니 그가 정결하리라.

　　극빈자 산모는 "산비둘기 두 마리나 집비둘기 새끼 두 마리를 가져다가 하나는 번제물로 하나는 속죄제물"로 제사장에게 드려 제사장은 여인을 위하여 속죄하면 여인이 정결하게 된다는 것이다(5:7; 눅 2:24). 예수님께서 탄생하셨을 때 양친은 극빈자의 제물을 바쳤다(눅 2:24). 하나님은 사람이 감당할 수 있는 것만 요구하신다(고후 8:12; 9:7).

제 13 장

B. 사람이나 물건에 생기는 비정상적인 발진(發疹)[116]들 13:1-59

본 장(13장)은 발진들의 처음 증세들(1-8절), 병의 후기 단계의 진단(9-17절), 종기의 증세(18-23절), 화상의 증세(24-28절), 머리에나 수염에 생긴 증세(29-37절), 어루러기의 증세(38-39절), 대머리의 증세(40-44절), 나병[117]환자가 취할 자세(45-46절), 천이나 가죽에 생긴 나병(47-59절) 등을 다룬다.

13장은 하나님의 백성이 성소에 들어가기 위해서는 반드시 질병으로부터 자유로워야 한다는 것을 말한다(1-46절). 질병은 인간이 하나님으로부터 소외된 증거이며, 반드시 해결해야 한다는 것을 알리고, 질병은 예배자들이 하나님의 임재에 들어가는 것을 분리시키는 것을 뜻한다. 하나님의 임재 안에 들어가기 위해서는 자신의 삶에서 부패를 제거해야 한다(47-59절).

1. 처음 증세들 13:1-8

나병의 초기 증세는 피부병과 같은 증세로, 서너 가지 증상(피부에 무엇이 돋음, 뾰루지[118]가 생김, 색점이 생감)이 생겨서 피부에 나병 같은 것이 생기는 경우 그는 곧 제사장(아론이나 아들 중 한 사람)에게 가서 진찰을 받아야 한다. 환부(환처)의 털이 희어졌는지, 그리고 환부가 피부보다 우묵하여졌는지를 진찰해야 한다. 만일 이 두 가지 반응이 확실하면 나병에 걸린 것이니

---

116) "발진"이란 열병 따위로 말미암아 피부나 점막에 좁쌀 같은 것이 돋은 것을 말한다.

117) 나병은 제 3기가 되면 눈썹이나 모발이 탈락하고 얼굴이 추하게 변하며, 팔 다리가 단절되는 등 추하게 됨으로 하늘이 내린 병이라 하기도 하나 그러나 근대에 와서는 거의 치유되는 병으로 알려져 있다. 본 장에 나오는 나병에 대한 진단은 전문의의 진단이 아니라, 제사장의 진단임을 전제해야 할 것이다.

118) "뾰루지"란 한글 개역판에는 "딱지"로 번역했었는데, 뾰쪽하게 부어오른 작은 부스럼을 지칭한다.

제사장은 부정하다고 선언해야 한다. 혹시 나병에 걸렸는지 아닌지 확실하지 않으면 한 주간 환자를 격리시켜 그 피부병의 진전을 지켜보아야 한다. 제사장은 피부병이 발병한지 두 주간(週間)이 경과하여 환자를 진찰했을 때 나병이 아니기 때문에 정결하다고 선언 받은 환자(46절)라도 "피부에 퍼지면 제사장에게 다시 보여야" 한다는 것이다.

레 13:1. 여호와께서 모세와 아론에게 말씀하여 이르시되.

여호와께서는 다시 모세와 아론에게 말씀하신다(11:1 주해 참조). 나병에 대한 진단은 제사장의 몫이었음으로 여호와께서는 모세와 아론에게 말씀하시는 것이다.

레 13:2. 만일 사람이 그의 피부에 무엇이 돋거나 뾰루지가 나거나 색점이 생겨서 그의 피부에 나병 같은 것이 생기거든 그를 곧 제사장 아론에게나 그의 아들 중 한 제사장에게로 데리고 갈 것이요.

누구든지 서너 가지 증상(피부에 무엇이 돋거나, 뾰루지가 나거나, 색점이 생기는 등)이 생겨서 피부에 나병 같은 것이 생기는 경우 그는 곧 제사장(아론이나 아들 중 한 사람)에게 가서 진찰을 받아야 한다(신 17:8-9; 24:8; 28:27; 사 3:17). 제사장들은 의학 공부도 하지 않았으나 진찰법은 다음 절에 진술된 것처럼 아주 단순했으니 제사장이 진찰할 수 있었다. 본 장에서 말하는 나병[119]은 오늘날의 나병(한센병)과는 다른 병이다(24-25절 참조).

13-14장에서 말하는 나병은 죄악을 상징하는 병이다. 나병을 제사장이 진찰한 것이나, 또 나병환자가 병을 치료 받았을 때 속건제를 드린 것을 보면 죄악을 상징하는 병으로 보아야 한다. 다윗은 자기 병을 나병과 같이 보고 "우슬초로 나를 정결케 하소서"라고 부르짖었고(시 51:7), 이사야는 이스라엘의 죄악을 묘사하면서 "발바닥에서 머리까지 성한 곳이 없이 상한 것과 터진 것과 새로 맞은 흔적 뿐"이라고 했다(사 1:6). 나병은 처음에는 사소한 생각이나

---

119) "나병"은 "자신이 모르고 3년, 자신이 알고 3년, 남이 알고 3년"이란 긴 잠복기간 후에 표면에 드러나게 되고 3기가 되면 머리, 눈, 코, 성대, 수족 등 전신을 파괴하여 면모가 추하게 되며, 몸에서 악취가 나서 혐오의 대상이 되기 때문에 인가에서 격리하게 된다(왕하 15:5, 이상근).

행동으로 출발하는 점에서 죄악을 상징하는 병이다(박윤선).

레 13:3 제사장은 그 피부의 병을 진찰할지니 환부의 털이 희어졌고 환부가 피부보다 우묵하여졌으면 이는 나병의 환부라 제사장이 그를 진찰하여 그를 부정하다 할 것이요.

제사장은 환자가 나병에 걸렸는지 진찰할 때 두 가지를 진찰해야 했다. 하나는 환부(환처)의 털이 희어졌는지, 또 다른 하나는 환부가 피부보다 우묵하여졌는지를 진찰해야 한다. 만일 이 두 가지 반응이 확실하면 나병에 걸린 것이니 부정하다고 선언해야 한다.

레 13:4 피부에 색점이 희나 우묵하지 아니하고 그 털이 희지 아니하면 제사장은 그 환자를 이레 동안 가두어둘 것이며.

만약 피부병에 걸린 환자(앞 절)의 피부에 색점(the spot)이 희더라도 그 환부(환처)가 "우묵하지 아니하고 그 털이 희지 아니하면" 나병에 걸렸는지 아닌지 확실하지 않으니 한 주간 환자를 격리시켜 그 피부병의 진전을 지켜보아야 한다. 제사장은 오진(誤診)하지 않아야 했다.

레 13:5 이레 만에 제사장이 그를 진찰할지니 그가 보기에 그 환부가 변하지 아니하고 병색이 피부에 퍼지지 아니하였으면 제사장이 그를 또 이레 동안을 가두어둘 것이며.

한 주간을 격리시켜 둔 의심환자(앞 절)를 "이레 만에 제사장이 그를 진찰" 해야 한다. 그런데 제사장이 보기에 "그 환부가 변하지 아니하고 병색이 피부에 퍼지지 아니하였으면", 즉 '아무런 진전이 없으면' 제사장은 그 환자를 또 한 주간 격리시켜서 지켜보아야 했다. 교회에서도 사람에게 죄를 정할 때는 신중하게 해야 한다는 것을 보여준다.

레 13:6 이레 만에 제사장이 또 진찰할지니 그 환부가 엷어졌고 병색이 피부에 퍼지지 아니하였으면 피부병이라 제사장이 그를 정하다 할 것이요 그의 옷을 빨 것이라 그리하면 정하리라.

두 주간이나 격리시켜 두었던 환자(4-5절)를 제사장은 또 진찰해야 한다. 그런데 그 환자의 "환부(환처)가 엷어졌고 병색이 피부에 퍼지지 아니하였으면 피부병인고로" 제사장은 그 환자를 "정하다(깨끗하다)고 선언해야 한다. 그리고 동시에 환자의 옷을 빨아야 했다(11:25; 14:8). 그러면 환자는 아주 깨끗한 사람으로 취급되어졌다.

레 13:7. 그러나 그가 정결한지를 제사장에게 보인 후에 병이 피부에 퍼지면 제사장에게 다시 보일 것이요.

본 절은 피부병이 발병한지 두 주간(週間)이나 경과하여 제사장이 환자를 진찰했을 때 나병이 아니기 때문에 정결하다고 선언 받은 환자(4-6절)라도 "피부에 퍼지면 제사장에게 다시 보여야" 한다는 것이다. 구약 시대에 나병 진찰에 대해 아주 신중했던 것을 보여준다.

레 13:8 제사장은 진찰할지니 그 병이 피부에 퍼졌으면 그를 부정하다 할지니라 이는 나병임이니라.

제사장으로부터 정결하다고 선언을 받은 사람의 피부병이 "피부에 퍼졌으면" 제사장은 "그를 부정하다"고 선언해야 한다. 이유는 그 병은 피부병이 아니고 나병이기 때문이다.

2. 병의 둘째 단계의 진단   13:9-17

나병의 둘째 단계는 피부에 흰 점이 돋고, 털이 희어지며, 거기에 생살이 생겼으면 이는 피부의 오랜 나병인고로 제사장은 그를 부정하다고 선언해야 한다. 그러나 제사장이 진찰할 때 나병이 그 피부에 크게 발생하여 환자의 머리부터 발끝까지 퍼졌으면, 다시 말해 나병이 환자의 전신에 퍼졌으면 그 환자를 정(淨)하다고 선언해야 한다. 이유는 전신에 흰빛이 퍼져버렸으면 내부의 병독이 모두 밖으로 발산된 것이니 나병이 끝난 것으로 알고, 제사장은 그 사람을 정(淨)하다고 선언해야 한다.

레 13:9. 사람에게 나병이 들었거든 그를 제사장에게로 데려갈 것이요.

본 절의 주해를 위해서는 2절 주해를 참조하라. 나병에 대해서는 널리 알려져 있었음으로 어떤 사람의 몸에 나병이 들었다고 의심이 들면 곧장 그를 제사장에게 데리고 가야 한다는 것이다.

레 13:10-11. 제사장은 진찰할지니 피부에 흰 점이 돋고 털이 희어지고 거기 생살이 생겼으면 이는 그의 피부의 오랜 나병이라 제사장이 부정하다 할 것이요 그가 이미 부정하였은즉 가두어두지는 않을 것이며.

나병의 의심이 있어 제사장에게 데려온 사람을 제사장은 진찰해야 했다(민 12:10, 12; 왕하 5:27; 대하 26:20). 진찰 결과는 세 가지인데, 즉 "피부에 흰 점이 돋고, 털이 희어지고, 거기 생살20)이 생겼으면" 제사장은 그 사람의 피부에 "나병"이 생긴 지가 오래된 것이니 제사장은 그 사람을 부정하다고 선언해야 한다는 것이다. 그리고 제사장은 그 사람이 "이미 부정하여졌은즉 가두어 둘 필요가 없다"고 한다. 더 이상 가두어서 상태를 진찰할 필요가 없다는 것이다.

레 13:12-13. 제사장이 보기에 나병이 그 피부에 크게 발생하였으되 그 환자의 머리부터 발끝까지 퍼졌으면 그가 진찰할 것이요 나병이 과연 그의 전신에 퍼졌으면 그 환자를 정하다 할지니 다 희어진 자인즉 정하거니와.

제사장이 진찰할 때 나병이 그 피부에 크게 발생하여 환자의 머리부터 발끝까지 퍼졌으면 다시 말해 나병이 환자의 전신에 퍼졌으면 그 환자를 정(淨)하다고 선언해야 한다는 것이다. 이유는 전신에 흰 빛이 퍼져버렸으면 내부의 병독이 모두 밖으로 발산된 것이니 나병이 끝난 것으로 알고, 제사장은 그 사람을 정(淨)하다고 선언해야 한다는 것이다. 이런 현상은 죄악을 다 밖으로 토한 것과 같은 것이다(시 62:8 참조). 죄악을 다 밖으로 토하면 안에는 남아 있지 않아 정하게 된 것이다.

레 13:14-15. 아무 때든지 그에게 생살이 보이면 그는 부정한즉 제사장이

---

120) 개역판은 "난육"이라 번역했다. 이는 나병이 발전하여 피부가 부어오른 것이다.

생살을 진찰하고 그를 부정하다 할지니 그 생살은 부정한 것인즉 이는
나병이며.

제사장이 보기에 그 사람에게 생살(난육)이 보이면 그는 분명히 나병환자
인즉(10절), 제사장이 실제로 그를 진찰하고 그를 부정하다고 선언해야 한다는
것이다.

**레 13:16-17. 그 생살이 변하여 다시 희어지면 제사장에게로 갈 것이요
제사장은 그를 진찰하여서 그 환부가 희어졌으면 환자를 정하다 할지니
그는 정하니라.**

그 생살(나병의 강한 증표)이 변하여 다시 희어지면(희어지면 나병이 아니
다) 제사장에게 가서 진찰을 받아야 하는데 제사장이 보기에 그 나병을 앓던
곳이 희어졌으면 환자를 정하다고 선언해야 한다는 것이다. 이유는 그 사람은
정하게 되었기 때문이라는 것이다. 험하게 보이는 죄인도 회개하고 돌아서면
깨끗한 사람이 되는 것이다.

3. 종기의 증세 13:18-23

나병의 셋째 경우는 종기가 생겼다가 나은 후에 그 환처에 나병이 발생하는
경우로 진단은 첫째 경우와 같이 희고, 붉은 색점(the spot)과 그 피부가 얕은
것이다.

**레 13:18-20. 피부에 종기가 생겼다가 나았고 그 종처에 흰 점이 돋거나
희고 불그스름한 색점이 생겼으면 제사장에게 보일 것이요 그는 진찰하여
피부보다 얕고 그 털이 희면 그를 부정하다 할지니 이는 종기로 된 나병의
환부임이라.**

피부에 종기121)가 생겼다가 나은 후, 그 종처에 "흰 점이 돋거나 희고
불그스름한 색점이 생기는" 경우, 제사장에게로 데리고 가서 제사장이 진찰해
야 했다. 제사장이 진찰하여 환부가 "피부보다 얕고 그 털이 희면" 제사장이

---

121) "종기": 살갗의 한 부분이 곪아 고름이 잡히는 병, 부스럼.

그 환자를 부정하다고 선언해야 한다. 이유는 종기로 인해 나병이 발병했기 때문이다.

레 13:21. 그러나 제사장이 진찰하여 거기 흰 털이 없고 피부보다 얕지 아니하고 빛이 엷으면 제사장은 그를 이레 동안 가두어둘 것이며.

그러나 제사장이 진찰할 때 바로 앞 절(20절)과는 반대로 그 환처에 "흰 털이 없고 피부보다 얕지 아니하고 빛이 엷으면" 제사장은 그 환자를 다시 7일 동안 격리시켜야 했다. 그러나 여기서는 두 이레는 필요 없고, 한번으로 끝내야 했다.

레 13:22. 그 병이 크게 피부에 퍼졌으면 제사장은 그를 부정하다 할지니 이는 환부임이니라.

한 주 후에 제사장이 그를 진찰하여 보아서 그 병이 크게 피부에 퍼졌으면 부정하다고 선언해야 했다. 이유는 병이 퍼졌기 때문이다.

레 13:23. 그러나 그 색점이 여전하고 퍼지지 아니하였으면 이는 종기 흔적이니 제사장은 그를 정하다 할지니라.

그러나 앞 절(22절)과는 달리 "그 색점이 여전하고 퍼지지 아니하였으면" 제사장은 그를 정하다고 선언해야 했다. 이유는 그 환자가 나병에 걸린 것이 아니고, 종기 흔적을 가지고 있는 것이기 때문이다.

4. 화상의 증세   13:24-28

나병의 넷째의 경우는 화상의 자리에 나병이 발생하는 경우이다. 진단의 표준은 털이 희고, 환부가 우묵한 것이었다. 이 표준은 첫째와 셋째와 같은 것이다.

레 13:24-25. 피부가 불에 데었는데 그 덴 곳에 불그스름하고 희거나 순전히 흰 색점이 생기면 제사장은 진찰할지니 그 색점의 털이 희고 그 자리가 피부보다 우묵하면 이는 화상에서 생긴 나병인즉 제사장이 그를 부정하다 할 것은

나병의 환부가 됨이니라.

피부가 불에 덴 후 "그 덴 곳에 불그스름하고 희거나 순전히 흰 색점이 생기면" 제사장에게로 가서 진찰을 받아야 하는데, 제사장이 진찰했을 때 "그 색점의 털이 희고 그 자리가 피부보다 우묵하면" 제사장은 그 사람을 부정하다고 선언해야 한다는 것이다. 이유는 데었기 때문에 생긴 나병인 고로 부정하다고 선언해야 한다는 것이다. 나병 균이 인체에 침입하면 오랜 기간 잠복해 있다가 종기나 화상을 앓다가 약해진 피부에 나타나는 것이다(20절 주해 참조). 인생의 죄악도 약점을 타고 세력을 얻는다.

레 13:26. 그러나 제사장이 보기에 그 색점에 흰 털이 없으며 그 자리가 피부보다 얕지 아니하고 빛이 엷으면 그는 그를 이레 동안 가두어둘 것이며.

본 절 주해를 위해서는 21절 주해를 참조하라.

레 13:27-28. 이레 만에 제사장이 그를 진찰할지니 만일 병이 크게 피부에 퍼졌으면 그가 그를 부정하다 할 것은 나병의 환부임이니라 만일 색점이 여전하여 피부에 퍼지지 아니하고 빛이 엷으면 화상으로 부은 것이니 제사장이 그를 정하다 할 것은 이는 화상의 흔적임이니라.

이 부분(27-28절)의 주해를 위해서 22-23절 주해를 참조하라. 7일을 가두어둔(앞 절) 후 그 환자를 다시 진찰한 결과 "병이 크게 피부에 퍼졌으면" 나병으로 판정해야 하고, 만일 "색점이 여전하여 피부에 퍼지지 아니하고 빛이 엷으면 화상으로 부은 것이니" 정하다고 판정을 해야 한다는 것이다.

5. 머리에나 수염에 생긴 증세 13:29-37

나병의 다섯째 경우는 머리에나 수염에 발병한 경우이다. 진단의 표준은 첫째나, 바로 앞선 경우와 같이 피부보다 우묵하고 누르스름하고 가는 털이 났으면 나병이라는 것이다.

레 13:29-30. 남자나 여자의 머리에나 수염에 환부가 있으면 제사장은 진찰할지니 환부가 피부보다 우묵하고 그 자리에 누르스름하고 가는 털이 있으면

그가 그를 부정하다 할 것은 이는 옴이니라 머리에나 수염에 발생한 나병임이
니라.

남자나 여자의 머리에나 수염에 환부가 있는 경우 제사장은 진찰하여
그 환부가 "피부보다 우묵하고 그 자리에 누르스름하고 가는 털이 있으면"
제사장은 그 환자를 부정하다고 선언해야 한다는 것이다. 이유는 그 환자가
머리에나 수염에 "옴"122)이 걸렸기 때문이다.

레 13:31. 만일 제사장이 보기에 그 옴의 환부가 피부보다 우묵하지 아니하고
그 자리에 검은 털이 없으면 제사장은 그 옴 환자를 이레 동안 가두어둘
것이며.

만일 제사장이 진찰할 때 앞 절(30절)과는 달리 "그 옴의 환부가 피부보다
우묵하지 아니하고 그 자리에 검은 털이 없으면" 그 옴 환자를 더 관찰하기
위하여 1주 동안 가두어 두어야 할 것이라고 한다.

레 13:32-33. 이레 만에 제사장은 그 환부를 진찰할지니 그 옴이 퍼지지 아니하
고 그 자리에 누르스름한 털이 없고 피부보다 우묵하지 아니하면 그는 모발을
밀되 환부는 밀지 말 것이요 제사장은 옴 환자를 또 이레 동안 가두어둘
것이며.

1주간 동안 가두어 두었던 그 환자(31절)를 제사장이 다시 진찰했을 때
"그 옴이 퍼지지 아니하고 그 자리에 누르스름한 털이 없고 피부보다 우묵하지
아니하면" 머리털을 밀고 또 1주 동안 가두어두어야 한다는 것이다. 우리는
우리의 죄를 면밀하게 조사해서 대처해야 할 것이다.

레 13:34. 이레 만에 제사장은 그 옴을 또 진찰할지니 그 옴이 피부에 퍼지지

---

122) "옴": Itch. 뜻은 '떨어지는 것'. 별명은 개창(疥瘡). 개선(疥癬)충의 기생에 의해 생기는
전염성 피부병(레13:30-37; 14:54). 손 발 등의 가락사이, 팔꿈치, 무릎의 안쪽, 사타구니 등이
짓무르기 시작하여 차차 온 몸에 퍼지면서 몹시 가려움을 느낀다. 심한 가려움 때문에 긁게
되어 습진을 함께 일으키고 화농(化膿)하는 일이 많다. 주로 유황으로 만든 약으로 치료된다.
레위기에만 기록되어 있는데(레 13:30-37; 14:54), 나병과 혼동되기 쉬운 증상을 보이는데서,
감별진단이 필요했다(디럭스 바이블 성경사전).

아니하고 피부보다 우묵하지 아니하면 그는 그를 정하다 할 것이요 그는
자기의 옷을 빨아서 정하게 되려니와.

두 번째 7일을 가두어 둔 후 제사장이 옴 환자를 진찰했을 때 "그 옴이
피부에 퍼지지 아니하고 피부보다 우묵하지 아니하면" 그 환자를 정하다고
선언해야 한다는 것이다. 그렇게 해서 그 환자는 자기의 옷을 빨아서 정하게
되게 해야 한다.

**레 13:35-36. 깨끗한 후에라도 옴이 크게 피부에 퍼지면 제사장은 그를 진찰할
지니 과연 옴이 피부에 퍼졌으면 누른 털을 찾을 것 없이 그는 부정하니라.**

깨끗하다고 선언한 후에라도 옴이 크게 피부에 퍼지는 경우 제사장은
그를 진찰하여 옴이 피부에 퍼진 것이 확실하면 누른 털을 찾을 필요 없이
그 환자를 부정하다고 선언해야 한다는 것이다. 우리의 죄도 언제 퍼질지
모른다는 것을 보여준다. 3일 안에도 갑자기 불평불만 꾼이 되는 수가 얼마나
많은지 모른다.

**레 13:37. 그러나 제사장이 보기에 옴이 여전하고 그 자리에 검은 털이 났으면
그 옴은 나았고 그 사람은 정하니 제사장은 그를 정하다 할지니라.**

그러나 제사장이 보기에 옴이 여전하고 그 자리에 검은 털이 났으면 그
옴은 나은 것이고, 또 그 사람은 깨끗한 사람이니 제사장은 그 사람을 정하다고
선언해야 한다는 것이다. 사람이 죄를 자복하여 십자가의 피에 씻으면 그
사람은 금방 의로운 자가 되는 것이다.

6. 어루러기의 증세   13:38-39

여섯 번째의 경우는 어루러기[123] 증세로, 이 어루러기는 나병이 아니고
단순한 어루러기일 뿐이다.

---

123) "어루러기": 땀을 잘 흘리는 사람에게 흔히 생기는 피부병의 한 가지. 사상균(絲狀菌)의
기생으로 생기는데, 피부에 얼룩얼룩하게 무늬가 생김. 전풍(癲風)이라고도 한다(디럭스 바이블
성경사전).

레 13:38-39. 남자나 여자의 피부에 색점 곧 흰 색점이 있으면 제사장은 진찰할 지니 그 피부의 색점이 부유스름하면 이는 피부에 발생한 어루러기라 그는 정하니라.

남자나 여자의 피부에 흰 색점이 생겨서 제사장이 진찰할 때 "그 피부의 색점이 부유스름하면" 피부에 발생한 어루러기라고 진단하고 정하다고 선언 해야 한다는 것이다. 이는 나병이 아니다.

7. 대머리의 증세   13:40-44

나병의 일곱째 경우는 대머리에 발생한 경우이다. 보통 대머리와 나병으로 생긴 대머리의 차이는 "희고 불그스름한 색점이 있는 것"이다. 이 부분(40-44 절)은 대머리의 진단법을 말한다.

레 13:40. 누구든지 그 머리털이 빠지면 그는 대머리니 정하고.

누구든지 머리털이 다 빠졌을지라도 그는 대머리가 되었을 뿐, 나병과는 관계가 없는, 정(淨)한 사람이라는 것이다.

레 13:41. 앞머리가 빠져도 그는 이마 대머리니 정하니라.

누구든지 앞머리에 털이 빠졌을지라도 앞이마가 벗겨진 것일 뿐, 그는 나병과는 관계가 없는, 정한 사람이라는 것이다.

레 13:42. 그러나 대머리나 이마 대머리에 희고 불그스름한 색점이 있으면 이는 나병이 대머리에나 이마 대머리에 발생함이니라.

대머리(40절)나 이마 대머리(41절) 자리에 희고 불그스름한 색점이 생기면 이는 나병이 대머리 자리에나 이마 대머리 자리에 발생한 것이니 부정하다고 선언해야 한다는 것이다.

레 13:43-44. 제사장은 그를 진찰할지니 그 대머리에나 이마 대머리에 돋은 색점이 희고 불그스름하여 피부에 발생한 나병과 같으면 이는 나병 환자라 부정하니 제사장이 그를 확실히 부정하다고 할 것은 그 환부가 그 머리에 있음이니라.

여호와의 말씀(앞 절)을 받고 제사장은 반드시 진찰을 해야 했다. 제사장의 진찰결과 "그 대머리에나 이마 대머리에 돋은 색점이 희고 붉그스름하여 피부에 발생한 나병과 같은" 진찰 결과가 나오면 "이는 나병 환자냐" "부정하다"고 선언해야 한다는 것이다. 이유는 그 환부(병이 난 곳, 나병이 생긴 곳)가 머리에 있기 때문이다.

8. 나병환자가 취할 자세   13:45-46

이 부분(45-46절)은 나병 환자가 취할 자세에 대해 말한다. 나병 환자가 취해야 할 자세는 오늘 죄를 자백하고 회개하는 성도들의 자세에 대한 예표로 볼 수 있다.

레 13:45. 나병 환자는 옷을 찢고 머리를 풀며 윗입술을 가리고 외치기를 부정하다 부정하다 할 것이요.

나병 환자는 첫째, 옷을 찢어야 했다(스 9:3; 왕상 21:27). 옷을 찢는 것은 마음의 극한 고통의 표시이다. 나병으로 판정되는 것은 사회에서 매장되는 것을 뜻하므로 마음이 극히 슬플 수밖에 없다. 그러나 여자들은 옷을 찢지 않았다고 한다. 여기 나병은 죄를 상징하는 병인데 나병이 걸린 것을 확인하는 순간 옷을 찢은 것은 죄가 있는 것을 확인하는 순간 그만큼 슬픔을 가져야 한다는 것을 보여준다(눅 18:13).

둘째, 나병환자는 머리를 풀어야 했다. 머리를 푸는 행위는 극도의 고통의 표시이다. 사람이 죽었을 때 가족들은 머리를 풀었다(10:6). 죄인들도 죄에 대하여 극도의 고통을 표시해야 한다(시 51:17).

셋째, 나병환자는 윗입술을 가려야 했다(겔 24:17, 22; 미 3:7). 나병에 걸린 것을 부끄러워하여 윗입술을 가려야 했다(미 3:7). 사람은 죄가 있음이 확인되는 순간 부끄러워해야 한다는 것이다.

넷째, 나병 환자는 외치기를 "부정하다 부정하다" 해야 했다(애 4:15). 자신이 부정하다고 외쳐서 자신을 비하해야 했고, 또 다른 사람들이 가까이 오지 못하도록 해야 했다(애 4:15). 오늘 죄인들도 그리스도의 대속의 피로 그리스도와 연합하기 전에는 스스로를 더러운 죄인으로 알아야 할 것이다.

레 13:46. 병 있는 날 동안은 늘 부정할 것이라 그가 부정한즉 혼자 살되 진영 밖에서 살지니라.

제사장이 나병이 있다고 판정한 다음 나병의 완치 판정을 받기까지는 언제나 부정한 사람으로 존재할 수밖에 없고(민 5:2; 12:14; 왕하 7:3; 15:5; 대하 26:21; 눅 17:12), 나병으로 판정받은 사람은 반드시 혼자 살아야 하되, 진영(야영지) 밖에서 살아야 했다(민 12:14).

사람이 그리스도의 대속의 피로 그리스도와 연합하기 전에는 항상 그리스도인의 공동체 밖에서 살게 된다는 것을 보여준다. 비록 사람이 교회에 출석하더라도 아직은 공동체 안에 들어온 것은 아니라는 것을 알 수 있다. 죄 문제를 해결하지 못한 사람은 이처럼 비참한 것이다.

9. 천이나 가죽에 생긴 나병 13:47-59

나병이란 사람의 몸에만 생기는 것이 아니라 천이나 가죽에도 생기는데, 그 판정은 푸르거나 붉은 색점이 있는 여부로 결정된다. 색점이 천이나 가죽에 퍼졌으면 나병이고(51절), 그것이 퍼지지 않았다할지라도 그것을 세탁하여 7일을 기다린 후에 그 색점이 변하지 않는 경우에는 역시 나병으로 판정된다. 제사장은 그 옷을 세탁해야 할는지, 혹은 부분적으로 찢어버려야 할는지, 혹은 태워버려야 할는지를 결정해야 한다. 그 표준은 그 나병의 만연 여부에 있는 것이다.

레 13:47-48. 만일 의복에 나병 색점이 발생하여 털옷에나 베옷에나 베나 털의 날에나 씨에나 혹 가죽에나 가죽으로 만든 모든 것에 있으되.

의복에 "나병 색점"(the plague of leprosy-KJV, "mildew"-NIV, "곰팡이"-표준 새 번역), 즉 '곰팡이'가 발생한 경우를 말한다. 본서의 저자 모세는 의복을 좀 더 세분하여 '털옷, 베옷, 베[124), 털의 날[25), 씨[126) 혹 가죽, 가죽으

---

124) "베": Linen. 옷감에 쓰이는 천. '베실', '베옷', '세마포', '가는 베', '삼'등 여러 가지로 번역되어 있다.

로 만든 모든 것"으로 세분한다. 이런 여러 곳에 나병 색점, 즉 곰팡이가 발생하는 경우 어떻게 처리해야 하는지 제사장이 다루어야 한다고 말한다.

레 13:49. 그 의복에나 가죽에나 그 날에나 씨에나 가죽으로 만든 모든 것에 병색이 푸르거나 붉으면 이는 나병의 색점이라 제사장에게 보일 것이요.

"그 의복에나 가죽에나 그 날에나 씨에나 가죽으로 만든 모든 것"에 푸른 병색이나 붉은 병색이 생기면 나병의 색점, 즉 곰팡이인데, 그런 경우에는 백성들이 제사장에게 가지고 가서 검진을 받아야 한다는 것이다. 오늘날 사람이 알 수 없는 죄에 시달릴 때에는 즉시 예수 그리스도에게 가서 해결을 받아야 할 것이다.

레 13:50. 제사장은 그 색점을 진찰하고 그것을 이레 동안 간직하였다가.

제사장은 그 "색점"("자국"-표준 새 번역)을 일단 진찰하고 7일 동안 간직했다가, 다시 진찰해야 한다는 것이다(다음 절). 다시 말해 그 만연 여부를 판단해야 한다. 예수님은 즉시 우리의 문제를 아시지만 구약의 제사장들은 1주간 간직했다가 진찰해야 했다.

레 13:51. 이레 만에 그 색점을 살필지니 그 색점이 그 의복의 날에나 씨에나 가죽에나 가죽으로 만든 것에 퍼졌으면 이는 악성 나병이라 그것이 부정하므로.

제사장은 1주간 동안 간직했던 의복을 다시 꺼내 "그 색점(자국)이 그 의복의 날에나 씨에나 가죽에나 가죽으로 만든 것에 퍼졌으면" 악성 나병("악성 곰팡이"-표준 새 번역)으로 판정해야 했다(14:44). 다시 말해 푸른 병색이나 붉은 병색이 퍼진 것을 보고 악성 나병으로 판정해야 하는 것이다. 이유는 그것이 부정하기 때문이다.

---

125) "날": Wrap. 직조에 있어서 세로 방향의 실. 경선, 종사라고도 한다. 씨실은 직조에 있어서 가로 건너 짜는 실로서, 이로 이로써 의복이 짜진다.
126) "씨": 피륙을 짜거나 돗자리를 칠 때 가로 놓는 실이나 노를 지칭한다.

레 1352 그는 그 색점 있는 의복이나 털이나 베의 날이나 씨나 모든 가죽으로 만든 것을 불사를지니 이는 악성 나병인즉 그것을 불사를지니라.

본 절은 앞 절(51절)에서 제사장이 색점을 진찰한 결과 악성 나병으로 판명될 경우 제사장이 할 일을 말한다. 즉, "그 색점 있는 의복이나 털이나 베의 날이나 씨나 모든 가죽으로 만든 것을 불살라야 한다"고 말한다. 불살라서 아주 없애버려야 한다. 악성 나병(악성 곰팡이)으로 판명되면 다시 1주간 간직할 필요도 없고 세탁할 필요도 없이 불살라야 한다는 것이다.

레 13:53-55 그러나 제사장이 보기에 그 색점이 그 의복의 날에나 씨에나 모든 가죽으로 만든 것에 퍼지지 아니하였으면 제사장은 명령하여 그 색점 있는 것을 빨게 하고 또 이레 동안 간직하였다가 그 빤 곳을 볼지니 그 색점의 빛이 변하지 아니하고 그 색점이 퍼지지 아니하였으면 부정하니 너는 그것을 불사르라 이는 거죽에 있든지 속에 있든지 악성 나병이니라.

앞의 51-52절의 경우는 색점(자국)이 퍼진 경우에 불살라야 한다는 것을 말씀했고, 이 부분(53-55절)은 색점이 퍼지지 않았을 경우에 어떻게 처리할까를 다룬다. 즉, 그 색점이 있는 것을 빨게 해서 다시 1주간 간직해 두었다가 검진했을 때 그 색점이 변하지 아니하고 퍼지지 아니하였으면 부정한 것으로 판단하여 불사르라는 것이다. 즉, 그것을 빨았는데도 없어지지 아니하고 그냥 그 색점이 존재하고 있으니 그것은 악성 곰팡이라는 것이다. 우리의 죄가 없어지지 아니하고 여전히 존재하는 것은 무서운 것이다. 많은 자복을 통하여 아주 죄의 세력을 약화시켜야 할 것이다.

레 1356 빤 후에 제사장이 보기에 그 색점이 엷으면 그 의복에서나 가죽에서나 그 날에서나 씨에서나 그 색점을 찢어 버릴 것이요.

본 절은 옷을 빤 후에 제사장이 보기에 그 색점(자국)이 엷어진 경우에는 "그 의복에서나 가죽에서나 그 날에서나 씨에서나 그 색점을 찢어 버리라"고 말한다. 즉, 그 색점(자국)이 있는 곳만 찢어버리라는 것이다. 교회에서 죄를 지은 사람만 징계하여 교회를 정화시켜야 한다는 교훈을 제공해 준다.

레 13:57. 그 의복의 날에나 씨에나 가죽으로 만든 모든 것에 색점이 여전히 보이면 재발하는 것이니 너는 그 색점 있는 것을 불사를지니라.

색점이 있는 곳을 찢어버린(앞 절) 다음 다시 색점(자국)이 나타나면 재발하는 것이니 그 색점이 있는 것을 불사르라는 것이다. 죄는 이렇게 자꾸 나타나는 수가 있다. 이럴 때는 부분만 찢어버리는 것 가지고는(앞 절) 해결되지 않으니 그 자국이 있는 것을 아주 불살라야 한다는 것이다.

레 13:58. 네가 빤 의복의 날에나 씨에나 가죽으로 만든 모든 것에 그 색점이 벗겨졌으면 그것을 다시 빨아야 정하리라.

본 절은 색점(자국)이 벗겨진 경우를 다룬다. 이 경우는 앞 절과는 정반대의 경우이다. 색점이 벗겨졌으면 곰팡이가 없어진 것을 말한다. 그런 경우에는 그 옷을 다시 빨면 깨끗한 옷이 되는 것이다.

레 13:59. 이는 털옷에나 베옷에나 그 날에나 씨에나 가죽으로 만든 모든 것에 발생한 나병 색점의 정하고 부정한 것을 진단하는 규례니라.

47절부터 앞 절까지 말한 것은 악성 나병(곰팡이)이 털옷에나 베옷에나, 또는 천의 날에나, 씨에나 또는 어떤 가죽 제품에 발생했을 때에, 정한지 혹은 부정한지를 결정하는 규례(법)이고, 결례법을 가르친 것이라는 말이다.

제 14 장

C. 나병으로부터 정결하게 하는 의식 14:1-32

이 부분(1-32절)은 진 밖에서 정결하게 하는 의식(1-9절), 회막 문에서 정결하게 하는 제사(10-20절), 가난한 자의 제물들(21-32절)이 어떤 것들이 있는지를 다룬다.

1. 진 밖에서 정결하게 하는 의식 14:1-9

이 부분(1-9절)은 하나님께서 백성들을 질병으로부터 깨끗이 씻으시고 회복시켜서 공동체에 온전히 참여할 수 있도록 속죄를 베푸신다는 것을 말씀하신다.

레 14:1. 여호와께서 모세에게 말씀하여 이르시되.

앞부분(13:1-59)은 여호와께서 모세와 아론에게 말씀하셨으나, 이제 이 부분은 여호와께서 모세에게 나병환자가 정결하게 되는 날에 지켜야 할 규례에 대하여 말씀하신 것을 기록한 부분이다.

레 14:2. 나병 환자가 정결하게 되는 날의 규례는 이러하니 곧 그 사람을 제사장에게로 데려갈 것이요.

나병 환자를 정하게 하는 날에 지켜야 할 규례는 다음과 같다는 것이다. 먼저 사람들이 악성 피부병에 걸린 환자를 제사장에게로 데려가야 했다. 사람들이 보기에 다 나았다는 판단으로 되는 것이 아니라 제사장 앞으로 데려와서 (마 8:2, 4; 막 1:40, 44; 눅 5:12, 14; 17:14) 제사장의 완치 판정을 받아야 한다는 것이다.

레 14:3a. 제사장은 진영에서 나가 진찰할지니.

제사장은 진영(광야 생활에서 이스라엘이 진 쳤던 곳) 안에서 환자가 혼자 살고 있는 진영 밖(13:46)으로 나가 환자를 진찰해야 했다.

레 14:3b-4. 그 환자에게 있던 나병 환부가 나았으면 제사장은 그 정결함을 받을 자를 위하여 명령하여 살아 있는 정결한 새 두 마리와 백향목과 홍색 실과 우슬초를 가져오게 하고.

제사장은 나병 환자에게 있던 나병 환부(환처)를 진찰하여 나병이 나은 것이 확인되면 정결함을 받을 자를 위해서 "살아 있는 정결한 새 두 마리와 백향목과 홍색 실과 우슬초"를 가져오도록 명령해야 했다. "살아 있는 정결한 새 두 마리"는 나병 결례의 의식에 필요했던 재료로, 먹을 수 없는 새들(11:13-19)을 제외한, 먹을 수 있는 두 마리 새들을 지칭하는 말이다. 이 두 마리 새 중 하나는 흐르는 물 위의 질그릇 안에서 죽이기 위해, 하나는 살리기 위해 필요했다(5-7절). "백향목"127)은 레바논의 삼목(杉木-삼나무)을 지칭하는데, 이 나무는 힘, 미(美), 번영의 상징으로 되어 있다(시 92:12; 사 2:13; 겔 17:3, 22, 23; 31:3, 8; 슥 11:1,2). 백향목은 좋은 향기로 인해, 결례의 의식에 쓰였는데(레 14:4; 민 19:6), 병 나은 자의 튼튼하고, 윤기 나는 새 생활을 상징한다.

---

127) "백향목": Cedar. 소나무 과에 속하는 상록교목. 구약에 종종 언급되어 있는 백향목은 거의가 레바논의 삼목(杉木)을 말하고, 이 나무는 힘, 미, 번영의 상징으로 되어 있다(시 92:12; 사 2:13; 겔 17:3, 22, 23; 31:3, 8; 슥 11:1,2). 학명(學名)은 레바논의 삼나무(Cedar of Lebanon, Cedrus libani)로서, 레바논 산에 생육(生育)하고, 당당한 상록(常綠)의 거목으로(왕하 19:23; 사 2:13; 암 2:9), 높이 24-30m/40m, 주위 10m이상, 가지는 우산 꼴로 무성해져 좋은 그늘을 만든다(겔 31:3). 그 장엄(왕상 4:33; 왕하 14:9; 슥 11:1,2)은 나무들의 왕자로 될 만한 위용을 갖추고 있어서(사 2:13; 겔17:22; 31:3), 레바논 산의 영광이었다(왕하 14:9; 시 80:10; 104:16). 이것은 좋은 향기로 인해, 결례의 의식에 쓰였다(레 14:4; 민 19:6-). 특히 그 목재(木材)는 수지(樹脂)가 많고(시 104:16), 충해(蟲害)를 받지 않을뿐더러, 견고하고, 마디가 없어, 고대부터 건축 재료로서 귀중히 여겨졌다(아 1:17; 8:9; 사 9:10; 44:14; 렘 22:14,15). 내구력이 많아, 애굽인은 일찍부터 레바논의 백향목을 가져다가, 선재(船材) 또는 관재(棺材)로 쓰고, 앗수르인도 바벨론인도 멀리 레바논에 이것을 건재(建材)로서 구했다(사 14:8; 37:24; 합 2:17 참조). 베니게 사람에 의해 베어진 목재는, 떼로 엮어져 욥바로 운반되었다(왕상 5:8; 스 3:7). 다윗왕은 궁전을 짓기 위해(삼하 5:11; 7:2; 대상 14:1; 22:4), 솔로몬은 성전 및 궁전의 조영(造營) 위해(왕상 5:6; 9:10-11), 이것을 가져오게 했다. 소규모이기는 해도, 제 2성전의 경우도 이것을 건재로 했다(스 3:7)(디럭스 바이블 성경사전).

"홍색 살"(히 9:19)은 붉게 물들인 털실을 말하는데, 백향목 가지와 우슬초를 묶기 위해 필요했다. "우슬초"128)의 줄기는 피를 붓는 의식에 관련하여 유월절 때(출 12:22), 나병 환자의 결례의식에(14:4, 6, 49, 51, 52; 민 19:6, 18) 사용되었다. 우슬초는 돌담에 나는 평범한 풀인데(왕상 4:33), 이것을 결례 의식에 쓴데서 회개자의 사유를 상징하기도 했다(시 51:7; 히 9:19-22). 미쉬나(Mishna-구전, 해설을 집성한 탈무드의 본문)가 전하는 내용에 의하면 백향목 가지는 약 45cm 길이로 끊고, 그것을 우슬초와 함께 홍색실로 묶고, 또 그 실로 살아있는 새의 날개 끝과 꼬리 끝을 함께 묶었다고 한다. 나병은 죄악과 죽음을 상징하는 병인만큼 나병의 정결을 선언하는 예식을 위하여 이런 여러 재료들이 사용되었다.

레 14:5. 제사장은 또 명령하여 그 새 하나는 흐르는 물 위 질그릇 안에서 잡게 하고.

제사장은 앞 절의 명령 이외에 또 "그 새 하나는 흐르는 물 위 질그릇 안에서 잡게 해야" 했다. "흐르는 물 위의 질그릇 안에서 잡게 한 것"은 '맑고 신선한 물이 담겨있는 질그릇 안에서 잡게 해서 물과 피를 섞은 것'을 말한다. 신선한 물과 새(鳥)의 피를 섞은 것은 두 가지 의미를 내포했다고 볼 수 있다. 첫째는 정화를 위함이었다. 물도 정화를 의미했고, 피도 정화를 의미했다. 둘째는 새 피만 가지고 정결 예식을 치르기 위해서는 그 양이 부족했기 때문에 (7절-'일곱 번 뿌려야 했으나') 물을 섞은 것으로 볼 수 있다. 정결 예식에서는 정결한 물과 죄를 씻는 피를 사용해야 했다.

---

128) "우슬초": Hyssop. 박하과의 작은 식물로, 향기 높은 풀 종류의 꽃(草花). 헬라어 '휫소포스'라든가, 영어의 '히솝'등은 히브리어 '에-조-브'에서 파생된 음사들이다. 아라비아어로 '사타르 sa'tar'로 부르고, '마요람marjoram(Origanum maru)'으로 알려진 화초이다. 우슬초는 히솝풀이라고 하는데, 애굽 원산(原産)으로, 팔레스틴에도 있다. 이풀의 줄기는 피를 붓는 의식에 관련하여 유월절 때(출 12:22), 나병자의 결례의식에(레 14:4, 6, 49, 51, 52; 민 19:6,18) 사용되었다. 돌담에 나는 평범한 풀인데(왕상 4:33), 이것을 결례 의식에 쓴데서 정결한 일에 관련지었다(시 51편; 히 9:19-22). 요 19:29에 의하면, 십자가상의 그리스도에게 사람들은 우슬초의 줄기에 해용을 매달아, 여기에 신 포도주를 머금게 하여 드렸다고 한다(디럭스 바이블 성경사전).

레 14:6. 다른 새는 산 채로 가져다가 백향목과 홍색 실과 우슬초와 함께 가져다가 흐르는 물 위에서 잡은 새의 피를 찍어.

　본 절의 번역은 좀 어색하다('가져다가'란 말이 겹쳐 나와서 어색하다). 차라리 옛날 개역판 번역이 더 나을 것이다(즉, "다른 새는 산대로 취하여 백향목과 홍색실과 우슬초와 함께 가져다가 흐르는 물 위에서 잡은 새 피를 찍어"라는 번역이 나을 것이다). 아니면, 표준 새 번역이 뜻을 더 밝힐 것이다. 즉, "그렇게 한 다음에 제사장은 백향목 가지와 홍색 털실 한 뭉치와 우슬초 한 포기와 그리고 살아 있는 나머지 새를 가져다가, 생수가 섞인 죽은 새의 피에 찍어서"라고 번역하는 것이 나을 것이다. 본 절을 좀 더 쉽게 표현한다면 생수가 섞인 새의 피에다가 백향목 가지와 우슬초와 살아있는 새를 홍색실로 묶어 담그라는 것이다. 이렇게 피에 담그는 이유는 정결함을 받은 자에게 뿌리기 위함이었다(다음 절). 이런 예식 중에서 가장 중심 되는 것은 새의 피였다. 여기 새의 피는 예수 그리스도의 피를 상징하는 것이다.

레 14:7. 나병에서 정결함을 받을 자에게 일곱 번 뿌려 정하다 하고 그 살아 있는 새는 들에 놓을지며.

　백향목 가지와 우슬초와 살아있는 새를 홍색실로 묶어 새의 피를 찍어(앞 절) '나병에서 정결함을 받을 자에게 일곱 번 뿌려 정하다'고 선언해야 했다(히 9:13). 일곱 번 뿌린 것은 완전을 상징한다(4:5; 왕하 5:10, 14). 완전히 씻어졌다는 것을 말한다.

　그런 다음 "그 살아 있는 새는 들에 놓아야" 했다. 살아있는 새를 들에 놓음은 두 가지를 상징한다. 하나는 그 새에게 나병을 지워 멀리 날려 보냄으로 그 환자는 나병에서 해방되었다는 것을 의미한다. 이는 마치 아사셀의 염소에게 죄를 지워 광야로 보냄과 같은 것이다(16:22). 또 하나는 그 새가 자유를 얻어 날아간 것처럼 이제 환자는 완전히 나음을 얻어 부활하여 진으로 돌아오는 것을 상징하는 것이었다.

레 14:8. 정결함을 받는 자는 그의 옷을 빨고 모든 털을 밀고 물로 몸을 씻을 것이라 그리하면 정하리니 그 후에 진영에 들어올 것이나 자기 성막 밖에

이레를 머물 것이요.

앞 절까지는 제사장이 해야 할 일을 진술했고, 이제 본 절과 다음 절은 나병에서 나음을 얻은 자가 해야 일이 진술된다. 정결함을 받는 자는 "그의 옷을 빨아야 했고 모든 털을 밀고 물로 몸을 씻어야" 했다(11:25; 13:6). 세 가지 일을 하면 정하게 되어, 금방 진영에 들어올 수 있는 신분이 되었으나 "자기 성막 밖에 이레를 머물러야" 했다(민 12:15). 7일 동안 성막 밖에서 정결을 위한 수순을 밟아야 했다. 이는 마치 의롭다 함을 받은 자가 시간을 가지고 성화를 힘써야 하는 것과 같다. 누구든지 의롭다 함을 받은 후 성결의 기간을 길게 가져야 한다.

레 14:9. 일곱째 날에 그는 모든 털을 밀되 머리털과 수염과 눈썹을 다 밀고 그의 옷을 빨고 몸을 물에 씻을 것이라 그리하면 정하리라.

자기 장막에 들어오는 일곱 째 날이 되었을 때 나병에서 놓임을 받은 사람은 앞 서 행한 결례의 의식을 또 한 번 행해야 했다. 즉, "머리털과 수염과 눈썹을 다 밀고 그의 옷을 빨고 몸을 물에 씻어야" 했다. 이와 같이 두 번 결례를 행함으로 나병의 부정에서 완전히 해방을 받았다. 오늘 우리도 성결을 위한 죄 고백을 많이 할수록 좋다. 의롭다 하는 선언은 순식간에 받지만 성화는 여러 날, 여러 해가 걸린다.

2. 회막 문에서 정결하게 하는 제사 14:10-20

일곱째 날에 해야 할 일을 다 행한 환자(9절)가 여덟째 날을 맞이하여 회막 문에서 정결하게 하는 제사를 드려야 했다. 여덟째 날에는 회막 문에서 속건제와 소제를 겸한 번제를 드리고, 또 속죄제를 드리므로 그가 드려야 하는 결례를 끝낸다.

레 14:10. 여덟째 날에 그는 흠 없는 어린 숫양 두 마리와 일 년 된 흠 없는 어린 암양 한 마리와 또 고운 가루 십 분의 삼 에바에 기름 섞은 소제물과 기름 한 록을 취할 것이요.

일곱째 날에 해야 할 결례를 다 행한(9절) 다음 날, "여덟째 날"(병 나은

자의 새 생활이 시작되는 첫날)에 병에서 놓인 환자는 네 가지 제물(흠 없는
어린 숫양 두 마리, 일 년 된 흠 없는 어린 암양 한 마리, 고운 가루 10 분의
3 에바에 기름 섞은 소제물, 기름 한 록)을 준비하여 회막 문으로 와야 했다(다음
절; 2:1; 민 15:4, 15; 마 8:4; 막 1:44; 눅 5:14). 여덟째 날은 이스라엘 역사에서
중요한 날이었다(8:33; 9:1). 그날 이스라엘 사람들은 어린 아이들에게 할례를
행했다(창 17:12). 그리고 초막절에는 8일째 날 아무 노동도 하지 않고 성회를
열었다(23:33-36). 추방 이후 귀환기의 스룹바벨 성전에서는 여자의 뜰과 남자
의 뜰 중간에 있는 니카놀의 문에 와서 이런 제물을 바쳤다고 한다. 여자의
마당은 성소 자체에 속한 것이 아니라고 여겨졌었다(누르체). 네 가지 제물
중 두 가지 가축 제물에는 "흠이 없어야 한다"는 조항이 붙어 있다. 이 말은
'흠이 없으신' 예수 그리스도를 예표 한다. "에바"는 고체의 부피 단위로 대략
23 리터이다. 그러니까 10분의 3에바는 6.9 리터에 해당한다.[129] 그리고
"록"(log)[130]은 액체량의 최소단위의 명칭(14:10. 12. 15, 21, 24)으로 0.31리터
에 해당한다.

**레 14:11. 정결하게 하는 제사장은 정결함을 받을 자와 그 물건들을 회막
문 여호와 앞에 두고.**

제사장의 사역이 진술된다. 제사장은 병 나은 자, 즉 정결함을 받을 자와
물건들(제물들)을 회막 문 여호와 앞에 두어야 했다. 여기 "회막 문 여호와
앞"이란 번제단이 있는 성소 앞마당을 지칭한다(1:11 주해 참조). 나병 환자가
성소 앞마당에 선 것은 이제부터는 다른 사람들과 동등으로 여호와께 제사를
드릴 수 있는 사람이 되었다는 것을 의미한다.

**레 14:12 어린 숫양 한 마리를 가져다가 기름 한 록과 아울러 속건제로 드리되
여호와 앞에 흔들어 요제를 삼고.**

제사장은 숫양 한 마리를 가져다가 기름 한 록(log)과 아울러 속건제를

드려야 했다(5:2, 18; 6:6-7). 제사장이 나병 환자를 위해서 속건제(허물을 속하는 제사)를 드리는 이유가 무엇인가? 여러 견해가 있다. 1) 나병 환자가 병 때문에 오랫동안 제사 드리는 의식에 불참하였으므로 이를 배상하기 위함이라는 견해(Von Orelli, 이상근). 이 견해는 받기 어려운 견해이다. 장기간의 병이면 어떤 병이든 속죄제를 드려야 한다는 주장인데 그런 규정은 성경에 없다(눅 8:43 참조). 2) 나병 환자가 비록 다른 죄는 짓지 않았다 할지라도 나병 자체가 죄의 모형이니 속건제를 드려야 한다는 견해(Meyrick). 이 견해는 상당한 설득력을 가지고 있으나 성경적 증거가 없다는 것이 약점이다. 3) 그 나병 환자가 나병에 걸리기 전에 어떤 죄를 지어 이스라엘을 더럽혔던 허물을 용서받기 위해 속죄제를 드린 것으로 보는 견해(민 12:10-11; 대하 26:19-20 참조, 누르체, 박윤선). 이 세 견해 중에 3번의 견해가 가장 바른 것으로 본다.

속건제를 드리되 "여호와 앞에 흔들어 요제를 삼아야" 했는데 이 말은 '여호와 앞에 요제를 드리기 위하여 흔들어 바쳐야 한다'는 뜻이다. 이 "요제"는 높이 들어 올리는 거제와 달라, 앞뒤로 흔들어 드리는 제사를 말한다(7:30 주해 참조).

요제는 희생제물을 하나님께 드리는 4가지 방법 가운데 하나였는데, 나머지 3가지는 화제(불에 태워드리는 제사), 거제(제물을 높이 치켜 드리는 제사), 그리고 전제(포도주를 부어드리는 제사)였다.

레 14:13. 그 어린 숫양은 거룩한 장소 곧 속죄제와 번제물 잡는 곳에서 잡을 것이며 속건제물은 속죄제물과 마찬가지로 제사장에게 돌릴지니 이는 지극히 거룩한 것이니라.

문장 첫머리의 "그 어린 숫양"은 앞 절(12절)에서 언급한 '어린 숫양 한 마리'를 지칭하는 말이다. 표준 새 번역은 본 절의 "그 어린 숫양"을 앞 절의 '어린 숫양 한 마리'로 보지 않고, 10절의 "흠 없는 어린 숫양 두 마리" 중에서 속건제로 드린 '어린 숫양 한 마리'를 제외한 "나머지 다른 숫양 한 마리"로 보고 번역했으나 문맥에 맞지 않는다.

제사장은 "그 어린 숫양", 즉 12절의 어린 숫양 한 마리를 "거룩한 장소 곧 속죄제와 번제물 잡는 곳에서 잡아야" 했다(1:5, 11; 4:4, 24; 출 29:11). 여기 "거룩한 장소"라 함은 '번제단과 회막 문 사이'를 지칭하는데(1:5; 4:4; 7:2), 이곳에서 "번제물과 속죄제물을 잡았기에" 거룩한 장소라 일컬었다. "속건 제물은 속죄 제물과 마찬가지로 제사장에게 돌려야" 했다(7:6-7). 속건 제물은 "지극히 거룩한 것"(2:3; 6:17; 7:6; 21:22)이기 때문에 제사장들만 먹을 수 있었다.

레 14:14. 제사장은 그 속건제물의 피를 취하여 정결함을 받을 자의 오른쪽 귓부리와 오른쪽 엄지손가락과 오른쪽 엄지발가락에 바를 것이요.

제사장이 할 일이 또 진술된다. 즉, 제사장은 "그 속건제물의 피를 취하여 정결함을 받을 자의 오른쪽 귓부리와 오른쪽 엄지손가락과 오른쪽 엄지발가락에 발라야" 했다(8:23; 출 29:20). 여기 "속건 제물"은 12절에 나온 속건 제물을 지칭하고, 또 13절에 진술한 "그 어린 숫양"을 지칭한다. 제사장은 바로 그 "피를 취하여" 나병 환자의 신체 부위(오른쪽 귓부리, 오른쪽 엄지손가락, 오른쪽 엄지발가락)에 발라야 했는데, 피를 "귓부리"에 바른 것은 하나님의 말씀을 잘 듣고 순종하도록 한 것이고, '손과 발에' 바른 것은 들은 말씀을 행동으로 순종하도록 한 것이다. 여기 세 군데의 오른편에 피를 바른 것은 왼편이 중요하지 않다는 뜻이 아니라, 오른편은 왼편을 대표하고 있음을 보여 준다. 오늘날도 모든 성도들은 제사장으로서(벧전 2:9) 그리스도의 피로 씻음을 받아야 한다. 그래야 그리스도의 말씀이 잘 들리고, 잘 행할 수 있으며, 잘 순종할 수 있는 것이다.

레 14:15-16. 제사장은 또 그 한 록의 기름을 취하여 자기 왼쪽 손바닥에 따르고 오른쪽 손가락으로 왼쪽 손의 기름을 찍어 그 손가락으로 그것을 여호와 앞에 일곱 번 뿌릴 것이요.

제사장이 할 일이 이제 바뀐다. 앞에서는 피로 제사를 드렸는데, 이제부터는 기름으로 제사를 드린다. 제사장이 할 일은 나병에서 나음을 얻은 자가 바친 기름 1록을 취하여 얼마를 "자기 왼쪽 손바닥에 따르고 오른쪽 손가락으로 왼쪽 손의 기름을 찍어 그 손가락으로 그 기름을 여호와 앞에 일곱 번 뿌려야' 했다. "여호와 앞에 기름을 일곱 번 뿌린 것"은 '번제단 앞에(성소 앞으로) 일곱 번 뿌린다'는 뜻인데(Keil & Delitzsch), 이렇게 번제단 앞에 기름을 일곱 번 뿌린 이유는 1) 하나님 앞에 먼저 제사를 드리는 행위였다는 견해(이상근). 2) 나병 환자 자신이 나음을 받은 것을 하나님 앞에 감사하기 위함이라는 견해(John Gill). 사실 감사를 표현하려면 화목제를 드려야 하지 않았겠는가? 3) 기름을 성별하기 위함이었다는 견해(Keil & Delitzsch, John E. Hartley). 다시 말해 기름을 거룩하게 사용하기 위함이었다. 3번의 견해가 가장 타당하다. 이유는 정결함을 받을 나병환자가 바친 기름은 일반적인 기름인데, 바르기 전에 성결하게 되어야 했기 때문에 '여호와 앞에서' 뿌렸다. 본문의 "일곱 번 뿌려야 했던" 것은 기름의 성결함을 온전하게 하기 위함이었다.

레 14:17. 손에 남은 기름은 제사장이 정결함을 받을 자의 오른쪽 귓부리와 오른쪽 엄지손가락과 오른쪽 엄지발가락 곧 속건제물의 피 위에 바를 것이며.

앞 절에서는 제사장이 기름을 여호와 앞에 일곱 번 뿌린 것을 말하고, 이제 본 절에서는 제사장의 왼손에 남은 기름을 "정결함을 받을 자의 오른쪽 귓부리와 오른쪽 엄지손가락과 오른쪽 엄지발가락 곧 속건 제물의 피 위에 발라야" 한다는 것을 말한다. 이렇게 피 위에(14절)에 기름을 바른 것은 속죄한 다음 나병 환자를 거룩하게 만들기 위함이었다. 박윤선 박사는 "피는 사죄를 위한 것이고, 피는 성별을 위한 것이다"고 말하고, 메이릭(Meyrick)은 "피는 특별히 화해를 나타내고, 기름은 새 생활을 인도해야 될 하나님의 강력한 힘을 상징한다"고 주장한다.

레 14:18. 아직도 그 손에 남은 기름은 제사장이 그 정결함을 받는 자의 머리에 바르고 제사장은 여호와 앞에서 그를 위하여 속죄하고.

제사장은 1록(log)의 기름 중 얼마를 여호와 앞에 뿌렸고(16절), 또 나병으로부터 나음을 받은 자에게 발랐으며(17절), "아직도 그 손에 남은 기름은 그 정결함을 받는 자의 머리에 발라서" 제사장은 여호와 앞에서 그 환자를 위하여 속죄해야 했다(4:26). 10절부터 본 절까지 행한 제사장의 모든 행위는 속죄행위였다. 속죄만큼 중요한 것은 세상에 없다.

레 14:19. 또 제사장은 속죄제를 드려 그 부정함으로 말미암아 정결함을 받을 자를 위하여 속죄하고 그 후에 번제물을 잡을 것이요.

제 8일째 제사장은 나병에서 놓인 환자를 위해서 할 일이 또 남아 있었다. 즉, '속죄제를 드려 그 부정함으로 말미암아 정결함을 받을 자를 위하여 속죄하는" 일이었다(5:1, 6; 12:7). 18절까지는 제사장이 속건제를 드린 일을 말했고, 이제 본 절에서는 속죄제(sin offering)를 드리는 일을 말한다. 여기 속죄제물은 흠 없는 암양이었다(10절). 나병에서 놓임을 받은 환자가 속죄제를 드려야 할 이유는 나병자체가 부정한 병이었기 때문이었다. 그는 이 부정의 문제를 해결해야 모든 행사에 참여할 수 있었다.

제사장이 또 할 일은 환자를 위해 속죄제를 드린 다음 "번제물을 잡는" 일이었다. 여기 번제물은 흠 없는 숫양 두 마리 중(10절), 속건제를 드리고(12절) 난 다음, 남은 흠 없는 숫양 한 마리였다. 제사장은 그 흠 없는 숫양을 잡아야 했다.

레 14:20. 제사장은 그 번제와 소제를 제단에 드려 그를 위하여 속죄할 것이라 그리하면 그가 정결하리라.

이제 마지막으로 제사장이 해야 할 일은 앞서 잡은(19절) 번제물(남은 한 마리 흠 없는 숫양)과 소제(고운 가루 10분의 3 에바에 기름을 섞은 소제물, 10절)를 제단에 드리는 일이었다. 소제는 항상 홀로 드려지지 않고 다른 제물과 함께 드려졌다. 본 절의 번제는 제물 전체를 화제로 드리는 것으로 기쁨의 헌신을 표시하는 제사였다. 이제 제사장이 할 일은 끝났다. 나병 환자의 정함을 위한 결례는 다 끝난 것이다. 그는 이제 새 사람으로 회복되었으며 이스라엘의 공동체의 회원으로 돌아간다. 오늘 우리는 그리스도의 속죄 사역으로 말미암아 새로운 공동체 회원이 되었다.

3. 가난한 자의 제물들 14:21-32

여덟째 날의 결례를 위하여 앞부분(10-20절)에서는 일반 사람들이 드리는 제물과 결례에 대해 진술했고, 이제 이 부분(21-32절)에서는 가난한 자가 드리는 제물과 결례에 대해서 진술한다. 가난한 자가 드리는 제물은 속건제의 숫양과 1록의 기름은 똑같고, 소제의 고운 가루는 10분의 3에바로부터, 10분의 1에바로 줄어졌으며, 번제물과 속죄제물은 비둘기를 드리면 되었다.

레 14:21. **만일 그가 가난하여 그의 힘이 미치지 못하면 그는 흔들어 자기를 속죄할 속건제를 위하여 어린 숫양 한 마리와 소제를 위하여 고운 가루 십분의 일 에바에 기름 섞은 것과 기름 한 록을 취하고.**

하나님은 "가난하여 그의 힘이 미치지 못하는" 사람을 돌보신다(5:7, 11; 12:8). 가난한 자는 가난한 형편대로 제물을 바치면 되었다. 10절의 일반인이 드리는 제물과 비교해보면 가난한 자가 "흔들어 자기를 속죄할 속건제를 위하여 어린 숫양 한 마리와 소제를 위하여 고운 가루 십분의 일 에바에 기름 섞은 것과 기름 한 록을 취하여" 바치면 되었다. 본문의 "흔들어 자기를 속죄할 속건제"란 말은 속건제를 드리는 방법을 지칭하는 말이다. 즉, "흔들어"란 말은 '제물을 앞뒤로 흔들어 요제를 드린다'는 뜻이다. 나환자는 제사장이 흔들어 자기(나환자 자신)를 속죄할 속건제를 위하여 어린 양 한 마리를 드리면 되었고, 또 소제를 위하여 고운 가루 십분의 일 에바(일반 사람이 드리는 예물의 3분의 1에 해당한다)에 기름 섞은 것을 드리며, 기름 한 록(log)을 드리면 되었다.

여기서 한 가지 주의할 것은 아무리 가난해도 속건 제물을 감하지는 않는다는 것이다. 오직 속죄제와 번제에만 해당한다. 그러나 비록 제물의 규모는 감해져도 의식의 세 요소는 여전히 그대로였다는 사실을 기억해야 할 것이다.

레 14:22. **그의 힘이 미치는 대로 산비둘기 둘이나 집비둘기 새끼 둘을 가져다가 하나는 속죄제물로, 하나는 번제물로 삼아.**

가난한 자는 "그의 힘이 미치는 대로 산비둘기 둘이나 집비둘기 새끼 둘을 가져다가 하나는 속죄 제물로, 하나는 번제물로 삼아" 드리면 되었다(12:8; 15:14-15). 가난한 자도 "그의 힘이 미치는 대로" 드려야 했다. 최선을 다해야 한다는 뜻이다. 가난하다고 제물을 드리지 않고 그냥 지나치면 하나님께서 용납하시지 않는다.

10절에서는 속죄 제물로 흠 없는 암양을 드려야 했는데(19절 주해 참조), 본 절에서는 비둘기 한 마리였고, 또 10절에서는 번제물로 흠 없는 숫양 1마리였는데(20절 주해 참조), 본 절에서는 비둘기 한 마리뿐이었다. 많이 가벼워진 것이다. 가난한 자에게 모든 것은 가벼워졌는데, 그러나 드려야 하는 것은 꼭 드려야 하는 것이었다. 가난한 과부는 두 렙돈을 드렸다(눅 21:2 참조).

레 14:23. 여덟째 날에 그 결례를 위하여 그것들을 회막 문 여호와 앞 제사장에게로 가져갈 것이요.

여덟째 날에(10절 주해 참조), 가난한 나환자는 그 결례를 위하여 21-22에 진술된 대로 제물들을 회막 문 여호와 앞(11절 주해 참조) 제사장에게 넘겨주어야 했다(11절).

레 14:24-29. 제사장은 속건제의 어린 양과 기름 한 록을 가져다가 여호와 앞에 흔들어 요제를 삼고 속건제의 어린 양을 잡아서 제사장은 그 속건제물의 피를 가져다가 정결함을 받을 자의 오른쪽 귓부리와 오른쪽 엄지손가락과 오른쪽 엄지발가락에 바를 것이요 제사장은 그 기름을 자기 왼쪽 손바닥에 따르고 오른쪽 손가락으로 왼쪽 손의 기름을 조금 찍어 여호와 앞에 일곱 번 뿌릴 것이요 그 손의 기름은 제사장이 정결함을 받을 자의 오른쪽 귓부리와 오른쪽 엄지손가락과 오른쪽 엄지발가락 곧 속건제물의 피를 바른 곳에 바를 것이며 또 그 손에 남은 기름은 제사장이 그 정결함을 받는 자의 머리에 발라 여호와 앞에서 그를 위하여 속죄할 것이며.

나환자가 가져온 예물을 가지고 제사장이 나환자를 위하여 속건제를 드리는 일이 진술된다. 이 부분(24-29절)은 12-18절과 똑같은 내용이다. 즉, 제물도 똑같고, 제사를 드리는 절차도 똑같다. 8일째에 드리는 속건제는 결례 중에 가장 중요한 것으로 일반인의 그것과 비교하여 조금도 감해서는 안 되었다.

레 14:30-31. 그는 힘이 미치는 대로 산비둘기 한 마리나 집비둘기 새끼 한 마리를 드리되 곧 그의 힘이 미치는 대로 한 마리는 속죄제로, 한 마리는

소제와 함께 번제로 드릴 것이요 제사장은 정결함을 받을 자를 위하여 여호와
앞에 속죄할지니.

이 부분(30-31절)의 가난한 자의 속죄제와 번제는 19절과 비교하여 제물은
가벼워졌지만 절차는 동일하다. 30절 처음에 "힘이 미치는 대로"란 말은 가난
한 자가 최선을 다해 속죄 제물과 번제물을 드렸다는 것을 말해준다(22절;
15:15). 제사장은 나환자가 드린 대로 한 마리는 속죄제로, 한 마리는 소제와
함께 번제로 드려야 했다. 소제는 항상 다른 제사와 함께 드려야 했고, 소제의
제물은 21절에 진술된바와 같이 에바 10분의 1로 드려야 했다. 제사장은 위와
같이 해서 "정결함을 받을 자를 위하여 여호와 앞에 속죄해" 주어야 했다.
즉, 속건제, 소제, 속죄제, 번제를 드리는 것은 모두 속죄를 위함이었다는
것이다.

**레 14:32. 나병 환자로서 그 정결예식에 그의 힘이 미치지 못한 자의 규례가
그러하니라.**

21절부터 31절까지의 정결예식은 나병 환자 중에 일반 나병환자보다 가난
한 환자가 드리는 예물과 규례라는 것이다(10절). 본 절은 21-31절의 결론이다.

D. 집에 발한 곰팡이 14:33-53

1-32절은 진 밖에서 정결하게 하는 의식(1-9절), 회막 문에서 정결하게
하는 제사(10-20절), 가난한 자의 제물들(21-32절)이 어떤 것들이 있는지를
다뤘는데, 이제는 사람 사는 집에 발생한 나병의 결례를 다룬다(33-53절).
이 부분(33-53절)은 대체로 인체에 발생한 나병의 결례법(13:1-46)이나, 의복
에 발생한 나병의 결례법(13:47-59)과 비슷하다. 하나님께서는 이스라엘이
가나안에 정주하여 발생할 나병을 대비하게 하신다.

레 14:33. 여호와께서 모세와 아론에게 말씀하여 이르시되.

여호와께서는 다시 모세와 아론에게 말씀하신다(11:1 주해 참조). 나병에
대한 진단은 제사장의 몫이었음으로 여호와께서는 모세와 아론에게 말씀하
신다.

레 14:34. 내가 네게 기업으로 주는 가나안 땅에 너희가 이를 때에 너희 기업의 땅에서 어떤 집에 나병 색점을 발생하게 하거든.

여호와께서는 모세와 아론에게 말씀하시기를 여호와 자신께서 이스라엘에게 기업으로 주시는 가나안 땅(창 17:8; 민 32:22; 신 7:1; 32:49)에 들어가서 집을 짓고 살 때에 혹시 어느 집에 나병 색점을 발생하게 하시면(13:47 주해 참조) 집 주인이 할 일(35절)과 제사장이 할 일들(36-53절)이 따로 있다고 말씀해 주신다. 여호와께서는 이스라엘이 광야에 생활하는 때만을 염려하셔서 말씀하시는 것이 아니라 앞으로 가나안에 들어간 이후에 무슨 일들이 생길지를 미리 말씀해 주신다. 여호와께서는 이스라엘이 가나안에 들어가서 어떤 집들에 나병 색점이 발생할 것을 미리 아셨다. 그 나병 색점은 여호와께서 주시는 것이었다. 인생들이 죄를 지을 때 이렇게 인생이 사는 집 건물에도 문제가 생긴다는 것을 알 수 있다. 우리는 세상만을 바라보고 살 것이 아니라 그리스도를 바라보고 살아서 이런 일들이 발생하지 않게 해야 할 것이다.

레 14:35. 그 집 주인은 제사장에게 가서 말하여 알리기를 무슨 색점이 집에 생겼다 할 것이요.

집 주인은 나병 색점(곰팡이)이 자기 집에 발생하면(시 91:10; 잠 3:33; 슥 5:4) 자기가 처리하지 말고 반드시 제사장에게 보고를 해야 했다.

레 14:36. 제사장은 그 색점을 살펴보러 가기 전에 그 집안에 있는 모든 것이 부정을 면하게 하기 위하여 그 집을 비우도록 명령한 후에 들어가서 그 집을 볼지니.

제사장은 집 주인의 보고를 들은 다음 그 곰팡이를 살피러 가기에 앞서, 그 집안사람들에게 지시하여, 그 집안의 모든 가재도구들을 다 밖으로 내어놓게 하여 집을 비우게 해야 했다. 그래야만 그 집 안에 있는 모든 물건이 부정하다는 선언을 받지 않게 된다. 제사장은 집을 비운 다음에, 집 안으로 들어가서 살펴보아야 했다.

레 14:37-38. 그 색점을 볼 때에 그 집 벽에 푸르거나 붉은 무늬의 색점이

있어 벽보다 우묵하면 제사장은 그 집 문으로 나와 그 집을 이레 동안 폐쇄하였
다가.

제사장이 진단한 결과 그 집의 벽에 "푸르거나 붉은 무늬의 색점(the spot)
이 있어 벽보다 우묵한" 경우 제사장은 그 집에서 나온 다음 그 색점이 어떻게
변하는지를 알기 위하여 그 집을 1주간 동안 사용하지 못하도록 폐쇄해야
했다(13:1-8 주해 참조).

레 14:39-42. 이레 만에 또 가서 살펴볼 것이요 그 색점이 벽에 퍼졌으면
그는 명령하여 색점 있는 돌을 빼내어 성 밖 부정한 곳에 버리게 하고 또
집 안 사방을 긁게 하고 그 긁은 흙을 성 밖 부정한 곳에 쏟아 버리게 할
것이요 그들은 다른 돌로 그 돌을 대신하며 다른 흙으로 집에 바를지니라.

집을 폐쇄한 지 1주간이 지난 다음 제사장은 바로 그 집에 가서 또 형편을
살펴보아야 한다. "그 색점이 벽에 퍼진" 경우, 즉 곰팡이가 더 심해진 경우,
제사장은 네 가지를 명령해야 한다. 1) "색점 있는 돌을 빼내어 성 밖 부정한
곳에 버리게 해야" 한다. 2) "집 안 사방을 긁게 해야 한다". 3) "그 긁은
흙을 성 밖 부정한 곳에 쏟아버리게 해야" 한다. 4) "다른 돌로 그 돌을 대신하며
다른 흙으로 집에 바르게" 해야 한다. 즉, 빼낸 돌 자리에 다른 돌로 채워야
하고 또 다른 흙으로 집에 바르게 해야 한다.

레 14:43-44. 돌을 빼내며 집을 긁고 고쳐 바른 후에 색점이 집에 재발하면
제사장은 또 가서 살펴볼 것이요 그 색점이 만일 집에 퍼졌으면 악성 나병인즉
이는 부정하니.

돌을 빼내고 또 집을 긁은 다음 다시 고쳐 바른(42절) 후에 색점(the spot)이
집에 다시 나타나는 경우, 제사장이 해야 하는 일은, 1) "그 집에 다시 가서
살펴보아야" 한다. 제사장은 끝까지 살펴야 한다. 2) "그 색점이 만일 집에
퍼졌으면 악성 나병인즉 부정하다"고 선언해야 한다(13:51; 슥 5:4).

레 14:45. 그는 그 집을 헐고 돌과 그 재목과 그 집의 모든 흙을 성 밖 부정한
곳으로 내어 갈 것이며.

악성 나병이라고 제사장이 진단한 다음 집 주인은 "그 집을 헐고 돌과 그 재목과 그 집의 모든 흙을 성 밖 부정한 곳으로 내어" 버려야 한다. 집 주인은 항상 제사장의 명령에 따라 행동해야 했다.

레 14:46-47. 그 집을 폐쇄한 날 동안에 들어가는 자는 저녁까지 부정할 것이요 그 집에서 자는 자는 그의 옷을 빨 것이요 그 집에서 먹는 자도 그의 옷을 빨 것이니라.

이 부분(46-47절)은 악성 나병으로 진단 받아 헐릴 집에 들어갔던 자들에 대하여 어떤 조치를 취해야 하는가 하는 문제를 다룬다. 1) 그냥 그 집에 들어갔던 자들은 저녁까지 부정한 취급을 받아야 했고, 2) 그 집에서 하룻밤이라도 잔 사람들은 그 옷을 빨아야 했으며, 3) 그 집에서 먹은 자들도 옷을 빨아야 정하게 될 수 있었다.

레 14:48. 그 집을 고쳐 바른 후에 제사장이 들어가 살펴보아서 색점이 집에 피지지 아니하였으면 이는 색점이 나은 것이니 제사장은 그 집을 정하다 하고.

그 집을 고쳐 바른(42절 참조) 후에 제사장이 들어가 살펴본 결과, "색점이 집에 피지지 아니하였으면 색점이 나은 것이" 확실하니 "제사장은 그 집을 정하다고 선언해야" 한다는 것이다. 그런 다음 제사장은 결례의 절차를 밟아야 한다(49-53절).

레 14:49-53. 그는 그 집을 정결하게 하기 위하여 새 두 마리와 백향목과 홍색 실과 우슬초를 가져다가 그 새 하나를 흐르는 물 위 질그릇 안에서 잡고 백향목과 우슬초와 홍색 실과 살아 있는 새를 가져다가 잡은 새의 피와 흐르는 물을 찍어 그 집에 일곱 번 뿌릴 것이요 그는 새의 피와 흐르는 물과 살아 있는 새와 백향목과 우슬초와 홍색 실로 집을 정결하게 하고 그 살아 있는 새는 성 밖 들에 놓아주고 그 집을 위하여 속죄할 것이라 그러면 정결하리라.

이 부분(49-53절)의 주해를 위하여 4-7절의 주해를 참조하라. 이 부분

(49-53절)에 기록된바 집을 정결하게 하는 정결법도 병 나은 사람에게 취했던 정결법(4-7절)과 같다. 재료(새 두 마리, 백향목, 홍색실, 우슬초)도 똑같고, 그 절차도 병에서 놓임을 받은 사람에게 취했던 절차와 똑같다(4-7절).

E. 결론 14:54-57

레 14:54-57. 이는 각종 나병 환부에 대한 규례니 곧 옴과 의복과 가옥의 나병과 돋는 것과 뽀루지와 색점이 어느 때는 부정하고 어느 때는 정함을 가르치는 것이니 나병의 규례가 이러하니라.

지금까지 앞에서(13-14장) 말한 것은 "각종 나병 환부에 대한 규례(처리 방법)"라고 한다. 곧 각종 나병(나병은 죄에 대한 그림자이다. 13:1-46)의 환부 여섯 가지, 즉 옴(사람 몸에 발생한 나병, 13:1-46), 의복의 나병 (13:47-59), 가옥의 나병(34절; 14:33-53), 돋는 것(부스럼, 13:2), 뽀루지(뽀두라지), 색점(어루러기) 등이 어느 때는 부정하고, 어느 때는 정한지를 가르치는 것이라고 한다(신 24:8; 겔 44:23). 그리고 나병의 처리 방법이 앞에 기록된 것과 같다고 한다.

13-14장에 기록된 나병에 관한 검진법과 정결법의 규례가 이렇게 길게, 그리고 상세하게 기록된 것은 죄의 대표적 표상으로서의 나병을 그만큼 다른 질병보다도 더 상세히 알아야 한다는 것을 보여주고 있다. 오늘 우리 성도들은 죄를 더욱 멀리하며 거룩한 삶을 살아야 하고, 또 그리스도를 통하여 사죄 받은 사실을 영원히 그리고 깊이 감사하고 살아야 할 것이다.

제 15 장

F. 유출병의 정결 예식 15:1-33

본 장은 남녀의 유출병에 대해 어떻게 대처할 것을 다루고, 또 남녀 간에 생리적인 병과 병리적인 병에 대해 어떻게 대해야 할 것을 말한다. 생리적인 경우(남자는 설정, 여자는 월경)는 단순히 몸을 씻음으로 정(淨)해지고, 병리적인 경우(남자는 임질, 여자는 혈류)는 씻고, 제사를 드려야 한다는 것을 말씀한다. 본 장은 종교의식에서 통상적으로 가졌던 하나님과의 교제를 방해하는 성생활과 관련된 것들을 다룬다는 점에서 이스라엘의 거룩 개념을 엿볼 수 있다.

1. 남성의 유출증 15:1-18

병리적 유출증(1-15절)과 생리적 유출증(16-18절)에 대해 말씀한다. 이 두 가지 유출증은 다 같이 부정한 것으로 취급되어, 여호와 앞에서 속죄함으로 해결해야 한다고 하신다.

a. 병리적 유출증 15:1-15

병리적 유출증(1-12절)과 그 해결법, 즉 결례법(13-15절)을 말씀한다.

1-12절. 병리적 유출증.

레 15:1. 여호와께서 모세와 아론에게 말씀하여 이르시되.

여호와께서는 모세에게만 아니라 아론에게 말씀하신다. 이유는 병리적 유출증의 결례를 위하여 제사장이 필요했기 때문이었다. 13:1; 14:33

주해 참조.

레 15:2. 이스라엘 자손에게 말하여 이르라 누구든지 그의 몸에 유출병이 있으면 그 유출병으로 말미암아 부정한 자라.

(דַּבְּרוּ אֶל־בְּנֵי יִשְׂרָאֵל וַאֲמַרְתֶּם אֲלֵהֶם אִישׁ אִישׁ כִּי יִהְיֶה זָב מִבְּשָׂרוֹ זוֹבוֹ טָמֵא הוּא)

여호와께서는 우선 이스라엘 자손에게 말씀하신다. 이스라엘 자손 중에 '누구든지'라는 말은 '모든 남자'를 뜻하는 말이다. 어떤 남자든지 "그의 몸에 유출병이 있으면 그 유출병으로 말미암아 부정한 자라"(When any man hath a running issue out of his flesh, [because of] his issue he [is] unclean-KJV)고 여호와께서 선언하신다(22:4; 민 5:2; 삼하 3:29; 마 9:20; 막 5:25; 눅 8:43). 여기 "그의 몸에"란 말은 '남자의 성기(性器)'에'라는 뜻이다. 이는 일종의 완곡어법(婉曲語法)이다. 어떤 남자든지 성기에 유출병(본문에서는 문맥에 의하여 남자의 성병에 의한 분비물을 지칭한다. 즉, 임질을 지칭하는 것으로 본다)[131]이 있으면 그 유출병으로 말미암아 부정한 자라고 판단 받아야 한다는 것이다. 이 유출병, 즉, 남자의 임질 같은 병 때문에 흘러나오는 유출이 부정한 것으로 정죄하는 이유는 육체의 정욕으로 인한 성생활의 결과로 생기는 병이기 때문이다(Matthew Henry). 성도들은 하나님의 거룩성과 순결성에 저촉되지 않도록 살아야 할 것이다.

레 15:3. 그의 유출병으로 말미암아 부정함이 이러하니 곧 그의 몸에서 흘러 나오든지 그의 몸에서 흘러 나오는 것이 막혔든지 부정한즉.

남자의 성기(性器)로부터 흘러나오는 고름은 부정하다고 하신다. 고름이 계속 나오고 있든지, 혹은 나오고 있지 않든지 부정하다는 것이다. 다시 말해 잠시 중단된 경우라도 역시 그 남자는 부정하다고 판단된다는 것이다.

---

131) "유출병": Discharge. 여자의 정규적인 월경(15:19-24), 또는 성병에 의한 출혈(15:25-30), 혹은 남자의 성병에 의한 분비물(15:1-15; 민 5:2; 삼하 3:29)등을 가리키는 말. 15:16-18에는 정액도 부정하게 여겨져, 유출의 범주에 넣고 있다. 자연적인 유출은 씻는 결례로서 깨끗해졌는데, 병적인 유출은 남녀 모두, 그 생리상의 회복과, 그것에 따르는 씻는 결례 외에 다시 희생 제사를 필요로 했다(디럭스 바이블 성경사전).

레 15:4. 유출병 있는 자가 눕는 침상은 다 부정하고 그가 앉았던 자리도 다 부정하니.

앞 절에서는 그 유출병이 계속 흐르든지, 아니면 잠시 막혔든지 부정하다고 했는데, 이제 본 절에서는 그 유출병이 있는 자가 누웠던 침상이나 그가 앉았던 자리도 다 부정하다고 여겨진다는 것이다. 4-12절은 유출에 접촉된 모든 것은 부정했고, 반드시 씻어야 한다고 진술한다.

레 15:5-6. 그의 침상에 접촉하는 자는 그의 옷을 빨고 물로 몸을 씻을 것이며 저녁까지 부정하리라 유출병이 있는 자가 앉았던 자리에 앉는 자는 그의 옷을 빨고 물로 씻을 것이요 저녁까지 부정하리라.

4절에서는 유출병이 있는 자가 사용하는 침상이나 앉았던 자리도 부정하다고 여겨진다고 했는데, 이제 이 부분(5-6절)에서는 그 사람이 사용하던 침상이나 앉았던 자리에 접촉된 다른 사람들까지도 부정하게 하니 "옷을 빨고 물로 몸을 씻어야 할 것이라"(11:25; 17:15) 하며 부정한 기간은 "저녁까지"라고 말한다. "물로 몸을 씻어야 한다"는 말은 목욕하는 것을 지칭하지 않고 '물로 철저하게 씻는 것'을 말한다(누르체). 그리고 "저녁까지 부정하다"는 말은 '당일 내내 부정하다는 뜻이다. 저녁 해가 떨어져서 다음 날이 되면 그 부정이 벗어진다는 뜻이다.

레 15:7. 유출병이 있는 자의 몸에 접촉하는 자는 그의 옷을 빨고 물로 몸을 씻을 것이며 저녁까지 부정하리라.

유출병이 있는 자가 사용하던 물건에 접촉하는 자(5-6절)만 아니라 그 사람과 몸으로 접촉하는 자는 그 옷을 빨아야 했고, 물로 몸을 씻어야 했으며(물로 철저하게 씻는 것을 뜻함) 저녁이 될 때까지 부정하다고 한다.

레 15:8. 유출병이 있는 자가 정한 자에게 침을 뱉으면 정한 자는 그의 옷을 빨고 물로 몸을 씻을 것이며 저녁까지 부정하리라.

(וְכִי־יָרֹק הַזָּב בַּטָּהוֹר וְכִבֶּס בְּגָדָיו וְרָחַץ בַּמַּיִם וְטָמֵא עַד־הָעָרֶב)
유출병이 있는 남자가 유출병이 없는 정한 자에게 침을 뱉는 경우 그

정한 자는 그의 옷을 빨아야 하고, 물로 몸을 씻어야 하며, 부정한 기간은 저녁 해가 지기까지이고, 해가 진후에는 다음 날이 되는 고로 정하게 되는 것이다.

레 15:9. 유출병이 있는 자가 탔던 안장은 다 부정하며.

유출병이 있는 남자가 탔던 안장 역시 부정하다는 것이다. 그러니까 유출병이 있는 자가 접촉하는 것은 다 부정한 것이다.

레 15:10. 그의 몸 아래에 닿았던 것에 접촉한 자는 다 저녁까지 부정하며 그런 것을 옮기는 자는 그의 옷을 빨고 물로 몸을 씻을 것이며 저녁까지 부정하리라.

그 임질 고름을 흘리는 남자가 깔았던 어떤 것에 닿은 사람은, 누구든지 저녁때까지 부정하고, 그런 물건을 옮기는 사람도 그 옷을 빨고 물로 목욕을 하여야 한다. 물로 목욕을 해도 그는 저녁때까지 부정하다. 다시 말해 다음 날이 시작되는 때부터 정한 취급을 받는다는 것이다.

레 15:11. 유출병이 있는 자가 물로 그의 손을 씻지 아니하고 아무든지 만지면 그 자는 그의 옷을 빨고 물로 몸을 씻을 것이며 저녁까지 부정하리라.

만일 유출병 있는 자(임질 환자)가 씻지 않은 손으로 어떤 사람을 만지면 그 사람은 옷을 빨고 물로 몸을 씻어야 한다. 그러나 저녁까지는 여전히 부정할 것이다. 본 절은 좀 색다른 어떤 것을 드러낸다. 즉, 유출병이 있는 자가 손을 씻고 다른 어떤 사람을 만지면 부정이 감염되지 않는다는 암시를 주는 글로 레위기에서 이곳에만 보이는 구절이다. 그러나 이는 부정한 자가 어떤 사람을 만지면 그의 부정이 감염되어 결례를 행해야 했다는 것을 가르친다.

레 15:12. 유출병이 있는 자가 만진 질그릇은 깨뜨리고 나무 그릇은 다 물로 씻을지니라.

본 절은 유출병이 있는 자(임질 환자)가 만진 물건들이 어떤 물건이냐에 따라 다르게 대처해야 하는 방법에 대해 말씀한다. 질그릇을 만졌으면 질그릇을 깨뜨리라 하시고(6:28; 11:32-33), 나무 그릇을 만졌으면 나무 그릇을 물로 씻으라고 하신다. 질그릇을 깨뜨려야 하는 이유는 부정이 질그릇 속에 스며들어갔기 때문이고, 나무 그릇의 경우는 물로 씻으면 그 부정이 제거되기 때문에 문제가 해결된다는 것이다(6:28; 11:32-33 주해 참조). 이는 영적으로 말씀의 방망이로 우리의 오염된 심령을 부수어야 하고(렘 23:29; 히 4:12), 예수님의 말씀으로 깨끗하게 해야 함을 보여준다(요 13:10; 15:3; 17:17).

레 15:13 유출병이 있는 자는 그의 유출이 깨끗해지거든 그가 정결하게 되기 위하여 이레를 센 후에 옷을 빨고 흐르는 물에 그의 몸을 씻을 것이라 그러면 그가 정하리니.

(בְּמַיִם חַיִּים וְטָהֵר וְכִי־יִטְהַר הַזָּב מִזּוֹבוֹ וְסָפַר לוֹ שִׁבְעַת יָמִים לְטָהֳרָתוֹ וְכִבֶּס בְּגָדָיו וְרָחַץ בְּשָׂרוֹ)

유출병이 있는 자(임질 때문에 고름을 흘리는 남자)가 나은 경우, 정하게 되려면, 7일 동안 기다렸다가 옷을 빨고, 흐르는 물에 몸을 씻어야 했다(28절; 14:8). 그런 다음에야 정하게 된다. 7일을 기다리는 이유는 병이 완전히 나은 것을 확인하기 위함이고, "흐르는 물에 몸을 씻는 것"은 병을 완전히 흘려보낸다는 것을 뜻한다. 본문의 "이레를 센 후에 옷을 빨고"란 말을 두고 그 해석이 두 갈래로 갈린다. 1) 7일 동안 흐르는 물에 계속적으로 몸을 씻는다는 뜻으로 보는 견해(현대인의 성경). 2) 유출병이 나은 후 7일 동안 기다렸다가 물로 몸을 씻는다는 뜻으로 보는 견해(표준 새번역, 공동번역, Keil & Delitzsch, A. 누르체, 이상근). 후자가 바른 번역이고 바른 해석으로 본다. 육신의 병만 나은 것으로 다 끝난 것이 아니라 하나님의 확증이 필요했으므로 7일을 기다려야 했다. 그랬다가 그 후에 옷을 빨고 물로 몸을 씻어야 했다.

13-15절은 유출이 멈추면 남자는 7일 후에 흐르는 물에 몸을 씻고, 비둘기 두 마리를 제사장에게 드렸으며, 제사장은 그것을 속죄제와 번제로 드렸다는 것을 진술한다.

레 15:14 여덟째 날에 산비둘기 두 마리나 집비둘기 새끼 두 마리를 자기를 위하여 가져다가 회막 문 여호와 앞으로 가서 제사장에게 줄 것이요.

본 절과 다음 절(15절)은 유출병이 있는 자가 속죄를 받는 방법을 진술한다. 본 절은 속죄를 받기 위하여 환자가 할 일이고, 다음 절은 제사장이 환자를 위하여 할 일이 진술된다.

환자였던 자가 나은 경우 7일을 기다렸다가 제 8일째가 되면 산비둘기 두 마리나 혹은 집비둘기 새끼 두 마리를 회막 문 여호와 앞으로 가져가서 제사장에게 주어야 했다(14:22-23). 그래서 제사장은 산비둘기나 집비둘 기나 환자가 바치는 대로 한 마리는 속죄제로, 다른 한 마리는 번제로 드려야 했다.

레 15:15. 제사장은 그 한 마리는 속죄제로, 다른 한 마리는 번제로 드려 그의 유출병으로 말미암아 여호와 앞에서 속죄할지니라.

제사장은 병 고침을 받은 환자로부터 제물을 받아 그 한 마리는 속죄제(죄를 사하는 제사)로 드려야 했고(14:30-31), 다른 한 마리는 번제(하나님께 감사와 헌신을 다짐하는 제사)로 드려서 그 환자의 유출병으로 말미암아 여호와 앞에서 속죄를 해야 했다(14:19, 31).

b. 생리적 유출증   15:16-18

2-15절이 남성의 남성적인 유출병(임질이나 생식기에서 나오는 고름)을 말하고, 16-18절은 남성의 일시적인 유출인 설정에 대해 말한다. 설정에 의한 유출은 부정하고, 그것과 접촉한 것은 오염되며, 반드시 몸을 씻어야 했다.

레 15:16. 설정한 자는 전신을 물로 씻을 것이며 저녁까지 부정하리라.

(וְאִישׁ כִּי־תֵצֵא מִמֶּנּוּ שִׁכְבַת־זָרַע וְרָחַץ בַּמַּיִם אֶת־כָּל־בְּשָׂרוֹ וְטָמֵא עַד־הָעָרֶב)

남자가 정액을 유출(an emission of semen)[132]했으면, 자기 온 몸을 물로 씻어야 했다(22:4; 신 23:10). 그래도 그 사람은 저녁때까지 부정했다. 사람의 몸에서 정액이 나오면 물로 몸을 씻어야 하고 저녁까지 부정한 이유는 정액이 나온 것은 "그의 몸의 분열과 파괴를 의미하는 것인 만큼 그것은 죽음을

---

132) 남자가 무의식중에 혹은 몽정(夢精)으로 정액을 분출한 것을 뜻한다(신 23:10).

상징한다. 그리고 그것은 불결(죄)을 상징하기도 한다"(박윤선).

레 15:17. 정수가 묻은 모든 옷과 가죽은 물에 빨 것이며 저녁까지 부정하리라.

설정한 사람만(앞 절) 아니고, 정수(정액)가 묻은 모든 옷과 가죽(침구 등)도 부정해져서 물에 빨아야 했으며 저녁까지 부정하다는 것이다.

레 15:18 남녀가 동침하여 설정하였거든 둘 다 물로 몸을 씻을 것이며 저녁까지 부정하리라.

남녀가 성관계를 하여 분비된 정액 역시 부정한 것으로 간주 되었다. 출 19:15; 삼상 21:4-5 참조. 그런고로 남녀 공히 물로 몸을 씻어야 했고, 저녁때까지(해가 질 때까지) 부정하게 취급되었다(삼상 21:4) 이 말은 남녀 간의 정상적인 혼인관계로 성관계를 가지는 것이 죄라는 말은 아니다. 성경은 부부관계를 죄라고 말한 적은 없다. 그러나 남녀의 성관계 중에 나온 정액은 일단 몸에서 분비된 것이니 죽음을 상징하는 것이라고 할 수 있다.

남녀의 성관계 중에 나온 정액이 부정하다는 말씀을 두고 견해가 갈린다. 1) 이러한 전승은 오직 제사장들에게만 해당했다는 견해(유대인의 전승). 2) 이스라엘인들에게 있어서(그리고 그 이웃 근동 국가들에서), 성교는 남자와 여자를 부정하게 만들어 둘 다 온 몸을 씻어야 하고 종교의식에 참여하지 않아야 했다는 견해(출 19:15 참조, 누르체). 3) 정액이 나온 것은 그의 몸의 분열과 파괴를 의미하는 것인 만큼 그것은 죽음을 상징한다는 견해(박윤선). 위의 3가지 견해 중에 3번의 견해가 가장 바른 것으로 보인다.

2. 여성의 유출병 15:19-30

이 부분(19-30절)은 여자의 생리적 유출증(19-24절)과 병리적 유출증 (25-30절)에 대해 진술한다. 남자의 경우나 마찬가지로 여자의 생리적 유출증에 걸려있는 경우 7일간 부정하여 결례를 해야 정하게 된다. 그리고 병으로서의 유출증의 경우 제사까지 드려야 했다.

a. 생리적 유출증 15:19-24

이 부분(19-24절)은 여성의 월경에 대해 진술한다. 월경을 하는 여인 자신이 7일간 불결하고, 월경 중에 있는 여자와 동침한 자도 부정하고, 여자를 만지는 자도 저녁까지 부정하며, 월경 중에 있는 여자가 누웠던 자리나 앉았던 자리도 부정하고, 월경 중에 있는 여자의 침상 위에나 앉았던 자리 위에 있는 것을 만지는 모든 자도 부정하여 결례를 해야 한다는 것이다.

레 15:19. 어떤 여인이 유출을 하되 그의 몸에 그의 유출이 피이면 이레 동안 불결하니 그를 만지는 자마다 저녁까지 부정할 것이요.

여인이 피를 흘리는데, 그것이 월경일 경우, 보통 4일간 계속하지만(누르체) 월경 기간이 긴 여인까지를 포함하여 7일간 부정한 것으로 말하고 있다(12:2 주해 참조). 창 31:35 참조. 그리고 그 여인을 만지는 사람은 저녁때까지 부정하고, 저녁 해질 때가 지나서 다음 날로 넘어가야 부정을 벗는다는 것이다.

여성의 월경은 자연적인 것인데 부정하다고 간주되는 이유는 그 피가 더럽기 때문이 아니라, 월경 중에 나오는 피는 사람의 몸이 파괴되는 것이니 그것은 죽음을 의미한다. 그 죽음은 죄악과 저주를 상징하는 것이니 부정하다고 간주된다(Allen p. Ross, 박윤선).

레 15:20. 그가 불결할 동안에는 그가 누웠던 자리도 다 부정하며 그가 앉았던 자리도 다 부정한즉.

부정한 여자가 불결할 동안에 누웠던 침상이나, 앉았던 자리도 모두 부정하다는 것이다(4절 주해 참조).

레 15:21-23. 그의 침상을 만지는 자는 다 그의 옷을 빨고 물로 몸을 씻을 것이요 저녁까지 부정할 것이며 그가 앉은 자리를 만지는 자도 다 그들의 옷을 빨고 물로 몸을 씻을 것이요 저녁까지 부정할 것이며 그의 침상 위에나 그가 앉은 자리 위에 있는 것을 만지는 모든 자도 저녁까지 부정할 것이며.

월경을 하는 여자가 누웠던 침상을 만지는 자나, 그 여자가 앉았던 자리를 만지는 자는 다 옷을 빨아야 하고 물로 몸을 씻어야 했으며, 저녁까지 부정했고,

그 여자가 누웠던 잠자리든, 앉았던 자리든, 어떤 남자가 그 자리를 접촉하면, 그 남자는 저녁때까지 부정하다는 것이다. 이 부분(21-23절)에서 월경을 하는 여자의 결례법이 기록되어 있지 않으나 그 여자 역시 7일 부정 기간이 지난 후 옷을 빨아야 했고, 물로 몸을 씻는 결례를 행해야 했던 것으로 보아야 한다.

레 15:24. 누구든지 이 여인과 동침하여 그의 불결함에 전염되면 이레 동안 부정할 것이라 그가 눕는 침상은 다 부정하니라.

어떤 남자가 그 여자와 동침하면, 그 여자의 불결한 상태가 그 남자에게 옮아서 7일 동안 부정하고, 그 남자가 눕는 잠자리도 모두 부정하다고 한다. 성경은 월경 중인 여인과의 동침은 엄격하게 금하고 있다(18:19; 20:18; 겔 18:6).

b. 병리적 유출증　15:25-30

이 부분(15-30절)은 여성의 만성적인 유출인 혈루증에 대해 진술한다. 여성의 혈루증은 월경과는 달리 불규칙하고 지나치게 계속적으로 흐르는 병적인 하혈 현상이다. 혈루증은 계속적인 유출로 인해 부정하게 취급되었다. 이 병을 위한 결례는 남자의 병리적 유출증의 경우(2-15절)와 똑같다.

레 15:25. 만일 여인의 피의 유출이 그의 불결기가 아닌데도 여러 날이 간다든지 그 유출이 그의 불결기를 지나도 계속되면 그 부정을 유출하는 모든 날 동안은 그 불결한 때와 같이 부정한즉.

본 절 초두의 "만일"(כִּי)이란 말은 새로운 주제를 이끄는 말이다(2절, 16절). 즉, '여인의 피의 유출이 그의 불결기가 아닌데도 여러 날이 간다든지 그 유출이 그의 불결기를 지나도 계속되면'이라는 말을 이끌어낸다(마 9:20; 막 5:25; 눅 8:43). 만일 생리기간(7일간, 19절)이 아닌데도 피가 여러 날 나온다든지(혈루증), 피가 생리 기간을 지나도 계속 나온다면(월경과다증) 그 여자는 정상 생리 기간 때와 마찬가지로 부정하다는 것이다(마 9:20; 막 눅 8:43). 다시 말해 피가 비정상적으로 나오는 것은 부정한 것으로 여겨진다는 뜻이다. 어쨌든 피가 나오는 것은 파괴를 의미하는 것인즉 부정한 것으로 보는 것이다.

레 15:26-27. 그의 유출이 있는 모든 날 동안에 그가 눕는 침상은 그에게 불결한 때의 침상과 같고 그가 앉는 모든 자리도 부정함이 불결한 때의 부정과 같으니 그것들을 만지는 자는 다 부정한즉 그의 옷을 빨고 물로 몸을 씻을 것이며 저녁까지 부정할 것이요.

"유출이 있는 모든 날 동안"; 즉 '혈루증이 있는 모든 날 동안과 월경이 과다하게 계속해서 나오고 있는 동안'(앞 절)에 그 여자가 눕는 침상과 앉는 모든 자리는 불결한 때(월경하는 때)와 마찬가지로 부정하다는 뜻이다 (20절). 어떤 이유로든지 피가 나오는 것은 생명이 파괴되는 현상이니 부정한 것으로 보는 것이다. 그리고 침상이나 앉는 자리를 만지는 자도 다 부정하니 그의 옷을 빨고 물로 몸을 씻어야 할 것이며 저녁까지 부정하다는 것이다 (21절).

레 15:28. 그의 유출이 그치면 이레를 센 후에야 정하리니.

(וְאִם־טָהֲרָה מִזּוֹבָהּ וְסָפְרָה לָּהּ שִׁבְעַת יָמִים וְאַחַר תִּטְהָר)
그런데 흐르던 피가 멎고 난 다음 정(淨)하게 되려면, 그 여자는 이레 동안 기다려야 한다. 그런 다음에야 정하게 된다고 한다(13-15절 주해 참조).

레 15:29-30. 그는 여덟째 날에 산비둘기 두 마리나 집비둘기 새끼 두 마리를 자기를 위하여 가져다가 회막 문 앞 제사장에게로 가져갈 것이요 제사장은 그 한 마리는 속죄제로, 다른 한 마리는 번제로 드려 유출로 부정한 여인을 위하여 여호와 앞에서 속죄할지니라.

흐르던 피가 멈추고 7일이 경과해서야 정(淨)하게 되는데, 그렇다고 속죄가 되는 것은 아니니, 여자는 "여덟째 날에 산비둘기 두 마리나 집비둘기 새끼 두 마리를 자기를 위하여 가져다가 회막 문 앞 제사장에게로 가져가야"한다(14절 주해 참조).

산비둘기 두 마리나 집비둘기 새끼 두 마리를 받은 제사장은 "그 한 마리는 속죄제로, 다른 한 마리는 번제로 드려 유출로 부정한 여인을 위하여 여호와 앞에서 속죄해야" 한다는 것이다(15절 주해 참조).

3. 결론 15:31-33

이 부분(31-33절)은 15장의 결론이다. 즉, 유출증 결례법의 결론으로 제사장이 해야 할 일을 말한다. 제사장은 백성들로 하여금 그들의 부정으로부터 떠나도록 도와야 한다는 것이다.

레 15:31. 너희는 이와 같이 이스라엘 자손이 그들의 부정에서 떠나게 하여 그들 가운데에 있는 내 성막을 그들이 더럽히고 그들이 부정한 중에서 죽지 않도록 할지니라.

여호와께서는 모세와 아론("너희", 15:1)에게 이스라엘 백성들로 하여금 모든 부정에서 떠나게 하고(11:47; 신 24:8; 겔 44:23) 그들이 자기들 가운데 있는 여호와의 성막을 더럽혀 부정한 가운데서 죽는 일이 없도록 하라고 강조하신다. 본문의 "이와 같이"란 말씀은 '지금까지 여호와께서 모세와 아론으로 하여금 백성들이 부정을 떠나게 한 것같이'란 뜻이다. 다시 말해 모세와 아론은 백성들이 부정한 것을 접촉하지 말고 또 부정한 것을 떠나는 때 제물을 제사장에게 가져오게 하고 또 제사장은 제사를 드려 주어서 백성들로 하여금 속죄를 받게 해야 한다는 것이다. 백성들이 부정에서 떠나야 여호와의 성막을 더럽히지 않게 되고, 여호와의 성막을 더럽히지 않아야 죽지 않게 되는 것이니 모든 부정한 자들에게 권고하여 빨리 부정을 떠나게 만들어 주어야 한다는 것이다(민 5:3; 19:13, 20; 겔 5:11; 23:38).

레 15:32-33. 이 규례는 유출병이 있는 자와 설정함으로 부정하게 된 자와 불결기의 앓은 여인과 유출병이 있는 남녀와 그리고 불결한 여인과 동침한 자에 대한 것이니라.

위에서 말한 것은 임질로 말미암아 성기에서 고름을 흘리는 남자(1-15절)와 설정하는 남자(16-18절)와 월경하는 여자(19-23절)와 병리적 유출증을 앓는 여자(25-30절)와 또 부정한 여자와 성관계를 가지는 자(24절)가 지켜야 할 결례법이라는 뜻이다(2절). 오늘 우리의 윤리는 너무 땅에 떨어졌다. 우리는 더욱 하나님 앞에서 우리들 자신이 거룩하지 않다고 몸부림치면서 죄를 자복함으로 거룩(성화)을 얻어야 할 것이다.

제 16 장

V. 대속죄일의 법(규정) 16:1-34

　　지금까지 제사법(1-7장), 제사장법(8-10장), 및 결례법(11-15장)을 말해 온 저자는 이제 제사법전의 절정인 대속죄일에 관해 언급한다. 대속죄제일은 매년 7월 10일에 지켰는데, 이 대속죄일이야 말로 구약인들의 완전한 속죄가 이루어지고 하나님과의 거룩한 관계가 회복되는 날이다. 이 대속죄일은 예수 그리스도께서 십자가에서 우리의 속죄를 이루신 날의 그림자이다. 대속죄일은 구약의 대제사장이 1년에 한번 7월 10일에 지성소에 들어가 자신을 위한 속죄제와 백성을 위한 속죄제를 드리고 죄를 해결하는 날이었다. 신약 성경 중에는 히브리서가 구약의 대속죄일의 의의를 제일 밝히 드러내고 있다.

　　본 장은, 아론의 준비(1-10절), 대제사장의 속죄제(11-14절), 백성들을 위한 속죄제(15-19절), 아사셀의 염소를 보낸 일(20-22절), 속죄제의 뒤처리 (23-28절), 그리고 속죄제를 영원히 지키라는 결론적 명령(29-34절)을 기록하고 있다.

A. 아론의 제사를 위한 준비 16:1-10

　　이 부분(1-10절)은 속죄소에 아무 때나 들어올 수 없다는 경고를 하고(1-2절), 속죄일에 아론이 지성소에 들어갈 때 준비할 제물들을 언급하며(3-5절), 실제로 제사를 드리는 일을 언급한다(6-10절).

레 16:1. 아론의 두 아들이 여호와 앞에 나아가다가 죽은 후에 여호와께서 모세에게 말씀하시니라.

여호와께서는 "아론의 두 아들이 여호와 앞에 나아가다가 죽은 후에"(10:1-2) 모세에게 제사장들이 속죄소 앞에 아무 때나 들어오지 말 것을 경고하신다. 아론의 두 아들, 즉 나답과 아비후(10:1-17)가 여호와 앞에 다른 불을 드리다가 죽은 후에 본 장의 말씀을 하시는 이유는 제사장들로 하여금 더욱 경성하라는 뜻이었다. 우리가 여호와 앞에 나아갈 때는 여호와께서 제정하신 법(신령과 진정)을 따라 해야 하는데 아무렇게나 예배하는 사람이 있다는 것이다.

레 16:2 여호와께서 모세에게 이르시되 네 형 아론에게 이르라 성소의 휘장 안 법궤 위 속죄소 앞에 아무 때나 들어오지 말라 그리하여 죽지 않도록 하라 이는 내가 구름 가운데에서 속죄소 위에 나타남이니라.

여호와께서는 모세에게 말씀하시기를 대제사장 아론에게 이르라고 하신다. 즉, "성소의 휘장 안 법궤 위 속죄소 앞에 아무 때나 들어오지 말라"고 하신다(23:27; 출 30:10; 히 9:7; 10:19). 여기 "성소의 휘장"이란 '성소와 지성소 사이를 가로막아 놓은 휘장'을 뜻하고(이 휘장은 그리스도께서 십자가에 못 박히셨을 때 찢어졌다, 마 27:51), "성소"란 '지성소'를 뜻하는데, 여호와께서는 아론에게 지성소의 휘장 안의 법궤133) 위 속죄소134) 앞 지성소에 아무 때나 들어오지 말라고 하신다. 그렇지 않으면 죽음을 당할 것이라고 하시며, 속죄소는 여호와께서 그 속죄소 위 구름 가운데서 나타나기 때문이라고 하신다(출 25:22; 40:34; 왕상 8:10-12). 이 지성소에는 대제사장이 1년 1차 7월 10일에 들어갈 수 있었다(출 30:10). 만약 대제사장이 부정하면 그 지성소 안에서

---

133) "법궤": 십계명(율법)을 새긴 두 장의 돌판이 넣어져 있던 궤(민 10:33). 이 율법은 하나님과 이스라엘의 사이의 거룩한 언약(계약)의 의미를 가지는 것이었으므로, 언약의 돌판이라고도 불렸다(신 9:11). 기타 '증거 궤'(출 25:21, 22), '하나님의 궤'(삼상 4:11), '이스라엘 하나님의 궤'(삼상 5:7), '주 여호와의 궤'(왕상 2:26)라고도 불렸다. 법궤 안에는 십계명을 새긴 두 돌비가 들어있었고, 만나를 담은 항아리와 아론의 싹 난 지팡이가 있었다. 이 법궤는 이스라엘이 바벨론에 포로 되어 간 이후 잃어버렸다(디럭스 바이블 성경사전).

134) "속죄소": Mercy seat. 성막의 지성소에 안치된 언약궤의 위를 덮는 덮개를 지칭한다. 언약 궤 위에는 보통 시은좌(루터의 Gnadenstuhl)라고 부르는 덮개 혹은 뚜껑이 있었는데 이를 '속죄소'라고 부른다. 그 덮개는 가로 111cm, 세로 66cm인 순금으로 만든 판으로, 양 끝에 천사 조각이 새겨져 있고 그 천사의 날개가 덮개 중간에서 만나고 있다. 하나님께서는 이 속죄소 위의 구름 가운데 임재하신다(디럭스 바이블 성경사전).

죽을 수가 있었다.

레 16:3. 아론이 성소에 들어오려면 수송아지를 속죄제물로 삼고 숫양을 번제물로 삼고.

여호와께서 모세에게 말씀하시기를 대제사장 아론과 그의 후계자가 지성소에 들어오려고 할 때 먼저 갖추어야 할 조건(히 9:7, 12, 24-25)은 속죄제물로 수송아지 한 마리와 번제물로 숫양 한 마리를 가져와야 한다는 것이었다(4:3). 구약 시대의 대제사장은 하나님을 위한 대리자, 사람을 위한 사람의 대표자였으니 그는 중보자였다. 그는 죄 사함을 받아야 했고, 또 자신을 하나님께 전적으로 드린다는 헌신을 다짐하는 번제를 드려야 했다. 죄 문제를 해결하지 않고는 지성소에 들어갈 수 없었다. 이는 그리스도의 피 아니고는 하늘 성소에 들어갈 수 없음을 보여준다.

레 16:4. 거룩한 세마포 속옷을 입으며 세마포 속바지를 몸에 입고 세마포 띠를 띠며 세마포 관을 쓸지니 이것들은 거룩한 옷이라 물로 그의 몸을 씻고 입을 것이며.

대제사장이 지성소에 들어가려면 "거룩한 세마포 속옷을 입으며 세마포 속바지를 몸에 입고 세마포 띠를 띠며 세마포 관을 써야" 했다(6:10; 출 28:39, 42-43; 겔 44:17-18). 즉, '그는 모시로 만든 거룩한 속옷을 입어야 했고, 그 안에는 맨살에다 모시로 만든 홑옷을 입어야 했고, 모시로 만든 띠를 띠어야 했고, 모시로 만든 관을 써야 했다. 이것들이 모여서 거룩한 옷 한 벌이 된다. 그는 먼저 물로 몸을 씻고 나서(8:6-7; 출 30:20), 그 다음에 이 옷들을 입어야 했다. 여기 세마포[135] 옷을 입는 것은 그리스도를 옷 입는 것을 예표했다. 대제사장은 취임식 때 입었던 화려한 예복(8:7-9)과는 달리 아주 청결하고, 아주 단순한 예복을 입고(출 28:37-43) 지성소에 들어가야 했다. 본문의 "속바지"는 허리에서 무릎에 이르는, 하체를 가리는 옷이고, "세마포 띠"는 '세마포로 만든 띠'로서 의복을 고정시키기 위한 것이었다(출 28:4). 대제사장은 몸을

---

135) 세마포는 정결 혹은 의를 상징한다(출 28:39-43; 계 19:8).

물로 씻고 이 예복을 입었다. 대제사장은 몸 안팎으로 정결했고, 겸손한 종의
모습이 되었다. 대제사장은 그리스도를 예표했다.

**레 16:5. 이스라엘 자손의 회중에게서 속죄제물로 삼기 위하여 숫염소 두
마리와 번제물로 삼기 위하여 숫양 한 마리를 가져갈지니라.**

대제사장은 이스라엘 자손의 회중에게서 '속죄 제물로 삼기 위하여 숫염소
두 마리'를 받아야 했다(4:14; 민 29:11; 대하 29:21; 스 6:17; 겔 45:22-23).
즉, '이스라엘 자손들의 죄를 속하기 위하여 예물로서 숫염소 두 마리'를 받아
야 했다. 여기 속죄 제물은 그리스도의 십자가 피를 예표 한다.

그리고 대제사장은 '번제물로 삼기 위하여 숫양 한 마리'를 받아야 했다.
'번제'란 '예물을 태워드리는 제사'를 말함인데, 대제사장은 이스라엘 자손으
로부터 그들을 위해 헌신을 뜻하는 번제를 드리기 위해 숫양 한 마리를 받아야
했다. 예물을 태워드리는 제사는 예수 그리스도의 십자가의 온전하신 헌신을
예표 한다(출 29:38-42 참조). 대제사장은 자기와 가족을 위해 속제 제물을
드리고 또 번제를 드릴뿐 아니라 백성들을 위해 두 가지 제사를 드린 점에서
예수 그리스도를 예표 한다.

**레 16:6. 아론은 자기를 위한 속죄제의 수송아지를 드리되 자기와 집안을
위하여 속죄하고.**

3-5절은 아론이 속죄일에 지성소에 들어가기 위해 제물들을 준비해야
한다는 것을 언급했는데, 이제 본 절부터 10절까지는 실제로 제사를 드리는
일에 대해 말씀한다.

아론이 "자기를 위한 속죄제의 수송아지를 드린다"는 말은 '자기와 집안을
위하여 속죄제의 수송아지를 드린다'는 말이다(9:7; 히 5:2; 7:27-28; 9:7).
아론이 이렇게 먼저 자기와 가족을 위해서 속죄제를 드린 이유는 그 자신과
가족이 연약에 쌓여있기 때문이었다. 다시 말해 허물이 많기 때문이었다(히
5:2-3 참조). 사람은 언제든지 자기의 허물을 먼저 해결해야 된다. 혹자는
기도할 때 다른 이들을 위해 기도하고 난 후 자기의 기도를 드려야 한다고
주장하나 허물을 해결하는 면에 있어서는 먼저 자기를 위해 기도해야 한다.

다시 말해 자기의 죄를 먼저 주님께 고백하고 다른 이들을 위해 기도해야
한다.

아론이 이처럼 자기와 가족을 위해서 먼저 속죄제를 드린 것은 인간 대제사
장의 약점과 불완전함 때문이었는데, 그런 점에서 인간 대제사장에 의해서는
완전한 속죄란 있을 수 없었기에 모두 예수 그리스도의 완전한 구속을 기다리
는 수밖에 없게 되었다(요 19:30; 히 7:26-28).

레 16:7. 또 그 두 염소를 가지고 회막 문 여호와 앞에 두고.

본 절의 "그 두 염소"란 5절에 언급된바 '아론이 이스라엘 자손의 회중에게
서 속죄 제물로 삼기 위하여 받은 숫염소 두 마리를 지칭한다. 아론은 이스라엘
자손의 회중에게서 받은 그 두 염소를 끌어다가 "회막 문 여호와 앞에 두어야"
했다. 여기 "회막 문 여호와 앞"이란 '번제단이 있는 성소 앞마당'을 지칭한다
(1:11 주해 참조). 두 염소 중 하나는 여호와께 속죄제를 드리고, 다른 하나는
아사셀을 위하여 광야로 보내기 위함이었다(다음 절).

레 16:8. 두 염소를 위하여 제비 뽑되 한 제비는 여호와를 위하고 한 제비는 아사셀을 위하여 할지며.

(וְנָתַן אַהֲרֹן עַל־שְׁנֵי הַשְּׂעִירִם גּוֹרָלוֹת גּוֹרָל אֶחָד לַיהוָה וְגוֹרָל אֶחָד לַעֲזָאזֵל)

아론은 '두 염소를 위하여 제비 뽑되 한 제비는 여호와를 위하고 한 제비는
아사셀을 위하여" 제비를 뽑으라는 명령을 받는다. "제비136)를 뽑는 것"은
하나님의 뜻을 알아보기 위함이었다(민 26:55; 수 7:16-18; 21:5-6; 욘 1:7;
행 1:26). 아론은 번제단이 있는 성소 앞마당에 세워놓은 두 염소(7절)를 어떻게

---

136) "제비": Lot, Lots. 결정하기 어려운 일을 결정하는 수단의 하나. 옛날에는 돌을 썼고
차츰 종이 조각, 나무쪽 등을 썼다. 여기에 기호나 문구를 써서, 그것에 따라 길흉, 승패, 등급
기타를 결정짓는 바, 성경에서는 다음과 같은 경우에 제비가 사용 되어 있다. 1. 국가의 역사
및 개인의 생애에 있어서의 위기의 때.
2. 범인을 찾아내는 때. 3. 제사(제의)에 있어서. 아사셀에 보내는 염소를 정하기 위해 제비를
썼다(레 16:8). 4. 가나안의 토지 분배에 있어서(민 26:55; 33:54; 34:13;수 21:4, 6, 8) 제비를
썼다. 5. 특별한 직무에 임할 인선을 위하여. 세상에는 우연이라는 것이 없고, 모두를 지배하시는
하나님께서 그 결과를 인도해 주신다는 신념에 근거하고 있었음을 보여주고 있다(잠 16:33)(디럭
스 바이블 성경사전).

사용할까하고 제비를 뽑았다. 결코 자기 마음대로 결정하지 않았다. 어떤
염소를 여호와께 속죄제를 드리는 일에 사용할 것인가 그리고 어떤 염소를
아사셀에게 보낼까를 염두에 두고 제비를 뽑은 것이다. 다시 말해 아론은
여호와를 위하여 한 제비를 뽑아야 했고, 또 한 제비를 '아사셀'137)(לַעֲזָאזֵל)을
위하여 뽑아야 했다.

그러면 '아사셀'이 무엇인가 하는 것이다. 이를 두고는 많은 해석이 가해졌
다. 1) "강한 신"이라고 주장하는 해석. 2) "떠나가는 강한 자"라는 해석.
3) "자그마한 털투성이"라고 보는 해석. 4) 어떤 사람의 이름일 것이라고
주장하는 해석. 5) 광야로 '보낸 염소'라는 해석(Vulgate, Luther, Cyril of
Alexandria, Allen P. Ross, 박윤선). 6) 광야에 거하는 악령 혹은 사탄으로
보는 해석(Rosenmueller, Keil & Delitzsch, Kalisch, Knobel, K & D. 이상근).
이 해석은 문맥에서 '아사셀'이 '여호와'와 대등하면서도 전혀 반대되는 영적
실존으로 생각해야 하기 때문에 추론한 해석이다. 왜냐하면 여기서 아사셀이
여호와에 대한 반대 실존으로 언급되었으니 어떤 낮은 지위의 악령으로 생각할
수는 없고, 마귀 나라의 지배자나 우두머리로 보아야 한다는 것이다(Keil &
Delitzsch). 그러나 하나님께서 인생의 죄를 염소에게 지워 악령에게 주신다는
결론에 도달하는 것은 문제가 있다. 7) 이스라엘의 전체 죄를 진 짐승을 먹을
수 있는 광야의 귀신이라는 해석(A. 누르체). 이 해석 역시 하나님께서 인생의
죄를 염소에게 지워 귀신에게 주신다는 결론에 도달하니 문제가 있다. 8)
'제거됨'이라고 해석해야 한다는 견해. 다시 말해 이스라엘의 죄가 '완전히

---

137) "아사셀": Azazel. 구약 레위기 16:8, 10, 26의 세 곳에만 기록되어 있는 이름으로
속죄일의 의식에 쓰기 위해 취한 두 염소 중, 제비를 뽑아 "한 제비는 여호와를 위하고 한
제비는 아사셀을 위하여"로 언급되어 있다(16:8). 즉, 아사셀은, 이스라엘 전 국민의 죄를 지고서
그가 사는 광야로 보내진 한 마리의 염소를 취하는 자로 생각되고 있다. 히브리어 '아사셀'에
대하여 유대인 학자 중에는, 이 말은 히브리어 '아-자스'(강해진다)와 '엘-'(힘)의 합성어로서,
'험한 절벽'을 뜻하는 말로 해석하는 이도 있다. 그러나 이 말은 '아잘'(除去한다)의 강의(强意)로
서 '완전한 제거', '죄의 완전 사유'의 뜻으로 취하는 것이, 이때의 염소의 지닌 역할에서, 타당한
것으로 여겨진다. '아사셀'이 인격적인 존재를 가리키는 것인지, 장소를 가리키는 것인지 명확하
지 않은데, 유대교에서는, 염소처럼 털 많은 악령(레 17:7 참조)으로 생각한다. 악령과 광야,
땅 끝과의 관련은, 구약에도 신약에도 보이고 있다(신 32:17; 마 12:43; 눅 11:24; 계 18:2).
아사셀을 위한 염소는, 백성의 죄를 지고서 땅 끝까지 추방되고, 백성의 죄를, 멀리 옮겨다가
그 본원(本源) 아사셀에 돌려보낸다는 것으로, 요컨대, 죄의 완전 제거를 구체적으로 나타낸
뜻 깊은 의식이라고 할 수가 있다.

제거됨'이라는 해석(Tholuck, Thomson, Bar Winer, Baehr). 염소가 이스라엘인의 죄를 지고 광야로 가게 함으로써 이스라엘의 죄가 제거되었음을 뜻한다는 것이다. 9) 예루살렘 근처에 있는, '바위가 많은 낭떠러지'(rocky prespice)를 지칭한다는 해석(Kimchi, Ibn Ezra, Rashi, Bochart, Wenham, Driver). "아사셀을 위하여'(לַעֲזָאזֵל)의 "위하여'(l)라는 말을 해석할 때 '...을 위하여'라는 뜻으로 해석하기 보다는 방향을 나타내는 '...에로' 라고 번역하는 것이 문맥에더 어울린다. 숫염소를 "아사셀을 위하여" 보낸 것이 아니고 '아사셀에게로' 보냈다고 해석하는 것이 더 바른 것으로 보인다. 다시 말해 사람이 사는 곳과는 완전히 분리된 바위투성이의 땅으로 내어 보낸 것으로 보는 것이 문맥에 잘 어울린다. 위의 견해 들 중 9번의 견해가 가장 타당한 것으로 보인다.

이유는, a) 이 해석이 22절의 내용과 잘 어울리기 때문이다. 22절에 보면 "접근하기 어려운 땅"(구역은 '무인지경')이라는 표현이 '아사셀'의 의미와 잘 통하기 때문이다(Wenham). 즉, '염소가 그들의 모든 불의를 지고 바위가 많은 낭떠러지에 이르거든 그는 그 염소를 광야에 놓을 지니라'(22절)는 말이 되어 서로 잘 어울리는 것으로 보인다. b) 또 '아사셀'을 '바위가 많은 낭떠러지'라고 해석할 때 26절의 말씀과도 잘 어울린다. 26절은 "염소를 아사셀에게 보낸 자는 그의 옷을 빨고 물로 그의 몸을 씻은 후에 진영에 들어갈 것이라"고 기록되어 있으니 '염소를 바위가 많은 낭떠러지에게 보낸 자는 그의 옷을 빨고 물로 그의 몸을 씻은 후에 진영에 들어갈 것이라'는 말이 되어 뜻이 잘 통한다. 만일 "아사셀"이란 말을 '사탄' 혹은 '마귀'로 해석하면 성경의 뜻에 맞지 않는다. c) "앗사셀"을 '바위가 많은 낭떠러지'라고 해석할 때 그리스도의 대속적 죽음의 행위와도 잘 어울린다. 즉, 그리스도는 하나님의 백성의 모든 죄악을 지고 바위가 많은 낭떠러지와 같은 십자가를 향해 가셨다고 해석하면 뜻이 잘 통한다. 오늘 우리는 예수 그리스도께서 우리의 죄 짐을 지시고 골고다 언덕으로 향하여 가셨기에 구원을 받은 것이다. 많은 해석 중 9번의 해석이 가장 타당한 것으로 보인다.

레 16:9. 아론은 여호와를 위하여 제비 뽑은 염소를 속죄제로 드리고.
본 절은 8절 상반 절을 더 상세히 설명한다. 아론은 제비 뽑은 염소를

속죄제로 드린다고 말한다(15-16절 참조). 염소의 죽음은 그리스도께서 우리
를 위하여 죽으심을 예표 한다.

**레 16:10. 아사셀을 위하여 제비 뽑은 염소는 산 채로 여호와 앞에 두었다가
그것으로 속죄하고 아사셀을 위하여 광야로 보낼지니라.**

본 절은 8절 하반 절을 더 상세히 말한 것이다. 여호와께서는 모세를
통하여 아론에게 아사셀을 위하여 제비 뽑은 염소는 현장에서 제물로 삼지
말고 산채로 "여호와 앞에", 즉 '회막 문 여호와 앞에', 다시 말해 "번제단이
있는 성소 앞마당에"(7절 주해) 그냥 두었다가 "그것으로 속죄하고"(요 2:2),
즉 '속죄제물을 삼아'(표준 새 번역) 혹은 '그것으로 속죄한 다음에'(현대인의
성경) "아사셀을 위하여 광야로 보내라"고 하신다(21-22절). 여기 "아사셀을
위하여 광야로 보내라"는 말은 8절에서 이미 해석한 대로 '바위가 많은 낭떠러
지를 향하여 광야로 보내라'는 말이다. 예수님은 우리의 죄 짐을 지시고 죽음의
언덕 골고다로 올라가셨다.

B. 대제사장을 위한 속죄제 16:11-14

앞부분(1-10절)은 아론이 제사를 드리기 위하여 준비할 것을 말했고, 이제
이 부분(11-14절)은 대제사장을 위해 속죄제를 드리는 일에 대해 언급한다.
대제사장은 자신과 가족을 위해 수송아지로 속죄제를 드려야 했는데 이에
대해서는 벌써 수차례(3절, 6절) 언급했으나 이 부분에 들어와 상세히 언급한
다. 그 절차는 제사장을 위한 속죄제의 규례(4:1-12)와 유사하나, 지성소에
들어가는 것은 대제사장 특유의 것이었다.

**레 16:11. 아론은 자기를 위한 속죄제의 수송아지를 드리되 자기와 집안을
위하여 속죄하고 자기를 위한 그 속죄제 수송아지를 잡고.**

대제사장 아론은 자신과 가족을 속하는 속죄 제물로 수송아지를 바쳐
자기와 자기 가족의 죄를 속하는 예식을 가져야 했다. 이 순서를 가지지 않으면
대제사장의 사역을 감당할 수 없었다. 그래서 그는 먼저 수송아지를 잡아야(도
살해야) 했다. 이 수송아지를 잡는 장소는 회막 문이었을 것이다(4:4). 오늘날

전도자도 먼저 자신의 죄를 그리스도에게 고백하여 그리스도의 피로 씻음을
받아야 한다.

**레 16:12 향로를 가져다가 여호와 앞 제단 위에서 피운 불을 그것에 채우고
또 곱게 간 향기로운 향을 두 손에 채워 가지고 휘장 안에 들어가서.**

대제사장은 먼저 수송아지를 잡은(앞 절) 후에 "향로를 가져다가 여호와
앞 제단 위에서 피운 불을 그것에 채워" 가지고 지성소로 들어가야 했다(10:1;
민 16:18, 46; 계 8:5). 다시 말해 "향로"(분향을 위해 준비한 그릇)를 가져다가
"여호와 앞 제단(회막 앞에 있는 번제단, 1:5) 위에서 피운 불을 향로에 채워"가
지고 지성소로 들어가야 했다. 만약 다른 불을 향로에 채워서 분향하면 여호와
의 벌을 받아 죽게 된다(10:1-2).

아론은 또 "곱게 간 향기로운 향을 두 손에 채워 가지고 휘장 안에 들어가
서" 여호와 앞에 분향해야 했다(출 30:34). 여기 "곱게 간 향기로운 향"은
'소합향, 나감향, 풍자향, 유향을 똑같은 분량으로 섞어서 만든 향료'를 지칭한
다. 이 향은 여호와께서 모세에게 말씀하셔서 만들게 하신 향이다. 다시 말해
소합향,138) 나감향,139) 풍자향,140) 유향41) 네 가지를 똑같은 분량으로 섞어

---

138) "소합향": Stacte. 몰약. 회막의 증거궤 앞에 두기 위해 특별히 제조된 '거룩한 향료'의
하나(출 30:34). 성경 중에 이곳 한곳에만 기록되어 있다. 히브리어 '나타프'는 '방울져서
떨어진다'를 뜻하는 말에서 유래하고, 수액(樹液)이 방울져 떨어진 것을 정제(精製)한 것임을
말해준다(디럭스 바이블 성경사전).

139) "나감향": Onycha. 홍해나 지중해에서 생육하는 조개(진주 조개과의 袖貝類 Strombus
dianae)의 손톱모양의 꼭지(Onycha)에서 채집한 향료. 이것을 태우면 방향(芳香)을 발산하는
데서 성막의 금향단에서 태우는 거룩한 향을 만드는 세 가지 향재(香材)의 하나로 되었다(출
30:34). 상부 애굽 및 인도에서는 오늘도 훈향(薰香, 香料)으로서 쓰고 있다(디럭스 바이블 성경사
전).

140) "풍자향": Galbanum. 식물에서 채집된 고무상(-狀)의 액체. 제의용의 분향의 한 요소로
사용된 것(출 30:34). 이 식물은 미나리과의 회향풀(Ferulagalbaniflua)로서, 이 뿌리에서 강한
냄새가 있는 황갈색의 수지의 고무가 채집된다. 대회향의 일종으로서, 페르샤 또는 인도에서
이입되었다(디럭스 바이블 성경사전).

141) "유향": Frankincense. 향료의 일종. 남부 아라비아와 그 대안(對岸) 소말린랜드의 특산물
인 감람과의 고목(高木)으로서, 높이 12m까지 자란다. 여름에 수피(樹皮)를 상처 내어 얻은 수지(樹
脂)를 건조시킨 젖빛깔의 방향물질로서, 고대에는 향료로서 귀히 여겨졌다(출 30:34). 이것은
특히 예배의 희생제사용으로 수입되었다(레 2:1-2; 6:15; 24:7). 또 제사장에게 부어지는 성유(聖
油)의 4향료의 하나(출 30:34). 스바에서 수입되고(사 60:6; 렘 6:20), 몰약과 섞어 사용되었다(아
3:6; 4:6). 동방의 박사는 이것을 아기예수께 드렸다(마 2:11). 이것은 바벨론(=로마)의 사치스러

서 거룩한 향을 만들리(다음 절)고 하신 것이다. 분향할 때는 반드시 이 향만을
사용토록 하셨다(출 30:34 참조). 대제사장은 먼저 향로에 번제단 불을 채우
고, 또 두 손에 곱게 간 향기로운 향을 채워가지고 지성소에 들어가서 분향했
다(다음 절).

**레 16:13 여호와 앞에서 분향하여 향연으로 증거궤 위 속죄소를 가리게 할지니
그리하면 그가 죽지 아니 할 것이며.**

다음으로 대제사장은 "여호와 앞에서 분향하여 향연으로 증거궤 위의
속죄소를 가리게 해야" 했다(출 30:1, 7-8; 민 16:7, 18, 46; 계 8:3-4). 즉,
'대제사장은 지성소에 들어간 다음 준비한 향료를 향로의 불 위에 분향하여
향연(향 타는 연기)을 일으켜 증거궤(법궤) 위에 있는 속죄소를 가리어 보이지
않게 해야 했다(25:21). 향연으로 속죄소를 가리면 "그가 죽지 않을 것이라"고
하신다. 향연으로 그 속죄소를 가리지 않아 속죄소를 보게 되면 죽음을 당하는
수밖에 없었다(출 24:1, 9; 삿 6:22-23).

여기 "향연으로 증거궤 위 속죄소를 가리게 하라"는 말씀은 오늘날 우리를
위해 그리스도의 중보기도가 있어야 한다는 말씀이다. 그리고 이 말씀은 성도
들도 많은 기도를 드릴 것을 가르쳐 주는 말씀이다. 계 5:8에는 예수님께서
"그 두루마리를 취하시매 네 생물과 24장로들이 그 어린 양 앞에 엎드려
각각 거문고와 향이 가득한 금 대접을 받았으니 이 향은 성도의 기도들이라"고
말했다(계 8:3 참조). 성도가 기도를 많이 하면 큰 은혜를 받는다.

**레 16:14 그는 또 수송아지의 피를 가져다가 손가락으로 속죄소 동쪽에 뿌리고
또 손가락으로 그 피를 속죄소 앞에 일곱 번 뿌릴 것이며.**

본 절은 대제사장이 또 지성소에서 행한 가장 중요한 두 가지 일을 진술한
다. 첫째, '수송아지의 피를 가져다가 손가락으로 속죄소 동쪽에 뿌리는 일'이
었다(4:5, 6; 히 9:13, 25; 10:4). 대제사장은 지성소에 들어와 분향한(13절)
다음에 다시 번제단으로 나아가 수송아지의 피를 가져다가 손가락에 찍어

운 수입품의 하나로도 기록되어 있다(계 18:13)(디럭스 바이블 성경사전).

속죄소 동쪽에 뿌렸다. 여기 '속죄소 동쪽'이란 '속죄소의 입구 편'을 말한다. 이유는 성막의 입구가 동편이므로 속죄소 동쪽은 속죄소 앞면이다(Keil). 둘째, "손가락으로 그 피를 속죄소 앞에 일곱 번 뿌려야"했다. 즉, 대제사장은 손가락으로 그 피를 찍어 속죄소 앞에 일곱 번 뿌려야 했다. 그는 속죄소 앞 땅바닥에 일곱 번 뿌려야 했다. 일곱 번 뿌린 것은 피로 인한 속죄의 완전성을 가리키는 것으로 장차 그리스도께서 단번에 모든 속죄를 이루실 것을 예표하는 말씀이다(히 9:12).

C. 백성을 위한 속죄제 16:15-19
대제사장은 자기를 위해 속죄제를 드린(11-14절) 후, 이제는 백성을 위한 속죄제를 드린다. 제물은 염소였고 절차는 대제사장을 위한 속죄제와 똑같다.

레 16:15. 또 백성을 위한 속죄제 염소를 잡아 그 피를 가지고 휘장 안에 들어가서 그 수송아지 피로 행함 같이 그 피로 행하여 속죄소 위와 속죄소 앞에 뿌릴지니.
　대제사장은 자기와 가족을 위하여 속죄하는 일(14절)만 아니라, 백성을 위한 속죄제 염소(8절; 히 2:17; 5:2; 9:7, 28)를 잡아 그 피를 가지고 휘장을 통과하여 지성소에 세 번째로 들어가서 대제사장을 위한 속죄제를 드리던 것과 똑같이 속죄제.위에 한번, 속죄소 앞에 한번 일곱 번 뿌려야 했다(2절; 히 6:19; 9:3, 7, 12). 이렇게 피를 뿌리는 것은 신약 시대 신자들이 하나님께 나아가는 길이 예수 그리스도의 피를 믿는 것밖에 없음을 역설하는 것이다(히 10:20).

레 16:16. 곧 이스라엘 자손의 부정과 그들이 범한 모든 죄로 말미암아 지성소를 위하여 속죄하고 또 그들의 부정한 중에 있는 회막을 위하여 그같이 할 것이요.
　대제사장은 이스라엘 백성의 부정과 그들이 범한 모든 죄로 더럽혀진 지성소를 정결하게 해야 했고(출 29:36; 겔 45:18; 히 9:22-23) 또 그들의 부정으로 둘러싸인 야영지 가운데 있는 성막을 위해서도 그렇게 해야 했다. 본 절의 "이스라엘 자손의 부정"이란 말과 "그들이 범한 모든 죄"란 말은

동의어로 봄이 좋을 것이다. 대제사장은 지성소가 이스라엘 백성의 죄로 말미
암아 더럽혀졌으니 깨끗하게 해야 했다. 그리고 지성소만 아니라 회막(성소)도
이스라엘의 "부정한 중에" 더럽혀져서 속죄해야 했다. 본 절의 "그들의 부정한
중에 있는 회막"(the Tent of Meeting, which is among them in the midst
of their uncleanness-NIV)이란 회막이 백성들의 야영지 가운데 있으므로 부정
해졌다고도 말할 수 있고, 또 백성들이 회막에 드나들어서 부정해졌다고도
말할 수 있을 것이다. 그러나 백성들이 지성소에 드나들지 않았는데도 더럽혀
진 것을 보면 회막 역시 백성들의 야영지 때문에 더럽혀졌다고 보는 것이
좋을 것이다. 아무튼 대제사장은 지성소와 회막 두 군데를 다 속죄해야 했다.

레 16:17. 그가 지성소에 속죄하러 들어가서 자기와 그의 집안과 이스라엘
온 회중을 위하여 속죄하고 나오기까지는 누구든지 회막에 있지 못할 것이며.

대제사장이 지성소에 들어가 자기와 그의 가족(14절)과 이스라엘 온 회중
을 위하여(15절) 속죄한 후에 밖으로 나오기까지는 누구든지 회막에 들어가지
도 못하고 거기에 남아 있지도 못한다는 규정이다(출 34:3; 눅 1:10). 이런
규정은 사람이 죄 문제를 해결하지 않고는 회막에 들어갈 수 없다는 것을
보여준다. 다시 말해 대제사장이 백성의 죄를 온전히 해결한 다음에 회막에
들어갈 수 있었다. 오늘 우리는 그리스도께서 우리의 죄를 위하여 십자가에서
죽으셔서 우리의 죄가 씻어졌으니 하나님 앞에 담대히 나아갈 수 있게 되었다.
얼마나 감사한 일인지 형언할 길이 없다(히 4:16).

레 16:18. 그는 여호와 앞 제단으로 나와서 그것을 위하여 속죄할지니 곧
그 수송아지의 피와 염소의 피를 가져다가 제단 귀퉁이 뿔들에 바르고.

대제사장은 지성소에 들어가 자기와 가족, 그리고 백성을 위한 속죄를
마친(14-16절) 후 "여호와 앞 제단으로 나와서 그것(제단)을 위하여 속죄해야"
했다(4:7, 18; 출 30:10; 히 9:22-23). 제단도 백성들의 죄로 말미암아 더러워졌
으니 속죄가 필요했다. 속죄하는 방법은 "그 수송아지의 피와 염소의 피를
가져다가 제단 귀퉁이 뿔들에 바르면" 되었다. 즉, 대제사장은 '자기와 가족의
속죄를 위해서 도살했던 수송아지의 피(11절)와 백성의 속죄를 위하여 도살했

던 염소의 피(15절)를 가져다가 제단 귀퉁이 뿔들에 바르면 제단이 깨끗하게 되었다. 모든 것은 피로써 정결함을 얻었다.

레 16:19. 또 손가락으로 그 피를 그 위에 일곱 번 뿌려 이스라엘 자손의 부정에서 제단을 성결하게 할 것이요.

앞 절에서는 수송아지의 피와 염소의 피를 가져다가 제단 뿔에 발라야 한다고 했는데, 이제 본 절에서는 "그 피를 그 위에 일곱 번 뿌려야" 한다고 한다(겔 4:20). 일곱 번 제단 위에 뿌림은 피의 완전한 속죄를 말한다(14절 주해 참조). 예수 그리스도의 피로써 속죄가 안 되는 것은 없다.

D. 아사셀을 위한 염소 16:20-22

대제사장은 자기와 가족을 위하여 속죄하고(11-14절), 또 백성을 위하여 속죄하며(14-15절), 지성소와 회막과 및 제단을 위하여 속죄한(16-19절) 후에 아사셀을 위하여 염소를 광야에 보내기 위해 안수하여 죄를 고백하고 죄를 전가한 다음 광야로 보내는 일을 해야 한다는 것이다.

레 16:20. 그 지성소와 회막과 제단을 위하여 속죄하기를 마친 후에 살아 있는 염소를 드리되.

대제사장은 지성소(지극히 거룩한 장소)와 회막(지성소를 제외한 성막)과 제단(회막 뜰에 있는 번제단)을 위하여 속죄하는 일(14-19절)을 마친(겔 45:20) 후에는 살아있는 염소(8절)를 광야로 내어 보내야 했다.

레 16:21. 아론은 그의 두 손으로 살아 있는 염소의 머리에 안수하여 이스라엘 자손의 모든 불의와 그 범한 모든 죄를 아뢰고 그 죄를 염소의 머리에 두어 미리 정한 사람에게 맡겨 광야로 보낼지니.

본 절은 대제사장 아론이 염소에 죄를 전가하여 광야로 보내는 순서를 진술한다. 그 순서는 1) "그의 두 손으로 살아 있는 염소의 머리에 안수해야" 했다. '안수'란 사람이 '두 손으로 염소의 머리를 누름'을 뜻한다. 2) "이스라엘 자손의 모든 불의와 그 범한 모든 죄를 아뢰어야" 했다. 여기 "불의"라는 말과 "좌"라는 말은 동의어로 쓰였다. 대제사장은 염소의 머리를 누른(안수한) 채 이스라엘의 불의(죄)를 고백했다. 염소는 그리스도를 예표 한다. 3) "그 죄를 염소의 머리에 두었다"(사 53:6), 이스라엘의 모든 죄를 전가했다는 뜻이다. 4) "미리 정한 사람에게 맡겨 광야로 보내야" 했다. 즉, '미리 준비해 놓은 사람을 시켜 그 염소를 맡겨 광야로 보냈다. 광야로 간 염소는 골고다로 올라가신 그리스도를 예표 한다.

레 16:22. 염소가 그들의 모든 불의를 지고 접근하기 어려운 땅에 이르거든 그는 그 염소를 광야에 놓을지니라.

대제사장은 염소의 머리에 안수하여 이스라엘의 모든 죄를 고백하고 전가한 다음 미리 대기시켜 놓은 사람으로 하여금 "염소가 그들의 모든 불의를 지고 접근하기 어려운 땅에 이르거든"(사 53:11-12; 요 1:29; 히 9:28; 벧전 2:24) 그 사람은 뒤돌아서서 진영으로 돌아오게 했다. 염소는 개와 같지 않아 다시 돌아올 수 없는 짐승이라 이스라엘의 불의와 죄를 지고 광야를 헤매야 했다. 이렇게 해서 염소는 이스라엘의 죄를 지고 죄를 생각나지 않게 했다. 염소는 우리의 죄를 지고 십자가로 올라가신 그리스도를 예표 한다.

E. 속죄제를 위한 후속 규례들   16:23-28

대속죄일의 속제가 끝난 후 몇 가지의 후속 규례들이 진술된다. 대제사장은 옷을 갈아입고(23절), 번제를 드려야 했으며(24절), 속죄 제물의 기름을 불살라야 했고(25절), 염소를 광야로 보낸 자는 결례를 행해야 했으며(26절), 속죄 제물의 가죽과 고기와 똥을 밖으로 내다가 불살라야 했고(27절), 불사른 자는 옷을 빨고 물로 몸을 씻어야 했다는 것이다(28절).

레 16:23. 아론은 회막에 들어가서 지성소에 들어갈 때에 입었던 세마포 옷을 벗어 거기 두고.

아론은 대속죄일의 속죄를 끝낸 후 성막으로 다시 들어가서 지성소에 들어갈 때 입었던 세마포 옷(모시옷, 4절)을 벗어 거기 두어야 했다(겔 42:14; 44:19). 이렇게 성소에 세마포 옷을 두는 이유는 일반 사람들과 접촉되는 것을 막기 위함이었다. 이 세마포 옷은 두 번 다시 입지 않았다고 한다. 다음해 7월 10일에는 다시 거룩한 옷을 지어 입고 대속죄일의 속죄제를 드렸다고 한다(Matthew Henry).

레 16:24. 거룩한 곳에서 물로 그의 몸을 씻고 자기 옷을 입고 나와서 자기의 번제와 백성의 번제를 드려 자기와 백성을 위하여 속죄하고.

대제사장은 "거룩한 곳에서 물로 그의 몸을 씻어야" 했다. 즉, '회막 뜰에 있는 물두멍에서 물로 그의 몸을 씻어서 몸에 묻은 속죄제의 피를 씻어야' 했다. 그런 다음 "자기의 옷(평상시에 입는 화려한 옷)을 입어야" 했다. 그리고 나와서 "자기의 번제와 백성의 번제를 드려 자기와 백성을 위하여 속죄'했다(3절, 5절). 자기의 번제와 백성의 번제는 숫양으로 드렸는데(3절, 5절), 번제를 드릴 때 자기의 죄와 백성을 위해서 속죄했다(1:4 주해 참조). 이렇게 속죄한 다음에 대제사장과 백성은 그 속죄 받은 몸을 하나님께 기쁨으로 헌신했다.

레 16:25. 속죄제물의 기름을 제단에서 불사를 것이요.

속죄 제물로 바친 기름기는 제단 위에다 놓고 불살랐다. 수송아지의 기름(6절), 염소의 기름(15절), 그리고 다른 염소의 기름(민 29:16)을 제단에서 불살랐다. 기름은 원래 하나님의 것이었으므로 번제단에서 불살라 하나님께 바쳤다(4:8-10 주해 참조).

레 16:26. 염소를 아사셀에게 보낸 자는 그의 옷을 빨고 물로 그의 몸을 씻은 후에 진영에 들어갈 것이며.

염소의 등에 죄를 지워 죄를 없애기 위하여 광야로 보낸 자(21절)는 그의 옷을 빨고 물로 몸을 씻은(15:5) 후에 진영에 들어와야 했다. 아사셀의 뜻을 알기 위하여 8절 주해를 참조하라.

레 16:27. 속죄제 수송아지와 속죄제 염소의 피를 성소로 들여다가 속죄하였은 즉 그 가죽과 고기와 똥을 밖으로 내다가 불사를 것이요.

죄를 속하기 위해 속죄 제물로 드려진 수송아지와 염소의 피는 지성소에서 죄를 속하는데 사용되었으므로 그 나머지 부분인 가죽과 고기와 내장을 야영지 밖으로 내어다가 불살라야 했다(4:12, 21; 6:30; 히 13:11). 즉, 죄를 속하기 위해 속죄 제물로 사용된 수송아지와 염소의 피는 지성소에서 죄를 속하는데 사용했기 때문에 그 제물을 먹을 수가 없었다(6:30). 지성소에서 속죄 제물의 피로 사용된 고기는 먹을 수가 없었으므로 속죄 제물의 고기도 먹을 수가 없었다. 그런고로 나머지 가죽과 고기와 똥을 모두 진(야영지) 밖으로 내다가 불살라야 했다.

레 16:28. 불사른 자는 그의 옷을 빨고 물로 그의 몸을 씻은 후에 진영에 들어갈지니라.

진(야영지) 밖으로 나가 나머지 가죽과 고기와 똥을 불사른 자는 그의 옷을 빨고, 물로 그의 몸을 씻은 후에 진영에 들어와야 했다(26절 참조). 이렇게까지 옷을 빨고 물로 몸을 씻어야 했던 이유는 성물(聖物)을 거룩하게 취급하고 속되게 취급하지 않기 위함이었다.

F. 결론 16:29-34

여호와께서는 1절부터 28절까지 대속죄일에 대제사장이 속죄할 것을 말씀하신 다음 이제는 결론을 주신다. 여호와께서는 대속죄일의 규례를 영원히 지키라 하시고(29-31절), 대속죄일에는 거룩한 옷을 입고 사역해야 할 것을 말씀하시며(32절), 지성소와 회막과 제단을 속죄할 것을 말씀하시고(33절), 1년에 한 차례 속죄제를 드리라고 하신다(34절).

레 16:29. 너희는 영원히 이 규례를 지킬지니라 일곱째 달 곧 그 달 십일에 너희는 스스로 괴롭게 하고 아무 일도 하지 말되 본토인이든지 너희 중에 거류하는 거류민이든지 그리하라.

여호와께서는 "너희", 곧 '이스라엘 백성들이' "영원히" 이 규례를 지키라고 하신다(1-28절; 출 12장-14장). 여기 "영원히"란 말은 '이스라엘 국가가 서 있는 동안 계속해서'란 뜻이다. 그들은 구약 공동체가 서 있는 동안 계속해서 속죄일의 규례를 지켜야 했다. 오늘날 신약 시대 성도들은 그리스도의 재림

때까지 그리스도의 십자가 구원을 기억하고 죄를 자복하며 성화에 힘써야
할 것이다. 1) 대속죄일의 규례는 "일곱째 달 곧 그 달 십일에" 지키라고
하신다(23:27; 출 30:10; 민 29:7; 사 58:3, 5; 단 10:3, 12). 즉, '에다님월(이는
히브리 월력이다) 10일에', '티슈리월(이는 바벨론 월력이다. 이 달은 태양력으
로는 9-10월에 해당한다) 10일에' 지키라고 하신다.142) 2) 그 날에는 "스스로
괴롭게 하라"("afflict your souls"-KJV. "deny yourselves"-NIV. "고행을 해야
한다"-표준 새 번역. "단식해야 한다"-공동번역)고 하신다. "스스로 괴롭게
하라"는 말은 '영혼만 아니라 육신도 괴롭게 하라'는 뜻이다. 이유는 그날은
금식일로 정해져 있었기 때문이었다. 속죄일은 일 년에 단 한번인 구약 교회의
금식일로 구약의 모든 성도는 그들의 영혼을 스스로 괴롭혀야 했다. 이때의
금식은 9일 저녁부터 시작해서 10일 저녁에 끝났다. 3) '아무 일도 하지 말되
본토인이든지 너희 중에 거류하는 거류민이든지 그리하라'고 하신다. 금식하
는 것은 물론, 아무 일도 해서는 안 되었다(23:7, 21, 25, 35 참조). 이런 규정을
지키는 일은 "본토인이든지 이스라엘 중에 거류하는 거류민이든지" 동일하다
고 하신다. 오늘날 외국인을 차별하는 사람들은 크게 잘못하고 있음을 알
수 있다.

레 16:30. 이 날에 너희를 위하여 속죄하여 너희를 정결하게 하리니 너희의
모든 죄에서 너희가 여호와 앞에 정결하리라.

본 절 초두에는 "왜냐하면"(כ)이란 접속사가 나온다(한글 개역개정판에
는 없다). 그런고로 본 절은 앞 절의 이유를 제공하고 있다. 즉, 앞 절에서
대속죄일에는 금식하며 하루 종일 아무 노동도 하지 말라고 했는데, 그 이유는
"이 날에 너희를 위하여 속죄하여 너희를 정결하게 하리니 너희의 모든 죄에서
너희가 여호와 앞에 정결해야 하기" 때문이라는 것이다(시 51:2; 렘 33:8;
엡 5:26; 히 9:13-14; 10:1-2; 요일 1:7, 9). 대속죄일에는 이스라엘이 속죄를
받아 정결하게 해야 하고, 모든 죄에서 이스라엘 민족이 여호와 앞에서 정결해
야 했기 때문에 금식으로 스스로를 괴롭게 하고 아무 노동도 하지 않아야

---

142) "일곱째 달"이란 아빕월(이는 바벨론 월력으로는 니산월이었다)로부터 시작해서 일
곱 달째 되는 달을 말한다.

했다. 속죄만큼 중요한 것은 없다. 오늘날 신약 시대의 술어로 말하자면 죄를 자복하고 통회하는 것만큼 중요한 것은 없다.

레 16:31. 이는 너희에게 안식일 중의 안식일인즉 너희는 스스로 괴롭게 할지니 영원히 지킬 규례라.

(שַׁבַּת שַׁבָּתוֹן הִיא לָכֶם וְעִנִּיתֶם אֶת־נַפְשֹׁתֵיכֶם חֻקַּת עוֹלָם)

대속죄일은 이스라엘 백성들에게 "안식일 중의 안식일"(שַׁבַּת שַׁבָּתוֹן)이기 때문에(23:32) 이스라엘 백성들은 스스로 괴롭게 하면서 영원히 지키라는 것이다. 본문의 "안식일 중의 안식일"(שַׁבַּת שַׁבָּתוֹן)이란 말은 '엄격하게 쉬는 안식일'(a sabbath of solemn rest-NJKV, ASV, NSAB, RSV), 혹은 '철저하게 쉬는 안식일'이란 뜻이다. 그런고로 그날에는 금식하면서 영혼을 괴롭게 해야 하는 것이다. 이 날은 만나를 거둬들이는 일(출 34:21), 불을 피우는 일(출 35:3), 나무를 모으는 일(민 15:32-36), 과일을 나르는 일(느 13:15), 상품 판매하는 일(느 13:16), 짐을 나르는 일(렘 17:22-23), 곡식을 거두는 일(암 8:5) 등을 해서는 안 되었다.

레 16:32. 기름 부음을 받고 위임되어 자기의 아버지를 대신하여 제사장의 직분을 행하는 제사장은 속죄하되 세마포 옷 곧 거룩한 옷을 입고.

여호와께서는 본 절과 다음 절(33절)에 걸쳐 아론 계통의 아들들은 계대하여 대제사장이 되어 속죄 사역을 감당하라고 하신다(4:3, 5, 16; 출 29:29-30; 민 20:26, 28). 즉, 기름부음을 받고 위임받은 대제사장(8:12), 곧 그의 아버지를 대신하여 대제사장이 되어 제사장의 직분을 행하는 대제사장은 모시로 만든 거룩한 예복을 입고(4절 주해 참조) 속죄 사역을 맡으라고 하신다.

레 16:33. 지성소를 속죄하며 회막과 제단을 속죄하고 또 제사장들과 백성의 회중을 위하여 속죄할지니.

본 절은 앞 절에 이어 대제사장의 속죄 사역에 있어 속죄할 대상들을 열거한다. 대제사장은 대속죄일을 당하여 지성소를 속죄해야 하고(6절, 16절, 18-19절, 24절), 회막과 제단을 속죄해야 하며(16절, 18절), 또 자신과 제사장들

(11-14절)과 일반 백성들(15절)의 죄를 깨끗하게 해야 한다고 하신다. 대제사장의 속죄는 예수 그리스도의 속죄를 예표 한다.

레 16:34 이는 너희가 영원히 지킬 규례라 이스라엘 자손의 모든 죄를 위하여 일 년에 한 번 속죄할 것이니라 아론이 여호와께서 모세에게 명령하신 대로 행하니라.

여호와께서는 앞에서 여호와 자신이 말씀하신 모든 규례들은 모세와 아론이 영원히 지킬 규례라고 하신다(23:31; 민 29:7). 대제사장은 "이스라엘 자손의 모든 죄를 위하여 일 년에 한 번 속죄하라"고 하신다(출 30:10; 히 9:7, 25). 대제사장은 매년 한 번씩 온 백성의 죄를 정결하게 해주었다. 아론은 여호와께서 모세를 통하여 명령하신 것을 다 준행했다. 대제사장 대신으로 오신 예수님은 매년 1차씩 십자가에서 죽으시지 않고 단번에(히 7:27; 9:12, 26, 28; 10:10) 죽으셔서 영원한 속죄(히 9:12)를 이루어주셨다.

제 17 장

VI. 국민 생활을 성화하라 17:1-20:27

레위기의 전반부인 1-16장이 하나님께 대한 제사법을 다룬데 반해, 후반부인 17-27장은 이스라엘 백성들이 실천해야 할 실천편을 다루고 있다. 이는 마치 신약의 서신들이 교리편과 실천편으로 나뉘어져 있는 것과 같다.

실천편인 후반부는 또 넷으로 나뉘어 국민 생활을 성화하라(17-20장), 국민 제사를 성화하라(21-24장), 국민의 정치를 성화하라(25장), 그리고 권면을 위한 결론(26-27장)으로 나누어진다고 할 수 있다.

국민 생활을 성화하라는 내용을 담은 이 부분(17:1-20:27)은 제사를 성화하라(17:1-16), 가정생활을 성화하라(18:1-30), 사회생활을 성화하라(19:1-37), 및 범법자를 처벌하라(20:1-27)는 내용을 다루고 있다.

A. 제사를 성화하라 17:1-16

제사를 성화하라는 내용을 담은 이 부분(17:1-16)은 제물을 성화하라(1-9절), 피를 먹지 말라(10-14절), 죽은 동물을 먹지 말라(15-16절)는 내용이 강조되고 있다.

1. 제물을 성화하라 17:1-9

제물을 성화하라는 내용을 강조하는 이 부분(1-9절)은 먼저 제물을 성화할 것(1-7절)과 제물을 드리는 규정(8-9절)에 대해 언급한다.

레 17:1. 여호와께서 모세에게 말씀하여 이르시되.

여호와께서는 제물을 성화하라는 이 부분(1-9절)의 말씀을 하시기 위해 모세에게 말씀을 시작하신다(14:1; 16:1 참조).

레 17:2 아론과 그의 아들들과 이스라엘의 모든 자손에게 말하여 그들에게 이르기를 여호와의 명령이 이러하시다 하라.

　여호와께서는 모세에게 말씀하시기를 '아론과 그의 아들들과 이스라엘의 모든 자손에게' 일러주라고 하신다. 즉, 이후부터 말씀하시는 것은 모두 여호와의 명령이라고 일러주라는 것이다. 결코 사람의 말이 아니라 여호와의 말씀으로 알라는 것이다. 여호와께서는 아주 엄숙하게 말씀을 시작하고 계신다. 아무튼 제사를 집행하는 아론과 그의 아들들(제사장들)과 또 제물을 바칠 이스라엘 백성들에게 여호와께서 말씀하시는 것이라고 하신다.

레 17:3-4 이스라엘 집의 모든 사람이 소나 어린 양이나 염소를 진영 안에서 잡든지 진영 밖에서 잡든지 먼저 회막 문으로 끌고 가서 여호와의 성막 앞에서 여호와께 예물로 드리지 아니하는 자는 피 흘린 자로 여길 것이라 그가 피를 흘렸은즉 자기 백성 중에서 끊어지리라.

　이스라엘 백성이라면 누구든지 예외 없이 소143)나 어린 양44)이나 염

---

143) "소": Ox. 반추류(反芻類·새김질)의 큰 짐승. 이스라엘 민족에게 있어서, 소는, 그 선조의 시대부터, 양과 함께 아주 중요한 가축이었다(창 12:16; 13:5; 32:7). 이것은 식용으로서, 또는 우유를 얻기 위해서도 소중한 것이었다. 특히 가나안 입국 후에는, 제물로서도, 없어서는 안 될 가축으로 되었다(출 20:24). 그러나 팔레스틴은 소의 번식에는 조건이 나빠, 바산(시 22:12; 겔 39:18; 암 4:1)외에는, 그리 발달하지 못했다. 인가(人家)가까운 들에서 사육되었는데(민 22:4), 몹시 가무는 여름에는 짚이나 기타의 사료를 주어야 했다(사 11:7; 30:24). 소는 경작(삿 14:18; 욥 1:14; 암 6:12), 탈곡(신 25:4; 호 10:11)등의 농사일에, 그 밖에도 짐을 싣는데(대상 12:40), 수레를 끌게 하는데 썼다(삼상 6:7; 삼하 6:6). 더구나 소는 중요한 제물로 되고(민 23:1;왕상 8:63), 붉은 암소의 재는, 특히 정결케 하는 힘이 있는 것으로 여겨졌다(민 19:2, 10; 히 9:13). 젖은 새끼소가 8개월이나 마시고(삼상 6:7), 그 후는 젖의 양이 감소되어, 산양의 젖에 미치지 못한다. 그러나 음료 또는 유제품으로 되었다(창 18:7). 고기는 식용으로 최고, 특히 외양간에서 살찌게 키운 것은 맛이 좋았다(삼상 28:24; 왕상 4:23; 잠 15:17; 암 6:4; 말 4:2)(디럭스 바이블 성경사전).

144) "양": 양을 가리키는 히브리어는 모두 16종이나 되고 또 빈출도도 높다. 이스라엘인에게 특히 낯익은 가축이다. 족장들의 주요 재산이었고 많은 희생 제물로 사용되었다. 레위기의 희생동물의 대부분이 양이나 산양(염소)이었음은 목축 문화가 오래 이스라엘인의 생활에 영향을 가지고 있었음을 보여주는 것이다. 양은 젖(신 32:14; 사 7:21-22), 고기(신 14:4; 삼상 25:18; 암 6:4)등의 음식물은 물론, 가장 중요한 양털을 산출한다(욥 31:20; 잠 27:26). 따라서 여름 초기에 양털을 깎는 때는 성대한 잔치를 열고, 축하했다(창 31:19; 38:12; 삼상 25장; 삼하

소145)를 잡는 경우(신 12:5, 15, 21) 진영(야영지) 안에서, 즉 희생 제사를 위해 야영지 안에서 잡든지, 혹은 진영 밖에서, 즉 가정의 식용을 위해서 야영지 밖에서 잡든지, 어떤 용도로 잡든지(이 짐승들은 제물도 되고 식용도 되는 짐승들이다, 11:1-8) 아무튼 짐승을 잡는 경우 소나 어린 양이나 염소를 회막 어귀(제단의 북쪽 뜰)로 가져 와서, 주의 성막 앞에서 주께 제물(화목제-5절)로 드리지 않으면 그 짐승을 잡은 사람은 실제로 피를 흘린 것이므로 죄를 면하지 못한다고 하신다(신 12:5-6, 13-14). 다시 말해 그 사람은 짐승을 잡아 귀신들에게(개역 개정판은 7절에 "숫염소"로 쓰였음) 제물로 드리기 위해 살해한 것이니 백성 가운데서 끊어져야 한다는 것이다. 이스라엘 사람들은 장소에 관계없이 짐승을 살해하는 경우 피를 흘린 죄가 있어146) 이스라엘 공동체에서 출교 되어야 했다(창 17:14; Meyrick). 여호와께서는 제물을 위하여서만 가축의 도살을 허락하셨고 제물로 사용하지 않을 짐승에 대해서는 도살을 허락하지 않으시고 피 흘린 죄가 있는 것으로 여기셨다. 여호와께서 3-7절에서 말씀하신 의도는 7절에 언급된바 귀신들('숫염소')을 섬기기 위하여 가축이나 양, 염소들을 제물로 사용하는 습관에 종지부를 찍기 원하셨다(누르체). 여호와께서는 모세시대에 이스라엘 사람들이 광야에서 귀신들을 섬기는 것을 아주 금하셨고 오직 여호와만 섬기기를 바라셨다.

레 17:5 그런즉 이스라엘 자손이 들에서 잡던 그들의 제물을 회막 문 여호와께로 끌고 가서 제사장에게 주어 화목제로 여호와께 드려야 할 것이요.

13:23). 그들이 사육한 양 가운데는 체구가 작고, 특히 양털이 많은 품종도 있었다(디럭스 바이블 성경사전).

145) "염소": Goat. 대륙 고산지방 원산의 가축. 식용해도 좋은 정결한 동물이다(신 14:4). 이것은 양과 한가지로 소과(牛科)에 속하고, 성지에서 많이 사육되고 있는 것은 '시리아 염소'로서, 이것은 '카프라 멤브리카 Copra mem-brica'라는 종류이다. 이 시리아 염소는 보통 염소보다 크고 피모(被毛)는 길고 검으며, 큰 귀가 늘어 뜨려져 있다. 염소는 소나 양과 같이 제물로서 드려졌다(레 3:12; 4:23, 28; 22:19). 그 고기는 옛 부터 식용으로 쓰였다. 그리고 유복한 사람들은 야외에 많은 염소도 중요한 재산으로 여기고(삼상 25:2), 애굽에서는 옛적 염소를 소와 한가지로 귀히 여기어 염소도 대군이 사육되었다고 한다. 앗시리아, 바빌로니아, 또 페르샤, 그리고 그리스의 전성시대 무렵까지는 염소는 양보다도 귀히 여겨졌다(디럭스 바이블 성경사전).

146) 피를 흘린 죄에 대해서는 반드시 피를 흘려야 한다는 주장이 있긴 하나, 대부분의 주석가는 이스라엘의 공동체에서 추방되는 벌을 받는 것으로 말하고 있다.

어디서 짐승을 죽여도 여호와께 예물로 드리지 아니하면 도살한 것이
되는 것이므로(앞 절), 이스라엘 자손은 들판에서 짐승을 살해하여(창
21:33; 22:2; 31:54; 신 12:2; 왕상 14:23; 왕하 16:4; 17:10; 대하 28:4;
겔 20:28; 22:9) 우상에게 제물로 바치지 말고, 회막 어귀의 제사장에게로
끌고 가서, 주께 화목제물로 드려야했다. 이스라엘 자손은 들에서 짐승을
잡으면 반드시 "제물"을 잡는 것이었고, 또 반드시 귀신에게 바쳤으므로(7
절) 이스라엘은 무엇을 잡든지 반드시 제물을 회막 문 여호와께로 끌고
가서 제사장에게 주어야 했다. 그래서 제사장은 그 제물을 여호와께 드려
"화목제"로 드려야 했다.

**레 17:6. 제사장은 그 피를 회막 문 여호와의 제단에 뿌리고 그 기름을 불살라
여호와께 향기로운 냄새가 되게 할 것이라.**

이스라엘 자손들이 들판에서 잡아서 넘긴 제물을 제사장이 받아서 화목제
로 드릴 때 "그 피를 회막 문 여호와의 제단에 뿌리고 그 기름을 불살라
여호와께 향기로운 냄새가 되게" 했다(3:2). 제사장은 그 피를 번제단에 뿌려야
했고, 그 기름을 불살라서 여호와께 향기로운 냄새가 되게 했다(3:5, 11, 16;
4:31; 출 29:18; 민 18:17). 피와 기름은 생명의 근원이므로 그 희생제물을
대신하여 화목제로 바친 것이다(3:2-5). 제물을 드린 자는 피와 기름만을 제외
하고 모든 고기를 차지했다.

**레 17:7. 그들은 전에 음란하게 섬기던 숫염소에게 다시 제사하지 말 것이니라
이는 그들이 대대로 지킬 영원한 규례니라.**

여호와께서는 이스라엘 백성이 지금까지 들에서 짐승을 잡아 음란하게
숫염소147)에게 제사지내던 일을 버려야 할 것이라 하신다(신 32:17; 대하
11:15; 시 106:37; 고전 10:20; 계 9:20). 이것은 그들이 대대로 지켜야 할

---

147) "숫염소":Satyr. 광야에 사는 마신(魔神)을 가리키는 말(대하 11:15). 17:7에는 '숫염소'로,
사 13:21에서는 '들양'으로 번역되어 있다. 이것은 히브리의 민간 신앙으로서 일찍부터 알려져
있었다. 아라비아인의 진(Jinn)에 해당되고, RSV는 Satyr, 일본 개역은 귀신으로도 번역하고
있다. 원어의 뜻은 '털 많은 것'으로 되어 있고, 염소의 발을 가진 마신으로 여겨지고, 음산한
광야에 사는 것으로 여겨졌다(사 13:21)(디럭스 바이블 성경사전).

영원한 규정이라 하신다.

　이스라엘 백성은 애굽에 있을 때 숫염소를 섬겼다. 그들은 광야에 나와서도 여전히 숫염소를 섬겼다. 이런 일은 음란하기 그지없는 일이었다(20:5; 출 34:15; 신 31:16; 겔 23:8). 이스라엘 백성은 하나님과 결혼한 민족이었는데 숫염소에게 제사하는 일이야 말로 간음하는 것처럼 더러운 일이었다. 이스라엘 백성들은 여러 우상을 음란하게 섬긴 민족이었다(20:5; 출 34:15-16; 신 31:16; 삿 2:17; 8:33; 겔 6:9). 우리가 하나님만을 섬기지 않고 다른 것을 섬기는 것은 참으로 음란한 우상숭배이다. 오늘 돈 우상, 물질 우상, 세상 우상이 너무나 많다.

레 17:8-9. 너는 또 그들에게 이르라 이스라엘 집 사람이나 혹은 그들 중에 거류하는 거류민이 번제나 제물을 드리되 회막 문으로 가져다가 여호와께 드리지 아니하면 그는 백성 중에서 끊어지리라.

　이 부분(8-9절)의 말씀은 제물을 드리는 규정을 진술한다. 모세는 이스라엘 백성들에게 일러야 했다. 즉, 이스라엘 사람들이나 혹은 이스라엘 경내에 거류하고 있는 거류민이 번제나 제물(화목제)을 드릴 때는 반드시 제물을 회막 문으로 가져다가 여호와께 드리라는 것이었다(1-2-3). 만일 그렇게 하지 않는 사람들은 이스라엘 공동체에서 추방될 수밖에 없다는 것을 전해야 했다(4절). 여호와께서는 이스라엘 백성들이 들에서 우상을 섬기지 않도록 제물을 드리되 회막 문에서만 드리도록 하셨다. 하나님의 사랑의 조치였다.

　신앙 공동체에서 추방되는 것은 신앙인들에게는 죽음이다. 오늘날도 교회 공동체에서 추방되는 것은 죽음을 의미한다.

2. 피를 먹지 말라　17:10-14

　여호와께서는 이스라엘 백성들이나 혹은 그 경내에 거류하는 거류민들에게 피를 먹지 말라고 경고하시고(10절), 그 이유를 말씀하시며(11절), 피를 먹지 말라는 말씀을 다시 강조하신다(12절). 그리고 여호와께서는 피를 처리하는 처리법을 가르쳐주시면서(13절) 재차 피를 먹지 말라고 강조하신다(14절).

레 17:10. 이스라엘 집 사람이나 그들 중에 거류하는 거류민 중에 무슨 피든지 먹는 자가 있으면 내가 그 피를 먹는 그 사람에게는 내 얼굴을 대하여 그를 백성 중에서 끊으리니.

여호와께서는 이스라엘 사람이나 이스라엘 경내에서 거류하고 있는 거류민들에게 아무런 피도 먹지 말라고 경고하신다(3:17; 7:26-27; 19:26; 창 9:4; 신 12:16, 23-25; 15:23).[148] 만약 피를 먹는 자가 있으면 여호와의 얼굴을 대하여 그 사람을 이스라엘 공동체에서 끊으리라고 하신다(20:3, 5-6; 26:17; 렘 44:11; 겔 14:8; 15:7). 이스라엘 사람도 공동체에서 끊고 거류민도 공동체에서 끊겠다고 하신다. 피를 먹지 말아야 할 이유는 다음 절에 기록되어 있다.

레 17:11. 육체의 생명은 피에 있음이라 내가 이 피를 너희에게 주어 제단에 뿌려 너희의 생명을 위하여 속죄하게 하였나니 생명이 피에 있으므로 피가 죄를 속하느니라.

앞 절은 피를 먹지 말라는 것을 강조하고 있으며 본 절은 피를 먹지 말아야 할 이유를 말씀한다. 피를 먹지 말아야 할 이유는 1) "육체의 생명은 피에 있기" 때문이다(14절; 창 9:4; 신 12:23). 사람 몸에서 피가 빠지면 사람은 금방 죽는다. 2) 피는 "생명을 속하는" 제물이기 때문이다. 생명을 속하기 위해서는 피를 "제단에 뿌려야" 한다. 여호와께서는 생명이 피에 있기 때문에 피가 죄를 속한다고 하신다(마 26:28; 막 14:24; 롬 3:25; 5:9; 엡 1:7; 골 1:14, 20; 히 13:12; 벧전 1:2; 요일 1:7; 계 1:5). 그리스도의 피가 우리의 죄를 정결하게 하신다는 것을 생각할 때 얼마나 감사한지 형언할 길 없다.

레 17:12. 그러므로 내가 이스라엘 자손에게 말하기를 너희 중에 아무도 피를 먹지 말며 너희 중에 거류하는 거류민이라도 피를 먹지 말라 하였나니.

"그러므로"; 즉 '육체의 생명이 피에 있기 때문에, 그리고 피가 죄를 속하기 때문에'(앞 절), "내가 이스라엘 자손에게 말하기를 너희 중에 아무도 피를 먹지 말며 너희 중에 거류하는 거류민이라도 피를 먹지 말라 하였다'고 하신다.

---

148) 신약의 예루살렘 총회에서도 이 규정은 그대로 지키도록 했다. 이유는 각 도시에 모세의 법을 지키는 성도들이 있었기 때문이었다.

'피를 먹지 말라는 이유가 너무 크니 여호와께서 이스라엘 백성과 거류민들이 피를 먹어서는 안 된다'고 하신다.

레 17:13. 모든 이스라엘 자손이나 그들 중에 거류하는 거류민이 먹을 만한 짐승이나 새를 사냥하여 잡거든 그것의 피를 흘리고 흙으로 덮을지니라.
여호와께서는 본 절에서 피를 처리하는 처리법을 가르쳐주신다. 즉, 제물로 잡는 짐승 외에 다른 짐승이나 새의 피를 땅에 흘리고 흙으로 덮으라고 하신다 (7:26; 신 12:16, 24; 15:23; 겔 24:7). 피를 땅에 흘리고 흙으로 덮는 이유는, 1) 피는 식용 금지되어야 하기 때문이고, 2) 피를 하나님께 돌리기 위함이고 (Keil & Delitsch), 3) 우상 숭배에 사용되지 않게 하기 위함이다(Lange).

레 17:14 모든 생물은 그 피가 생명과 일체라 그러므로 내가 이스라엘 자손에게 이르기를 너희는 어떤 육체의 피든지 먹지 말라 하였나니 모든 육체의 생명은 그것의 피인즉 그 피를 먹는 모든 자는 끊어지리라.
여호와께서는 본 절에서 재차 피를 먹지 말라고 강조하신다. "모든 생물은 그 피가 생명과 일체이기"(11-12절; 창 9:4; 신 12:23) 때문에 피를 먹지 말라고 하신다. 누구든지 피를 먹는 자는 이스라엘 공동체에서 끊어지리라고 하신다. 끊는 일은 지도자들이 할 수도 있고, 지도자들이 하지 않으면 여호와께서 하신다고 하신다.

3. 죽은 동물을 먹지 말라 17:15-16
피를 먹지 말라고 말씀하신(10-14절) 후 죽은 동물을 먹지 말라고 하신다. 죽은 동물 속에는 피가 있기 때문이다. 혹시 그 죽은 것을 먹은 자가 있다면 옷을 빨아야 하고 물로 몸을 씻어야 한다고 하신다.

레 17:15 또 스스로 죽은 것이나 들짐승에게 찢겨 죽은 것을 먹은 모든 자는 본토인이거나 거류민이거나 그의 옷을 빨고 물로 몸을 씻을 것이며 저녁까지 부정하고 그 후에는 정하려니와.
자연적으로 죽은 동물이나 들짐승에게 찢겨 죽은 것을 먹은 사람은 죽은 동물 속에 피가 있어 피를 먹은 것이니(22:8; 출 22:31; 신 14:21; 겔 4:14; 44:31), 모두 본토인이거나 거류민이거나 모두 옷을 빨고 물로 몸을 씻어야 하며(15:5, 8) 그래도 그날이 끝나는 저녁까지 부정하다고 하신다. 그날이 지나 새날이 되면 정하게 된다는 뜻이다.

죽은 짐승을 먹은 자의 벌은 피를 먹은 자의 벌보다 훨씬 가볍다. 피를 먹은 자에게 가해지는 형벌은 이스라엘 공동체에서는 끊어지는 것이었다. 짐승을 먹은 자의 벌이 가벼운 것을 또 신 14:21("스스로 죽은 모든 것은 먹지 말 것이나 그것을 성중에 거류하는 객에게 주어 먹게 하거나 이방인에게 파는 것은 가하니라")에서도 볼 수 있다. 이는 여호와께서 가난한 백성들을 배려하신 말씀으로 보인다.

레 17:16. 그가 빨지 아니하거나 그의 몸을 물로 씻지 아니하면 그가 죄를 담당하리라.

자연적으로 죽은 동물이나 들짐승에게 찢겨 죽은 것을 먹은 사람이 "옷을 빨지 아니하거나 그의 몸을 물로 씻지 아니하면 죄를 담당하게 된다"고 말씀한다(5:1; 7:18; 19:8; 민 19:20). 무슨 죄인지 알 수 없으나 반드시 벌을 받게 된다는 것이다. 신자는 무슨 죄를 짓던지 반드시 해결하고 지나가야 한다(출 4:24). 오늘날 많은 사람들은 죄를 지어도 큰 문제가 없다고 생각한다. 그러나 우리는 죄를 심각히 알고 죄를 자복해야 한다(요일 1:9).

제 18 장

B. 가정생활을 성화하라 18:1-30

레위기의 실천편(17-27장)을 맞이하여 여호와께서는 이스라엘 백성들에게 거룩한 삶을 살라고 명하신다. 이스라엘 민족이 애굽에 살던 때의 이방민족들을 본받지도 말고, 또 앞으로 가나안에 들어간 후에도 이방 사람들을 본받지도 말라고 말씀하신다. 만약 거룩하게 살지 않으면 여호와께로부터 벌을 받을 뿐 아니라 토함을 받을 것이라고 하신다. 18장의 내용은 머리말(1-5절), 근친상간을 삼가라는 내용(6-18절), 패륜행위를 금하라는 내용(19-23절) 및 결론적으로 경고하는 내용(24-30절)이 나오고 있다.

1. 머리말 18:1-5

여호와께서 모세를 통하여 이스라엘 백성들에게 애굽 땅의 풍속을 따르지 말며 가나안 땅의 풍속과 규례도 행하지 말라고 명하신다. 패륜행위는 이방인들의 특징이었다.

레 18:1. 여호와께서 모세에게 말씀하여 이르시되.

여호와께서는 이스라엘 사람의 거룩한 삶을 위하여 모세 한 사람에게 그의 말씀을 전달하신다. 이는 레위기의 말씀이 하나님의 말씀이라는 것을 보여준다(16:1; 17:1 참조).

레 18:2 너는 이스라엘 자손에게 말하여 이르라 나는 여호와 너희의 하나님이니라.

여호와의 말씀을 전달받은 모세는 이스라엘 자손에게 일러야 했다. 결코 여호와의 말씀은 모세 한 사람을 위한 말씀은 아니라는 것이다. 여호와께서는 모세에게 말씀을 전달하시면서 이 말씀을 하시는 분이 여호와임을 단단히 일러주신다. "나는 여호와 너희의 하나님이니라"는 말씀이 본 절부터 5절까지 세 번이나 나타나고 있다(4절; 11:44; 19:4, 10, 34; 20:7; 출 6:7; 겔 20:5, 7, 19-20). 즉, 모세에게 명령하시는 분이 여호와 하나님이라고 강조하시는 것이다. 백성들은 말씀하시는 분의 명령을 듣지 않을 수 없었다. 레위기의 실천 편(18-27장)에 이 형식("나는 여호와 너희의 하나님이니라")이 50회나 나타난다.

레 18:3 너희는 너희가 거주하던 애굽 땅의 풍속을 따르지 말며 내가 너희를 인도할 가나안 땅의 풍속과 규례도 행하지 말고.

여호와께서는 이스라엘 백성들에게 과거에 살던 애굽 땅의 풍속을 따르지 말며, 미래에 들어갈 가나안 땅의 풍속과 규례도 행하지 말라고 하신다. 이스라엘 백성들에게 하나님께서 가나안 7족을 멸하라는 명령도 그 땅의 우상숭배와 악풍에서 보호하기 위함이었다. 성도는 지금도 "이 세대를 본받지 말아야 할 것"이다(롬 12:2).

레 18:4 너희는 내 법도를 따르며 내 규례를 지켜 그대로 행하라 나는 너희의 하나님 여호와이니라.

앞 절은 부정적인 측면에서 이 세대를 본받지 말라는 말씀이었고, 이제 본 절은 이스라엘 백성들이 여호와의 법도(기본적인 하나님의 법)를 따르며, 여호와의 규례(법을 위한 구체적인 규정)를 지켜 그대로 지키라는 적극적인 명령이다. 이런 명령을 하는 분은 이스라엘 백성의 하나님 여호와라고 하신다. 여호와의 법도를 힘써 행하는 것이 이방 풍속을 극복하는 비결이기도 하다.

레 18:5 너희는 내 규례와 법도를 지키라 사람이 이를 행하면 그로 말미암아 살리라 나는 여호와이니라.

여호와께서는 이스라엘 백성들이 여호와의 법도와 규례를 지키면 "살 것이라"고 하신다. 여기 "살리라"는 말은 '잘 될 것이라'는 뜻이다. 이 말은 영생한다는 뜻은 아니다. 그저 세상에서 장수하고 번영할 것이라는 뜻이다. 영생하는 것은 하나님을 믿음으로 되는 것이다(창 15:6). 오늘도 하나님의 법을 지키면 잘 되는 것은 변함이 없다. 본 절의 "법도"는 '기본법'을 말하고, "규례"는 '부칙법'을 지칭한다.

2. 근친상간(近親相姦)을 삼가라 18:6-18

6절부터 18절은 근친상간을 금하고 있다. 특히 이 부분(6-18절)은 누구를 범하면 안 된다고 명시하고 있다. 이렇게까지 명시한 것은 고대 사회에 근친상간이 팽배해 있었음을 보여준다(창 4:17; 20:12). 본문에 의하면 어머니, 계모, 자매 혹은 배다른 자매, 손녀 혹은 외손녀, 계모의 딸, 이모와 고모, 삼촌의 아내, 자부, 형수와 계수, 후처의 딸과 생존한 형제의 아내를 범하지 말라고 경고하고 있다.

근친상간은 한 사회를 폐쇄적으로 만들고 배타적으로 만들뿐만 아니라 소 집단화 현상을 초래하여 하나님의 창조의 목적을 달성치 못하게 하기에 근친상간을 금지하는 일은 절대적으로 필요한 일이었다. 근친상간의 금지는 가정의 질서와 화평을 유지하고, 인간의 기본적인 도덕 질서의 확립을 위하며, 또한 하나님의 종교적인 질서를 보존하는데 있어 반드시 필요한 요소이다.

레 18:6. 각 사람은 자기의 살붙이를 가까이 하여 그의 하체를 범하지 말라 나는 여호와이니라.

여호와께서는 각 사람이 자기의 살붙이(핏줄-공동번역, 친척-현대인의 성경)를 가까이 하여 그의 하체[149]를 범하지 말라고 하신다. 여기 "살붙이"란

---

149) "하체": Nakedness. 인체의 아랫부분. 또는 남녀의 음부를 완곡하게 일컫는 말. 구약에는 후자의 뜻으로 많이 사용하고 있다. 남자의 하체를 가리켜(창 9:22, 23; 겔 22:10), 또는 대부분 부인의 음부에 대하여, 완곡하게 사용하고 있다(사 3:17; 47:3; 애 1:8; 겔 16:8, 36, 37; 23:10, 18, 29; 호 2:9). 히브리어에 있어서는 '살', 또는 '육체'를 가리키는 명사 '바사르(basar)'를 '하체'로 번역한 곳이 있고(레 6:10; 출 20:26; 28:42; 겔 16:26; 23:20), '숨긴 곳'을 뜻하는 명사 '마오르(maor)'도 '하체'로 번역했고(합 2:15), 여기서는 그 승리로 수치를 모르고 잔학을 행하던 바벨론이 마침내 하나님의 진노의 잔을 받게 되어 치욕의 모습을 보일 것이 선고되어 있다. 역시 '숨긴 곳'을 뜻하는 히브리어 명사 '포스(poth)'도 '하체'로 번역한 곳(사 3:17)이 있으며, 유다와

문자적으로는 '살 중의 살'이란 뜻으로, 결혼 관계를 통해 직접적으로 혹은
간접적으로 맺어진 혈족(친척)을 지칭한다. 결혼은 같은 살끼리 합하는 것이
아니라 다른 살과 합하는 것이다. 본 절부터 18절까지는 살붙이(같은 살)의
한계를 명시하고 있는데, 여호와께서 이스라엘 백성들에게 근친상간을 금하시
는 이유는 근친상간이 부도덕했을 뿐 아니라 애굽이나 가나안 근동 지역들의
악습으로부터 이스라엘 백성들을 거룩하게 구별하기 위함이었다.

  본문의 "그의 하체를 범하지 말라"는 말은 '옷을 벗겨 음부를 드러내지
말라'는 뜻으로, 간음을 목적으로 옷을 벗기는 행위를 하지 말라는 표현이다.
하나님께서 골육지친(骨肉之親)간의 결혼을 금하신 것은 도덕적인 타락을
방지하여 거룩한 삶을 살며 나아가 영적인 순결을 잃지 않도록 하시기 위함이
었다.

**레 18:7. 네 어머니의 하체는 곧 네 아버지의 하체이니 너는 범하지 말라
그는 네 어머니인즉 너는 그의 하체를 범하지 말지니라.**

  여호와께서는 이스라엘 백성들에게 가장 부끄럽게 생각해야 할 일부터
말씀하신다. 즉, '너는 네 아버지의 몸이나 마찬가지인 네 어머니의 몸을 범하면
안 된다'고 하신다(20:11). '그는 네 어머니인 만큼, 너는 그의 몸을 범하면
안 된다'고 하신다. 어머니의 하체를 범하는 사람이 세상에 어디 있을까라고
생각할 수 있으나 실제로 있었기에 여호와께서 말씀하신 것이다. 현세에서도
그런 사람이 있는 것을 매스컴에 종종 보도하고 있다.

**레 18:8. 너는 네 아버지의 아내의 하체를 범하지 말라 이는 네 아버지의
하체니라.**

  본 절은 "네 아버지의 아내"(즉, 계모)의 하체를 범하지 말라는 말씀을

예루살렘이 주의 심판 받고, 여인들의 허영은 수치로 변하여, 치명적인 모습을 드러내게 될
것에 대해 사용되어 있다. 가장 많이 '하체'로 번역된 말은 히브리어 명사 '에르와'인데, 노아가
포도주를 마시고 하체를 드러낸 일에 대해(창 9:22, 23), 멸망을 앞둔 예루살렘의 현저히 저하된
도덕과 율법을 지키려 않고 심지어 자기 아비의 하체를 드러내는 자도 있음에 대해(겔 22:10,→레
18:9, 11, 20:17), 각각 사용되고 있다. 또한 부녀들의 치부에 대해, 완곡어법으로 쓰여져 있다(사
47:3; 애 1:8; 겔 16:8, 36, 37; 23:10, 18, 29; 호 2:9)(디럭스 바이블 성경사전).

하고 있다(20:11; 창 49:4; 신 22:30; 27:20; 겔 22:10; 암 2:7; 고전 5:1).
본 절은 "네 아버지의 아내의 하체"라고만 기록되어 있을 뿐, 7절처럼
"네 어머니의 하체"란 말이 없는 것을 보면 계모의 하체를 범하지 말라는
말씀을 하고 있는 것이다. 계모의 하체를 범해서는 안 되는 이유는 "네
아버지의 하체이기" 때문이다. 고대 근동사회에서의 일반적 결혼 풍습은
일부 다처제였다. 하나님께서는 일처 일부제를 명하고 계시나(창 2:18-24)
근동 사회에서는 하나님의 명령으로부터 멀어져 일부다처제의 길을 걸었
다. 이런 풍습이 이스라엘에도 들어와 역시 일부다처제에서 벗어나지 못하
고 있었다. 그런고로 자녀 중에 계모를 범하는 아들이 있었다. 야곱의 장남
르우벤은 계모 빌하의 하체를 범함으로 인해 장자권을 박탈당하고 말았다
(창 49:4).

**레 18:9. 너는 네 자매 곧 네 아버지의 딸이나 네 어머니의 딸이나 집에서나
다른 곳에서 출생하였음을 막론하고 그들의 하체를 범하지 말지니라.**
　　이스라엘 백성들은 '자신의 자매 곧 네 아버지의 딸(아버지의 본 부인에게
서 낳은 딸)이나, 네 어머니의 딸'(아버지의 후처가 데리고 온 딸)의 하체를
범하지 말라는 명령을 받는다(11절; 20:17; 삼하 13:12; 겔 22:11). 다시 말해
친 자매든 이복 자매든 자신과 몸을 섞는 일을 금하라는 것이다(삼하 13:1-20).
자매는 신분상 자신과 동등한 위치에 있기 때문에 결국은 자신과 동일시되는
여자인데, 자매의 하체를 드러내는 일은 자신의 치부를 드러내는 일이다.
이런 일을 하는 것은 나라를 망치는 일이다(겔 22:11-16). 오늘 이런 악행이
점점 더 많이 발생하고 있다.

레 18:10. 네 손녀나 네 외손녀의 하체를 범하지 말라 이는 네 하체니라.
　　여호와께서는 이스라엘 백성들에게 '네 아들이 낳은 딸이나, 네 딸이 낳은
딸의 몸을 범하지 말라. 이유는 그들의 몸은 네 자신의 몸이나 마찬가지이기
때문이라고 하신다. 친손녀나 외손녀의 하체를 범한다는 것은 있을 수 없는
일이다. 그 이유는 그들의 몸은 본인 자신의 몸이나 마찬가지이기 때문이다.
살붙이를 범하는 일이야 말로 어리석기 짝이 없는 일이다.

레 18:11. 네 아버지의 아내가 네 아버지에게 낳은 딸은 네 누이니 너는 그의 하체를 범하지 말지니라.

본 절은 "네 아버지의 아내"(이는 친모는 아니다), 즉 '계모'가 "네 아버지(친부)에게 낳은 딸", 즉 '배가 다른 이복누이'도 "네 누이"니 그의 하체를 범하지 말라는 명령을 말한다. 주석가들은 9절의 경우와 본 절의 경우의 차이가 무엇인지에 대해 어려움을 겪는다. 누르체는 '9절은 자신의 친 누이만이 아니라 '같은 집에 있든지 아니면 다른 곳에 있는' 자기 이복누이까지도 다른 관계의 소산으로 (그것이 합법적이건 불법적이건 간에) 언급한다. 그러나 11절은 자기 아버지의 계모의 딸을 두고 말한다. 즉, 그 계모가 자기 아버지와 결혼하기 전에 낳은 계모의 딸을 두고 말하는 것이다. 이런 결혼으로 인하여 그 계모만 집에 들어온 것이 아니라 그 계모의 딸까지도 집에 들어오게 되었으므로, 그 딸조차도 자신의 친 누이로 간주되어야 한다'는 것이라고 말한다.[150)

레 18:12. 너는 네 고모의 하체를 범하지 말라 그는 네 아버지의 살붙이니라.

가족의 서열상 고모는 아버지와 동일한 서열이다. 따라서 아버지와 동일한 서열인 고모의 하체를 범하는 것은 곧 부모의 하체를 범하는 것과 같다. 고모의 하체를 범할 수 없는 것은 고모는 "네 아버지의 살붙이"이기 때문이다(20:19). 같은 살과 합하는 일은 있을 수 없는 일이다.

레 18:13. 너는 네 이모의 하체를 범하지 말라 그는 네 어머니의 살붙이니라.

가족의 서열상 이모는 어머니와 동일한 서열이다. 따라서 어머니와 동일한 서열인 이모의 하체를 범하는 것은 곧 부모의 하체를 범하는 것과 같다. 이모의 하체를 범할 수 없는 것은 이모는 "어머니의 살붙이"이기 때문이다. 같은 살과 합하는 일은 있을 수 없는 일이다.

레 18:14. 너는 네 아버지 형제의 아내를 가까이 하여 그의 하체를 범하지 말라 그는 네 숙모니라.

---

150) A. 누르체, *레위기*, 최종태역, p. 266.

너는 네 아버지의 형제, 곧 네 삼촌이 데리고 사는 아내에게 가까이 하여 하체를 범하면 안 된다고 하신다(20:20). 그 여자를 범하는 것은 곧 네 삼촌의 몸을 부끄럽게 하는 것이기 때문이라는 것이다. 그 여자는 네 숙모라고 하신다. 20:20에는 이런 자들이 무자(無子)할 것이라고 하신다. 부도덕한 근친상간은 하나님으로부터 징계를 받는다.

레 18:15. 너는 네 며느리의 하체를 범하지 말라 그는 네 아들의 아내이니 그의 하체를 범하지 말지니라.

며느리의 몸을 범하면 안 된다고 하신다(20:12; 창 38:18, 26; 겔 22:11). 며느리는 결혼관계에 의하여 아들과 한 몸이 되었으므로 며느리를 범하는 것은 아들의 수치를 드러내는 것이다. 20:12에 의하면 이런 자들은 둘 다 사형에 처하라고 말씀한다.

레 18:16. 너는 네 형제의 아내의 하체를 범하지 말라 이는 네 형제의 하체니라.

너희는 너희 형제의 아내와 성관계를 하지 말라고 하신다(20:21; 신 25:5; 마 14:4; 22:25; 막 12:19). 그들은 너희 형수와 제수라고 하신다. 이 법은 형이 살아있는 동안만 유효한 법이었다. 형이 후사가 없이 죽으면 대를 잇기 위해 형수와 결혼을 해야 하는 경우에는 예외였다(창 38:8-11; 신 25:5-10). 오난은 형이 죽었을 때 형수의 남편이 되어야 하는 법을 가볍게 여겼으므로 죽음을 당하고 말았다. 그러나 이 법은 신약 시대에 와서 폐지되었다.

레 18:17. 너는 여인과 그 여인의 딸의 하체를 아울러 범하지 말며 또 그 여인의 손녀나 외손녀를 아울러 데려다가 그의 하체를 범하지 말라 그들은 그의 살붙이이니 이는 악행이니라.

본 절은 어느 남자가 한 여자와 함께 살면서, 그 여자의 딸(의붓딸)의 몸을 아울러 범하면 안 되고(20:14), 또한 그 여자의 친손녀나 외손녀를 아울러 데려다가 그 몸을 범하면 안 된다는 것을 말씀한다. 그 여자의 딸이나 손녀들은 바로 그의 살붙이니 그런 일을 하는 것은 악행이라고 말씀한다. 이런 악행은 가정의 질서를 파괴하는 행위이고, 부모와 자식 간의 인륜을 저버리는 비인간적 행위이다.

신 27:23에는 한 남자가 아내와 함께 살면서 자기 장모와 성관계를 갖는
것은 저주를 받을 일이라고 말씀한다. 심지어 모세 율법은 염소 새끼를 그
어미의 젖으로 삶는 행위(출 23:19)나, 어미와 새끼를 같은 날에 잡는 행위
(22:28), 어미 새와 새끼를 아울러 취하는 행위(신 22:6)도 금하고 있다.

**레 18:18. 너는 아내가 생존할 동안에 그의 자매를 데려다가 그의 하체를
범하여 그로 질투하게 하지 말지니라.**

본 절은 아내가 생존할 동안에 아내의 자매를 데려다가 첩으로 삼아 그
자매와 성관계를 갖지 말라고 말씀한다(삼상 1:6, 8). 두 자매와 성관계를
맺으면 여자끼리 반목하고 질투하게 하는 것이라고 말씀한다. 레아와 라헬은
서로 자매였는데 야곱이 이들을 아내로 취해서 살았다(창 29장). 그래서 이들은
서로 원망하고 시기 했었다(창 30:1). 모세는 후에 이런 일을 시정하였다.

3. 패륜행위를 금하라 18:19-23

여호와께서는 앞(6-18절)에서 근친상간을 금하라는 명령을 내리셨는데,
이제 이 부분(19-23절)에서는 사람으로서는 해서는 안 되는 행위를 금하고
있다. 다시 말해 음란행위를 금하고 있다. 자기의 아이를 몰렉151)에게 주는
것도 하나님을 신뢰해야 하는 사람들에게는 음란한 행위라는 것을 드러내고
있다.

**레 18:19. 너는 여인이 월경으로 불결한 동안에 그에게 가까이 하여 그의
하체를 범하지 말지니라.**

여호와께서는 이스라엘 백성들에게 '여인이 월경으로 불결한 동안에 그에

---

151) "몰렉": Molech. 이스라엘 사람이 인신 희생을 바친 이방신이다. 이 신의 이름은
어린이 희생의 관습에 관련하여 나온다. 성결 법전에는 몰렉 예배를 금지하라는 명령이다(레
18:21,20:2-5). 그러나 예루살렘 남쪽 힌놈의 아들의 골짜기에서는 이 이교적 희생이 여전히
행해졌고(렘 32:35), 요시야의 종교 개혁에 의하여 배제되었다(왕하 23:10). 이사야는 몰렉의
인신 희생의 관습에서 착상(着想)하여 이것을 앗수르의 멸망에 대한 여호와의 준비 행동의
생채(生彩)있는 묘사의 표상(表象)으로 하고 있다(사 30:33)(디럭스 바이블 성경사전).

게 가까이 하여 그의 하체를 범하지 말라"고 명하신다(20:18; 겔 18:6; 22:10).
여인이 월경(생리)하는 일은 불결한 것이라고 하나님께서 말씀하신다(15:19).
이유는 월경하는 동안에는 피가 몸 밖으로 떨어져 나오는 것은 죽음을 의미하
는 것이니 불결한 것으로 취급되었다. 여인이 월경하는 동안은 종교 의식상
불결한 기간이니 여호와께서는 남자들에게 그 기간에 여인을 가까이하여 성관
계를 가지지 말라고 명하신다.

여인들이 불결한 것은 월경할 때(15:19-24)만 아니라, 해산 후에 피를 흘리
는 것에도 적용되었다(12:2-5). 따라서 이 규례를 어긴 자는 이스라엘 공동체에
서 추방되는 벌을 받았다(20:18).

**레 18:20. 너는 네 이웃의 아내와 동침하여 설정하므로 그 여자와 함께 자기를
더럽히지 말지니라.**

여호와께서는 이스라엘 백성들에게 "이웃의 아내와 동침하여 설정하므로
그 여자와 함께 자기를 더럽히지 말라"고 명하신다(20:10; 출 20:14, 17; 신
5:18; 22:22; 잠 6:29, 32; 말 3:5; 마 5:27; 롬 2:22; 고전 6:9; 히 13:4). 이웃집의
아내와 동침하여 설정하는 일은 남자 자신과 여자를 더럽히는 행동이라는
것이다(15:16-18). 사람의 몸에서 정액이 나오는 것은 "그의 몸의 분열과 파괴
를 의미하는 것인 만큼 그것은 죽음을 상징한다. 그리고 그것은 불결(죄)을
상징하기도 한다"(박윤선).

남의 여자와 동침하는 일은 또 일부일처의 원리를 파괴하는 더러운 일로서
마땅히 벌을 받아야 했다. 마땅히 죽임을 당해야 했다(20:10; 신 22:22; 겔
16:38, 40; 요 8:4-5).

**레 18:21. 너는 결단코 자녀를 몰렉에게 주어 불로 통과하게 함으로 네 하나님의
이름을 욕되게 하지 말라 나는 여호와이니라.**

(וּמִזַּרְעֲךָ לֹא־תִתֵּן לְהַעֲבִיר לַמֹּלֶךְ וְלֹא תְחַלֵּל אֶת־שֵׁם אֱלֹהֶיךָ אֲנִי יְהוָה)
여호와께서는 이스라엘 백성들에게 "자녀를 몰렉(어린 아이를 희생 제물
로 바치게 하는 이방신)[152]에게 주어(20:2; 왕하 16:3; 21:6; 23:10; 렘 19:5;
겔 20:31; 23:37, 39) 불로 통과하게 함으로 하나님의 이름을 욕되게 말라"고

하신다. 본문 안에 있는 "불로 통과하게 함으로"라는 말은 원문에는 없는 말이다. 몰렉 신의 무자비함을 고려하여 삽입한 것으로 보인다(왕상 11:7, 33; 왕하 16:3; 17:17; 21:6; 행 7:43). 그러므로 본 절은 "너는 결단코 자녀를 몰렉(바알이 '주'라는 뜻)에게 주어 네 하나님의 이름을 욕되게 하지 말라 나는 여호와이니라"가 된다(19:12; 20:3; 21:6; 22:2, 32; 겔 36:20; 말 12). 즉, '자녀를 몰렉에게 주면 하나님의 이름을 욕되게 하는 일이니 자녀를 몰렉 신에게 바쳐서는 안 된다. 나는 여호와이다'가 된다. 사람들이 몰렉을 왕으로 섬기면서 자녀를 몰렉 신에게 희생 제물로 주는 것은 하나님의 이름을 심히 욕되게 하는 일이었고(신 12:31; 시 106:37; 겔 16:20) 음란한 일(영적 간음)이었다. 몰렉은 아무 것도 아니었는데 그 몰렉을 '주'(왕)로 알고 자녀를 희생 제물로 주었으니 하나님의 이름을 심히 욕되게 한 것이었다. 즉, 하나님을 아무 것도 아닌 신으로 전락시키는 행위였다. 우리는 여호와 하나님만을 왕으로, 주님으로 섬겨야 할 것이다. 세상의 그 어떤 세력(돈, 물질, 권력)도 하나님의 주권에 비하면 아무 것도 아님을 알아야 한다.

---

152) "몰렉": Molech. 이스라엘 사람이 사람의 몸을 희생 제물로 바친 이방신이다. 이 신의 이름은 어린이 희생의 관습에 관련하여 나온다. 성결 법전(레위기의 실천 편, 17-27장)에는 몰렉 예배를 금지하는 명령이 나온다(18:21; 20:2-5). 그러나 예루살렘 남쪽 힌놈의 아들의 골짜기에서는 이 이교적 희생이 여전히 행해졌고(렘 32:35), 요시야의 종교 개혁에 의하여 배제되었다(왕하 23:10). 몰렉에 대한 견해는 구구하다. 1) 앗수르의 신이라는 견해(암 5:26, KJV, Delitzsch). 2) 베니게의 신이라는 견해(Knobel). 3) 암몬의 신 밀곰이라는 견해(박윤선, 왕상 11:5; 왕하 23:13; 렘 49:1). 세 견해 중 3번이 가장 합당한 견해일 것으로 보인다. 이유는 성경이 많이 뒷받침하고 있기 때문이다.

유다 왕 아하스는 아람과 이스라엘 연합군의 침해를 받는 위기에 부딪치게 되자 "자기 아들을 불 가운데로 지나가게" 하고(왕하 16:3), 또 유다와 므낫세도 "그 아들을 불 가운데로 지나게" 하였다(왕하 21:6). 이것은 병행 기사 대하 33:11 이하에 의하면, 앗수르의 위협을 받은 때의 사건이었다. 소아 희생의 이교적 관습은 예언자에 의하여(렘 19:5; 32:35; 겔 16:21; 20:31; 23:37), 그리고 신명기 기자에 의하여 신랄한 배격을 받았고(신 18:10), 또 요시야는 신명기의 정신에 따라 이것을 일시 종식시켰다(왕하 23:10). 장자를 신에게 바치는 것은 조기(早期)의 이스라엘에서 행해지고 있었다(창 22:14; 출 22:29; 삿 11:29, 40). 그러나 이스라엘의 봉헌 조직에서는 인신 희생을 인정치 않고, 장자의 봉헌은 동물 희생으로 대체 하였다. 이스라엘 백성이 시내 광야에 있을 때 몰렉 신을 숭배하는 암몬 족속을 가까이 하기 전에 거기 아이를 바치는 자는 사형에 처한다고 하는 율법이 정해지고 있었다(레 18:21; 20:15). 그럼에도 불구하고 솔로몬 왕은 만년에 사랑하는 암몬 사람의 아내를 통하여 이 우상 신을 받아 들여 제단을 쌓았다. 그리고 힌놈의 아들 골짜기 도벳 산당에서 계속하여 어린이 희생이 행해졌다(시 106:38; 사 30:33; 렘 7:31; 19:4, 5; 겔 16:21; 23:37, 39). 북 왕국 이스라엘은 이와 같은 가증스러운 죄 때문에 하나님의 진노를 샀다(왕하 17:17; 겔 23:37)(디럭스 바이블 성경사전).

레 18:22. 너는 여자와 동침함 같이 남자와 동침하지 말라 이는 가증한 일이니라.

여호와께서는 이스라엘 백성들에게 "너는 여자와 동침함 같이 남자와 동침하지 말라 이는 가증한 일이라"고 말씀하신다(20:13; 롬 1:27; 고전 6:9; 딤전 1:10). 여호와께서는 한 남자가 한 여자와 동침하는 것은 허락하시나 남자와 남자가 동침하는 것은 가증한 일로 아신다고 하신다. 다시 말해 여호와께서는 남색(男色)을 금하고 계신 것이다(20:13; 롬 1:27; 고전 6:9). 즉, 동성결혼을 금하고 계신다. 이 죄는 이스라엘 경내에서도 저질러졌다(삿 19:22; 호 9:9; 10:9).

남자가 남자와 동침하는 경우 반드시 죽이라고 하신다(20:13; 신 23:18). 모세의 율법을 받아 전하기 이전에도 남색을 하다가 죽임을 당한 많은 사람들이 있었다. 소돔 성의 많은 사람들은 남색을 즐기다가 죽임을 당했다(창 19:5). 하나님께서 남색이 가증하다고 하신 것을 보면 하나님께서 남색을 얼마나 혐오하시는가를 알 수 있다. 오늘날 동성 결혼이 성한 것은 하나님의 뜻을 거스르는 일이다. 하나님의 진노를 살만한 일이다.

레 18:23. 너는 짐승과 교합하여 자기를 더럽히지 말며 여자는 짐승 앞에 서서 그것과 교접하지 말라 이는 문란한 일이니라.

여호와께서는 이스라엘 백성들에게 "짐승과 교합하여 자기를 더럽히지 말며 여자는 짐승 앞에 서서 그것과 교접하지 말라 이는 문란한 일이라"고 하신다(20:15, 16; 출 22:19). 즉, '남자도 짐승과 교합하여 자기를 더럽히지 말라'고 하시며 또 여자도 '짐승 앞에 서서 그것과 교접하지 말라'고 명하신다. 그러니까 남녀 모두 특히 가축을 치는 사람들이 짐승들과 성적으로 합하지 말라고 하신다. 이렇게 짐승들과 교합하는 것은 인간을 짐승 수준으로 끌어 내리는 일로 자신을 더럽히는 일이고, 심히 문란한 일이라고 하신다.

전승에 의하면 실제로 애굽의 여자들이 종교 숭배 의식상 숫염소와 교합하였다 하고(Herodutus, Strabo), 로마에서는 개와 더불어 교합했다는 것이다. 심지어 근대에 이르러서도 애굽 남자들이 악어의 암컷과 교합했다는 기록이

있다(Keil & Delitzsch). 이런 이방인들의 더러운 행위가 이스라엘 사람들에게
도 번지는 경우가 있어 여호와께서 수간(獸姦)을 금하셨다. 이렇게 인간과
짐승간의 교합은 하나님 보시기에 아주 문란한 일로 여기셨다. 여기 '문란'이
란 말은 '섞음', '혼합', 즉 '짐승과 인간을 뒤섞는 일'이라는 것이다(20:12).
이런 수간은 이스라엘에서 금지되었는데(20:15-16; 출 22:19; 신 27:21), 여호
와께서는 이런 죄를 짓는 사람들을 죽이도록 명하신다(20:15-16; 출 22:19).
오늘날도 가끔 짐승과 교합하여 이상한 것을 출생하는 일을 듣게 되니 참으로
한 가지 죄는 인류에게서 영원히 끊어지지 않고 존속되는 것 같다.

4. 결론적 경고 18:24-30

여호와께서는 근친상간(近親相姦)을 금하라(6-18절) 하시고, 또 패륜행위
(불결한 행위)를 금하라(19-23절)고 하신 다음 이제 결론적으로 경고하신다
(24-30절). 가나안이 쫓아냄을 당할 것은 이런 가증한 일을 행한 일 때문이니
(24-25절; 27-29절) 이스라엘도 근친상간을 금하고 또 더러운 일을 하지 말라고
경고하신다. 만일 이스라엘 백성들도 여호와의 경고를 듣지 않으면 결국 그
지역에서 쫓아냄을 당할 것이라고 하신다(26절, 30절). 여호와께서 이 부분
(24-30절)의 경고를 주시면서 마지막으로 "나는 여호와 너희의 하나님 여호와
니라"고 말씀하신다. 경고를 잘 들으라는 뜻이다.

**레 18:24-25. 너희는 이 모든 일로 스스로 더럽히지 말라 내가 너희 앞에서
쫓아내는 족속들이 이 모든 일로 말미암아 더러워졌고 그 땅도 더러워졌으므로
내가 그 악으로 말미암아 벌하고 그 땅도 스스로 그 주민을 토하여 내느니라.**
여호와께서는 이스라엘 백성들에게 "너희는 이 모든 일로 스스로 더럽히지
말라"고 경고하신다(30절; 마 15:18-20; 막 7:21-23). 여기 "이 모든 일"이란
'이 모든 더러운 일들', 즉 근친상간과 패륜행위(더러운 행위)를 지칭한다.
그런 일들은 사람을 더럽힌다는 것이다. 그 중에 하나만이라도 행하는 경우
사람은 엄청나게 더러워진다는 것이다.

그런 죄로 이스라엘 백성들이 자신을 더럽히지 말아야 하는 이유는 두
가지였다. 하나는 그런 죄들 때문에 가나안 사람들이 더러워졌다는 것이고

(20:23; 신 18:12), 또 하나는 가나안 땅도 더러워졌다는 것이다(민 35:34; 렘 2:7; 16:18; 겔 36:17). 그러니까 사람도 땅도 더러워졌다는 것이었다. 그래서 여호와께서 "그 악으로 말미암아 벌하고 그 땅도 스스로 그 주민을 토하여 낼 것이라"고 하신다(28절; 시 89:32; 사 26:21; 렘 5:9, 28; 9:9; 14:10; 23:2; 호 2:13; 8:13; 9:9). 가나안 사람들이 그런 모든 악을 행했기 때문에 벌을 받게 되어 그 땅 조차도 스스로 그 가나안 주민을 쫓아낼 것이라(의인법적 표현)고 하신다. 이스라엘은 결코 그런 죄를 범해서는 안 되었다. 이는 만일 가나안 사람들이 지었던 죄를 이스라엘이 범한다면 이스라엘 역시 하나님의 벌을 받을 수밖에 없다는 경고이다.

레 18:26. 그러므로 너희 곧 너희의 동족이나 혹은 너희 중에 거류하는 거류민이나 내 규례와 내 법도를 지키고 이런 가증한 일의 하나라도 행하지 말라.

본 절은 이스라엘 백성들이나 또 이스라엘 경내에서 거류하는 거류민(이방인들-이스라엘 공동체에 가입한 이방인들)이나 똑같이 적극적으로 여호와의 법도(기본법)와 규례(세부 조항들)를 지킬 뿐 아니라(5절, 30절; 20:22-23), 소극적으로는 가증한 일들(근친상간, 패륜행위)의 한 가지라도 범하지 말라고 경고하신다. 구약 시대에 하나님은 이스라엘 백성이나 이스라엘 공동체에 가입한 이방인을 동등하게 취급하심을 알 수 있다.

레 18:27. 너희가 전에 있던 그 땅 주민이 이 모든 가증한 일을 행하였고 그 땅도 더러워졌느니라.

본 절의 말씀은 가나안 주민('너희가 전에 있던 그 땅 주민')이 근친상간과 더러운 일들(우상숭배)을 행해서 더러워졌고 또 가나안 땅도 더러워졌다는 것을 말씀하면서 이스라엘 백성들은 절대로 본받지 말라고 경고한다(24-25절).

레 18:28. 너희도 더럽히면 그 땅이 너희가 있기 전 주민을 토함 같이 너희를 토할까 하노라.

앞 절의 가나안 주민들처럼 이스라엘도 그런 근친상간과 패륜행위로 자신들을 더럽히면 가나안 땅이 가나안 주민을 토해냄같이 이스라엘 백성들도 가나안 땅에서 벌을 받고 토해냄을 당할 것이라고 하신다(20:22; 겔 36:13, 17; 바벨론 포로).

레 18:29. 이 가증한 모든 일을 행하는 자는 그 백성 중에서 끊어지리라.
이 가증한 모든 일들, 즉 근친상간과 패륜행위(우상숭배)를 행하는 이스라엘 백성들은 이스라엘 신앙 공동체에서 끊어진다는 것이다. 신앙공동체에서 끊어지면 영적인 생명이 끊어지고 육신 생명도 머지않아 끊어지게 마련이다. 오늘도 교회에서 출교되는 사람은 영원히 소망이 없게 된다. 여기 교회에서 출교된다는 말은 교회당에서 쫓겨난다는 말 이상의 의미가 있다. 영적인 우주적인 교회에서 생명이 끊어지는 사람은 소망이 없는 사람이 된다.

레 18:30. 그러므로 너희는 내 명령을 지키고 너희가 들어가기 전에 행하던 가증한 풍속을 하나라도 따름으로 스스로 더럽히지 말라 나는 너희의 하나님 여호와이니라.
여호와께서는 결론적으로 경고하신다. 즉, 적극적으로 '여호와의 명령(근친상간을 금할 것, 우상숭배를 하지 말 것)을 지키라'고 하신다(3절, 26절; 20:23; 신 18:9). 그리고 소극적으로 이스라엘 백성이 "가나안에 들어가기 전에 행하던 가증한 풍속(선주민의 가증한 풍속)을 하나라도 따름으로 스스로 더럽히지 말라'고 하신다(24절). 이런 경고를 하시면서 여호와께서는 "나는 너희의 하나님 여호와니라'고 하신다(2절, 4절). 경고를 하시는 법적 근거를 제공하신다. 여호와는 앞을 내다보시는 분으로 거룩하시기 때문에 백성들의 죄를 그냥 간과하실 수가 없으셨다. 여호와께서는 오늘도 우리들로 하여금 이방을 본받지 않도록 많이 경고하고 계신다. 우리는 성경의 경고를 철저히 들어야 한다.

<h1 style="text-align:center">제 19 장</h1>

C. 성결한 삶을 살라 19:1-37

앞에서 제사를 성화하라(17:1-16), 가정생활을 성화하라(18:1-30)는 말씀을 하신 여호와께서는 본장에서 사회생활을 성화하라(19:1-37)는 말씀을 하신다. 여호와께서는 본 장(19:1-37)에서 먼저 백성들은 여호와께 거룩하라(1-8절), 사람에게 덕을 세우라(9-18절), 여러 규례들을 지키라(19-37절)는 말씀을 하신다. 여호와께서는 본 장에서 높은 윤리적 표준을 제시하며, 이스라엘의 사회생활의 성화를 목표하신다.

레위기의 전반부인 제사법전(1-16장)에는 "거룩"의 개념이 주로 의식적이었으나, 본 장에서는 보다 윤리적으로 제시된다. 본장은 "언약서"라고 불리는 출 20-23장과 상통하는 점이 많고, 특히 십계명(출 20:1-21)과 병행한다.

1. 여호와께 거룩하라 19:1-8

여호와께서는 이 부분(1-8절)에서 백성들은 거룩해야 한다 하시고(1-4절), 또 화목제물을 드리되 여호와께서 기쁘게 받으시도록 드리라고 명하신다(5-8절). 즉, 전자는 윤리적 규범이고, 후자는 의식적 규범이다. 전자는 십계명에서 하나님을 대하는 계명인 첫째 돌판(1-5계명)과 병행하고, 후자는 화목제의 규범을 다시 말씀하신 것이다.

레 19:1. 여호와께서 모세에게 말씀하여 이르시되.

여호와께서는 모세를 통하여 이스라엘 온 백성에게 윤리적 규례를 말씀하시기 위해 말씀을 시작하신다(16:1; 17:1; 18:1 주해 참조).

레 19:2. 너는 이스라엘 자손의 온 회중에게 말하여 이르라 너희는 거룩하라 이는 나 여호와 너희 하나님이 거룩함이니라.

여호와께서는 모세에게 "너는 이스라엘 자손의 온 회중에게 말하여 이르라"고 하신다. 여호와께서는 구약 교회의 대표자 한 사람을 통하여 온 회중에게 말씀하시기를 원하신다. 여호와께서는 그 후에도 교회의 대표자에게 말씀하시기를 원하신다(계 2장; 3장).

여호와께서 말씀하시기를 원하시는 내용은 "너희는 거룩하라 이는 나 여호와 너희 하나님이 거룩함이니라"는 말씀이다(11:44; 20:7, 26; 벧전 1:16). 이스라엘 백성들이 거룩해야 하는 이유는 여호와께서 거룩하시기 때문이라는 것이다. 여기 "거룩하라"는 말씀은 '거룩한 행위를 가지라' 혹은 '거룩한 삶을 보이라'는 뜻이다. "거룩하라"는 말씀은 19:3-37과 실천편 (17-27장)에서 여호와께서 명령하신 윤리적 행위 혹은 윤리적 삶을 실제 보이라는 말씀이다. 즉, 참된 신앙생활을 할 것, 윗사람을 공경할 것, 공정한 삶을 살 것, 가난한 자를 배려할 것, 공평한 재판을 할 것, 죄를 멀리 할 것, 거류민을 학대하지 말 것 등 수많은 규례와 법도를 행하는 것이다. 레위기의 실천편(17-27장)에 "너희는 거룩하라. 나 여호와 너희 하나님이 거룩함이니라"는 대전제가 여러 번 등장하는 것(19:2; 20:7, 26;; 21:6, 15, 23)을 보면 실천편 전체가 우리 모두가 거룩한 삶(구별된 삶)을 살아야 한다는 것을 말씀하고 계심을 보여준다.

그리고 '여호와께서 거룩하시다'는 말씀을 주신 하나님은 세상 만민과 만물 위에 초월해 계신 신이시고, 이스라엘 백성들을 거룩하게 하실 수 있으신 능력의 신이시다. 여호와를 의지할 때 누구든지 모든 구별된 명령을 능히 실천할 수 있게 된다. 그런고로 우리는 세상의 모든 불신자들과 이교도들과는 구별된 행위와 삶을 보여주어야 할 것이다. 보여주지 않으면 하나님의 자녀 자격을 나타내지 않는 것이다. 박윤선 박사는 "하나님이 우리 하나님이신 관계가 유지되려면 우리 자신들이 거룩해야 된다"고 주장한다.153)

---

153) 박윤선, *레위기 민수기*, 구약 주석, 영음사, p. 123.

레 19:3 너희 각 사람은 부모를 경외하고 나의 안식일을 지키라 나는 너희의 하나님 여호와이니라.

구별된 삶을 인생에게 주문하신 여호와께서는(앞 절) 먼저, '너희 각 사람은 부모를 경외하고 나의 안식일을 지키라"고 명하신다(출 20:8, 12; 31:13). 부모를 경외하는 것도 구별된 삶이고, 여호와의 안식일을 지키는 것도 구별된 삶을 사는 것이다. 여호와께서 이 두 가지 명령을 하신 다음 "나는 너희의 하나님 여호와라"는 말씀을 하신 이유는 그 명령에 무게를 싣기 위함이다. 다시 말해 그런 명령들을 반드시 지키라는 것이다.

부모 경외(공경)는 하나님 경외와 같은 것이다. 이유는 "부모는 자식에게 대하여 땅에서는 하나님의 대리자격이기 때문이다"(박윤선). 부모는 세상에서 하나님을 대리하여 자식들을 사랑하고 있는 것 아닌가(히 12:7-10 참조). 그런고로 자식들은 하나님을 대리하고 계시는 부모를 마치 하나님 대하듯 공경해야 한다.

여호와의 안식일을 지키는 문제(이는 제 4계명이다. 출 20:8-11)를 상고함에 있어 제일 먼저 안식일이 우연히 생긴 것이 아니라 여호와께서 만드신 제도라는 것이다(그래서 "나의 안식일"이다). 여호와께서 우주를 창조하신 다음 사람들을 맨 마지막에 만드시고 일곱째 날에 안식하도록 배려하셨다(창 2:1-3; 출 16:23-30 참조). 하루를 편히 쉬면서 여호와를 기억하고 경배하라는 것인데, 안식일을 지키는 일을 너무 무겁게 생각하고 압력으로 여기는 사람들이 많이 있는 것은 안식일에 대한 오해에서 비롯된 것이다. 다시 말해 자기 마음대로 행동하기를 원하는 심리 때문에 안식일 준수를 꺼리는 것이다. 안식하라는 것은 모세 율법 이전에 하나님께서 주신 법이니 온 인류가 지켜야 하는 제도이다. 인류는 안식일에 세상일을 쉬면서 여호와께 경배해야 한다.

오늘날 안식을 위하여 제 7일(토요일)을 지키지 않고 주일(계 1:10)을 지키는 이유는 예수 그리스도께서 주의 날(마 28:1-10; 막 16:1-8; 눅 28:1-12)에 부활하셨기 때문이고, 또 사도들이 그날 그리스도에게 경배했기 때문이다(요 20:19-23, 26-29; 21:1-14[154]); 행 20:7; 고전 16:2; 계 1:10). 그래서 우리도

---

154) 혹자들(A. B. Simpson)은 요 21:1-14에서 예수님께서 갈릴리에 나타나신 날도 주일일 것이라고 주장한다. 설득력 있는 주장이다.

주일에 하나님께 경배를 드려야 한다.

레 19:4 너희는 헛된 것들에게로 향하지 말며 너희를 위하여 신상들을 부어 만들지 말라 나는 너희의 하나님 여호와이니라.

여호와께서는 앞(3절)에서 땅에서 여호와를 대신하는 부모를 공경하라 하시고, 또 주일에 여호와를 공경하라 하셨는데, 이제 본 절에서는 "헛된 것들", 즉 '아무 것도 아닌 것들'(우상)에게 마음을 두지 말고(제 1계명, 26:1; 출 20:4; 사 2:18, 20; 10:10; 19:1, 3; 31:7; 겔 30:13; 고전 10:14; 요일 5:21), 또 신상들을 부어 만들지 말고(제 2계명, 출 20:4-6; 34:17; 신 27:15), 섬기지 말라고 하신다. 세상의 이교도들은 각종 우상을 만들어 섬기지만 성도들은 그런 일을 해서는 안 된다고 하신다. 이것이 바로 거룩한 삶이다. '나는 너희의 하나님 여호와이니라'는 말씀은 제 1계명과 제 2계명을 반드시 지켜야 한다고 무게를 싣는 말씀이다. 3절 주해 참조.

레 19:5 너희는 화목제물을 여호와께 드릴 때에 기쁘게 받으시도록 드리고,

본 절부터 8절까지는 화목제물을 여호와께 드리라고 말씀한다. 화목제물을 드리는 것이야 말로 구별된 삶이라고 할 수 있다. 세상의 이교도들 중 누가 여호와께 화목제물을 드리는가? "화목제"란 여호와께 감사하고 헌신하는 뜻으로 드리는 제사이니(3:1-17; 7:11-21) 참으로 구별된 성도의 삶이다.

그런데 화목제물을 드릴 때에 여호와께서 기뻐 받으시도록 드리라고 하신다(1:3 주해 참조). 화목제물은 감사해서 드리는 제물이고 또 헌신하는 뜻으로 드리는 제물인데 기쁘시게 받으시도록 드리는 것이 필수적이다.

레 19:6-8 그 제물은 드리는 날과 이튿날에 먹고 셋째 날까지 남았거든 불사르라 셋째 날에 조금이라도 먹으면 가증한 것이 되어 기쁘게 받으심이 되지 못하고 그것을 먹는 자는 여호와의 성물을 더럽힘으로 말미암아 죄를 담당하리니 그가 그의 백성 중에서 끊어지리라.

화목제물을 드리는 자는 "그 제물을 드리는 날과 이튿날에 먹고 셋째 날까지 남았거든 불살라" 한다. 다시 말해 이틀간만 먹고, 제 3일에는 먹지

못하고 음식이 남았으면 불사르는 것이 그 규례이다(7:17-18 주해 참조). 제
3일에 그 제물을 조금이라도 먹으면 가증하고, 그것을 먹는 자는 죄를 짓는
것이라고 하신다(7:18). 감사제, 헌신제를 드리면서 죄를 지어서야 되겠는가?
그런 식으로 화목제물을 취급하는 자는 백성 중에서 '끊어지리라'고 하신다.
백성 중에서 끊어진다는 말은 교회 공동체에서 영적으로 끊어진다는 말씀이다.
오늘날 신약 시대에 성찬예식에 참여하는 자도 하나님께서 기쁘시도록 해야
한다.

2. 사람에게 덕을 세우라 19:9-18

이 부분(9-18절)은 이웃에 대한 의무를 말씀하는데, 십계명의 두 번째
돌판에 기록된 것을 중심으로 말씀한다. 내용은 밭에서 곡식을 추수할 때
곡식을 다 베지 말 것(9-10절), 도둑질, 속임, 거짓말하지 말 것, 속일 생각으로
여호와의 이름으로 맹세하지 말 것(11-12절), 이웃을 억압하지 말 것(13-14절),
공의로 재판할 것(15절), 이웃을 비방하지 말 것(16절), 이웃을 자기 같이
사랑할 것을 교육하신다(17-18절).

**레 19:9-10. 너희가 너희의 땅에서 곡식을 거둘 때에 너는 밭 모퉁이까지
다 거두지 말고 네 떨어진 이삭도 줍지 말며 네 포도원의 열매를 다 따지
말며 네 포도원에 떨어진 열매도 줍지 말고 가난한 사람과 거류민을 위하여
버려두라 나는 너희의 하나님 여호와이니라.**

9-10절은 추수 때에 가난한 사람과 거류민들(임시로 머물러 살고 있는
외국인들)을 배려하라는 말씀이다. 추수 때에 밭모퉁이까지 다 거두지 말아야
하고, 이삭도 다 줍지 말아야 하며(23:22; 신 24:19-22; 룻 2:14-16), 포도원의
열매를 다 따지 말아야 하고, 포도원에서 떨어진 열매도 줍지 말고, 가난한
자와 거류민을 위하여 버려두라는 것이다. 탈무드(Talmud)에 의하면 콩, 호두,
석류, 감람열매, 종려 등에도 이 규례를 적용시킨다고 한다. 우리는 가난한
자를 배려할 줄 알아야 한다.

레 19:11-12. 너희는 도둑질하지 말며 속이지 말며 서로 거짓말하지 말며

너희는 내 이름으로 거짓 맹세함으로 네 하나님의 이름을 욕되게 하지 말라 나는 여호와이니라.

이웃에게 해를 끼치지 말아야 할 것을 말씀하신다(둘째 돌판의 계명들을 중심하고 교훈한다). 도둑질(제 8계명-우리 사회에는 고급 공무원 도둑이 기승을 부리고 있다), 속임, 거짓말 하지 말아야 한다(제 9계명, 6:2; 출 20:15-16; 22:1, 7, 10; 신 5:19; 엡 4:25; 골 3:9)는 말씀이다. 오늘 우리 사회에서 너무 심각하게 일어나는 문제들이다. 거의 사회가 무너질 정도에 도달하는 것 같다.

그리고 남을 속일 생각으로(제 9계명) 하나님의 이름을 두고 맹세하지 말라(제 3계명)는 말씀이다(6:3; 출 20:7; 신 5:11; 마 5:33; 약 5:11). 그것은 여호와의 이름을 욕되게 하는 것이다(18:21). 여호와께서는 "나는 여호와라"는 말씀을 하여 이웃에게 해를 끼치지 말 것을 강조하신다.

레 19:13. 너는 네 이웃을 억압하지 말며 착취하지 말며 품꾼의 삯을 아침까지 밤새도록 네게 두지 말며.

여호와께서는 권력으로나, 혹은 힘으로 이웃을 압제하지 말라고 하신다(막 10:19; 살전 4:6). 이웃을 억압하지 말 것, 착취하지 말 것(왕상 21:1-16), 품꾼의 삯을 다음날 아침까지 그냥 두지 말라고 하신다(신 24:14-15; 말 3:5; 약 5:4). 오늘의 세상에서는 이런 비슷한 일들이 얼마나 많이 벌어지고 있는지 참으로 한심한 형편이다. 13절의 경우는 주로 자기의 힘 가지고, 혹은 권력을 가지고 이웃을 억압하는 것을 금하라는 것이다.

레 19:14. 너는 귀먹은 자를 저주하지 말며 맹인 앞에 장애물을 놓지 말고 네 하나님을 경외하라 나는 여호와이니라.

본 절은 이웃의 약점을 이용하여 해를 끼치는 행위를 금하고 있다. 귀머거리가 듣지 못한다고 하여 그에게 악담하거나, 소경이 보지 못한다고 하여 그 앞에 걸릴 것을 두지 말라는 말씀이다(신 27:18; 롬 14:13). 하나님 두려운 줄 알라는 것이다(32절; 25:17; 창 42:18; 전 5:7; 벧전 2:17). 나는 여호와라고 하신다. 엄격히 금하는 말씀이다. 이웃의 신체적인 약점을 이용하여 해를 끼치면 하나님께서 직접 원수를 갚으신다고 하신다(신 27:18;

욥 29:15).

레 19:15. 너희는 재판할 때에 불의를 행하지 말며 가난한 자의 편을 들지 말며 세력 있는 자라고 두둔하지 말고 공의로 사람을 재판할지며.

본 절은 재판할 때에 공의롭게 해야 할 것을 말씀하신다. 결코 옳지 않게 재판해서는 안 된다고 하신다(출 23:2-3; 신 1:17; 16:19; 27:19; 시 82:2; 잠 24:23; 약 2:9). 즉, 가난한 사람이라고 하여 두둔하거나(출 23:3), 세력이 있는 사람이라고 하여 편들어서는 안 된다고 하시며, 이웃을 재판할 때에는 오로지 공정하게 하라고 주문하신다. 재판은 하나님께 속한 것이니(신 1:17; 16:19), 절대 바르게 해야 한다고 하신다(9:10, 13-14; 출 23:6; 사 27:19).

레 19:16. 너는 네 백성 중에 돌아다니며 사람을 비방하지 말며 네 이웃의 피를 흘려 이익을 도모하지 말라 나는 여호와이니라.

여호와께서는 이스라엘 백성들에게 여기저기 돌아다니면서 남을 헐뜯어 자기를 높은 곳에 올려놓으려 하지 말고(출 23:1; 시 15:3; 50:20; 잠 11:13; 20:19; 겔 22:9), 자기 이웃의 생명을 위태롭게 하여 자기 이익을 얻으려고 하지 말라고 하신다(출 23:1, 7; 왕상 21:13; 마 26:60-61; 27:4). 여호와께서는 이런 중대한 말씀을 하신 다음 "나는 여호와니라"고 하신다. 여호와의 명령에 무게를 두시는 말씀이다.

레 19:17. 너는 네 형제를 마음으로 미워하지 말며 네 이웃을 반드시 견책하라 그러면 네가 그에 대하여 죄를 담당하지 아니하리라.

여호와께서는 이스라엘 백성들에게 친척을 마음으로 미워하지 말고(요일 2:9, 11; 3:15), 또 이웃이 잘못 행동하면 반드시 타일러 고쳐주어야 한다고 하신다(마 18:15; 눅 17:3; 갈 6:1; 엡 5:11; 딤전 5:20; 딤후 4:2; 딛 1:13; 2:15). 이웃이 잘못을 저지르는 데도 가만히 두어 벌을 받게 해서는 안 된다고 하신다. 개인적으로 견책하고, 두 세 증인 앞에서 견책하며, 교회적으로 책선해야 한다는 것이다(마 18:15-17 참조). 그래야만 그 이웃의 잘못 때문에 져야 할 책임을 벗을 수 있다고 하신다(겔 33:1-9). 우리는 이웃이 잘못하는 것을 보고도 가만 두어 벌을 받게 하는 경우 우리가 할 책임을 다하지 않았으니 함께 벌을 받는다.

레 19:18. 원수를 갚지 말며 동포를 원망하지 말며 네 이웃 사랑하기를 네 자신과 같이 사랑하라 나는 여호와이니라.

여호와께서는 이스라엘 백성들에게 "원수를 갚지 말고 너희 동족에게 앙심을 품지 말며 너희 이웃을 너희 몸과 같이 사랑하라"고 말씀하신다(삼하 13:22; 잠 20:22; 롬 12:17, 19; 갈 5:20; 엡 4:31; 벧전 2:1; 약 5:9). 즉, '나에게 해(害)를 입힌 자에게 원한을 풀기 위하여 그 만큼 도로 해를 주지 말고, 다른 이가 나에게 행한 일에 대하여 억울하게 여겨 미워하지 말라'는 말씀이다. 원수를 갚는 일이나, 사람을 원망하는 일은 나에게 해를 끼친 자에게 도로 갚는 행위인데, 여호와께서는 그런 일을 중단하고 오히려 "너희 이웃을 너희 몸과 같이 사랑하라"고 명하신다(마 5:43; 22:39; 롬 13:9; 갈 5:14; 약 2:8). 이는 구약 최고 수준의 윤리라고 할 수 있다. 구약 최고 수준의 윤리는 "네 자신과 같이"라는 표준이 제시되고 있다. 그러나 예수님께서 제시하신 사랑의 표준은 "자기 목숨을 버리는 것"(요 15:13)이라고 하신다.

요 15:13에서 예수님은 제자들과 성도들을 "친구"로 알고 목숨을 버리신다고 하신다. 예수님은 이런 사랑보다 더 큰 사랑은 세상에 없다고 말씀하신다(10:11, 15; 롬 5:7-8; 엡 5:2; 요일 3:16). 그런데 누가 예수님의 친구냐 하는 것은 바로 "예수님께서 명하는 대로 행하는 사람"이라고 하신다(14:15, 23). 마 12:50 참조. 다시 말해 '예수님께서 명령하신대로 서로 희생적으로 사랑하는 사람이 친구라는 것이다. 예수님은 그렇게 서로 희생적으로 사랑할 친구들을 위해서 자기의 목숨을 버리신다고 하신다. 여기서 제자들과 성도들은 예수님께서 명하신대로 행해야 할 것을 권고 받는다. 예수님은 우리들 측의 무한 책임을 강조하신다. 우리는 서로 사랑해야 한다. 비록 우리가 예수님의 사랑을 온전히 모방할 수는 없어도 예수님의 사랑이 표준이 되어 우리들끼리 희생적인 사랑을 보여주어야 한다(요일 3:16; 4:11, 김수흥목사의 요한복음주해에서). 사랑은 자기희생이다.

여호와께서는 이렇게 구약의 사랑의 표준을 말씀하신 다음 '나는 여호와니라"고 하신다. 구약의 표준도 귀하니 꼭 지키라는 말씀이다.

3. 기타 여러 규례들을 지키라 19:19-37

여호와께 거룩하라(1-8절), 사람 상대하여 덕을 세우라(9-18절)는 말씀을 하신 여호와께서는 여러 규례들을 주시면서 그 규례들을 지키라고 명하신다(19-37절). 그 여러 규례들 중에서 제일 처음의 규례는 따로따로 보존되어야 할 것들을 섞지 말 것을 명하신다(육축을 다른 종류와 교합시키지 말 것, 밭에 두 종자를 섞어 뿌리지 말 것, 두 가지 재료로 짠 옷을 입지 말 것을 명하신다. (19절; 신 22:10, 11; 고전 10:21; 고후 6:14-16 참조). 그리고 노예와 간음하지 말 것(20-22절), 유실목에 대하여 규례를 지킬 것(23-25절), 악습을 본받지 말 것(26-28절), 딸의 매음을 막을 것(29절), 안식일을 지킬 것(30절), 신접한 자와 박수를 신임하지 말 것(31절), 노인을 공경할 것(32절), 거류민을 선대할 것(33-34절), 공평한 도량형을 사용할 것(35-37절) 등을 명하신다.

레 19:19. 너희는 내 규례를 지킬지어다 네 가축을 다른 종류와 교미시키지 말며 네 밭에 두 종자를 섞어 뿌리지 말며 두 재료로 직조한 옷을 입지 말지며.

여호와께서는 이스라엘 백성들에게 너희는 내가 세운 규례를 지키라고 명하신다. 이제 앞으로 명하시는 여러 규례들을 지키라는 뜻으로 제일 앞에 규례 지키는 문제를 내놓으셨다. 여호와께서는 이스라엘 백성들에게 가축 가운데서 서로 다른 종류끼리 교미시켜서는 안 된다고 하시고, 밭에다가 서로 다른 두 종류의 씨앗을 함께 뿌려서도 안 되고(신 22:9-10), 서로 다른 두 가지의 재료를 섞어 짠 옷감으로 만든 옷을 입어서도 안 된다고 하신다(신 22:11). 여호와께서 이런 규례를 주신 이유는 "참 종교의 질서를 순수하게 지켜 나가려는데 있다. 이스라엘은 일상생활에 있어서 순수함을 힘쓰므로 종교 면에 있어서도 이교도들과 타협하지 않는 순결을 파수하게 될 것이었다"(박윤선).

레 19:20. 만일 어떤 사람이 다른 사람과 정혼한 여종 곧 아직 속량되거나

해방되지 못한 여인과 동침하여 설정하면 그것은 책망을 받을 일이니라 그러나 그들은 죽임을 당하지는 아니하리니 그 여인이 해방되지 못하였기 때문이니라.

여호와께서는 한 남자(주인)가 여자 노예와 동침하였는데(그 여자는 아직 노예의 신분이고 다른 남자에게 가기로 되어 있는 여자이고, 그 여자 노예를 데리고 갈 남자가 몸값을 치르지 않은 여자) 그 여자가 아직 자유의 몸이 되지 못한 상태면(그 때의 풍속에 의하면 아직까지 그 주인의 소유로 되어 있음), 그 두 사람은 벌을 받기는 하지만, 사형은 당하지 않는다고 하신다. 이유는 그 여자는 아직 노예의 신분을 벗지 못하였기 때문이라고 하신다. 주인이 받을 벌은 아주 약하다는 것이다(다음 절).

레 19:21-22. 그 남자는 그 속건제물 곧 속건제 숫양을 회막 문 여호와께로 끌고 올 것이요 제사장은 그가 범한 죄를 위하여 그 속건제의 숫양으로 여호와 앞에 속죄할 것이요 그리하면 그가 범한 죄를 사함 받으리라.

여자 노예와 음행한 주인 남자는 "속건 제물 곧 속건제[155] 숫양을 회막 문 여호와께로 끌고 올 것이요 제사장은 그가 범한 죄를 위하여 그 속건제의 숫양으로 여호와 앞에 속죄하면" 된다는 것이다(5:14-6:7 주해 참조). 만약 그 여자가 해방된 자유인이었다면 두 사람은 죽임을 당했을 것이다(20:11). 노예이기 때문에 죽음을 면제받고, 형벌만 받는 것이다. 이렇게 여자 노예와 음행한 주인은 속건제를 드리므로 죄 사함을 받게 된다. 그리고 동시에 그 주인은 속건제에 반드시 따르는 5분의 1의 배상금도 면제를 받는다. 여자가 노예이기 때문이다.

레 19:23. 너희가 그 땅에 들어가 각종 과목을 심거든 그 열매는 아직 할례 받지 못한 것으로 여기되 곧 삼 년 동안 너희는 그것을 할례 받지 못한 것으로 여겨 먹지 말 것이요.

여호와께서는 이스라엘 백성들이 가나안 땅으로 들어가 온갖 과일나무를 심었을 때에, 그들은 그 나무의 과일을 따서는 안 된다고 하신다. 과일이

---

155) "속건제": 속건제는 하나님 또는 남에 대해 과실로 임한 손해에 대하여 배상하여, 구체적으로 관계 개선을 위하는 제사이다.

달리는 처음 세 해 동안은 그 과일을 따지 말아야 하고, 그 과일을 먹어서도 안 된다는 것이다. "할례 받지 못한 것"이란 말은 남자 아이가 할례 받지 못한 것을 가져다가 비유한 것인데, 이 말은 첫 열매를 감사제로 드려서 거룩하게 될 때까지는 부정하다는 뜻을 나타내는 말이다.

레 19:24. 넷째 해에는 그 모든 과실이 거룩하니 여호와께 드려 찬송할 것이며.

넷째 해의 과일은 거룩하게 여겨, 그 달린 모든 과일을 주님을 찬양하는 제물로 바쳐야 한다(신 12:17-18; 잠 3:9). 사람이 먹기 전에 주님께 먼저 드리는 것이 아주 중요한 일임을 보여준다.

레 19:25. 다섯째 해에는 그 열매를 먹을지니 그리하면 너희에게 그 소산이 풍성하리라 나는 너희의 하나님 여호와이니라.

여호와께서는 다섯째 해에는 그 열매를 먹을 수 있다고 하신다. 다섯째 해에 그 열매를 먹으면 이스라엘 백성들이 여호와의 명령에 순종한 것이니 "그 소산이 풍성하리라"고 하신다. 여호와의 명령을 순종하면 잘 된다는 것이 성경의 증언이다(잠 10:4; 13:4; 22:29; 행 20:34-35; 엡 4:28).

레 19:26. 너희는 무엇이든지 피 째 먹지 말며 점을 치지 말며 술법을 행하지 말며 (לֹא תֹאכְלוּ עַל־הַדָּם לֹא תְנַחֲשׁוּ וְלֹא תְעוֹנֵנוּ).

본 절부터 28절까지는 여호와께서 이스라엘 백성들에게 당시 이방 세계에 흔했던 이교도들의 풍습을 본받지 말라고 하신다. 먼저, 어떤 고기든 "피 째 먹지 말라"고 하신다(17:10, 신 12:23). 당시 이방 사람들은 짐승을 도살해서 고기를 먹을 때 피 째 먹었다. 여호와께서는 피 째 먹는 것은 생명을 먹는 것인 고로 피 째 먹지 말라고 가르치셨다(17:10-14). 겔 18:6, 12, 15; 22:9 참조.

또 "점을 치지 말며 술법을 행하지 말라"(개역:"복술을 하지 말며 술수를 행치 말며")고 하신다(신 18:10-11, 14; 삼상 15:23; 왕하 17:17; 21:6; 대하 33:6; 말 3:5). "점을 치는 것"156)은 일종의 신접(神接) 또는 음양의 원리 등에 의해 인간의 길흉화복, 운명 등을 판단하는 주술적 방법의 하나로서 하나님을 의지하지 않는 일로서 여호와께서 금하고 계신다(신 18:10-11). 오늘 하나님의 계시가 밝히 드러난 시대에도 점을 치는 사람들이 얼마나 많은지 알 수 없다. '술법을 행하는'157) 것은 개역판에서는 '술수를 행하는 것'으로 번역하고 있다. "술법을 행한다'(עןנן)는 말은 '눈'(eye)이란 말에서 나온 말로, 눈으로 응시하여 마법을 거는 것을 뜻하는데, 이는 마술을 행하는 이교적인 행위이다.158) 여호와께서는 이스라엘 백성들에게 이교도들처럼 점을 치지 말고 마술에 속한 술법을 행하지 말고 오직 모든 것을 주장하시는 여호와만 의지하라고 하신다.

레 19:27. 머리 가를 둥글게 깎지 말며 수염 끝을 손상하지 말며.

여호와께서는 당시 이교도의 풍속으로 유행한 바, 관자놀이(귀와 눈 사이의 태양혈이 있는 곳)의 머리를 둥글게 깎거나(21:5; 렘 9:26; 48:37; 사 15:2), 구레나룻을 밀어서는 안 된다고 하신다. 본 절의 의미를 두고 몇 가지 해석이

---

156) "점": Divination. 일종의 신접(神接) 또는 음양의 원리 등에 의해 인간의 길흉화복, 운명 등을 판단하는 주술적 방법의 하나. 점괘는 점을 쳐서 나오는 쾌(卦, 占凶占, fortunt-telling)로서 이 쾌를 풀이하여 길흉을 판단한다. 고대사회에 있어서는, 점은 마술과 함께 어디서나 행해졌다. 이스라엘에서도 마찬가지여서, 꿈점(창 37:5; 40:9-; 41:1-; 삼상 28:6), 잔점(盞占, 창 44:5), 간점(肝占, 호 4:12) 등, 여러 종류가 있었다. 그러나 그것은 이교의 풍습으로서 금해졌다(신 18:9-13; 삼상 6:2; 행 16:16). 점장이에 의뢰하는 것은, 하나님의 말씀에의 신뢰를 버리고, 복종치 않고서, 인간의 거짓된 말에 의지하는 것으로 된다. 점은 기만의 수단으로 되는데서, 여호와 하나님의 말씀과 대조하여 그 거짓됨이 폭로되고 있다(겔 12:24; 13:6, 7). 하나님은 그 뜻을, 점 같은 수단에 의하지 않고, 그 자신의 방법에 의해, 때를 따라 백성에게 보여 주신다(민 23:23). 그것 이상의 것은 인간 지성을 초월한 '오묘한 일'인 것으로서, '우리 하나님 여호와께 속한 것'이다(신 29:29). 그러므로 이스라엘에 있어서는, 점은 엄금되고 그 호기심을 올바른 신앙으로 대치해야 할 것이 엄하게 요구되고 있다(신 18:10-14)(디럭스 바이블 성경사전).

157) "술법": Sorcery. 길흉을 점치는 방법. 이세벨의 부패한 영향력에 대해 기록되어 있는데(왕하 9:22), 바울에 의해 이교적인 죄의 하나로 언급되고 있다(갈 5:20). 히브리어 명사 '케샤핌-'은 '술수'(왕하 9:22)로 번역된 외에도, '사술'(사 47:9, 12), '마술'(나 3:4)로도 번역되어 있는 말이고, 그리스어 명사 '파르마케이아' 역시 '마술'로도 번역된 말이다. '우상숭배와 술수'(갈 5:20)라는 말에서 보는 대로, 그것과 밀접하게 관련된 행위임을 알 수 있다. 이런 종류의 술수(마술)가 당시 널리 행해지고 있었던 것은 행8:9-11; 13:8-10; 19:13-19 등에 의해 알려지고 있다(디럭스 바이블 성경사전).

158) 이 두 단어, 즉 "점을 치지 말며, 술법을 행하지 말며"란 말들은 "의미가 다소 모호하다. 그러나 분명한 것은 두 행위는 장래를 알아보고자 하는 바램을 표현하며(왕하 17:17), 그렇게 얻은 지식을 자신의 유익을 위하여 사용할 뿐 아니라 동시에 남을 해하는데 사용하고자 하는 것이다(민 23:23). 구름의 움직임, 새의 비행, 그리고 여러 자연 현상들(예컨대 별의 위치)이 그러한 점을 치는데, 중요한 역할을 하였다"(누르체).

있다. 1) 머리 가를 둥글게 깎고 수염 끝을 손상시키는 것은 옛 시대의 애도의 표시였다는 견해가 있다(신 14:1; 렘 16:6; 겔 44:20; 암 8:10). 여호와께서는 이런 이방 풍속을 따르지 말라고 하신 것이다(R. K. Harrison). 2) 머리 가를 둥글게 깎은 것은 가나안 사람들의 장례 풍속으로, 저들은 죽은 자의 영혼이 저들 주변을 맴돌면서 저들을 해친다고 생각해서, 죽은 영혼이 저들을 알아보지 못하게 하기 위해 머리를 둥글게 깎았고, 또 수염을 깎았으며, 얼굴에 문신을 했다는 것이다(이상근). 여호와께서는 여호와 자신이 성도들을 지켜주시기 때문에 그런 행위들을 하지 말라고 하셨다는 것이다. 여호와는 우리를 지키시는 분이시다(시 121:3-8). 3) 당시 하늘의 별자리를 숭배하는 자들이 그 별자리 형태를 본 따서 머리 형태를 그런 식으로 했다는 해석이 있다 (Matthew Henry). 4) 여호와께서는 머리 꼭대기 부분만 남기고 머리털을 빡빡 밀어 버리고 사는 광야의 거주자들의 풍습을 따르지 말라고 하신 것이라는 해석도 있다(누르체). 5) 아라비아 사람들이 그들의 신 오로탈(Orotal)을 경배하기 위하여 이 행위들을 행했다고 한다(Keil, Meyrick). 여호와께서는 이방의 우상숭배 풍속이 이스라엘로 들어오지 않게 하기 위해 머리 가를 둥글게 깎는 풍속이나 수염 끝을 손상시키는 풍속을 금했다는 것이다. 위의 여러 해석들 중 어느 해석이 맞느냐 하는 것을 결정하기는 어렵다. 5번을 택해둔다.

레 19:28. 죽은 자 때문에 너희의 살에 문신을 하지 말며 무늬를 놓지 말라 나는 여호와이니라.

여호와께서는 이스라엘 백성들이 죽은 자를 애도한다는 뜻으로 살을 베어내거나 몸에 문신을 새기지 말라고 하신다(21:5; 신 14:1; 렘 16:6; 48:37). 그런 명령을 내리시는 분은 여호와이시라고 하신다. 반드시 여호와의 말씀을 들으라는 뜻이다.

이방인들은 죽은 자들에 대한 지나친 애도의 뜻을 표시하기 위하여 살을 베어냈고 또 몸에 문신을 했는데 여호와께서는 그런 이방의 풍속을 따르지 말라고 하신다. 적당한 슬픔을 표하는 것은 좋으나 지나치게 슬퍼하는 것은 죽은 자를 여호와보다 더 사랑하는 것이 되어 금지해야 했다. 오늘도

하나님의 뜻은 변하지 않았다. 상을 당하여 너무 슬퍼하는 것은 옳은 일이
아니다.

**레 19:29. 네 딸을 더럽혀 창녀가 되게 하지 말라 음행이 전국에 퍼져 죄악이
가득할까 하노라.**

(אַל־תְּחַלֵּל אֶת־בִּתְּךָ לְהַזְנוֹתָהּ וְלֹא־תִזְנֶה הָאָרֶץ וּמָלְאָה הָאָרֶץ זִמָּה)

여호와께서는 이스라엘 백성들에게 '너희 딸을 창녀로 내놓아 몸을 더럽히
게 하지 말라고 하시며, 딸을 창녀로 내놓으면, 이 땅은 온통 음란한 풍습에
젖고, 망측한 짓들이 온 땅에 가득하게 될 것이라'[159]고 하신다(신 23:17).
여호와께서는 가나안의 종교를 미리 아시고 이렇게 교훈하신 것으로 보인다.
가나안에서는 신전에서 창기의 활약이 있었다(신 23:17-18; 왕하 23:7). 오늘날
은 어느 한 나라만 아니라 음풍이 심하여 온 세계가 음풍으로 인해 불바다로
망할 날이 올 것으로 보인다.

레 19:30. 내 안식일을 지키고 내 성소를 귀히 여기라 나는 여호와이니라.

여호와께서는 이제 본 절에서 적극적인 권면을 주신다. 먼저 "내 안식일을
지키라"고 하신다(3절; 26:2). 안식일을 지키라는 말씀은 앞에서도 많이 언급하
셨으나 또 말씀하신다. 안식일을 지키는 것이 중요하기 때문이었다.

다음으로 "내 성소를 귀히 여기라"고 하신다(전 5:1). "성소"[160]라는 것은
여호와 하나님께서 나타나신 곳에 세워진, 여호와를 섬기는 곳을 지칭한다.
안식일을 잘 지키는 자는 성소를 귀히 여긴다. 여호와께서 이 두 마디를 하시고

---

159) 개역개정판의 본 절 상반 절 번역은 다소 모호하게 되어 있다. 개역개정판은 "네 딸을
더럽혀서 창녀가 되게 하지 말라"고 번역했는데, 바른 번역으로는 '네 딸을 창녀로 내어 놓아
몸을 더럽히지 말라'고 번역해야 할 것이다.

160) "성소": Santuary. 뜻은 '거룩한 곳', '성전' 및 그 이전의 형태인 '성막', 혹은 그 중의
일부를 가리킨다(출25:8; 대상 22:19; 히 9:2). 극히 초기에는 야곱이 벧엘에서 경험한대로, 하나님
께서 현현하신 장소에 성소가 세워졌다(창 28:18-22). 또 '언약궤'가 두어진 땅이 성소로 되었는
데, 세겜이 이 최초이다(수 8:30-). 그 후 벧엘(삿 20:27), 길갈(수 9:6), 실로(삼상 3:3), 예루살렘(삼
하 6:16)이 성소로 되었다. 솔로몬시대 이후, 예루살렘성전이 성소로 되었다. 장막에서는, 지성소
의 바로 앞(前室)이 성소로서, 촛대와 상과 진설병이 비치되고, 지성소와의 사이에는 휘장이
쳐져 있었다(출 26:33; 28:29; 히 9:2). 성전에 있어서는 성소는 외소로도 불리우고(왕상 6:3,
17, 19), 제사장이 분향하는 장소였다(왕상 8:10; 눅 1:9,21)(디럭스 바이블 성경사전).

"나는 여호와니라"고 말씀하셨는데, 이는 반드시 안식일을 지키고 또 성소를
귀히 여기라는 뜻이다.

레 19:31. 너희는 신접한 자와 박수를 믿지 말며 그들을 추종하여 스스로 더럽히지 말라 나는 너희 하나님 여호와이니라.

여호와께서는 앞에서 안식일을 지키고 성소를 귀하게 여기라 하시고, 그렇
게 하기 위해서는 신접한 자(영매자의 하나)161) 박수(남자 무당)162)를 믿지
말라고 하신다(20:6, 27; 출 22:18; 신 18:10; 삼상 28:7; 대상 10:13; 사 8:19;
행 16:16). 구체적으로 신접한 자와 박수를 추종하여 스스로 더럽히지 말라고
하신다. 이 두 낱말은 보통 함께 나타난다. 뜻이 거의 같다고 할 수 있다.
여호와께서는 그들에게 이스라엘 백성들의 앞날을 맡기시기를 원치 않으셨다.
이들은 다 여호와 앞에서 없어져야 할 사람들이다.

레 19:32. 너는 센 머리 앞에서 일어서고 노인의 얼굴을 공경하며 네 하나님을 경외하라 나는 여호와이니라.

여호와께서는 이스라엘 백성들에게 머리가 센 노인들 앞에서 일어서고,
또 그 얼굴을 공경하라 하시고, 동시에 하나님을 경외하라고 하신다(14절;
잠 14:27; 19:23; 20:29; 딤전 5:1). 노인 공경과 하나님 경외는 밀접하게 연결되
어 있다. 그러니까 노인 공경은 하나님 경외의 일환으로 해야 된다는 것을
보여준다. 즉, 하나님을 경외하는 심정으로 노인을 공경하라는 것이다. 만일
하나님을 경외한다고 하면서 노인을 공경하지 않는 사람이 있다면 그의 신앙은

---

161) "신접한 자": Medium. 영매자의 하나. 주술에 의해 사자의 영을 불러내어 그 생각을
말하게 하여, 그것을 전하는 자(마 8:19; 19:3; 29:4)를 지칭하는데 이스라엘에서는 엄금되었다(레
19:31; 20:6, 27; 신 18:11). 그것은 여호와의 종교의 정신에 어긋나는 것이기 때문이었다. 사울은
일찍이 이것을 추방했으나, 후에 블레셋과의 전황이 불리해지자, 신접한 자의 조력을 얻으려
했다(삼상 28:3, 7-9; 대상 10:13). 왕조시대에도 이 미신은 깊이 뿌리를 내리고 있었다(왕하
21:6; 23:24; 대하 33:6). 히브리어 '오-브'는 '풀무' 같은 도구를 의미하고, 영매자가 그것으로서
기체 같은 영을 구멍에서 불어 올린 행사에 쓴 데서 온 이름으로 보고 있다(디럭스 바이블
성경사전).

162) "박수": Magician. Wizard. 신과 인간의 중개 구실을 한다 하여, 길흉을 점치는 일에
종사하는 사람. 여자의 경우는 보통 무당, 무녀라 하고, 남자의 경우는 보통 남자무당, 또는
박수라고도 한다(디럭스 바이블 성경사전).

가짜임을 알 수 있다.

레 19:33. 거류민이 너희의 땅에 거류하여 함께 있거든 너희는 그를 학대하지 말고.

본 절과 다음 절(34절)은 거류민(우리 땅에 와서 사는 외국 사람들)을 잘 대하라는 말씀이다. 본 절은 거류민을 학대하지 말라고 명하신다(출 12:48-49; 22:21; 23:9).

레 19:34. 너희와 함께 있는 거류민을 너희 중에서 낳은 자 같이 여기며 자기 같이 사랑하라 너희도 애굽 땅에서 거류민이 되었었느니라 나는 너희의 하나님 여호와이니라.

본 절은 거류민을 '너희 중에서 낳은 자 같이 여기며 자기 같이 사랑하라'고 하신다(출 12:48-49; 신 10:19). 그러니까 앞 절은 학대하지 말라고 하시며, 본 절은 우리가 낳은 자같이 여기며 사랑하라는 교훈이다. 외국인들을 사랑해야 할 근거는 이스라엘 사람들도 애굽 땅에서 거류민이었기 때문이라는 것이다(출 22:21; 23:9; 신 10:19). 거류민 사랑은 아주 귀한 것이기에 그런 명령을 하시는 여호와께서는 '너희의 하나님 여호와라'고 하신다. 오늘 우리도 우리 땅에 와서 사는 외국인들을 학대하지 말고 우리 자신같이 돌보아야 할 것이다.

레 19:35. 너희는 재판할 때나 길이나 무게나 양을 잴 때 불의를 행하지 말고.

여호와께서는 이스라엘 백성들에게 '너희는 재판할 때 공정하게 하고(15절), 물건을 사고 팔 때도 서로 속이지 말며, 공정한 도량형기를 사용해야 한다고 하신다. 고대 유물 발굴에서 발견되는 것은 물건을 재는 저울들 중 중형(重衡)이 있고 경형(輕衡)이 있었다는 것이다. 상인들이 물건을 살 때에는 중형으로 사고, 팔 때에는 경형으로 팔았다는 것이다. 그래서 여호와께서는 백성들에게 이런 짓을 하지 말라고 많이 경계하셨다(잠 11:1; 20:23).

레 19:36. 공평한 저울과 공평한 추와 공평한 에바와 공평한 힌을 사용하라 나는 너희를 인도하여 애굽 땅에서 나오게 한 너희의 하나님 여호와이니라.

여호와께서는 이스라엘 백성들에게 공평한 저울(무게를 다는 기구), 공평한 "추"(무게를 다는데 쓰는 용구의 하나), 공평한 "에바"(고체의 부피 단위)163) 공평한 "한"(액체량을 다는 단위)164)을 사용하라고 하신다(신 25:13, 15; 잠 11:1; 16:11; 20:10). 그렇게 부탁하시면서 아주 엄중하게 경고하신다. 즉, "나는 너희를 인도하여 애굽 땅에서 나오게 한 너희의 하나님 여호와이니라"고 하신다. 여호와께서 이스라엘을 애굽에서 이끌어 내신 목적은 그들을 구원하실 뿐 아니라, 그들로 하여금 거룩하게 살게 하려는 것이니 공평한 삶을 살라고 하신다. 오늘 우리는 참으로 세상에서 하나님의 백성으로서 조금도 부끄럼 없는 삶을 살아야 할 것이다.

레 19:37. 너희는 내 모든 규례와 내 모든 법도를 지켜 행하라 나는 여호와이니라.

여호와께서는 이스라엘 백성들에게 본 장의 결론을 주신다. 즉 "너희는 내 모든 규례와 내 모든 법도를 지켜 행하라"는 것이다(18:4-5; 신 4:5-6; 5:1; 6:25). 규례와 법도를 지키는 것은 아주 단맛 있는 명령이다. 우리는 연약한 인간들로 여호와의 명령을 지킬 때 잘 되게 하시니 말이다. 여호와께서는 마지막으로 "나는 여호와이니라"고 말씀하신다. 반드시 지키라는 것을 격려하시는 말씀이고 또 지키면 큰 복을 허락하신다는 것을 드러내는 말씀이다.

---

163) "에바": 원래 '바구니'란 뜻에서 바구니에 담을 양을 뜻하게 되었다(14:10). 한 에바는 23리터에 해당되었다.

164) "한": Hin. 올리브유 및 포도주 같은 것을 측정하는 액체량의 단위(출 30:24; 겔 45:24; 46:5, 7, 11). 밧의 1/6에 해당되고, 3.66리터. 이 단위에 기준하여 '한 힌의 4분지 1', '한 힌의 3분지 1', '기름 반 한' 등의 표현이 있었다(민 15:4, 5, 9, 10; 28:5, 7, 14). 이는 애굽어로 뜻은 '항아리'였다(디럭스 바이블 성경사전).

제 20 장

D. 범법자에 대한 처벌 규례들 20:1-27

본 장은 18장('가정생활을 성화하라')과 19장('성결한 삶을 살라')에 기록된 죄악의 내용들에 대하여 형벌이 있음을 발표하신다. 20장은 몰렉 숭배자를 처벌할 것(1-5절), 접신한 자와 부모를 저주한 자를 처벌할 것(6-9절), 성적 범죄자를 처벌할 것(10-21절) 및 결론적으로 본 장의 권면(22-27절)을 주신다.

1. 몰렉 숭배자를 처벌하라 20:1-5

이 부분(1-5절)은 자식을 몰렉에게 주는 자를 그 지방 사람이 반드시 죽일 책임이 있다고 하신다. 혹시 그 일을 그 지방 사람들이 책임지고 하지 않으면 여호와께서 친히 그 사람에게 진노하시겠다고 하신다.

레 20:1. 여호와께서 모세에게 말씀하여 이르시되.

여호와께서 18장과 19장에 기록한 죄악들에 대하여 형벌이 있음을 모세를 통하여 말씀하신다. 본 절의 문장 형식은 새로운 말씀을 시작하는 형식이다 (4:1; 12:1; 14:1; 16:1; 17:1; 18:1; 19:1 참조).

레 20:2 너는 이스라엘 자손에게 또 이르라 그가 이스라엘 자손이든지 이스라엘에 거류하는 거류민이든지 그의 자식을 몰렉에게 주면 반드시 죽이되 그 지방 사람이 돌로 칠 것이요.

여호와께서는 모세를 통하여 모든 이스라엘 자손에게 이르시기(18:21)를 누구든지, 즉 이스라엘 자손이든지 이스라엘에 거류하는 거류민이든지, 그의 자식을 "몰렉"(18:21 주해 참조)에게 주면 반드시 죽이라고 하신다(18:21;

신 12:31; 18:10; 왕하 7:17; 23:10; 대하 33:6; 렘 7:31; 32:35; 겔 20:26, 31).
죽일 때에는 자식을 몰렉에게 희생 제물로 준 그 지방 사람들이 나서서 돌로
치라고 하신다. 주의할 것은 18:21에서는 자녀를 몰렉에게 주지 말라는 명령만
내리셨는데, 본 절에서는 그 죄에 대한 형벌까지 말씀하셨다는 것이다. 자식을
몰렉(바알이 '주'라는 뜻)에게 희생 제물로 주는 자는 살아서 무엇 하겠는가.
그 지방 당국이 나서서 죽이는 것이 마땅했다.

**레 20:3. 나도 그 사람에게 진노하여 그를 그의 백성 중에서 끊으리니 이는
그가 그의 자식을 몰렉에게 주어서 내 성소를 더럽히고 내 성호를 욕되게
하였음이라.**

앞 절(2절)에서는 몰렉에게 자녀를 희생 제물로 주는 자를 지방에서
나서서 죽이라고 하셨는데, 이제 본 절에서는 여호와께서 "나도 그 사람에
게 진노하여 그를 그의 백성 중에서 끊겠다"고 하신다(17:10). 앞 절에서는
당국자의 벌(공동체에서 추방하는 벌)을 강조하셨고, 본 절에서는 하나님
의 진노(역시 공동체에서 하나님께서 끊으시는 벌)를 강조하신다. 오늘도
극악한 죄인은 국가를 통하여 징계를 받고, 또 하나님의 진노도 받는다는
것을 알 수 있다.

하나님께서 그 몰렉 숭배자에게 진노하시는 이유는 "그가 그의 자식을
몰렉에게 주어서 내 성소를 더럽히고 내 성호를 욕되게 하였기" 때문이라
고 하신다(18:21; 겔 5:11; 23:38-39). 자식을 몰렉에게 주는 행위는 여호와
의 성소를 더럽히고, 여호와의 성호를 욕되게 하는 행위라는 것이다. 자식
을 몰렉에게 주는 행위가 여호와의 성소를 더럽히고, 여호와의 성호를
욕되게 하는 행위가 되는 이유는 여호와의 권위를 인정하지 않고 우습게
여기기 때문이다. 오늘도 돈이나, 명예나, 권력을 더 중요시 하는 행위는
하나님을 무시하는 행위이고 하나님의 권위를 업신여기는 행위이며 여호
와의 이름을 욕되게 하는 행위일 수밖에 없다(왕하 21:4-9; 렘 32:34-35;
겔 23:37-39 참조).

레 20:4-5. 그가 그의 자식을 몰렉에게 주는 것을 그 지방 사람이 못 본 체하고

그를 죽이지 아니하면 내가 그 사람과 그의 권속에게 진노하여 그와 그를 본받아 몰렉을 음란하게 섬기는 모든 사람을 그들의 백성 중에서 끊으리라.

몰렉 숭배자가 자식을 몰렉에게 주는 것을 그 지방 사람들(그 공동체)이 보고도 못 본 체하거나, 그 몰렉 숭배자를 죽이지 아니하면(신 17:2-3, 5) 여호와께서 그 사람과 그 가문에게 진노하시겠다고 하신다(17:10; 출 20:5). 그 진노란 다름 아니라 그 사람과 그를 본받아 몰렉을 음란하게 섬기는 모든 사람을 동참자로 여기셔서(17:7) 그들의 백성 중에서 그들을 추방하시겠다고 하신다. 여호와를 배신하는 자를 눈 감아 주는 것도 큰 죄로 여기신다는 것을 알 수 있다. 우리는 우리 개인에게 죄를 지은 사람의 죄에 대해서는 덮어주어야 하나(벧전 4:8), 하나님의 성호를 더럽히는 자들에 대해서는 죄책을 함께 지는 심정으로 바로 잡아야 할 것이다.

2. 접신한 자와 부모를 저주한 자를 처벌하라 20:6-9

여호와께서는 앞(1-5절)에서 자식을 몰렉에게 주는 자를 처벌하라고 말씀하신 후 이제 이 부분(6-9절)에서는 두 종류의 악인들, 즉 접신한 자와 부모를 저주한 자를 처벌하라고 명하신다.

레 20:6. 접신한 자와 박수무당을 음란하게 따르는 자에게는 내가 진노하여 그를 그의 백성 중에서 끊으리니.

여호와께서는 "접신한 자와 박수무당을 음란하게 따르는 자에게는 내가 진노하여 그를 그의 백성 중에서 끊겠다"고 하신다(19:31 주해 참조). 즉, '혼백(넋)'을 불러내는 여자와 마법을 쓰는 사람을 따라다니면서 음란한 짓을 하면(5절), 나는 바로 그런 사람에게 진노하여 그를 자기 백성들로부터 끊어지게 하겠다'고 하신다. 본문의 "접신한 자"란 말은 '주술에 의해 죽은 자의 영(넋)을 불러내어 그 생각을 말하게 하여, 그것을 전하는 자'를 지칭하는데 이 낱말이 여성이기 때문에 접신한 자는 여성을 지칭하고, '박수무당'은 '마법에 의해 길흉(길함과 흉함)을 점치는 일에 종사하는 사람'을 지칭한다. 이런 사람들을 음란하게 따르는 사람에게 여호와께서 진노하시겠다고 하신다. 모든 어려운 문제들은 하나님께 물어야 하는데, 여자 무당이나 남자 무당에게 가서 묻는 것은 참으로 하나님 앞에 음란한 일로서 벌 받아 마땅한 일이었다. 하나님께서는 그런 사람들을 이스라엘 공동체에서 끊으시겠다고 하신다. 교회 공동체에서 영적으로 끊는 것은 영육이 망하는 일이다. 27절에서는 여자 무당과 남자 무당을 돌로 치라고 하셨다(신 13:9).

레 20:7. 너희는 스스로 깨끗하게 하여 거룩할지어다 나는 너희의 하나님 여호와이니라.

여호와께서는 이스라엘 백성들에게 "스스로 깨끗하게 하여 거룩하라"고 주문하신다(11:44; 19:2; 벧전 1:16). 즉, '접신한 자와 박수무당을 따르지 말고 (스스로 깨끗하게 하여) 구별된 행위를 보이라'는 것이다. 이런 명령을 하시는 분은 "너희의 하나님 여호와"라고 하신다. 세상에게 휩쓸려 살지 않고 구별된 삶을 산다는 것은 아주 중요한 일이 아닐 수 없다(롬 12:2). 우리가 거룩한 삶을 살려면 성령의 충만을 끊임없이 구해야 한다.

레 20:8. 너희는 내 규례를 지켜 행하라 나는 너희를 거룩하게 하는 여호와이니라.

여호와께서는 이스라엘 백성들에게 "너희는 내 규례를 지켜 행하라"고 명하신다(19:37). '여호와의 법과 규례를 행하라'는 말씀이다. 여호와의 법과 규례들을 행하면 성도들은 거룩해진다. 이유는 여호와는 성도들을 "거룩하게 하는 여호와"이시기 때문이다(출 31:13; 21:8; 겔 37:28). 레위기의 실천편(17-27장)의 모든 규례들을 행하면 여호와께서 그들을 구별된 인간들로 만들어 주신다. 그런 규례들을 어렵다고 생각할 필요가 없다. 행하려고 할 때 하나님께서 힘을 주시니 말이다. 그 규례들을 행하다가 보면 구별된 인간들이 되는 것이다.

레 20:9. 만일 누구든지 자기의 아버지나 어머니를 저주하는 자는 반드시 죽일지니 그가 자기의 아버지나 어머니를 저주하였은즉 그의 피가 자기에게로 돌아가리라.

여호와께서는 "누구든지 자기의 아버지나 어머니를 저주하는 자는 반드시 죽이라"고 하신다(출 21:17; 신 27:16; 잠 20:20; 마 15:4). "저주하다"165)는 말은 일반적으로 '상대방에게 불행이 임하기를 하나님께 구하는 일을 지칭하는데, 본문에서 부모를 저주한다는 것은 부모를 향하여 악담하는 것을 지칭한다. 부모를 향해 악담하는 자는 반드시 죽임을 받아야 한다. 그런 사람이 죽는 벌을 받아야 하는 이유는 "그가 자기의 아버지나 어머니를 저주하였은즉 그의 피가 자기에게로 돌아가게" 되어 있기 때문이다. 여기 "그의 피가 자기에게로 돌아간다"(11-13절, 16절, 27절; 삼하 1:16)는 말은 '자기의 죄 값으로 죽어야 한다', '자기의 받을 벌이 그에게로 돌아간다'는 뜻이다. 다시 말해 누가 그런 사람들을 죽여도 결코 복수당하지 않고 또 하나님으로부터 벌을 받지 않는다는 것이다(왕상 2:31-33, 44-45; 겔 18:13; 33:5). 부모를 저주한 사람이 자기의 죄로 죽는 것이니 그를 죽인 국가 기관이나 세력은 안심해도 되는 것이다.

3. 성적 범죄자를 처벌하라 20:10-21

접신한 자와 부모를 저주한 자를 처벌하라(6-9절)고 명령하신 여호와께서는 이 부분(10-21절)에서 더러운 성적 범죄자를 처벌하라고 부탁하신다. 이 부분(10-21절)은 18:6-23의 성적 범죄에 대한 벌칙을 언급한 것이다. 처벌 내용은 주로 돌로 쳐서 사형하는 것이고(10-13절, 15-119절), 또 불태워 죽이는

---

165) "저주": Curse. Anathma. 축복의 반대. 일반적으로는 상대방에게 불행이 임하기를 하나님께 구하는 일을 말하는데, 성경에서는 하나님께서 친히 저주하시는 일도 보이고 있다. 구약에는 적에 대한 '저주'의 실례가 많이 기록되어 있다(욥 31:30; 시 10:7; 59:12). 고대세계에서는 한번 입에서 발해진 저주는 반드시 효과가 있는 것으로 믿어지고 있었다(민 22:6; 시 109:18; 슥 5:3). 보다 중요한 것은 죄가 저주를 가져와 불행케 한다는 것이다. 에덴동산의 기사(창 3장)에서는, '뱀'은 죄를 도입했기 때문에 저주되고, 아담부처의 죄로 땅은 저주되었다. 신27장에는 위반자에게 저주가 임할 죄의 표가 언급되고 있다. 그러나 저주는 하나님께서 사람들에게 주시려고 하시는 은혜의 상대물이라고 생각해야 할 것이다. 사람은 하나님께 순종해야 할 것인지의 여부를 스스로 결정하고 하나님께로부터 주어지는 축복을 받아야 할 것이다(신 11:26-28과 30:1, 15 비교). 신약에 있어서도, 저주의 관념은 죄를 범한 자 위에 임하는 심판과 관련되어 있다(마 25:41). '무화과 나무의 저주'(막 11:12-14, 20)는 하나님께 대한 불순종에서 그들 스스로의 불행을 자초한 유대인에 대한 비유였다. 롬 9:3에서 바울은 동포의 구원을 위해서는 어떠한 희생도 불사한다는 열정의 표명에 이 '저주'라는 말을 쓰고 있다. 갈 1:8, 9는 이 말이 가장 강한 의미로 인용되어 있다. 그것은 일찌기 갈라디아인에게 전해진 복음에 반대되는 것을 전하는 자 (바울의 복음과 완전히 다른 복음을 전하는 자)는 저주 될 것이라는 말이다(디럭스 바이블 성경사전).

경우도 있으며(14절), 자식이 없는 벌도 받게 된다는 뜻이다(20절).

레 20:10. 누구든지 남의 아내와 간음하는 자 곧 그의 이웃의 아내와 간음하는 자는 그 간부와 음부를 반드시 죽일지니라.

　　여호와께서는 남자가 다른 남자의 아내, 곧 자기의 이웃집 아내와 간통하면, 간통한 남자와 여자는 함께 반드시 사형에 처하라고 하신다(18:20; 신 22:22; 요 8:4-5). 둘이 합의해서 간음했을 경우는 두 사람을 돌로 쳐 죽여야 했고(요 8:4-5), 만약 남자가 이웃 집 여자를 강간했으면 남자만 쳐 죽여야 했다(신 22: 25-27).

레 20:11. 누구든지 그의 아버지의 아내와 동침하는 자는 그의 아버지의 하체를 범하였은즉 둘 다 반드시 죽일지니 그들의 피가 자기들에게로 돌아가리라.

　　여호와께서는 누구든지 자기의 아버지의 아내와 동침하는 자는 그의 아버지의 몸을 부끄럽게 하였은즉(18:8; 신 27:23) 둘 다 반드시 죽이라고 하신다. 두 사람이 죄를 지었으니 죄 값은 그들 자신들에게 돌아간다고 하신다. 그들을 죽였다고 해서 아무도 벌을 받지 않는다고 하신다. 이런 악한 일이 가나안 사람들 중에 있었으니 가나안 사람들이 그 땅에서 쫓겨나는 것은 당연한 일이었다. 이스라엘이 그런 죄에 가담한다면 그들 또한 마땅이 사형에 처해야 하는 것이었다.

레 20:12. 누구든지 그의 며느리와 동침하거든 둘 다 반드시 죽일지니 그들이 가증한 일을 행하였음이라 그들의 피가 자기들에게로 돌아가리라.

　　누구든지 며느리와 동침하면 아들의 몸을 드러낸 것이니(18:15) 둘 다 사형시켜야 했다(18:23). 그들은 자기들의 죄 값으로 죽임을 당하는 것이니 당연한 일이었다.

레 20:13. 누구든지 여인과 동침하듯 남자와 동침하면 둘 다 가증한 일을 행함인즉 반드시 죽일지니 자기의 피가 자기에게로 돌아가리라.

　　남자가 같은 남자와 동침하여, 여자에게 하듯 그 남자에게 하면(18:22;

창 19:5; 신 23:17; 삿 19:22), 그 두 사람은 망측한 짓을 한 것이므로 반드시 사형에 처해야 한다고 하신다. 그들은 자기 죄 값으로 죽는 것이니 복수를 당할 염려는 전혀 없는 것이다. 오늘 동성 결혼을 하는 사람들이 점점 늘어가는 망측한 세대를 만났는데, 그들은 국가 기관에서 사형을 시켜야 하는 것이다. 동성 결혼자 중에서 목회자로 안수를 받으려는 사람들이 있는데 참으로 망측(罔測)한 일이다.

레 20:14. 누구든지 아내와 자기의 장모를 함께 데리고 살면 악행인즉 그와 그들을 함께 불사를지니 이는 너희 중에 악행이 없게 하려 함이니라.

아내와 장모를 데리고 사는 남자는 심한 악행을 하는 것이니(18:17; 신 27:23) 그 남자와 여자 그리고 장모를 모두 불살라 죽이라고 하신다. 이렇게 불살라 죽이는 극형에 처해야 하는 이유는 이스라엘 공동체 안에 악행이 없게 하려는 것이라고 하신다.

레 20:15. 남자가 짐승과 교합하면 반드시 죽이고 너희는 그 짐승도 죽일 것이며.

여호와께서는 남자가 짐승과 교합하면(18:23; 신 27:21) 남자와 짐승을 반드시 죽이라고 하신다. 여호와께서는 가나안 원주민들 남자가 짐승과 교합하는 것도 다 아시고 미리 이스라엘 백성들에게 경고하신 것이다.

레 20:16. 여자가 짐승에게 가까이 하여 교합하면 너는 여자와 짐승을 죽이되 그들을 반드시 죽일지니 그들의 피가 자기들에게로 돌아가리라.

여호와께서는 여자가 짐승에게 가까이 하여 교합하는 경우 여자와 짐승을 반드시 죽이라고 하신다. 그들이 범죄 한 결과 벌이 자기들에게로 돌아가게 되어 있다고 하신다. 죽이는 측에는 아무 잘못이 없다고 하신다.

레 20:17. 누구든지 그의 자매 곧 그의 아버지의 딸이나 그의 어머니의 딸을 데려다가 그 여자의 하체를 보고 여자는 그 남자의 하체를 보면 부끄러운 일이라 그들의 민족 앞에서 그들이 끊어질지니 그가 자기의 자매의 하체를

범하였은즉 그가 그의 죄를 담당하리라.

자매를 범하는 일(18:9, 창 20:12; 신 27:22)은 부끄러운 일이라고 하신다. 본문의 "남자가 그 여자의 하체를 보고 여자는 그 남자의 하체를 본다"는 말은 성교를 한다는 말이다. 이런 일은 부끄러운 일이라고 하신다. 여호와께서 는 그런 일을 행한 자들이 "그들의 민족 앞에서 끊어져야 한다"고 하신다. 공동체에서 추방을 당해야 한다는 것이다. 신앙의 공동체에서 추방되는 것은 영, 육간 죽음을 의미하는 것이다. 오늘도 교회에서 출교되는 것은 먼저 영적으 로 죽는 것이고, 결국은 육적으로도 죽음을 당하는 것을 의미한다.

레 20:18. 누구든지 월경 중의 여인과 동침하여 그의 하체를 범하면 남자는 그 여인의 근원을 드러냈고 여인은 자기의 피 근원을 드러내었음인즉 둘 다 백성 중에서 끊어지리라.

남자가 월경을 하는 여자와 동침하여 그 여자의 몸을 범하면(18:19 주해 참조), 그 여자도 자기의 피 나는 샘을 열어 보인 것이므로, 둘 다 백성에게서 끊어지게 하여야 한다는 것이다. 이들 둘은 백성 중에서 추방을 당해야 한다는 것이다. 공동체 사람들은 두 사람을 공동체에서 추방시켜서 공동체를 깨끗하게 해야 한다. 오늘도 교회의 치리를 중요하게 여겨 잘 실시해야 할 것이다.

레 20:19. 네 이모나 고모의 하체를 범하지 말지니 이는 살붙이의 하체인즉 그들이 그들의 죄를 담당하리라.

여호와께서는 이스라엘 백성들 중 남자들에게 이모나 고모의 하체를 범하 지 말라고 말씀하신다(18:12-13 주해 참조). 이유는 이모나 고모는 살붙이이기 때문이라고 하신다(18:6). 즉, 이모나 고모는 같은 살인데 같은 살과 합하는 일은 있을 수 없다는 것이다.

레 20:20. 누구든지 그의 숙모와 동침하면 그의 숙부의 하체를 범함이니 그들은 그들의 죄를 담당하여 자식이 없이 죽으리라.

여호와께서는 남자들에게 백모나 숙모와 동침하지 말라고 하신다(18:14 주해 참조). 이유는 그들은 백부와 숙부에게 속한 몸들이기 때문이라고 하신다.

그런 죄를 범하면 그들은 자식이 없이 죽으리라고 하신다. 자식을 주시지 않는 것은 여호와이시다. 여호와께서는 여러 가지 방법으로 벌을 하실 수 있으신 분이시다.

레 20:21. 누구든지 그의 형제의 아내를 데리고 살면 더러운 일이라 그가 그의 형제의 하체를 범함이니 그들에게 자식이 없으리라.

여호와께서는 이스라엘 남자들에게 형수나 제수의 아내를 범하는 일(18:16 주해 참조)은 더러운 일이라고 하신다. 그런 죄를 범하는 자들은 자식이 없는 벌을 받을 것이라고 하신다.

4. 결론적 권면 20:22-27

여호와께서는 20장의 결론을 주신다. 결론의 내용은 여호와의 모든 규례와 법도를 지키라고 하신다. 법도와 규례를 지키면 가나안 땅에서 추방되지 않을 것이라고 하신다. 가나안 7족은 더러운 일을 행해서 가나안 땅에서 추방될 것이라고 하신다. 여호와께서는 이스라엘 백성들에게 거룩한 삶을 살라고 재삼 부탁하신다.

레 20:22. 너희는 나의 모든 규례와 법도를 지켜 행하라 그리하여야 내가 너희를 인도하여 거주하게 하는 땅이 너희를 토하지 아니하리라.

여호와께서는 20장 처음부터 말씀하신 규례와 법도(18:4, 26; 19:37)를 지켜 행하라고 하신다. 그렇게 규례와 법도를 지켜 행하면 "내가 너희를 인도하여 거주하게 하는 땅이 너희를 토하지 아니하리라"고 하신다(18:25, 28 주해 참조).

본문의 "내가 너희를 인도하여 거주하게 하는 땅"이란 말은 아주 중요한 말이다. 이스라엘 백성이 가나안 땅을 차지하는 것도 여호와께서 되게 해주셔서 차지할 것이라는 뜻이다. 우리 인생의 힘으로 되는 것이 아니라 여호와의 힘으로 모든 일이 되는 것임을 알려주신다. 우리의 천국행도 예수 그리스도께서 되게 해주셔서 되는 것이다. 또 백성들이 여호와의 규례와 법도를 지켜 행하면 가나안 땅에서 계속해서 살 수 있음을 드러내신다. 이스라엘 백성들이

가나안에서 쫓겨서 바벨론에 간 것도 여호와의 법도와 규례를 지키지 않아서
생겨난 일이었다.

**레 20:23. 너희는 내가 너희 앞에서 쫓아내는 족속의 풍속을 따르지 말라
그들이 이 모든 일을 행하므로 내가 그들을 가증히 여기노라.**

여호와께서는 이스라엘 백성들에게 가나안 족속의 풍속을 따르지 말라고
말씀하신다(18:3, 24, 30 주해 참조). 가나안 족속들이 여호와께서 금하시는
모든 일을 행했기에 가증하게 여기신다고 하신다(18:27; 신 9:5).

**레 20:24. 내가 전에 너희에게 이르기를 너희가 그들의 땅을 기업으로
받을 것이라 내가 그 땅 곧 젖과 꿀이 흐르는 땅을 너희에게 주어 유업을
삼게 하리라 하였노라 나는 너희를 만민 중에서 구별한 너희의 하나님
여호와이니라.**

여호와께서는 전에 이스라엘 백성들에게 말씀하신 바를 다시 기억하게
하신다. 즉, 너희가 가나안 사람들이 살던 땅을 물려받게 될 것이라고 하신다(출
3:17; 6:8). 나는 그 땅을 너희가 가지도록 해 주겠다. 그 땅은 젖과 꿀이
흐르는 땅이다(출 3:8; 13:5; 33:3; 민 13:27; 신 26:9; 31:20). 나는 너희를
여러 백성 가운데서 골라 낸 주 너희의 하나님이라고 하신다(26절; 출 19:5;
33:16; 신 7:6; 14:2; 왕상 8:53). 여호와께서는 이스라엘 백성들을 특별히
구별하여 사랑하셔서 가나안 땅을 주시는 분이라고 하신다. 오늘 우리도 여호
와 하나님의 택함을 받아 사랑을 받는 중에 이 땅에 살게 되었고 또 천국
시민이 된 것이다.

**레 20:25. 너희는 짐승이 정하고 부정함과 새가 정하고 부정함을 구별하고
내가 너희를 위하여 부정한 것으로 구별한 짐승이나 새나 땅에 기는 것들로
너희의 몸을 더럽히지 말라.**

본 절은 부정한 것으로 이스라엘 백성들을 더럽히지 말라고 하신다.
본 절은 두 가지를 말씀하신다. 첫째, "너희는 짐승이 정하고 부정함과
새가 정하고 부정함을 구별할 줄" 알라고 하신다(11:47; 신 14:4). 11장에는

어느 것이 정하고 어느 것이 부정한지를 잘 말씀해 놓으셨다(11:1-23 주해 참조). 둘째, 여호와께서 이스라엘 백성들에게 부정하다고 규정해 놓으신 새나 땅에 기는 것들로 몸을 더럽히지 말라고 하신다. 이스라엘은 정한 동물을 먹고 살아야 했다.

레 20:26. 너희는 나에게 거룩할지어다 이는 나 여호와가 거룩하고 내가 또 너희를 나의 소유로 삼으려고 너희를 만민 중에서 구별하였음이니라.

　　여호와께서는 이스라엘 백성들에게 내가 거룩하니, 너희도 나에게 거룩한 행위와 거룩한 삶을 보여야 한다고 하신다(7절; 19:2; 벧전 1:16). 나는 너희를 뭇 백성 가운데서 골라서(24절; 딛 2:14), 나의 백성이 되게 하였으니 거룩한 행동을 보여야 하고, 거룩한 삶을 살아야 한다고 하신다.

레 20:27. 남자나 여자가 접신하거나 박수무당이 되거든 반드시 죽일지니 곧 돌로 그를 치라 그들의 피가 자기들에게로 돌아가리라.

　　여호와께서는 이스라엘 백성 중에 남녀 누구라도 "접신하거나 박수무당이 되거든 반드시 죽이라"고 하신다(19:31; 출 22:18; 신 18:10-11; 삼상 28:7-8). 삼상 28:9 참조. 죽이는 방법은 "돌로 치라"는 것이다. 그들을 돌로 쳐도 아무도 복수를 당하지 않고 그들은 그들의 죄 때문에 벌을 받는 것이라고 하신다(9절).

제 21 장

VII. 종교 의식에 관한 규례들 21:1-25:55

국민 생활을 성화하라(17:1-20:27)고 말씀하신 여호와께서는 이제 종교 의식에 관한 규례들을 언급하신다. 여호와께서는 제사장들의 성화를 위한 규례들(21:1-24)을 말씀하시고, 성물을 거룩하게 여기라(22:1-33) 하시며, 안식 일과 절기들을 위한 규례(23:1-44)들을 말씀하시고, 등불과 진설병에 대해 언급하시며(24:1-9), 신성 모독 하는 자를 처벌하라(24:10-23)고 하시고, 안식 년과 희년의 제도(25:1-55)에 관해 언급하신다.

A. 제사장들의 성화를 위한 규례들 21:1-24

제사를 성화하기 위하여 먼저 제사장의 성화가 필요했기에, 여호와께서는 일반 제사장들의 성화를 위한 규례들을 말씀하신다(1-9절). 다음으로는 대(大) 제사장의 성화를 위한 규례들(10-15절)을 말씀하신다. 그리고 제사장들의 육 체도 무흠해야 함을 말씀하신다(16-24절).

1. 일반 제사장들의 성화를 위한 규례들 21:1-9

첫째, 제사장들은 죽은 자를 접촉해서는 안 된다고 하신다(1-4절). 단 한 가지 예외는 직계 가족의 주검(사체)은 접촉할 수 있다는 것이다. 다음으로 제사장들은 이교도의 몸치장을 해서는 안 되며(5-6절), 부정한 여인을 아내로 맞이하지 말아야 하고(7절), 일반 백성들은 제사장들을 거룩하게 여기라 하시 며(8절), 제사장의 딸이 행음하면 그를 불사르라고 하신다(9절).

레 21:1. 여호와께서 모세에게 이르시되 아론의 자손 제사장들에게 말하여 이르라 그의 백성 중에서 죽은 자를 만짐으로 말미암아 스스로를 더럽히지 말려니와.

"여호와께서 모세에게 이르시되"(4:1; 12:1; 14:1; 16:1; 17:1; 18:1; 19:1; 20:1 참조)라는 형식은 새로운 내용을 말하기 위하여 앞에 내놓는 문장이다.

여호와께서는 모세에게 "아론의 자손 제사장들에게 말하여 이르라 그의 백성 중에서 죽은 자를 만짐으로 말미암아 스스로를 더럽히지 말라"(겔 44:25)고 이르라고 하신다. 즉, 아론의 자손 일반 제사장들은 백성의 주검을 접촉하지 말라고 이르신다(민 19:11-19 참조). 이유는 거룩해야 하기 때문이었다. "시체에 접촉됨을 종교적인 불결로 보는 관념은 구약시대의 독특한 교훈이다. 그것은 그 시대의 이스라엘 자손들을 가르치기 위한 의식적(儀式的)인 법규였다. 제사장은 하나님께 나아가는 직분이므로 죄악과 저주의 상징인 시체와 접촉할 수 없었다"(박윤선). 구약의 제사장은 예수 그리스도의 예표여야 했기 때문에 죽은 자를 접촉하면 안 되었다. 그러나 신약에 와서는 그리스도 안에 있는 성직자는 누구든지 그리스도 안에서 깨끗해졌기 때문에 죽은 자를 접촉할 수 있게 되었다.

레 21:2-3. 그의 살붙이인 그의 어머니나 그의 아버지나 그의 아들이나 그의 딸이나 그의 형제나 출가하지 아니한 처녀인 그의 자매로 말미암아서는 몸을 더럽힐 수 있느니라.

여호와께서는 일반 제사장의 경우 시체 접촉에 예외를 두신다. 직계 가족인 부모와 자녀와 형제와 그리고 시집가지 않은 누이가 죽었을 경우에는 그 시체를 만질 수 있다고 하신다. 본문에 '출가하지 아니한 처녀인 그의 자매'를 특별히 기술한 것은 출가한 자매의 시체는 만질 수 없다는 것을 드러내시기 위함이다. 본문에 "아내"에 대한 언급이 없는데, 아내의 경우도 예외 법에 속하는 것으로 보아야 할 것이다. 다시 말해 아내가 죽었을 경우 만질 수 있다고 하신 것으로 보아야 할 것이다.

레 21:4. 제사장은 그의 백성의 어른인즉 자신을 더럽혀 속되게 하지 말지니라.

본 절은 앞 절에 이어 제사장이 백성의 "어른", 즉 '지도자'이니 시체를 만져서 자신을 더럽혀서는 안 된다고 말씀하신다.

레 21:5 제사장들은 머리털을 깎아 대머리 같게 하지 말며 자기의 수염 양쪽을 깎지 말며 살을 베지 말고.

본 절과 다음 절(6절)은 제사장이 이교도의 풍속을 본받아 장례를 만나 너무 슬퍼해서는 안 된다고 말씀하신다. 머리를 깎아 대머리 되게 하는 것, 수염 양편을 깎는 것, 살을 베는 것은 이교도의 풍속이었다(19:27-28; 신 14:1-2; 겔 44:20). 제사장은 이방 풍속을 따르지 않아야 했다.

레 21:6. 그들의 하나님께 대하여 거룩하고 그들의 하나님의 이름을 욕되게 하지 말 것이며 그들은 여호와의 화제 곧 그들의 하나님의 음식을 드리는 자인즉 거룩할 것이라.

제사장들은 하나님께 대하여 거룩한 신분을 가지고 있으니 거룩한 행위를 가져야 하고, 따라서 그들이 섬기는 하나님의 이름을 욕되게 해서는 안 된다고 하신다(18:21; 19:12). 그들은 주께 "화제"166)(하나님께 드리는 모든 제물을 총칭하는 말), 즉 '음식'(3:11, 16; 21:8, 17, 21)을 바치는 자들이기 때문에, 거룩하여야 한다는 것이다.

레 21:7. 그들은 부정한 창녀나 이혼 당한 여인을 취하지 말지니 이는 그가 여호와 하나님께 거룩함이니라.

여호와께서는 제사장은 부정한 창녀(몸을 버린 여자)와 결혼해서는 안 되고(겔 44:22), 이혼한 여자와도 결혼하지 않아야 한다(신 24:1-2)고 하신다.

---

166) "화제": Offering by fire. 구약시대에 행해진 각종희생 제사에 있어서 불로 태운 희생 제사에 주로 사용된바 번제를 비롯한 말의 총칭. 이는 특정한 희생 제사의 명칭은 아니다. 히브리어 명사 '이쉬세'의 번역어인데, '불로 태워버린다 뜻에서 불태운 모든 희생 제물을 뜻하는 말'이다. 따라서 번제와 동의어인 경우도 있다(출 29:18). 그러나 때로는 불태우지 않는 제물을 포함시킨 경우가 있고(레 24:7, 9), 때로는 기념의 몫으로서 궁극에는 제사장의 것으로 되는 빵이나 유향에 대해서도 사용되고 있다(레 24:7). 신 18:1; 수 13:14; 삼상 28장 등에서는 일반제물을 의미하기도 한다. '이는 화제라 여호와께 향기로운 냄새니라'(1:9, 13, 17; 2:2, 9; 3:5; 민 15:10, 13, 14등)에서 알 수 있는 대로, 눈에 보이지 않는 형태로 하나님께 드려지고, 하나님께 가납되는 기도의 정신을 알려주는 행위를 뜻하기도 한다.

이유는 제사장은 하나님께 거룩하게 구별된 사람이기 때문이다. 즉, 여호와께 거룩한 행위를 보여야 하는 사람이기 때문에 처녀와만 결혼해야 했다(14절).

레 21:8. 너는 그를 거룩히 여기라 그는 네 하나님의 음식을 드림이니라 너는 그를 거룩히 여기라 너희를 거룩하게 하는 나 여호와는 거룩함이니라.
"너", 즉 '일반 백성들'은 제사장을 구별된 사람으로 생각하여야 한다고 하신다. 제사장은 일반 백성들이 섬기는 하나님께 음식제물(화제)을 바치는 사람이기 때문이다. 일반 백성들은 제사장을 구별된 사람으로 알아야 한다. 일반 백성들을 거룩하게 만들어 주는 여호와는 거룩하기 때문이다(20:7-8). 본 절에 "너는 그를 거룩히 여기라"는 말씀이 두 번이나 나온 것은 강조하는 뜻으로, 제사장들을 거룩히 여기고 존경하고 잘 대접해야 한다는 뜻이다.

레 21:9. 어떤 제사장의 딸이든지 행음하여 자신을 속되게 하면 그의 아버지를 속되게 함이니 그를 불사를지니라.
여호와께서는 제사장의 딸이 창녀 짓을 하여 제 몸을 더럽히면, 제 아버지를 더럽히는 것이나 마찬가지이므로(창 38:24), 그 여자는 불태워 죽여야 한다고 하신다(20:14 주해 참조). 창녀 짓을 하는 것은 몸을 더럽히는 것이니 딸을 불살라 죽이라고 하시는 것이다.

2. 대제사장의 성화를 위한 규례들 21:10-15
앞(1-9절)에서는 제사장들에 대하여 언급했는데, 이 부분(10-15절)에서는 대(大)제사장의 성화를 위한 규례들을 말씀하신다. 제사장보다 더 엄격함을 볼 수 있다.

레 21:10. 자기의 형제 중 관유로 부음을 받고 위임되어 그 예복을 입은 대제사장은 그의 머리를 풀지 말며 그의 옷을 찢지 말며.
"관유로 부음을 받고 위임되어 그 예복을 입었다"는 말은 대제사장을 언급할 때 사용되는 표현이다(8:12; 16:22; 출 29:29-30; 민 35:25, 28; 수 20:6). 본문의 "관유"는 다섯 가지의 향품(액체 몰약 오백 세겔, 향기로운 육계 이백오십 세겔, 향기로운 창포 이백오십 세겔, 계피 오백 세겔, 감람기름 한 힌)을 섞어서 만들어(출 30:22-25 참조) 그의 머리에 부어 대제사장으로 성별했다. 예복은 속옷을 입고, 띠 띠우며, 겉옷을 입고, 그 위에 에봇을 입히며, 띠 띠우고, 우림과 둠밈이 든 흉패를 붙였다(8:6-13; 16:32; 출 28:2). 이와 같이 하여 거룩하게 성별된 대제사장은 일반인들의 장례식 때처럼 "머리를 풀거나 옷을 찢거나 해서는 안 되었던 것"이다(10:6).

레 21:11. **어떤 시체에든지 가까이 하지 말지니 그의 부모로 말미암아서도 더러워지게 하지 말며.**

　　대제사장은 일반 제사장(2-3절)들과는 달리 어떤 시체에든지 접근할 수 없었다(1-2절; 민 19:14). 심지어 부모가 별세하는 경우에도 그 시신에 접촉할 수 없었다. 참으로 엄격했다. 이는 그리스도를 예표했기 때문이었다.

레 21:12. **그 성소에서 나오지 말며 그의 하나님의 성소를 속되게 하지 말라 이는 하나님께서 성별하신 관유가 그 위에 있음이니라 나는 여호와이니라.**

　　여호와께서는 대제사장은 절대로 성소에서 떠나서는 안 된다(10:7) 하시고, 그가 섬기는 하나님의 성소를 더럽혀서는 안 된다고 엄하게 말씀하신다. 이유는 대제사장은 남달리 하나님께서 기름을 부어 거룩하게 구별하시고, 대제사장으로 임명하셨기 때문이다(8:9, 12, 30; 출 28:36). 여호와께서는 이 엄중한 말씀을 하신 다음 "나는 주"라고 하신다. 이 규정을 반드시 지키라는 뜻이다.

레 21:13-14. **그는 처녀를 데려다가 아내를 삼을지니 과부나 이혼 당한 여자나 창녀 짓을 하는 더러운 여인을 취하지 말고 자기 백성 중에서 처녀를 취하여 아내를 삼아.**

　　대제사장은 과부나 이혼 당한 여자나 창녀 짓을 하는 더러운 여인과 결혼하지 말고 자기의 백성(일반 백성들 전체) 중에서 처녀를 취하여 아내를 삼으라고 하신다(7절; 겔 44:22).[167] 13-14절에서는 대제사장이 처녀와 결혼해야 한다는 말씀을 두 번이나 하여 처녀 결혼을 강조하신다. 7절에 보면 일반 제사장의 경우 부정한 창녀(몸을 버린 여자)나 이혼한 여자와 결혼하지 않아야 한다고 했는데, 대제사장의 경우에는 과부와도 결혼하지 않아야 한다고 하신다.

레 21:15. 그의 자손이 그의 백성 중에서 속되게 하지 말지니 나는 그를 거룩하게 하는 여호와임이니라.

여호와께서는 대제사장이 과부나 이혼 당한 여자나 창녀 짓을 하는 더러운 여인과 결혼하지 말고 자기의 백성(일반 백성들 전체) 중에서 처녀를 취하여 아내를 삼아 자손을 두어야(앞 절) 대제사장의 자손이 그의 백성 중에서 더러워 지지 않은 자녀를 남기게 될 것이라고 하신다. 여호와께서 대제사장을 거룩하게 구별하여 세웠는데 이 사실을 헛되게 해서는 안 된다고 하신다(8절).

3. 제사장 자녀의 신체적인 결함 21:16-24

앞부분(10-15절)에서는 대제사장의 규례에 대해 언급했는데, 이제 이 부분 (16-24절)에서는 일반 제사장들에 대한 규례를 언급한다. 제사장이 될 사람들은 신체적으로 결함이 없어야 했다.

레 21:16. 여호와께서 모세에게 말씀하여 이르시되.

여호와께서는 모세를 통하여 일반 제사장들에 대하여 말씀하시려고 새로운 단락을 시작하신다(4:1; 12:1; 14:1; 16:1; 17:1; 18:1; 19:1; 20:1; 21:1 상반 절 참조).

레 21:17. 아론에게 말하여 이르라 누구든지 너의 자손 중 대대로 육체에 흠이 있는 자는 그 하나님의 음식을 드리려고 가까이 오지 못할 것이니라.

모세는 대제사장 아론에게 아래의 사실을 말해 주어야 했다. 즉, 누구든지 아론의 자손 중에 육체에 흠이 있는 자는 대대로 그 하나님 앞에 제사장이 되어 음식을 드리려고 나오지 않아야 할 것이라고 말해주어야 했다(10:3;

---

167) 대제사장은 거룩한 기름으로 기름 부음을 받았기에 제약이 많았다(16:32; 21:10; 민 35:25). 머리를 풀어 빗지 않거나, 애도 표시로 옷을 찢는 것 등이 금지되었다. 심지어 자기의 부모가 별세했을 때에도 시체에 가까이 할 수 없었다(민 6:6-7).

민 16:5; 시 64:4). 이는 구약의 제사장이 그리스도의 예표가 되어야 했기 때문이었다. 이런 법은 신약 시대에 와서 그리스도 안에서 폐지되었다. 그리스도께서 온전하신 분으로 다 이루셨기 때문에 그리스도 안에 있는 자들은 몸에 흠이 있는 것이 문제가 되지 않았다.

레 21:18-20. 누구든지 흠이 있는 자는 가까이 하지 못할지니 곧 맹인이나 다리 저는 자나 코가 불완전한 자나 지체가 더한 자나 발 부러진 자나 손 부러진 자나 등 굽은 자나 키 못 자란 자나 눈에 백막이 있는 자나 습진이나 버짐이 있는 자나 고환 상한 자나.

이 부분(18-20절)은 제사장이 될 수 없는 자손들을 나열한다. 맹인, 다리 저는 자, 코가 불완전한 자, 지체가 더한 자(22:23), 발 부러진 자, 손 부러진 자, 등 굽은 자, 키가 못 자란 자, 눈에 백막(공막, 눈의 흰자위가 있으면 시력이 약하다)이 있는 자, 습진(피부의 표면에 생기는 염증)이 있는 자, 버즘이 있는 자, 고환(남성 성기의 일부) 상한 자 등은 제사장이 될 수 없다는 것이었다(신 23:1). 신약 시대에는 이런 제약들이 모두 사라지고 말았다(히 9:10). 그리스도 안에서 누구든지 다 온전한 자로 취급받는다.

레 21:21. 제사장 아론의 자손 중에 흠이 있는 자는 나와 여호와께 화제를 드리지 못할지니 그는 흠이 있은즉 나와서 그의 하나님께 음식을 드리지 못하느니라.

여호와께서는 제사장 아론의 자손 중에서는 앞에서 나열한바 몸에 흠이 있는 사람은, 누구든지 주께 가까이 나아와 화제(불살라 바치는 제사, 즉 하나님의 식물, 21:6)를 드릴 수 없다고 하신다(6절). 몸에 흠이 있는 사람은 하나님께 음식제물을 바치러 나올 수 없다고 규명하신다. 제사장이 될 수 없다는 뜻이다.

레 21:22. 그는 그의 하나님의 음식이 지성물이든지 성물이든지 먹을 것이나.

여호와께서는 몸에 흠이 있는 사람은 제사장은 될 수 없어도(앞 절) 하나님께 바쳤던 음식은 먹을 수 있다고 하신다. 그 음식이 지성물이든지(2:3, 10; 6:17, 29; 7:1; 24:9; 민 18:9), 성물이든지(22:10-12; 민 18:19) 관계없이 먹을

수 있다고 하신다. 지성물에 속하는 음식은 진설병(24:9), 속죄제(6:29), 속건제
(7:1) 및 소제(2:3, 10; 6:17)가 있고, 성물에 속한 것은 첫 이삭, 첫 새끼,
헌신된 물건 등이 있었다(10:14).

**레 21:23. 휘장 안에 들어가지 못할 것이요 제단에 가까이 하지 못할지니
이는 그가 흠이 있음이니라 이와 같이 그가 내 성소를 더럽히지 못할 것은
나는 그들을 거룩하게 하는 여호와임이니라.**

　본 절은 신체에 흠을 가지고 있는 아론의 후손들이 성전(휘장, 분향단)에
들어가지 못할 이유 두 가지를 말씀한다. 첫째 이유는 그가 몸에 "흠이 있기"
때문이라고 하신다. 즉, 흠이 있는 후손들이 "휘장 안에 들어가지 못할 것이요
제단에 가까이 하지 못할지니 이는 그가 흠이 있기 때문이라"고 하신다(상반
절; 12절). 몸에 흠이 있는 자손들(18-20절)은 성전에 들어가서 제사장 일을
할 수 없다고 하신다. 이유는 구약의 제사장들은 예수 그리스도를 예표하기
때문이었다. 그러나 신약 시대에는 몸에 흠이 있는 사람도 성직자가 되어
교회에서 일을 할 수 있게 되었다. 이유는 누구든지 온전하신 그리스도 안에
있으면 온전한 자로 취급을 받기 때문이다. 히 9:10 참조. 둘째 이유는 여호와께
서 성전을 거룩하게 하시기 때문이라는 것이다(하반 절). 즉, "이와 같이 그가
내 성소를 더럽히지 못할 것은 나는 그들을 거룩하게 하는 여호와이기 때문이
라는 것이다. "그"(흠이 있는 아론의 후손들)가 "내 성소"(원문에 복수로 표기
되어 있다, 휘장과 분향단을 뜻함)를 더럽히지 못할 것은 "나는 그들(성소들)을
거룩하게 하는 여호와이기 때문이라"고 하신다. 여기 "그들"이 누구냐를 두고
번역판들의 번역이 다르다. 1) 공동번역은 '제사장'(사제들)이라고 번역했다.
그러니까 공동 번역은 "그들"이라는 낱말의 선행사를 21절에서 이끌어 냈거나,
아니면 뜻을 생각하여 만들어낸 것으로 보인다. 2) 많은 번역판들[168]은 "그들"
이라고 하는 낱말의 선행사를 바로 앞에 나온 "성소"(복수)로 본 것이다. 2번의
번역판이 바르게 보고 번역한 것이다. 즉, 아론의 후손들 중 신체에 흠이
있는 사람들은 제사장이 될 수 없는데 그 이유는 우선 몸에 흠이 있기 때문에

---

168) 바로 앞에 나온 "성소"(들)란 말을 선행사로 본 번역판들은 개역판, 개역개정판, 현대인
의 성경, KJV, NKJV, ASV, NASB, RSV 등 다수의 번역판들이다.

그렇고, 또 여호와께서 성소(휘장, 분향단)를 거룩하게 하시기 때문이라는 것이다. 여호와께서 성소를 깨끗하게 하시는데 흠이 있는 사람이 제사장이 되어 거룩한 성소를 더럽혀서는 안 된다는 것이다. 그러니까 구약의 제사장은 온전한 사람이어야 했고, 또 성소도 온전해야 했다.

레 21:24. 이와 같이 모세가 아론과 그의 아들들과 온 이스라엘 자손에게 말하였더라.

이와 같이, 즉 20-21장의 말씀을 모세가 아론과 그의 아들들과 온 이스라엘 자손들에게 말씀했다는 것이다. 모세는 여호와의 명령을 성실히 수행했다.

제 22 장

B. 성물을 거룩하게 여기라 22:1-33

여호와께서는 제사장들의 성화를 위한 규례들(21:1-24)을 주신 다음 본 장에서는 성물을 거룩하게 여기라고 말씀하신다(1-33절). 여호와께서는 본 장에서 부정한 자손들은 성물을 가까이 말라 하시고(1-9절), 성물을 가까이 할 수 있는 자와 없는 자에 대해 말씀하시며(10-16절), 예물은 거룩한 것이어야 한다고 말씀하시고(17-25절), 제물에 관한 특수 규례들을 주시며(26-30절), 마지막으로 결론적인 권면을 주신다(31-33절).

1. 부정한 자손들은 성물을 가까이 말라 22:1-9

여호와께서는 성물을 가까이 하는 제사장들은 항상 자신을 정결하게 지켜야 한다고 말씀하시고, 만약 부정하게 되면 결례가 끝나기까지는 성물을 먹지 말라고 하신다.

레 22:1. 여호와께서 모세에게 말씀하여 이르시되.

여호와께서는 부정한 자손들은 성물을 먹지 말라는 것을 말씀하시기 위하여 모세에게 말씀하여 널리 알리신다(4:1; 12:1; 14:1; 16:1; 17:1; 18:1; 19:1; 20:1; 21:1 참조).

레 22:2 아론과 그의 아들들에게 말하여 그들로 이스라엘 자손이 내게 드리는 그 성물에 대하여 스스로 구별하여 내 성호를 욕되게 함이 없게 하라 나는 여호와이니라.

모세는 아론과 그의 아들들에게 여호와의 말씀을 전해야 했다. 전달해야 할 말씀의 내용은 아론의 아들들로 하여금 이스라엘 자손이 여호와께 드리는 그 성물에 대하여 스스로 구별하여 여호와의 이름을 욕되게 함이 없게 하라고 말씀하신다(민 6:3). 여호와께서는 이 명령을 전달하시면서 "나는 여호와라"고 자신을 드러내신다. 본문의 "그 성물에 대하여 스스로 구별하라"는 말씀은 '거룩한 제사음식(지성물과 성물)을 함부로 다루지 못하게 하라'는 뜻이다. 부정한 형편에 있으면서 그 제사음식을 함부로 먹어서는 안 된다는 것이다. 다시 말해 제사음식을 함부로 먹는 것은 여호와의 거룩한 이름을 더럽히는 것이 된다고 하신다(18:21).

레 22:3 그들에게 이르라 누구든지 네 자손 중에 대대로 그의 몸이 부정하면서도 이스라엘 자손이 구별하여 여호와께 드리는 성물에 가까이 하는 자는 내 앞에서 끊어지리라 나는 여호와이니라.

모세는 이스라엘 자손들에게 누구든지 이스라엘 자손 중에 대대로 그의 몸이 부정하면서도(4-5절에 해당하는 부정을 가리킨다) 이스라엘 자손이 구별하여 여호와께 드리는 성물에 가까이 하는 자는 여호와 앞에서 끊어지리라"(7:20)고 일러 주어야 했다. 여기 여호와 앞에서 끊어질 것이란 말씀은 이스라엘 공동체에서 추방되고 동시에 여호와의 은혜로부터 끊어질 것이란 뜻이다. 교회 공동체에서 끊어지는 것은 여호와로부터 끊어지는 것이었다.

레 22:4a 아론의 자손 중 나병 환자나 유출병자는 그가 정결하기 전에는 그 성물을 먹지 말 것이요.

4절 상반 절의 "나병 환자나 유출병자"(15:2)는 제사장이 진찰하여 정결하다는 진단을 받기 전에는(14:2; 15:13) 성물을 먹지 말라고 하신다.

레 22:4b-6 시체의 부정에 접촉된 자나 설정한 자나 무릇 사람을 부정하게 하는 벌레에 접촉된 모든 사람과 무슨 부정이든지 사람을 더럽힐 만한 것에게 접촉된 자 곧 이런 것에 접촉된 자는 저녁까지 부정하니 그의 몸을 물로 씻지 아니하면 그 성물을 먹지 못할지며.

그리고 4절 하반 절로부터 6절까지 열거된 사람들, 즉 "시체의 부정에 접촉된 자(민 19:11), 설정한 자(15:16), 사람을 부정하게 하는 벌레(11:20-23)에 접촉된 모든 사람, 무슨 부정이든지 사람을 더럽힐 만한 것에게 접촉된 자'(민 19:11, 22)는 저녁까지 부정하니 그의 옷을 빨고 몸을 물로 씻어야(15:5-10; 히 10:22) 성물(제사장의 몫으로 받는 음식)을 먹을 수 있다고 하신다.

레 22:7. 해 질 때에야 정하리니 그 후에야 그 성물을 먹을 것이니라 이는 자기의 음식이 됨이니라.

6절에 "저녁까지 부정하다"고 한 것은 "해 질 때"까지 부정하다고 본 절에 밝히신다. 그날 해가 져서 다음 날이 시작되어야 부정을 벗고 성물을 먹을 수 있다고 하신다. 그 때가 되어야 음식이 '자기의 음식'이 된다고 하신다 (21:22; 민 18:11, 13).

레 22:8. 시체나 찢겨 죽은 짐승을 먹음으로 자기를 더럽히지 말라 나는 여호와 이니라.

여호와께서는 제사장은 저절로 죽었거나 맹수에게 찢겨 죽은 짐승의 고기를 먹어 자신을 더럽히지 말라고 하신다(17:15; 출 22:31; 겔 44:31). 저절로 죽은 것이나 맹수에게 찢겨 죽은 짐승의 고기는 일반인들도 먹을 수 없다고 하셨다(17:15 주해 참조). 이유는 피가 그 사체 속에 있기 때문이다. 여호와께서는 이런 엄중한 말씀을 하신 다음 "나는 여호와이다"라고 하신다. 반드시 지키라는 뜻이다.

레 22:9. 그들은 내 명령을 지킬 것이니라 그것을 속되게 하면 그로 말미암아 죄를 짓고 그 가운데에서 죽을까 하노라 나는 그들을 거룩하게 하는 여호와이 니라.

여호와께서는 이스라엘의 제사장들에게 부정하게 되었을 경우 성물을 먹지 말라고 하시면서 "그들은 내 명령을 지켜야 할 것이라'고 하신다. 만약 부정하고도 성물을 함부로 먹으면 '그로 말미암아 죄를 짓고 그 죄 가운데에서 죽을 수 있다'고 하신다(출 28:43; 민 18:22, 32). "나는 그들(제사장들)을 거룩하게 하는 여호와라'고 하신다. 즉, 여호와께서는 제사장들을 거룩하게 하는 분이시니 제사장 자신들이 부정한 상태에서 성물을 먹어서는 안 된다는 것이다.

2. 성물을 가까이 할 수 있는 자와 없는 자   22:10-16

여호와께서는 성물(제사장에게 돌아가는 음식)을 먹을 수 있는 자와 먹을 수 없는 자를 구별해서 알려주신다.

레 22:10. 일반인은 성물을 먹지 못할 것이며 제사장의 객이나 품꾼도 다 성물을 먹지 못할 것이니라.

먼저 성물을 먹을 수 없는 자는 이스라엘의 일반인(평민), 제사장 집에 머물고 있는 손님(일시적으로 머물고 있는 사람), 그리고 품꾼들(품삯을 받고 일하는 고용인)은 모두 성물을 먹지 못한다고 하신다(삼상 21:6). 위에 열거된 3종류의 사람들은 제사장의 가족이 아니니 성물을 먹을 수 없다는 것이다.

레 22:11. 그러나 제사장이 그의 돈으로 어떤 사람을 샀으면 그는 그것을 먹을 것이며 그의 집에서 출생한 자도 그렇게 하여 그들이 제사장의 음식을 먹을 것이며.

여호와께서는 앞 절(10절)과 반대되는 경우를 말씀하신다. 즉, "제사장이 그의 돈으로 산 사람(노예), 그의 집에서 출생한 자(노예의 자녀들)"도 제사장이 먹는 음식을 먹을 수 있다고 하신다(민 18:11, 13). 노예들은 주인의 재산이니까 제사장이 먹는 성물을 먹을 수 있는 것이다.

레 22:12. 제사장의 딸이 일반인에게 출가하였으면 거제의 성물을 먹지 못하되.

제사장의 딸이 일반 평민에게 시집 간 경우 성물을 먹지 못한다는 것이다. 여기 "거제의 성물"이란 '하나님께 높이 들어 바쳤다가 다시 받은 성물'을 뜻하는데 이 말은 모든 성물을 포함해서 하는 말이다.

레 22:13. 만일 그가 과부가 되든지 이혼을 당하든지 자식이 없이 그의 친정에 돌아와서 젊었을 때와 같으면 그는 그의 아버지 몫의 음식을 먹을 것이나

일반인은 먹지 못할 것이니라.

만일 제사장의 딸이 시집을 갔다가 과부가 되거나 이혼을 당하든지 자식이 없어서 그의 친정에 돌아와서 젊었을 때와 같이 제사장 집에서 사는 경우 제사장의 성물을 먹을 수 있다는 것이다(10:14; 창 38:11; 민 18:11, 19). 아무튼 제사장의 집에서 함께 음식을 먹고 사는 사람은 누구든지 성물을 먹을 수 있다는 뜻이다. 영생의 기업은 하나님의 권속들만이 누린다는 것을 보여준다.

레 22:14. 만일 누가 부지중에 성물을 먹으면 그 성물에 그것의 오분의 일을 더하여 제사장에게 줄지니라.

여기 "누가"라는 말은 제사장의 가족이 아닌, 일반 평민을 지칭하는 말이다. 만일 일반 평민이 부지중에 성물을 먹었다면 속건제를 드려야 하고, 그 성물의 5분의 1을 더하여 배상금과 함께 제사장에게 돌려야 한다는 것이다(5:14-16).

레 22:15. 이스라엘 자손이 여호와께 드리는 성물을 그들은 속되게 하지 말지니.

이스라엘 자손이 여호와께 드리는 성물을 일반 평민들(앞 절)은 속되게 취급하지 말라는 명령이다(민 18:32). 다시 말해 성물을 먹을 수 없는 자가 성물을 먹어서 성물을 더럽혀서는 안 된다는 것이다. 다음 절에 보면 여호와께서 "그 음식을 거룩하게 하는 분이라"고 말씀하신다.

레 22:16. 그들이 성물을 먹으면 그 죄로 인하여 형벌을 받게 할 것이니라 나는 그 음식을 거룩하게 하는 여호와이니라.

여느 보통 사람들(일반 평민들)이 부지중에(14절) 성물을 먹으면 그 죄로 인하여 여호와께서 형벌을 받게 하시겠다고 하신다(9절). 그 형벌은 죽음이라고 하신다(민 18:32). 그 사람을 죽이시는 방법은 여호와께서 하신다. 혹시 사람을 통하여 하실 수도 있으시나 결과적으로는 여호와께서 형벌을 내리신다는 것이다.

여호와께서는 "그 음식을 거룩하게 하는 여호와"라고 하신다. 한글 개역판
은 여기 "음식"을 "그들"(즉, 사람)이라고 번역했으나 개역개정판과 표준 새
번역이나 공동번역은 "음식"이라고 번역했다. 문맥에 의하여 "음식"이라고
번역해야 옳다. 아무튼 여호와께서는 이스라엘 자손(15절)이 드리는 음식을
거룩하게 다루신다는 것이다. 아무나 먹지 못하게 하시고 또 아무나 먹으면
형벌을 가하여 음식을 거룩하게(구별되게) 만드신다는 것이다.

3. 예물은 거룩한 것이어야 한다   22:17-25

여호와께서는 앞에서(16절) 음식을 거룩하게 하시는 분이라 하시고, 또
이제 이 부분(17-25절)에서는 예물은 거룩한 것이어야 한다고 말씀하신다.
먼저 흠이 없는 것으로 드리라고 하시고(17-21절), 드릴 수 없는 동물이 무엇인
지 열거하신다(22-25절).

레 22:17. 여호와께서 모세에게 말씀하여 이르시되.

여호와께서 예물은 거룩한 것이어야 한다는 것을 말씀하시기 위하여 "모
세"에게 이르신다. 여호와께서는 보통 신앙 공동체의 대표자 한 사람에게
말씀하신다(12:1; 14:1; 16:1; 17:1; 18:1; 19:1; 20:1; 21:1; 22:1 참조)

레 22:18a. 아론과 그의 아들들과 이스라엘 온 족속에게 말하여 이르라.

모세가 여호와의 말씀을 대언할 대상들을 여호와께서 지적하신다. 그 대상
은 아론 대제사장, 아론의 아들들, 즉 일반 제사장들, 또 이스라엘 온 족속들에
게 제물이 거룩해야 할 것을 이르라고 하신다. 모르는 사람들이 없도록 전
국민에게 일러야 했다.

레 22:18b-19. 이스라엘 자손이나 그 중에 거류하는 자가 서원제물이나 자원제 물로 번제와 더불어 여호와께 예물로 드리려거든 기쁘게 받으심이 되도록 소나 양이나 염소의 흠 없는 수컷으로 드릴지니.

여호와께서 이스라엘 집안에 속한 사람이나 이스라엘 사람과 함께 사는
외국인 나그네(영주권자들, 1:2, 3, 10, 민 15:14)가, 제물을 바치고자 할 때에는,

그것이, 서약한 것을 갚으려고 해서 바치는 것169)(이는 화목제의 일부이다)이
거나, 자유로운 뜻에서 여호와께 번제물(제물 전체를 불사르는 제사임)로 바치
려는 것170)이거나, 모두 여호와께서 즐거이 받으시도록 소나 양이나 염소
가운데서 흠이 없는, 수컷으로 바쳐야 한다고 하신다. 한 마디로 말해 화목제를
겸한 번제를 드리려거든 주님께서 받으시도록 흠이 없는 수컷으로 드려야
한다고 하신다.

**레 22:20. 흠 있는 것은 무엇이나 너희가 드리지 말 것은 그것이 기쁘게 받으심
이 되지 못할 것임이니라.**

여호와께서는 흠이 있는 제물은 어떤 제물이든지 기쁘시게 받지 않으시니
드리지 말라고 하신다(신 15:21; 17:1; 말 1:8, 14; 엡 5:27; 히 9:14; 벧전
1:19). 흠이 있는 것을 드리는 것은 여호와를 멸시하는 것으로 기쁘게 받지
않으신다는 것이다(말 1:6-8).

**레 22:21. 만일 누구든지 서원한 것을 갚으려 하든지 자의로 예물을 드리려하여
소나 양으로 화목제물을 여호와께 드리는 자는 기쁘게 받으심이 되도록 아무
흠이 없는 온전한 것으로 할지니.**

여호와께서는 여호와께 무슨 서약한 것을 이행하기 위해서든지 또는 마음
에 우러나서 드리는 제사든지(7:16; 민 15:3, 8; 신 23:21, 23; 시 61:8; 65:1;
전 5:4-5) 소나 양을 화목제물(하나님과 인간 사이에 화목을 도모하기 위해
드리는 제사)로 드리려는 사람이 있으면(3:1, 6) 흠이 없는 것으로 바쳐야
한다고 말씀하신다. 암컷을 드려도 괜찮으나 반드시 흠은 없어야 했다(3:1,
6 주해 참조). 그래야 드리는 자가 주님의 마음에 들 것이다. 성하지 못한
것은 어떤 것도 안 된다고 하신다(18-19절 참조). 흠이 있는 것은 이 땅의

---

169) "서원제물": Votive offering. 서원이 이루어진 경우에 드리는 예물(7:16; 22:18, 23; 23:38;
민 15:3; 신 12:6, 17).

170) "자원제물": Free will offering. 경건심에서 임의로 드리는 예물(동물희생제사, 레 7:16;
신 16:10; 23:23; 겔 46:12). 서원하는 예물과 함께, 이 두 가지 제사(자원제, 서원제)에는 과자의
제물을 함께 할 것이 요구되지 않고, 희생(제물)의 짐승의 고기를 먹는 시일도 완화되어, 2일
이내에 먹는 것이 허용되었다(레 7:11-21). 같은 원어가 낙헌제(樂獻祭)로도 번역되어 있다(한글
개역판, 레 22:18; 암 4:5)(디럭스 바이블 성경사전).

총독도 받지 않는다고 성경은 말씀한다(말 1:8).

레 22:22 너희는 눈 먼 것이나 상한 것이나 지체에 베임을 당한 것이나 종기 있는 것이나 습진 있는 것이나 비루먹은 것을 여호와께 드리지 말며 이런 것들은 제단 위에 화제물로 여호와께 드리지 말라.

여호와께서는 흠(눈 먼 것, 상한 것, 지체에 베임을 당한 것, 종기 있는 것, 습진171) 있는 것, 비루172)먹은 것)이 있는 것(20절; 말 1:8)을 여호와께 드리지 말며, 그런 흠이 있는 것들을 제단 위에 드리지 말라고 하신다(1:9, 13; 3:3, 5). 여호와께서는 다음 절에서 한 가지 예외를 말씀하신다.

레 22:23 소나 양의 지체가 더하거나 덜하거나 한 것은 너희가 자원 제물로는 쓰려니와 서원 제물로 드리면 기쁘게 받으심이 되지 못하리라.

여호와께서는 "소나 양의 지체가 더하거나 덜하거나 한 것은 너희가 자원 제물로는 쓸 수 있다"고 하신다(21:18). 이 기형적인 것을 자원제의 경우에 사용할 수 있다는 것이다. 그러나 서원 제물로 드릴 때에는 사용할 수 없다고 하신다. 만약에 서원하기 위하여 그런 흠이 있는 것을 드리면 여호와께서 기쁨으로 받지 않으실 것이라고 하신다. 그러니까 소나 양의 지체가 더하거나 덜하거나 한 것은 자원하여 드리는 제물로는 사용할 수 있으나, 서원하기 위하여 드릴 때는 사용할 수 없다고 하신다.

레 22:24 너희는 고환이 상하였거나 치었거나 터졌거나 베임을 당한 것은 여호와께 드리지 말며 너희의 땅에서는 이런 일을 행하지도 말지며.

여호와 하나님은 참으로 세밀하게 명령하신다. 고환(짐승의 수놈의 성기의 일부)이 상하였거나 치었거나 터졌거나 베임을 당한 것은 여호와께 제물로 드리지 말라고 하신다. 여호와께서는 "너희의 땅에서는 이런 일을 행하지도 말라"고 하신다. 즉, '너희 땅에서는 그런 것을 바치는 일이 절대로 있어서는

---

171) 피부의 표면에 생기는 염증.
172) 비루먹은 것이란 말은 개나 나귀 말 따위의 짐승의 피부가 헐고 털이 빠지는 병에 걸렸다는 것을 묘사하는 말이다.

안 된다'고 하신다.

레 22:25. 너희는 외국인에게서도 이런 것을 받아 너희의 하나님의 음식으로 드리지 말라 이는 결점이 있고 흠이 있는 것인즉 너희를 위하여 기쁘게 받으심이 되지 못할 것임이니라.

　여호와께서는 제사장들은 외국인들(거류민이 아니라 순수 외국인들을 지칭한다)에게서 이런 흠이 있는 것들(고환이 상한 수컷을 포함하여 흠이 있는 모든 짐승을 지칭할 것이다)을 받아 여호와 하나님에게 제물로 바쳐서도 안 된다고 하신다(21:6, 17; 민 15:15-16). 이런 것은 흠이 있거나 결점이 있기 때문에 여호와께서 기쁘게 받지 않으실 것이라고 하신다(말 1:14).

4. 제물에 관한 특수 규례들 22:26-30
　여호와께서는 제물에 관한 특수 규례들을 모세를 통하여 말씀하신다. 특수 규례 첫째는 짐승이 태어나면 7일간 함께 살게 할 것(27절), 둘째, 8일이 지난 이후에는 여호와께 화제를 드릴 수 있다고 하시며(27절), 셋째, 어미와 새끼를 같은 날에 잡지 말라고 하시고(28절), 넷째, 감사제물의 몫을 당일에 먹어야 한다(30절)고 하신다.

레 22:26. 여호와께서 모세에게 말씀하여 이르시되.

　여호와께서 모세를 통하여 이스라엘 백성들에게 짐승이 태어났을 때에 어떻게 취급하느냐를 말씀하신다. 여호와께서는 신앙 공동체의 대표자 한 사람에게 말씀하신다(14:1; 16:1; 17:1; 18:1; 19:1; 20:1; 21:1; 22:1; 22:17 참조).

레 22:27. 수소나 양이나 염소가 나거든 이레 동안 그것의 어미와 같이 있게 하라 여덟째 날 이후로는 여호와께 화제로 예물을 드리면 기쁘게 받으심이 되리라.

　여호와께서는 제물로 사용할 수 있는 '수소나 양이나 염소가 나거든 이레 동안 그것의 어미와 같이 있게 하라'고 하신다(출 22:30). 7일간 어미와 함께 살게 해야 한다는 것이다. 새끼가 너무 어리면 제물이 되기에 부적합하므로

7일간 성장하는 기간이 필요했다. 그러나 "여덟째 날 이후로는 여호와께 화제로 예물을 드리면 기쁘게 받으심이 되리라"고 하신다. 사람으로 치면 8일은 할례를 받는 날이다. 짐승도 8일이 지나면 제물로 바칠 수 있었다.

레 22:28. 암소나 암양을 막론하고 어미와 새끼를 같은 날에 잡지 말지니라.
여호와께서는 그 어미가 암소거나 암양이거나 간에, 이스라엘 사람들은 그 어미와 새끼를 같은 날에 죽여서는 안 된다고 하신다(출 23:19; 신 22:6-7 참조). 여호와께서는 이방 세계에 있었던 잔인한 일, 즉 어미와 새끼를 같은 날에 잡는 잔인성을 없애시려고 하신다. 우리는 짐승에게도 사랑을 베풀어야 한다.

레 22:29. 너희가 여호와께 감사제물을 드리려거든 너희가 기쁘게 받으심이 되도록 드릴지며.
여호와께서는 제사장들이 여호와께 감사제물을 드릴 때 기쁘게 받으실 수 있도록 드려야 한다고 말씀하신다(7:12; 시 107:22; 116:17; 암 4:5). 화목제 중에는 세 가지가 있다. 하나는 감사제가 있고, 또 서원제가 있으며, 자원제(낙헌제)가 있다(7:12, 15; 18-19절 주해 참조). 감사제를 드릴 때에는 흠 없는 수소와 암소, 숫양과 암양, 염소 등을 드려야 했다 (3:1-17 주해 참조).

레 22:30. 그 제물은 그 날에 먹고 이튿날까지 두지 말라 나는 여호와이니라.
여호와께서는 감사제물을 드리는 경우 제물은 그 날에 먹고 이튿날까지 두지 말라고 하신다(7:15). 그러나 화목제를 드릴 때에는 당일과 다음 날 이틀 동안 먹을 수 있었다. 그러나 감사제를 드리고 난 후 그 제물은 당일에만 먹을 수 있고 이튿날 아침까지 둘 수는 없었다(7:15-18 주해 참조). 여호와께서는 이런 세밀한 규례를 내시면서 "나는 여호와니라"고 말씀하심으로 자신의 명령에 무게를 두신다. 반드시 지키라는 것을 강조하신다.

5. 결론적인 권면 22:31-33
이는 본장의 결론이고, 또 레위기의 실천편(17-27장)에 자주 등장하는 결론이다(19:37; 20:8 주해 참조).

레 22:31. 너희는 내 계명을 지키며 행하라 나는 여호와이니라.

여호와께서는 이스라엘의 제사장들과 백성들에게 명령하신 제물 관련 명령을 지키라고 하신다(19:37; 민 15:40; 신 4:40). 그러시면서 "나는 여호와니라"고 하신다. 명령을 지키라는 것을 강조하신다.

레 22:32a. 너희는 내 성호를 속되게 하지 말라 나는 이스라엘 자손 중에서 거룩하게 함을 받을 것이니라.

여호와께서 제사장들과 이스라엘 백성들에게 나의 거룩한 이름을 욕되게 하지 말라고 하시며(18:21), 이스라엘의 모든 백성은 나를 거룩한 자로 알아야 한다고 말씀하신다(10:3; 마 6:9; 눅 11:2). 32절 상반 절은 이스라엘 백성들 측에서 여호와를 거룩하게 해야 할 것을 말씀하신 부분이다.

레 22:32b-33. 나는 너희를 거룩하게 하는 여호와요 너희의 하나님이 되려고 너희를 애굽 땅에서 인도하여 낸 자니 나는 여호와이니라.

여호와께서 말씀하시기를 '나는 너희를 거룩하게 하는 여호와이다(20:8). 나는 너희의 하나님이 되려고, 너희를 이집트 땅에서 이끌어 내었다(11:45; 19:36; 25:38; 출 6:7; 민 15:41). 나는 여호와라'고 하신다. 이 부분(32b-33절) 말씀은 여호와께서 이스라엘 백성들을 거룩하게 하신다는 말씀과 또 이스라엘 백성들을 거룩하게 하시기 위해서 출애굽 시키신 사실을 드러내신다. 여호와께서는 우리를 거룩하게 하시는 분이시다. 우리를 거룩하게 하시려고 우리를 죄 가운데서 구원하시고 계속해서 성화시키고 계심을 말씀하신다.

그러니까 32절 상반 절은 우리의 책임을 말씀하고, 32절 하반 절과 33절은 여호와께서 우리를 거룩하게 하기 위해서 행하신 일을 드러내신다. 문장의 마지막 말씀, 즉 "나는 여호와이니라"는 말씀은 애굽 땅에서 이스라엘 백성들을 출애굽 시키신 분은 다른 신이 아닌, 여호와 우리 주라는 것을 확실히 밝히신다.

제 23 장

C. 안식일과 절기들 규례 23:1-44

본 장은 안식일 규례(1-3절)와 유월절과 무교절 규례(4-8절), 초실절 규례(9-14절), 칠칠절(오순절) 규례(15-22절), 나팔절(칠월의 첫날) 규례(23-25절), 대속죄일 규례(26-32절), 초막절(장막절) 규례(33-36절), 맺는 말(37-38절)을 전하고, 초막절에 관한 다른 규례들(39-44절)을 전하며 거룩하게 지킬 것을 명한다. 거룩히 지킨다는 것은 절기에는 아무 노동을 하지 말고, 성소에 나아가며, 하나님께 화제를 드리는 것이었다.

1. 안식일 규례 23:1-3

레 23:1. 여호와께서 모세에게 말씀하여 이르시되.

여호와께서는 이 아래 많은 절기들을 지킬 것과 또 어떻게 지켜야 하는지를 말씀하려고 이스라엘 공동체의 대표인 모세에게 말씀하신다(18:1; 19:1; 20:1; 21:1; 22:1, 17 참조).

레 23:2. 이스라엘 자손에게 말하여 이르라 이것이 나의 절기들이니 너희가 성회로 공포할 여호와의 절기들이니라.

여호와께서는 모세에게 명하시기를 "이스라엘 자손에게 말하여 이르라"고 하신다. "이것", 즉 '아래의 절기들이' "나의 절기들이니 너희가 성회로 공포할 여호와의 절기들이라"고 하신다(4절, 37절). 아래의 모든 절기들은 여호와께서 지키라고 명하신 절기들이니 성회로 공포할 여호와의 절기들이라는 것이다(출 32:5; 왕하 10:20; 시 81:3). 어느 것 하나라도 소홀히 해서는 안 되는 절기들이었다.

레 23:3 엿새 동안은 일할 것이요 일곱째 날은 쉴 안식일이니 성회의 날이라 너희는 아무 일도 하지 말라 이는 너희가 거주하는 각처에서 지킬 여호와의 안식일이니라.

여호와께서는 이스라엘 자손에게 엿새 동안은 일을 하고(19:3; 출 20:9; 23:12; 31:15; 34:21; 신 5:13; 눅 13:14), 이렛날(제 7일)은 반드시 쉬어야 하는 안식일이니 거룩한 모임을 열어야 하고, 어떤 일도 해서는 안 된다고 하신다. 이 날은 이스라엘 자손이 살고 있는 모든 곳에서 지킬 주의 안식일 이라고 하신다. 이는 십계명 중 제 4계명이 강조하는 날이다(출 20:8-11 주해 참조).

"안식일"(שׁבת)은 '쉰다'는 뜻으로 6일간 일하던 것을 쉰다는 뜻이다. 안식 일 제도는 여호와께서 천지를 창조하시고, 제 7일에 안식하신 데서부터 시작된 것이다(창 2:3). 이 안식일 제도는 여호와께서 이스라엘 민족에게 광야에서 만나를 내리시다가 안식일에는 내리지 않은 데서 고정시키신 것이다. 오늘 우리는 안식일 다음 날 예수 그리스도께서 부활하신 날에, 제자들로부터 예배 를 받으신 것을 기념하여 안식 후 첫날을 지킨다.

2. 유월절과 무교절 규례   23:4-8

절기 중 첫째 번 것은 유월절과 무교절이었다. 유월절은 정월 14일 저녁에 지켰고, 무교절은 유월절 다음날부터 7일간 지켰다.

레 23:4 이것이 너희가 그 정한 때에 성회로 공포할 여호와의 절기들이니라.

"이것", 즉 '아래의 여섯 절기들'은 이스라엘 민족이 그 정한 때가 되어 성회로 모일 여호와의 절기들이라는 것이다(2절, 37절; 출 23:14). 여섯 절기들 은 각각 특색이 있는 절기들로서 여호와께 제사를 드리고 여호와를 높이는 절기들이다.

레 23:5. 첫째 달 열 나흗날 저녁은 여호와의 유월절이요.

유대 교력으로 정월 14일 저녁은 여호와의 유월절이라고 한다(출 12:6, 14, 18; 13:3, 10; 23:15; 34:18; 민 9:2-3; 28:16-17; 신 16:1-8; 수 5:10). 민력으로는 7월이고, 우리의 태양력으로는 3-4월에 해당한다. 이 달을 니산월173)이라 한다(느 2:1). "유월절"이란 이스라엘 민족이 출애굽하기 조금 전 애굽에서 죽음의 사자가 양의 피가 발린 이스라엘 집의 문을 그냥 넘어간 것을 기념하는 절기를 지칭한다(출 12:1-14).

레 23:6. 이 달 열 닷샛날은 여호와의 무교절이니 이레 동안 너희는 무교병을 먹을 것이요.

"이 달 열 닷샛날", 즉 '정월 15일'은 무교절이라는 것이다. "무교절"(חַג)은 '누룩을 넣지 않은 떡을 먹는 절기'이다. 이 절기에는 집안에서 모든 누룩을 제하고, 누룩 없는 떡을 먹었다. 무교절을 지키는 7일간은 누룩을 넣지 않은 떡을 먹고 쓴 나물을 먹으면서 이스라엘 백성이 애굽에서의 고난을 기념했다. 이 기간의 첫날과 끝 날에는 안식하고 성회를 가졌다. 그러니까 유월절은 정월 14일 저녁, 무교절은 15일부터 21일까지 7일간 지켰는데, 때로는 유월절, 또 때로는 무교절이라 부르기도 한다(출 12:3-20; 13:3-8; 행 12:3-4; 20:6).

레 23:7-8. 그 첫 날에는 너희가 성회로 모이고 아무 노동도 하지 말지며 너희는 이레 동안 여호와께 화제를 드릴 것이요 일곱째 날에도 성회로 모이고 아무 노동도 하지 말지니라.

무교절 중 "그 첫 날에는 너희가 성회로 모이고 아무 노동도 하지 말지며(출 12:16; 민 28:18, 25)...일곱째 날에도 성회로 모이고 아무 노동도 하지 말라"고 하신다. 7일의 무교절 중 첫날과 일곱째 날에는 똑같이 성회로 모이고 아무 노동도 하지 말라는 것이고, 7일 동안 여호와께 화제(불로 태워드리는 희생제사)를 드려야 한다고 하신다.

---

173) "니산월": Nisan의 뜻은 '움직인다', '출발한다'. 바벨론 달력의 제 1 월. 포로 후 이것이 유대인의 제 1 월이 되었다(느 2:1; 에 3:7). 고대 가나안 달력의 아빕월이고, 태양력의 3-4월에 해당된다. 유월절은 이 달 중에 지켜졌다(디럭스 바이블 성경사전).

3. 초실절 규례   23:9-14

이 부분(9-14절)은 초실절174)을 맞이하여 어떻게 해야 하는지를 말씀한다.
초실절을 당해서는 첫 이삭을 거두어 하나님께 요제로 드리고, 그때 번제와
소제를 함께 드려야 했다(출 23:19; 34:26; 민 15:17-21; 신 18:4 참조).

레 23:9. 여호와께서 모세에게 말씀하여 이르시되.

여호와께서는 초실절을 당하여 이스라엘 자손들에게 어떻게 해야 하는지
를 알리시기 위해 이스라엘의 공동체 대표인 모세에게 말씀하신다(19:1; 20:1;
21:1; 22:1, 17; 23:1 참조).

레 23:10. 이스라엘 자손에게 말하여 이르라 너희는 내가 너희에게 주는 땅에 들어가서 너희의 곡물을 거둘 때에 너희의 곡물의 첫 이삭 한 단을 제사장에게로 가져갈 것이요.

모세는 이스라엘 자손에게 말씀해야 했다. 이스라엘 자손들은 여호와께서
주시는 땅에 들어가서 곡물을 거둘 때에 곡물의 첫 이삭 한 단을 제사장에게
가져가야 했다는 것이다(출 23:16, 19; 34:22, 26; 민 15:2, 18; 28:26; 신
16:9; 수 3:15). 여기 곡물은 보리와 밀이었는데 보리가 먼저 수확되었다.
때는 대체로 무교절 때였다(룻 1:22; 2:23). 이스라엘 자손들은 보리를 수확하
여 한 단을 제사장에게 가져갔다(롬 11:16; 고전 15:20; 약 1:18; 계 14:4).
본문의 "첫 이삭", 즉 '첫 열매'는 부활의 첫 열매가 되신 예수 그리스도의
그림자였다(고전 15:20).

레 23:11. 제사장은 너희를 위하여 그 단을 여호와 앞에 기쁘게 받으심이 되도록 흔들되 안식일 이튿날에 흔들 것이며.

(וְהֵנִיף אֶת־הָעֹמֶר לִפְנֵי יְהוָה לִרְצֹנְכֶם מִמָּחֳרַת הַשַּׁבָּת יְנִיפֶנּוּ הַכֹּהֵן)
이스라엘 자손들이 곡물의 첫 이삭 한 단을 제사장에게 가져다가 주면(앞
절) 제사장은 바친 자를 위하여 그 단을 여호와 앞에 기쁘게 받으심이 되도록

---

174) "초실 절": Feast of the first fruits(First fruits of wheat harvest). 유대인의 3대 축절의
하나.

요제175)로 드리되(출 29:24) 안식일 이튿날에 요제로 드려야 했다. 그런데 여기 "안식일 이튿날"이란 말을 두고 학자들 간에 견해가 갈린다. 1) 무교절 7일간 전체를 안식일로 보고, 초실절은 그 안식 기간이 끝나는 다음 날인 22일이라는 견해(Hitzig, Huphfeld, Lange). 2) 니산월 16일일 것이라는 견해(James A. Borland, Robert O. Coleman, 누르체). "안식일"을 무교절이 시작되는 정월 15일로 보고 초실절을 무교절 첫날인 정월 16일일 것이라고 본 것이다. 안식일 시작을 하루 늦게 잡았기에 초실 절을 16일로 말하게 된 것이다. 3) 안식일 이튿날은 정월 15일일 것이라는 견해(John Gill, Schulz, Knobel, Kurtz, Keil & Delitzsch, Rooker, 이상근). 여기 "안식일"을 무교절이 시작되는 정월 14일로 보고, 초실 절은 무교절의 첫날인 정월 15일 것이라는 견해이다. 3번의 견해를 택한다. 이유는 본문의 "안식일"(הַשַּׁבָּת)이란 말이 '그 안식일'이라고 묘사되어 있기 때문이다. '그 안식일'이란 보통의 안식일과는 달리 정월 14일에 지키는 '바로 그 안식일'을 뜻한다. 그런고로 "안식일 이튿날"은 14일 다음 날, 즉 정월 15일이다. 제사장은 이 날에 누룩이 섞이지 않은 순전한 음식을 취해 그 첫 것을 흔들어 하나님께 헌신하며 드려야 했다.

레 23:12. 너희가 그 단을 흔드는 날에 일 년 되고 흠 없는 숫양을 여호와께 번제로 드리고.

그 단을 흔드는 초실절에 "일 년 되고 흠 없는 숫양을 여호와께 번제로 드려야" 했다. 1년 되고 흠이 없는 숫양을 여호와께 헌신제로 드려야 했다는 것이다. 번제에 대해서는 1:1-17 주해 참조.

레 23:13. 그 소제로는 기름 섞은 고운 가루 십분의 이 에바를 여호와께 드려 화제로 삼아 향기로운 냄새가 되게 하고 전제로는 포도주 사분의 일 힌을 쓸 것이며.

그 날, 즉 초실절에 번제와 함께(앞 절) 소제(감사제)를 드렸다(2:14-16).

---

175) "요제"란 제물을 앞으로 내었다가 다시 원위치로 돌리는 제사 방법이다. 앞으로 내미는 것은 하나님께 드리는 것을 상징하고, 다시 원 위치로 들이는 것은 하나님으로부터 받는 것을 뜻한다. 요제는 거제(7:14)의 제물과 더불어 제사장의 몫이 되었다.

소제(감사를 표하는 곡물 제사)는 기름 섞은 고운 가루 십 분의 이 에바를 여호와께 드려 화제(불로 살라서 드리는 제사)로 삼아 향기로운 냄새가 되게 해서 드렸다. "에바"(한 에바는 3스아로 대략 23 liter이다)는 23리터에 해당하는데 10분의 2에바는 4.6리터이다.

같은 날 소제(곡물로 드리는 감사제)만 아니라 전제176)를 드렸는데, 전제는 포도주 4분의 1 힌(액체량의 단위로 대략 3.8리터)을 바쳐야 했다. 4분의 1 힌은 0.95리터이다.

레 23:14 너희는 너희 하나님께 예물을 가져오는 그 날까지 떡이든지 볶은 곡식이든지 생 이삭이든지 먹지 말지니 이는 너희가 거주하는 각처에서 대대로 지킬 영원한 규례니라.

여호와께서는 너희가 이런 예물을 나에게 가져오기 전에는 새 곡식으로 만든 빵이나 볶은 곡식은 물론, 그 새 곡식의 풋 이삭까지도 먹어서는 안 된다고 하신다. 이것은 너희가 어디에 살든지 대대로 지켜야 할 규정이라고 말씀하신다. 오늘 불신세계에서도 부모가 먼저 숟가락을 들기 전에 아이들은 먹지 못하는데서 어렴풋이 그 그림자가 보인다. 우리가 첫 월급을 받아서 주님께 먼저 드리는 것은 잘하는 일이고, 새벽에 다른 일을 하기 전에 먼저 주님의 말씀을 읽고 기도하는 일도 잘하는 일이라고 할 수 있다.

4. 칠칠절(오순절, 맥추절) 규례   23:15-22

초실 절을 지낸 후 7주가 지나 오순절(맥추절)을 지켰고, 이 오순절에 소제와 번제, 속죄제와 화목제를 드렸다.

레 23:15-16 안식일 이튿날 곧 너희가 요제로 곡식단을 가져온 날부터 세어서 일곱 안식일의 수효를 채우고 일곱 안식일 이튿날까지 합하여 오십 일을 계수하여 새 소제를 여호와께 드리되.

---

176) "전제": Libations(Drink-Offering). 구약시대에 행해진 제사의 하나. 피를 상징하는 포도주를 붓는(쏟는) 의식(儀式)을 취했다. 히브리어는 '붓는 것(쏟는 것)'의 뜻이 있다. 한글 개역의 구약에서는 전제로 모두 번역했고(23:13, 18, 37; 창 35:14; 출 29:40, 4; 30:9; 민 6:15, 17), 신약에서는 관제로 번역했다(빌 2:17; 딤후 4:6)(디럭스 바이블 성경사전).

여호와께서는 너희가 첫 곡식단을 가져온 안식일 다음날(초실 절)부터 계산하여. 만(full) 일곱 주간을 보내고, 거기에다가 일곱 번째 안식일 다음날까지 더하면 꼭 오십(50) 일이 될 것인데(25:8; 출 34:22; 신 16:9; 행 2:1), 그 때에 너희는 햇곡식을 주님께 소제(곡식제사)로 바쳐야 한다고 하신다(민 28:26).

레 23:17. 너희 처소에서 십 분의 이 에바로 만든 떡 두 개를 가져다가 흔들지니 이는 고운 가루에 누룩을 넣어서 구운 것이요 이는 첫 요제로 여호와께 드리는 것이며.

여호와께서는 너희가 살고 있는 곳에서, 주께 만물(그 해에 맨 먼저 나온 곡물이나 해산물)로 흔들어 바칠, 햇곡식으로 만든 빵 두 개를 가져 와야 한다고 하신다(출 23:16, 19; 22:29; 34:22, 26; 민 15:17; 28:26; 신 26:1). 그 빵은 밀가루 10 분의 2 에바를 가지고 만든 것이어야 하고, 고운 밀가루에 누룩을 넣어 반죽하여 구운 것이어야 한다고 하신다.

초실절에 드리는 소제(곡물제사)는 10분의 2에바의 고운 가루에 기름을 섞어 화제로 드렸으나(13절 참조), 본 절의 오순절에 드리는 소제는 같은 양의 가루로 떡 두 개를 만들어 요제(제물을 성소를 향하여 앞으로 내밀었다가 다시 가져오는 형식으로 드리는 제사)로 드렸다. 또 초실절의 가루에는 누룩을 넣지 않았으나 오순절의 경우 누룩을 넣어 떡을 만들었다. 여기 누룩을 넣은 떡을 요제로 드린 다음에 제사장에게 돌렸다. 본 절의 "첫 요제"란 밀(wheat)의 첫 제사라는 뜻이다. 초실절 때에는 보리의 첫 단을 요제로 드렸으나(10-11절), 오순절 때는 새로 수확한 밀로 떡을 만들어 요제로 드렸다.

레 23:18. 너희는 또 이 떡과 함께 일 년 된 흠 없는 어린 양 일곱 마리와 어린 수소 한 마리와 숫양 두 마리를 드리되 이것들을 그 소제와 그 전제제물과 함께 여호와께 드려서 번제로 삼을지니 이는 화제라 여호와께 향기로운 냄새며.

여호와께서 앞 절에서는 빵 두 개를 요제로 드리라 하셨는데(17절), 본 절에서는 일 년 된 흠 없는 어린 양 일곱 마리와, 소 떼 가운데서 수송아지

한 마리와, 숫양 두 마리를 끌어다가 주께 번제(헌신 제)로 드리라고 하신다. 많은 양의 제물이었다. 이렇게 많은 양의 제물을 드린 것은 추수를 끝낸 후 드리는 추수 감사제 형식이었다(민 28:27-30 참조). 이때에 곡식제물과 부어 드리는 제물(전제제물)도 함께 바쳐야 한다고 하신다. 이것이 제물을 태워 그 향기로 주를 기쁘게 하여 드리는, 불살라 바치는 제사라고 하신다.

위와 같은 많은 제물을 번제(헌신제)로 삼아 화제(불태워드리는 제사)를 드린 것은 여호와를 크게 기쁘시게 하는 제사였다. 우리는 자신을 드려 여호와 를 기쁘시게 해야 할 것이다.

레 23:19. 또 숫염소 하나로 속죄제를 드리며 일 년 된 어린 숫양 두 마리를 화목제물로 드릴 것이요.

또 숫염소 하나로 속죄제를 드리라고 하신다(4:23, 28; 민 28:30). 여기 숫염소 하나는 예수 그리스도께서 십자가에서 피 흘리실 것을 예표 하는 것이었다(4:1-5:13). 또 1년 된 어린 숫양 두 마리를 화목제물(하나님과 인간 사이의 화목을 위해서 드리는 제물)로 드리라고 하신다(3:1). 여기 숫양 두 마리도 역시 예수 그리스도께서 십자가에서 하나님과 인간 사이의 화목을 위해서 피를 흘리실 것을 예표 하는 제물이었다. 화목제는 서원, 자원, 감사의 뜻으로 드리는 제사였다.

레 23:20. 제사장은 그 첫 이삭의 떡과 함께 그 두 마리 어린 양을 여호와 앞에 흔들어서 요제를 삼을 것이요 이것들은 여호와에 드리는 성물이니 제사장 에게 돌릴 것이며.

본 절은 앞 절(19절)의 화목제물을 드리는 방식에 대하여 진술한다. 여호와 께서는 제사장이 그 첫 이삭의 빵과 함께 그 두 마리의 어린 양을 여호와 앞에서 흔들어 요제(제물을 앞으로 내밀었다가 다시 원상 위치로 끌어오는 제사 형식)로 삼으라고 하신다. 이것들은 여호와께 바친 거룩한 음식이므로 제사장의 몫이 되도록 하라고 하신다(7:28-34; 민 18:12; 신 18:4).

레 23:21. 이 날에 너희는 너희 중에 성회를 공포하고 어떤 노동도 하지 말지니

이는 너희가 그 거주하는 각처에서 대대로 지킬 영원한 규례니라.

여호와께서는 오순절 날에 이스라엘 백성들은 거룩한 모임177)을 가져야 한다고 하시며, 그 모임은 이스라엘 백성들에게 거룩한 것이므로 그 날은 생업을 돕는 어떤 일도 하지 않아야 한다고 하신다. 그날은 오로지 그 절기를 주신 주님께 감사해야 했다. 이날에 이렇게 하는 것은 너희가 사는 모든 곳에서 대대로 길이 지켜야 할 규례라고 하신다(10:9; 23:14).

레 23:22 너희 땅의 곡물을 벨 때에 밭모퉁이까지 다 베지 말며 떨어진 것을 줍지 말고 그것을 가난한 자와 거류민을 위하여 남겨두라 나는 너희의 하나님 여호와이니라.

여호와께서는 지금까지(15-21절) 오순절(맥추절)에 지킬 규례를 말씀하시다가 갑자기 가난한 자와 거류민들(이스라엘 경내에서 살고 있는 영주권자들)을 위해서 추수 때에 밭모퉁이까지 다 베지 말며 떨어진 이삭을 줍지 말라고 하신다(19:9; 신 24:19). 이유는 맥추절의 추수감사에 가난한 자와 거류민들을 배려하라는 주님의 뜻을 보이신 것이다. 이 엄중한 말씀을 하신 다음 여호와께서는 "나는 너희의 하나님 여호와이니라"고 하신다. 여호와의 엄중한 내용의 말씀을 잘 지키라는 뜻이다.

5. 나팔절(칠월의 첫날) 규례 23:23-25

나팔절(교력 7월 1일)에는 온 국민이 모임을 가지고, 아무 일도 하지 않고 안식하며, 여호와께 화제를 드려야 한다고 하신다.

---

177) "성회": Holy assembly. 예배 위해 성소(회막)에 소집된 종교적인 집회를 가리키는 말. 유월절의 첫째 날과 일곱째 날에, 이 성회가 소집되었고(출 12:16; 레 23:4-8; 민 28:18), 또는 1년에 6회, 중요한 축제일에 열렸다(레 23장; 민 28:26; 29:7, 12). 민10:2에 의하면 나팔로 소집되었다. 히브리어(미크라、 코-데-슈)는 [거룩한 소집]이라는 뜻이고(출 12:16; 레 23:2기타; 민28:18, 25, 26; 29:1), '모-에-드'의 원뜻은, 시간의 지정, 일정한 시간과 장소에 집합하는 일(애 1:15; 겔 46:11), '아치-라-'('tsarah)는 거룩하다는 의미가 있고, 다만 [집회]를 뜻하는 말인데, 주님 위한 집회에 쓰인데서(레 23:36; 민 29:35), '성회'(사 1:13; 욜 1:14; 2:15)로 하고 있으나, 주께서 가증히 보시는 바알신을 위한 대회에도 씌어져 있다(왕하 10:20). '아체레스'('tsereth)는 구약에 7회 쓰여진 말로서(레 23:36; 민 29:35; 느 8:18; 대하 7:9; 암5:21), '거룩함'의 의미는 없는데, 종교적인 집회를 가리켜 쓰인데서 성회로 번역하고 있다(대하 7:9).

레 23:23. 여호와께서 모세에게 말씀하여 이르시되.

본 절은 여호와께서 새로운 내용을 말씀하시기 위하여 공동체의 대표 모세에게 말씀하시는 형식이다(21:1; 22:1, 17; 23:1, 9 참조)

레 23:24 이스라엘 자손에게 말하여 이르라 일곱째 달 곧 그 첫 날은 너희에게 쉬는 날이 될지니 이는 나팔을 불어 기념할 날이요 성회라.

모세는 이스라엘 자손에게 나팔절178) 규례를 말씀해야 할 부탁을 받는다. 여호와께서는 "일곱째 달 그 첫 날은 너희에게 쉬는 날이 될지니 이는 나팔을 불어 기념할 날이요 성회라"고 하신다(민 29:1). 첫날(나팔 절·신년 절)은 "쉬는 날"이라고 하신다. 그러니까 그 날은 아무 노동도 하지 않아야 했다. 그리고 그날은 나팔을 불어 새해의 초하루가 왔음을 기억하게 해야 할 것이라고 하신다(25:9). 그리고 그날 백성들이 모여서 모임을 가져야 한다고 말씀하신다(민 29:1-6).179)

레 23:25. 어떤 노동도 하지 말고 여호와께 화제를 드릴지니라.

여호와께 드리는 화제(태워드리는 제사)가 구체적으로 무엇인지 여기 언급이 없다. 그 화제는 민수기 29:1-2에 의하면 수송아지 하나, 숫양 하나, 1년 된 흠 없는 숫양 일곱으로 드리되 향기로운 번제로 드려야 했다. 여호와께 화제로 드려야 하니 위의 모든 제물들을 태워드려야 했다.

6. 대속죄일 규례 23:26-32

여호와께서 16장에서 대속죄일에 대해 자세히 언급하셨으나, 여기서는 다른 여러 절기들을 언급하시는 중 다시 한 번 대속죄일에 대해 개관하시면서

---

178) "나팔절": Day to blow the trumpet. 유대력 제 7 월(티쉬리月, 태양력 9-10월)의 초 1 일에 지킨 성회. 나팔을 불어 이날을 알렸기 때문에 '나팔을 불 날'(민 29:1). '나팔을 불어 기념할 날'(23:24)로도 불렸다. 이것은 중요한 이 달의 개시를 '경고'하는 것이었다. 이 날에 사람들은 일을 쉬고, 성회를 열어, 희생 제사를 드려야 했다(23:24-25; 민 29:1-6). 이 날의 희생제사는 다른 새 달에 있어서의 것보다도 많았던 데서(민 29:6), 제 7 월의 1일은 특별한 위치를 가지고 있었던 것으로 여겨진다.

179) 유대인은 지금도 이 날을 '로쉬 하샤나'(해의 시작)라 하여 1-2일간 연휴 한다고 한다(디럭스 바이블 성경사전).

특별히 성도들 자신들을 괴롭게 할 것을 부탁하신다. 대속죄일에 무슨 제물을 드렸는지 알기 위하여 16:3, 5-10, 11, 15의 주해를 참조하라.

레 23:26. 여호와께서 모세에게 말씀하여 이르시되.

본 절은 여호와께서 새로운 내용을 말씀하시기 위하여 공동체의 대표 모세에게 말씀하시는 형식이다(21:1; 22:1, 17; 23:1, 9, 23 참조).

레 23:27. 일곱째 달 열흘날은 속죄일이니 너희는 성회를 열고 스스로 괴롭게 하며 여호와께 화제를 드리고.

여호와께서는 모세를 통하여 이스라엘 백성들에게 "일곱째 달 열흘날은 속죄일이라"고 알려주신다(16:30; 민 29:7). 그 날은 대제사장이 일 년에 딱 한번 지성소에 들어가 이스라엘 백성들의 죄를 속했다. 여기 대제사장은 예수 그리스도를 예표한다. 여호와께서는 그 날에 "너희는 성회를 열고 스스로 괴롭게 하며 여호와께 화제를 드리라"고 하신다. 이스라엘 백성들은 첫째, 그날 "성회를 열어야" 했다. 다시 말해 거룩한 모임을 가지고 아무 노동도 하지 않아야 했다. 둘째, 그날 "스스로 괴롭게" 해야 했다. 스스로 괴롭게 하라는 말이 27절, 29절, 32절에 세 번 나온다. 즉, '자신들이 지은 죄를 생각하며 회개해야 했다는 것을 강조하는 것이다. 그 때나 지금이나 회개가 중요하다. 회개가 살 길이었다. 셋째, "여호와께 화제를 드려야" 했다. 여기 무엇을 불로 태웠는지는 언급이 없다. 다른 성경 장절을 보아야 한다(16장 주해 참조).

레 23:28. 이 날에는 어떤 일도 하지 말 것은 너희를 위하여 너희 하나님 여호와 앞에 속죄할 속죄일이 됨이니라.

"이 날", 즉 '속죄일'에 "어떤 일도 하지 말아야" 할 이유는 이스라엘 백성들을 위하여 주님 앞에 속죄 예식을 올리는 날이 되기 때문이라고 하신다. 대제사장은 속죄 예식을 올리고 일반 백성들은 죄를 회개할 일이 많으니 시간을 내서 하루 종일 회개해야 한다는 것이다. 오늘 우리는 예수 그리스도께서 십자가에서 우리를 위하여 피를 흘려주셨으므로 우리는 우리의 죄를 회개하여 그리스도의 피 공로를 입어야 하는 것이다.

레 23:29-30. 이 날에 스스로 괴롭게 하지 아니하는 자는 그 백성 중에서 끊어질 것이라 이 날에 누구든지 어떤 일이라도 하는 자는 내가 그의 백성 중에서 멸절시키리니.

'이 날'; 즉 '속죄일에 회개하지 않는 자는 그 백성 중에서 끊어질 것이라고 하신다(창 17:14). 회개하지 않는 자는 신앙 공동체에서 끊어지는 것은 당연한 것이다. 회개하지 않는 자가 교회 공동체에 그냥 남아 있다고 해도 실제로는 영적으로 끊어진 생명이다. 가라지에 불과한 인생이다.

그리고 속죄일에 스스로 괴롭게 하는 일은 하지 않고 어떤 일이라도 하는 자는 여호와께서 이스라엘 백성 중에서 멸절시키시겠다고 하신다(20:3, 5-6). 하나님으로부터 생명이 끊어진다는 것이고, 동시에 신앙 공동체에서 끊으신다는 뜻이다.

레 23:31. 너희는 아무 일도 하지 말라 이는 너희가 거주하는 각처에서 대대로 지킬 영원한 규례이니라.

속죄일에는 대제사장이 속죄하는 의식을 거행하는 날이고, 또 백성들은 스스로를 괴롭게 해야 하는 날이니 아무 일도 하지 않아야 한다는 것이다. 속죄일에 아무 일도 하지 않고 스스로를 괴롭게 하는 일을 하는 계속하는 것은 이스라엘 경내의 어디서든지 대대로 영원히 지켜야 하는 규례라고 하신다. 영원히 계속할 만한 일은 회개하는 일이다.

레 23:32 이는 너희가 쉴 안식일이라 너희는 스스로 괴롭게 하고 이 달 아흐렛날 저녁 곧 그 저녁부터 이튿날 저녁까지 안식을 지킬지니라.

속죄일은 이스라엘 백성들이 안식해야 할 것이라고 하신다. 아무 일도 하지 않고 노동을 쉬어야 할 것이라고 하신다. 그리고 그날 스스로를 괴롭게 해야 한다고 하신다. 속죄일을 더 자세히 말하자면 "이 달 아흐렛날 저녁 곧 그 저녁부터 이튿날 저녁까지"라고 하신다. 즉, "이 달 아흐렛날 저녁", 곧 '10일이 시작되는 시간부터' "이튿날 저녁"; 곧 '10일이 끝나는 시각까지'라고 하신다. 정확하게 10일 하루 동안 안식을 지키라고 하신다. 스스로를 괴롭게 하면서 죄를 회개하는 것도 안식이 되는 것이다. 안식이란 노동을 하지 않는 것만 의미하지 않고 죄를 회개하는 것도 포함하는 것이다.

7. 초막절(장막절) 규례 23:33-36

대속죄일 규례에 대해 말씀하신(26-32) 여호와께서는 이제 이 부분 (33-36절)에서는 초막절 규례에 대해 언급하신다. 초막절은 7월 15일부터 7일간 열리는 성회이고, 초막절에는 안식해야 했으며, 여호와께 화제를 드려야 했다.

레 23:33. 여호와께서 모세에게 말씀하여 이르시되.

여호와께서는 초막절에 대해 이스라엘 자손에게 알리시기 위하여 공동체의 대표인 모세에게 이르신다. 여호와께서는 이렇게 새로운 것을 말씀하실 때마다 대표에게 말씀해 오셨다(22:1, 17; 23:1, 9, 23 참조).

레 23:34 이스라엘 자손에게 말하여 이르라 일곱째 달 열 닷샛날은 초막절이니 여호와를 위하여 이레 동안 지킬 것이라.

모세는 이스라엘 자손에게 여호와께서 전하시는 초막절에 대해 말해야 했다. 즉, "일곱째 달 열 닷샛날은 초막절이니 여호와를 위하여 이레 동안 지켜야 한다"는 말씀을 전해야 했다(출 23:16; 민 29:12; 신 16:13; 스 3:4; 느 8:14; 슥 14:16; 요 7:2). 7월 15일은 초막절이니 여호와를 위하여 7일간 지켜야 한다는 것이었다. 초막절(t/KSuh' gj)[180]이란 이스라엘 민족이 40년간

---

180) "초막절": Feast of Boosths. 유월절(무교절)과 칠칠절(오순절, 맥추절, 초실절)과 함께 이스라엘 백성(히브리인)의 3대 축절의 하나. 이는 최대의 축제(슥 14:16, 18)였다. '수장절'이라고도 부른다(Feast of ingathering, 출 23:16; 34:22). 이 절기에 관한 규정은, 23:34-43; 민 29:12-40에 자세히 기록되어있다. 티쉬리월(양력 9-10월)의 15일(추분 일에 가까운 만월)부터 1주간, 후에는 8일간으로 연장하여 지켰는데, 첫날과 끝날에는 성회가 열렸다. 가을의 추수로서, 올리브, 포도, 무화과 등을 거두어들이고, 이것을 감사하면서 해를 끝마치는 연말 추수의 감사제이고, 동시에 신년제이기도 했다. 주께서 정해 주신 바에 따라, 절기를 지키는 동안은 밭에 초막을 세우고 그곳에 거한데서 초막절이라는 이름으로 불렸다(23:40-43). 이렇듯, 원래는, 농경 력의 행사였는데, 후에 이스라엘이 경험한 광야의 고초와 유랑의 장막(천막)생활을 기념하기 위해, 민족사적, 신앙적 해석이 가해져, 절기 기간 중, 야외에 나뭇가지 등으로 임시초막을 만들어 거하는 행사가

광야 생활을 할 때 초막에 살았던 것을 잊지 않기 위해 매년 7월 15일부터 한 주간 초막에 거하도록 정하신 절기이다. 후손들은 하나님의 인도하심과 보호를 기억하고 또한, 이 세상이 임시적인 초막이라는 것을 고백하는 절기로 지냈다. 초막절은 신약 시대의 교회가 누릴 즐거움을 예표 하는 것이었고(요 7:37-39), 내세에 들어간 성도들의 하나님을 중심으로 한 즐거움을 상징한다 (계 7:9-17).

레 23:35. 첫 날에는 성회로 모일지니 너희는 아무 노동도 하지 말지며.

여호와께서는 첫날에는 거룩한 모임을 가지고 생업을 돕는 어떤 노동도 하지 말라고 하신다. 성경 다른 곳에서 이 날에 한 일을 보면 초막절을 지키는 7일 동안 제사장은 매일 금 항아리에 실로암 못의 물을 길어다가 군중이 "기쁨으로 구원의 우물들에서 물을 길으리로다"(사 12:3)라는 노래를 부르면 서 제단의 서편에 그 물을 부었다. 이는 이스라엘이 광야 생활에서 반석으로부 터 물을 마신 것을 기념하기 위함이었다(출 17:6; 민 20:10).

레 23:36. 이레 동안에 너희는 여호와께 화제를 드릴 것이요 여덟째 날에도 너희는 성회로 모여서 여호와께 화제를 드릴지니 이는 거룩한 대회라 너희는 어떤 노동도 하지 말지니라.

여호와께서는 7일 동안 여호와께 화제를 드리라고 하신다. "화제"[181]란 구약시대에 행해진 각종 희생 제사에 있어서 '불로 태운 희생 제사'를 뜻하는데

되었다(느 8:14-17). 이것은, 하나님의 인도하심과 보호를 기억하고 또한, 이 세상이 임시적인 초막이라는 것을 고백하는 표시였다. 회당에서는 전도서가 낭독되고, 성전에서는 성대한 희생제 사가 연일 행해졌다(디럭스 바이블 성경사전).

181) "화제": Offering by fire. 구약시대에 행해진 각종희생 제사에 있어서 불로 태운 희생 제사에 주로 사용된, 번제를 비롯한 말의 총칭. 특정한 희생 제사의 명칭은 아니다. 히브리어 명사 '이쉬세'의 번역어인데, '불로 태워버린다'는 뜻에서 불태운 모든 희생 제물을 뜻하는 말이다. 따라서 번제와 동류인 경우도 있다(출 29:18). 그러나 때로는 불태우지 않는 제물을 포함시킨 일이 있고(24:7, 9), 때로는 기념의 몫으로서 궁극에는 제사장의 것으로 되는 빵이나 유향에 대해서도 사용되고 있다(24:7). 신 18:1; 수 13:14; 삼상28장 등에서는 일반 제물을 의미하 기도 한다. '이는 화제라 여호와께 향기로운 냄새니라'(1:9, 13, 17; 2:2, 9; 3:5; 민 15:10, 13, 14등)는 말에서 알 수 있는 대로, 눈에 보이지 않는 형태로 하나님께 드려지고, 하나님께 가납되 는 기도의 정신을 알려주는 말이기도 하다(디럭스 바이블 성경사전).

7일간 불태워 드리는 제물의 양은 엄청난 것이었다(민 29:12-38 참조). 즉, 매일 수송아지 13마리(이 숫자는 매일 하나씩 줄였다), 숫양 2 마리와 1년 된 숫양 14마리를 번제로 드렸고, 거기에 소제와 속죄제가 겸해졌고, 매일 드리는 상번제, 소제, 전제도 계속해서 드렸다(민 24:12-38).

그리고 여덟째 날(7월 22일)에도 거룩한 모임을 가지고 화제를 드리라고 하신다(민 29:35; 느 8:18; 요 7:37). 여덟째 날의 제물도 수송아지 하나와 숫양 하나와 1년 된 숫양 일곱의 번제와 소제, 그리고 속죄제를 드렸다(민 29:35-38 참조).

"이는 거룩한 대회라"는 말씀은 8일째의 모임이 가장 거룩한, 구별된 모임이란 뜻이다(신 16:8; 대하 7:9; 느 8:18; 욜 1:14; 2:15). 그래서 그 날에는 생업을 돕는 일은 아무 것도 해서는 안 된다고 하신다. 이는 신약 성경에 나타나는 큰 날의 개념이다. 즉, 이 날은 초막절의 절정이라는 것이다(느 8:18; 요 7:37).

8. 맺는 말 23:37-38

여호와께서는 본 장에 등장한 절기의 제사들에 대해 언급하시고, 또 절기의 제사 외에 평소에 바치는 안식일 제사, 모든 헌물, 서원 제물, 자원 제물 등을 빠짐없이 드리라고 말씀하신다. 절기의 제사를 드렸다고 다 되는 것은 아니고 그 외에 또 드려야 할 것들을 말씀하신 것이다.

레 23:37. 이것들은 여호와의 절기라 너희는 공포하여 성회를 열고 여호와께 화제를 드릴지니 번제와 소제와 희생제물과 전제를 각각 그 날에 드릴지니.

여호와께서는 "이것들", 즉 '본 장(23장)에 나열된 6대 절기들'은 여호와께서 명한 절기들이니(2절, 4절), 이 절기들이 다가올 때마다, 거룩한 모임을 열고, 여호와께 화제(불로 살라 바치는 제사)를 드려야 할 것이니, 번제와 소제(곡식제물)와, 각종 희생제물(모든 제사에 드리는 제물들)과 전제(부어 드리는 제물)를 각각 그 해당되는 날에 드려야 할 것이라고 하신다.

본 장에 언급된 6대 절기들은 유월절과 무교절(4-8절), 초실절(9-14절),

오순절(15-21절), 나팔절(23-25절), 대속죄일(26-32절) 및 초막절(33-44절) 등
이다. 이스라엘 백성들은 이 여러 절기들이 올 때마다 절기가 돌아온 것을
공포하여 모임을 가져야 했으며, 여러 제사들을 드려야 했다.

　　본문의 "번제"와 "소제"는 항상 함께 드렸고, 이 두 제사는 화목제, 속건제,
속죄제와 더불어 구약 5대 제사에 속했다. 본문의 "희생제물"은 모든 제사에
드린 제물들을 지칭하고, "전제"란 포도주를 부어드리는 제사를 말한다. 그리
고 "화제"란 제사의 종류가 아니라, 제사의 방법을 말하는 것으로 불살라
드리는 제사였다. 제사의 방법으로는 화제 뿐 아니라, 요제(제물을 성소를
향하여 앞으로 내밀었다가 다시 가져오는 형식으로 드리는 제사)와 거제(제물
을 위에 계신 하나님을 향하여 올렸다가 다시 내리는 제사)가 있다.

레 23:38 이는 여호와의 안식일 외에, 너희의 헌물 외에, 너희의 모든 서원
제물 외에 또 너희의 모든 자원제물 외에 너희가 여호와께 드리는 것이니라
(Beside the sabbaths of the LORD, and beside your gifts, and beside all
your vows, and beside all your freewill offerings, which ye give unto the
LORD-KJV).

　　여호와께서 말씀하시기를 위에 열거한 절기들 모두는 여호와께서 명령
하신바 평소의 안식일을 지키는 것 외에 지켜야 하는 절기들이라고 하신다
(민 29:39). 그 여러 절기 때에 이스라엘 백성들이 바치는 제물들은, 헌물
외에, 모든 서원 제물 외에 또 모든 자원 제물 외에, 별도로 주께 드리는
것들이다.

　　다시 말해 절기 때에 드리는 제물들은 절기 때에 드리고, 본 절에 말씀하신
제물들은 또 따로 드려야 한다. 아무튼 이스라엘 백성들은 많은 절기들을
지키느라 시간을 써야 했고, 또 많은 물질들을 드려야 했으며, 그것에다가
평소에 돌아오는 안식일에 제물을 드려야 했고 헌물들, 모든 서원 제물들,
모든 자원제물들을 드려야 했으니, 엄청난 제물을 드려야 했던 것이다. 오늘
우리는 예수 그리스도와 연합하여 구원에 동참한 그리스도인이 되었으니 하나
님께 드리는 많은 시간들과 제물들을 아까워해서는 안 될 것이다. 그런 것들을
아까워해서는 아무런 큰 은혜가 없다.

9. 초막절에 관한 다른 규례들 23:39-44

여호와께서는 앞에서(33-36절)에서 초막절 규례에 대해 언급하신 후, 또 절기의 제사 외에 평소에 바치는 안식일 제사, 모든 헌물, 서원 제물, 자원 제물 등을 빠짐없이 드리라고 말씀하신(37-38절) 다음 이제 이 부분(39-44절)에서는 초막절에 대한 다른 규례들을 첨가하신다. 다른 규례란 이레 동안 즐거워하는 것이고, 또 이레 동안 초막에 거하는 것이었다.

레 23:39. 너희가 토지 소산 거두기를 마치거든 일곱째 달 열닷샛날부터 이레 동안 여호와의 절기를 지키되 첫 날에도 안식하고 여덟째 날에도 안식할 것이요.

여호와께서는 이스라엘 민족이 가나안 땅에 들어가서 살 때 추수가 끝나면 7월 15일부터 7일 동안(태양력 9-10월) 초막절(수장절이라고 불렸다, 출 23:16; 34:22; 신 16:13) 명절을 여호와 앞에서 지키되 특별히 이 명절의 첫날과 8일째 되는 날에 쉬는 것을 잊어서는 안 된다고 당부하신다. 감사절을 오래 지키는(교력 7월 15일부터 22일까지 길게) 이유는 하나님 앞에 많은 감사를 드려야 했기 때문이었다.

레 23:40. 첫 날에는 너희가 아름다운 나무 실과와 종려나무 가지와 무성한 나무 가지와 시내 버들을 취하여 너희의 하나님 여호와 앞에서 이레 동안 즐거워할 것이라.

여호와께서는 이스라엘 민족이 그 명절의 첫날(15일)에 좋은 과일이 매달린 나뭇가지와 종려나무 가지와 잎이 무성한 나뭇가지와 수양버들(개울 버드나무)을 꺾어 초막을 짓고(느 8:15) 하나님 여호와 앞에서 7일 동안 즐거워하라고 하신다(신 16:14-15). 하나님께서 결실을 주신 것을 감사해서 초막 속에서 7일 동안 내내 즐거워하라는 것이다. 오늘 우울하게 지내는 사람들이 얼마나 많은지 모른다. 하나님께서 자연을 통하여 주시는 모든 은총과 그리스도를 통하여 주시는 특수 은총을 생각하고 감사하면서 즐겁게 살아야 할 것이다.

레 23:41. 너희는 매년 이레 동안 여호와께 이 절기를 지킬지니 너희 대대의

영원한 규례라 너희는 일곱째 달에 이를 지킬지니라.

　여호와께서는 이스라엘 민족에게 한해만 아니라 매년 수장절을 당하여 이 절기를 지키라고 하신다(10:9; 23:14; 민 29:12; 느 8:18). 여호와께서는 영원히 기쁜 추수를 주시고, 또 성령으로 기쁨을 주시니 우리는 무한 감사와 찬양을 드려야 할 것이다.

레 23:42. 너희는 이레 동안 초막에 거주하되 이스라엘에서 난 자는 다 초막에 거주할지니.

　여호와께서는 이스라엘 민족 누구나 칠 일간 초막(40절에서 말씀한바와 같이 지은 초막)에서 살아야 한다고 하시고, 또 이스라엘 본토 사람들은 누구나 초막에서 살아야 한다고 다시 말씀하신다(느 8:14-16). 초막에서 살아야 하는 이유는 다음 절에서 밝히신다.

레 23:43. 이는 내가 이스라엘 자손을 애굽 땅에서 인도하여 내던 때에 초막에 거주하게 한 줄을 너희 대대로 알게 함이니라 나는 너희의 하나님 여호와이니라.

　이렇게 초막에 거하라고 몇 번이고 여호와께서 명하시는 이유는(앞 절) 여호와께서 이스라엘 자손이 애굽 땅에서 인도하여 내실 때에, 그들을 초막에서 살게 한 것을 알게 하기 위함이라고 하신다(신 31:13; 시 78:5-6). 여호와께서는 이스라엘 사람들이 출애굽 때 초막에 거했던 사실을 영원히 기억하기 원하신다. 그래서 이스라엘 사람들에게 매년 절기에 초막에 거하는 행사를 가지게 하신다. 이스라엘은 40년 동안의 초막생활을 영원히 기억해야 했다. 이스라엘의 40년간의 초막 생활은 신약 시대의 교회 생활의 모형이기도 하다. 우리는 주님의 나라에 갈 때까지 교회에서 살아야 한다.

레 23:44. 모세는 이와 같이 여호와의 절기를 이스라엘 자손에게 공포하였더라.

　이렇게 모세는 여호와께서 명하신 여러 절기를 이스라엘 자손에게 일러 주었다(2절). 모세는 충성스런 종이었다. 여호와께서 일러 주신 대로 하나도 빠짐없이 절기들을 낱낱이 일러 주셨다.

제 24 장

D. 몇 가지 보충적 규례들 24:1-23

앞에서 여호와께서 제사장(21장), 제물(22장), 제사(23장) 등에 관하여 말씀하셨는데, 이제 24장에서는 그것들과 관련한 몇 가지 규례를 보충하신다. 보충하신 내용은 회막의 등불에 관한 규례(1-4절), 진설병에 대한 규례(5-9절), 신성 모독자를 처벌하라(10-16절)는 내용과, 그 내용과 관련된바 사람을 상해한 자를 처벌하라(17-23절)는 내용이 주어지고 있다.

1. 등불에 관한 규례 24:1-4

여호와께서는 아론에게 명령하여 회막 안 증거궤 휘장 밖에서 저녁부터 아침까지 여호와 앞에 항상 등잔불을 켜라고 하신다.

레 24:1. 여호와께서 모세에게 말씀하여 이르시되.

여호와께서는 보충규례 몇 가지(회막의 등불에 관한 규례, 진설병에 대한 규례, 신성 모독자를 처벌하라는 내용과, 그 내용과 관련된바 사람을 상해한 자를 처벌하라는 내용)를 아론과 이스라엘 자손에게 알리시기 위하여 모세에게 말씀하신다(20:1; 21:1; 22:1; 23:1, 9, 23, 26, 33 참조). 모세는 하나님과 사람 사이를 중보하는 입장에서 많은 말씀을 받아 전달한다.

레 24:2 이스라엘 자손에게 명령하여 불을 켜기 위하여 감람을 찧어낸 순결한 기름을 네게로 가져오게 하여 계속해서 등잔불을 켜 둘지며.

여호와께서는 모세에게 이르시기를 이스라엘 자손에게 명하여 올리브를 찧어서 짜낸 순수한 기름182)을 가져다가 등불을 항상 켜게 하라고 하신다(출

27:20-21). 본문의 "순결한 기름"이란 올리브를 찧어 짤 때에 먼저 나오는 맑은 상등(上等)품의 기름을 지칭한다. 뒤의 찌꺼기에서 짠 것은 일반 기름이었다. 이와 같은 상품의 감람유는 성소를 밝혀주고, 또 왕이나 제사장이나 예언자 등의 임직식 때 머리에 붓기도 했다.

　　모세는 아론으로 하여금 이스라엘 자손들이 가져오는 감람유로 "계속해서 등잔불을 켜게" 했다. 성소 안에 있는 일곱 가지(seven branches)183)의 금등대의 등잔 위에 24시간 계속해서 불을 켜게 했다. 이 불들은 그리스도를 예표하고 있다. 그리스도는 세상의 빛이시고(요 1:4), 성도들도 그리스도를 모시고 있는 한 세상의 빛의 역할을 하는 것이다(마 5:14-16; 빌 2:14-17).

레 24:3 아론은 회막 안 증거궤 휘장 밖에서 저녁부터 아침까지 여호와 앞에 항상 등잔불을 정리할지니 이는 너희 대대로 지킬 영원한 규례라.

　　여호와께서는 아론이 회막 안, 증거궤 앞에 쳐 있는 휘장 바깥, 즉 성소에 그 등불을 켜두어, 저녁부터 아침까지 여호와 앞에 계속 켜 두게 하라고 하신다. 등잔불을 정리하는 것은 아론과 그의 아들들 제사장들의 몫이었다. 이렇게 하는 일은 이스라엘 자손이 대대로 길이 지켜야 할 규례라고 하신다(10:9 주해 참조). 오늘 주의 종들(교역자들이나 일반 성도들)은 그리스도의 빛이 세상에 비추어지도록 복음을 증거 해야 한다.

레 24:4 그는 여호와 앞에서 순결한 등잔대 위의 등잔들을 항상 정리할지니라.

---

182) "감람유": Olive oil. 감람나무 기름. 성경에 기록되어 있는 것은 '올리브유'이다. 일반 음식물과 함께 기록되어 있는 기름이 이 올리브유이다(신 7:13; 32:13; 느 5:11). '기름'으로 번역된 원어 '이챠르(yitshar)'는, 본래는 '올리브유'를 가리키고 있는 말이다(기름, 민 18:12; 신 7:13; 11:14; 14:23; 18:4; 28:51, 대하 31:5; 32:28; 느 5:11; 10:37, 39; 13:5, 12; 렘 31:12; 욜 1:10; 2:19, 24; 학 1:11). 올리브유는 각종 식품의 조리에 사용되었는데(출 29:2, 23; 레 2:7), 또는 화장(신 28:40; 암 6:6; 미 6:15), 의약(사 1:6; 겔 16:9; 눅10:34; 약 5:14), 이밖에도 등불에도 사용되었다(출 25:6; 민 4:9, 16; 마 25:3)(디럭스 바이블 성경사전).

183) 하나님께서는 모세에게 "가지 여섯을 등잔대 곁에서 나오게 하라"고 하신다. 즉, '가지 여섯을 등잔대(등잔 줄기, 등잔기둥) 곁에서 나오게 하라'는 것이다. 6가지가 한쪽에서 나오게 만드는 것이 아니라, 세 가지는 이쪽에서 나오게 하고 다른 세 가지는 저쪽에서 나오게 해서, 줄기까지 합해 7가지가 되게 하라는 말씀이다. 7가지를 만들어 그 위에 모두 불을 켰다. 7가지의 등대는 완전수로서, 완전한 영이신 성령을 상징한다(계 4:5).

여호와께서는 아론이 여호와 앞에서 순금 등잔대 위의 등잔들을 항상 정리해야 한다고 하신다(출 31:8; 39:37). 본 절의 "여호와 앞에서"란 말은 '여호와께서 지성소의 속죄소 위에 임재해 계시니 그 앞에서'란 뜻이다. 즉, 여호와 앞에서 성심을 다하여 등불을 정리하라는 뜻이다. 다시 말해 밤에 등불을 꺼트리지 말고, 아침이 되면 등대를 청소하며, 등잔에 새 기름을 넣는 일에 있어 성의를 다하라는 뜻이다.

그리고 '순결한 등잔대'란 말은 '순금으로 만든 등대'란 뜻이다. "등대"는 어두운 세상을 비추는 교회를 상징한다. 등대는 떡 상 반대편에 놓여있는 기구인데 주야 계속해서 불을 켜도록 되어 있었다(27:21; 레 24:3).

2. 진설병에 관한 규례 24:5-9

여호와께서는 앞부분(1-4절)에서 회막의 등잔불을 계속해서 정리하라고 하시고, 이제 이 부분(5-9절)에서는 진설병 12개를 만들어 한 줄에 여섯 개씩 두 줄로 순금 상 위에 안식일마다 진설하라고 하신다.

레 24:5. 너는 고운 가루를 가져다가 떡 열두 개를 굽되 각 덩이를 십분의 이 에바로 하여.

여호와께서는 대제사장 아론에게 명하시기를 고운 밀가루를 가져다가 빵 열두 개를 구워 만들되(출 25:30) 각 빵 덩이를 10분의 2(한 개에 4.6리터)[184]가 되도록 만들라고 하신다. 여호와께서 빵 12개를 만들라 하신 것은 이스라엘 12지파를 위해서였다. 빵을 똑같은 무게의 빵으로 만들라 하신 것은 각 지파마다 똑같이 돌아가게 하신 것이었다. 여기 빵(떡)은 예수 그리스도를 예표 한다. 예수 그리스도는 우리의 생명의 양식이시다(요 6:35, 48, 50-51, 53). 예수 그리스도를 믿는 자는 부족함이 없다.

레 24:6. 여호와 앞 순결한 상[185] 위에 두 줄로 한 줄에 여섯씩 진설하고.

여호와께서는 아론에게 떡을 만든 다음 여호와 앞 순금 상 위에 두 줄로

---

184) 23:13, 17 주해 참조.
185) 여기 "상"은 성막의 진설병(떡) 상(출 25:23; 민 3:31; 4:7)을 지칭한다.

두되 한 줄에 여섯 개씩 차려 놓으라고 하신다. 여기 '여호와 앞'이란 지성소의 속죄소위에 여호와께서 임재 해 계시니 바로 그 앞, 즉 '성소'를 지칭하는 말이다. 성소 안의 순금 상 위에 두 줄로 한 줄에 여섯 개씩 진설하라는 것이다 (왕상 7:48; 대하 4:19; 13:11; 히 9:2).

레 24:7. 너는 또 정결한 유향을 그 각 줄 위에 두어 기념물로 여호와께 화제를 삼을 것이며(וְנָתַתָּ עַל־הַמַּעֲרֶכֶת לְבֹנָה זַכָּה וְהָיְתָה לַלֶּחֶם לְאַזְכָּרָה אִשֶּׁה לַיהוָה) Along each row put some pure incense as a memorial portion to represent the bread and to be an offering made to the LORD by fire-NIV).

여호와께서는 아론에게 "정결한 유향", 즉 '다른 것이 전혀 섞이지 않은, 100% 순결한(2절) 유향'186)을 두 개의 금잔에 담아187) 그 두 줄의 빵 위에 얹어 놓으라고 하신다. 이 유향은 이스라엘 백성과 맺은 여호와의 영원한 계약을 기억나게 하는 기념물이 되도록 여호와에게 화제(번제단에서 태워드리는 제사)로 드리는 예물이라고 하신다.

본문의 "기념물로"(לְאַזְכָּרָה)란 말씀은 '여호와께 기념(2:2; 5:12; 6:15; 24:7)이 되게끔'이란 뜻이다. 다시 말해 '여호와께서 기억하시도록' 화제를 드려야 한다는 뜻이다. 우리의 신앙생활은 여호와께서 기억하시도록 해야 한다. 여호와께서 기억하지 못하시는 것이 하나도 없지만 우리로서는 또 여호와께서 기억하시도록 해야 한다. 그러면 구체적으로 무엇을 기억하시도록 해야 하는가? 8절에 보면 '언약'이란 말이 나오는데 여호와께서 우리와 맺으신 언약을 기억하시도록 유향의 연기를 올려야 한다는 것이다. 진설병은 태우지 않는 것이고 유향을 태우는 것이니 유향을 태워 그 연기를 올려 여호와로 하여금 언약을 기억하시도록 해야 한다는 것이다.

레 24:8. 안식일마다 이 떡을 여호와 앞에 항상 진설할지니 이는 이스라엘

---

186) "유향": Frankincense. 향료의 일종. 이는 아라비아 지방의 유향나무란 관목에서 난 송진이다. 유향은 향료나 분향에 사용되었는데 그 색이 회어 "유향"이라고 불렸다. 유향은 거룩과 헌신의 상징이며(시 141:2), 또한 기쁨을 상징한다(잠 27:9)(디럭스 바이블 성경사전).
187) 여기 두 개의 금잔에 유향을 담는다는 말은 전승에 의한 것이고, 어떤 주석가(누르체)는 이 유향을 금잔에 담지 않고, 떡에 뿌렸을 것이라고 추론하기도 한다.

자손을 위한 것이요 영원한 언약이니라

בְּיוֹם הַשַּׁבָּת בְּיוֹם הַשַּׁבָּת יַעַרְכֶנּוּ לִפְנֵי יְהוָה תָּמִיד מֵאֵת בְּנֵי־יִשְׂרָאֵל בְּרִית עוֹלָם
This bread is to be set out before the LORD regularly, Sabbath after Sabbath,
on behalf of the Israelites, as a lasting covenant-NIV).

여호와께서는 아론에게 안식일이 돌아올 때마다 이스라엘 백성들이 가져
온 빵을 여호와 앞에 새로 진설해야 한다고 하신다(민 4:7; 대상 9:32; 대하
2:4). 이렇게 새롭게 진설하는 빵은 이스라엘 백성의 생명을 위한 것이라고
하시고, 이렇게 이스라엘 백성들을 위하여 새 빵을 진설하는 것은 영원한
언약을 상징하는 것이라고 하신다.

본문의 "떡"(빵)은 예수 그리스도를 예표 한다. 예수 그리스도는 우리의
생명의 양식이시다(요 6:35, 48, 50-51, 53). 그리고 "이스라엘 자손"은 오늘
우리들, 즉 영적 이스라엘을 예표 한다. 예수 그리스도께서 우리의 생명의
떡이 되신다는 것은 하나님께서 세우신 "영원한 언약"이다. 우리는 영원토록
부족함이 없이 살 수 있게 되었다. 그 진리가 영원하니 얼마나 감사하고 기쁜
일인지 모른다.

레 24:9. 이 떡은 아론과 그의 자손에게 돌리고 그들은 그것을 거룩한 곳에서
먹을지니 이는 여호와의 화제 중 그에게 돌리는 것으로서 지극히 거룩함이니라
이는 영원한 규례니라.

여호와께서는 이 빵들은 아론과 그의 아들들의 몫이라고 하시고(삼상 21:6,
마 12:4; 막 2:26; 눅 6:4), 아론과 그의 자손들은 거룩한 곳(회막 안)에서
먹어야 한다고 명하시고(8:3; 21:22; 출 29:33), 회막 밖으로는 가지고 나가지는
못한다고 하신다(6:16-18 주해 참조). 이것은 주께 살라 바치는 제물 가운데서
도 가장 거룩한 것인 만큼, 그들은 이것을 거룩한 곳에서 먹어야 한다고 하시고,
이것은 그들이 길이 지켜야 할 규례라고 하신다.

3. 신성 모독자를 처벌하라 24:10-16

이 부분(10-16절)은 여호와께서 회막의 등불에 관한 규례(1-4절), 진설병에
대한 규례(5-9절) 등 회막의 규례들을 말씀하시는 중에 돌발적으로 여호와의

이름을 모독한 신성 모독자가 생겨 무리가 그를 끌고 모세에게로 가서 여호와의 명을 기다려 처벌한 내용이 진술된다(민 15:32-36).

레 24:10. 이스라엘 자손 중에 그의 어머니가 이스라엘 여인이요 그의 아버지는 애굽 사람인 어떤 사람이 나가서 한 이스라엘 사람과 진영 중에서 싸우다가.

어떤 혼혈인(混血人, 어머니는 이스라엘 여인, 아버지는 애굽 사람에게서 태어난 사람)[188]이 한 사람의 이스라엘 사람과 진영(이스라엘 진영)에서 싸움이 일어났다는 것이다. 이는 역사적 사건이었고, 또 여호와께서 회막의 규례들을 말씀하시는 중에 돌발적으로 발생한 사건이었다.

이스라엘 여인이 애굽 남자와 결혼하게 된 것은 이스라엘 백성이 출애굽할 때 이방의 잡족들(애굽 민족 포함)이 따라 나온 것을 보면 확인할 수가 있다(출 12:38). 여호와 신앙에 익숙하지 않은 사람과의 결혼은 여러 어려움을 일으킨다. 아마도 이 혼혈인은 여호와 신앙에 익숙하지 않은 형편이었을 것이다(다음 절).

레 24:11. 그 이스라엘 여인의 아들이 여호와의 이름을 모독하며 저주하므로 무리가 끌고 모세에게로 가니라 그의 어머니의 이름은 슬로밋이요 단 지파 디브리의 딸이었더라.

두 사람이 진중에서 싸우다가 "그 이스라엘 여인의 아들"(혼혈인)이 여호와를 신앙하지 않아서 "여호와의 이름을 모독하며 저주"했다. 본문에는 "여호와"라는 말이 없으나 문맥을 살펴볼 때 있는 것으로 간주해야 한다. 여호와의 이름을 "모독한다"는 말(16절)과 "저주한다"는 말(욥 1:5, 11, 22; 2:5, 9-10; 사 8:21)은 동의어이다. 아무튼 여호와의 이름을 욕하고 악담한 것은 제 3계명을 정면으로 어긴 것이다(22:1-2, 출 20:7). 그래서 무리가 그를 끌고 모세에게로 갔다(출 18:22, 26). 당시 사회는 여호와를 신앙하는 분위기였음이 드러난다. 끌려간 사람의 어머니의 이름은 '슬로밋이요 단[189] 지파 디브리의 딸'이었다.

---

188) 이방인과의 통혼은 족장시대부터 금지되었고(창 24:37), 율법이 금지시켰으며(출 34:16), 포로 이후로는 엄격히 금지되었다(스 9-10장; 느 13장). 통혼을 막은 이유는 이방의 우상숭배를 막기 위함이었다.

189) "단": 야곱의 아내 라헬의 시녀 빌하에게서 난 야곱의 아들이다(창 30:5, 6; 35:25).

이렇게 혼혈인의 모계를 기록한 것은 이 기사가 역사적인 사건이라는 것을 드러내기 위함이었고, 또 이 여인이 불신하여 불신의 애굽 남자와 결혼한 것이 잘못되어 불신의 아들을 낳아서 이런 불상사가 일어났다는 것을 드러내는 것으로 보인다.

레 24:12. 그들이 그를 가두고 여호와의 명령을 기다리더니.

무리는 혼혈인을 "가두고(민 15:34) 여호와의 명령"을 기다렸다(출 18:15-16; 민 27:5; 36:5-6). 그들은 사람 생각대로 함부로 취급하지 않았다. 오늘 우리도 무슨 일을 경영할 때 하나님께 아뢴 다음 응답을 받아 진행해야 할 것이다. 사실은 제 3계명이 있었던 고로 여호와께 묻지 않고 그 혼혈인을 처리할 수도 있었다. 그들은 그를 처치하는 방법을 물은 것이다.

레 24:13-14 여호와께서 모세에게 말씀하여 이르시되 그 저주한 사람을 진영 밖으로 끌어내어 그것을 들은 모든 사람이 그들의 손을 그의 머리에 얹게

단에게는 후심(창 46:23) 또는 수함(민 26:42)이라는 아들이 있었다. 야곱이 당초 외삼촌 라반의 딸 라헬을 사랑했는데, 외삼촌의 농간으로 맏딸 레아에게 먼저 장가들고 후에 라헬을 아내로 맞이하고, 그를 더 사랑했다. 하나님이 레아에게 사랑이 없음을 보시고 아들을 낳게 하셨다. 라헬은 자기가 아들을 낳지 못함을 보고 언니를 투기하여 자기가 못 낳는 아기를 여종 빌하로 하여금 낳게 하기 위해 그녀를 야곱에게 주었다. 이렇게 얻은 아들이 곧 단이다. 라헬은 그때 하나님이 내 억울함을 푸시려고 내 소리를 들으사 내게 아들을 주셨다고 말했는데, '단'이란 뜻은 '억울함을 푸심'이란 뜻이다(창 30:6). 야곱은 단 지파가 후일에 당할 일에 대하여 "단은 이스라엘의 한 지파 같이 그 백성을 심판하리로다. 단은 길의 뱀이요 첩경의 독사로다. 말굽을 물어서 그 탄자로 뒤로 떨어지게 하리로다"(창 49:16,17)라고 예언했는데, 이는 다른 어느 지파 못지않게 열심히, 그리고 교활하게 이스라엘의 적과 싸우리라는 것이다. 모세의 축복에서는 "바산에서 뛰어나오는 사자의 새끼"(신 33:22)로 비유하고 있다. 출애굽 때 이 지파의 장정은 62,700인 이었는데, 가나안에 들어가기 전에는 64,400인으로 증가했다(민 1:39; 26:43). 다윗 시대에는 아직 12지파 안에 있었으나(대상 12:35), 그 후에는 그 이름이 완전히 사라져 요한이 환상에 본 천사가 인친 지파에서도 빠졌다(계 7:5-7). 아마 그때의 신념에 의하여 적그리스도가 출생한 족속이고, 혹은 가장 먼저 우상숭배로 타락한 족속이므로 제외되었는지 모른다. 오홀리압과 삼손이 이 지파 사람이다(출 31:6; 삿 13:2, 24). 단 지파 자손이 기업으로 얻은 땅은 소라, 아얄론, 에그론, 엘드게, 욥바 등의 맞은편 지경까지 였는데, 레센을 쳐서 그 지경을 더욱 확장시켰다(수 19:40-47; 21:5, 23). 드보라의 시에 "단은 배에 머무름은 어찜이뇨"(삿 5:17)라고 기록된 것으로 보아 단의 영토가 분명히 해안까지 연장되어 있었다. 그러나 단 자손은 이 모든 땅을 차지하지 못하고 아모리 사람에 의해 산지로 쫓겨났다. 좁은 산지에 국한된 그들은 팔레스틴의 북쪽 끝까지 정탐꾼을 보내 라이스 성읍에 이방인이 살고 있는 땅을 발견했다. 그들은 원정하여 이를 포위하고 그 주민을 도륙하고 재건하여 새로이 '단'이라고 이름하였다(수 19:47; 삿 18장) (딜럭스 바이블 성경사전에서).

하고 온 회중이 돌로 그를 칠지니라.

여호와께서 모세에게 지시한 내용은 "그 저주한 사람을 진영 밖으로 끌어내어 그것을 들은 모든 사람이 그들의 손을 그의 머리에 얹게 하고 온 회중이 돌로 그를 치라"는 것이었다. 진영 안에서는 사람을 죽이지 못하게 하신다. 그리고 하나님의 이름을 저주하는 것을 들은 모든 사람이 그들의 손을 그의 머리에 얹고 온 회중이 돌로 그를 치라는 것이었다(신 13:9; 17:7). 다시 말해 하나님의 이름을 저주하는 것을 들은 모든 사람들이 손을 그 사람의 머리에 얹는 것은 일종의 안수였는데, 이는 그 소리를 들은 사람들의 마음속에 있는 죄, 즉 그의 저주소리를 들을 때 죄가 형성된 것을 그 사람에게 전가시키는 행위였다. 안수는 항상 전가시키는 행위이다. 누르체는 "저주를 들음으로 증인들은 그 유효한 주술적인 말에 감염이 되었다. 그래서 저들은 어떤 의미에서 그 죄에 동참하게 된 것이나 마찬가지였던 것이다. 따라서 손을 얹는 행위는 자신들의 죄를 그 신성모독자에게 전가시키는 행위였다"고 주장한다.[190] 그리고 그를 죽이는 것은 온 회중 누구나 다 참여했다. 안수는 증인들이 했고, 돌로 친 것은 온 회중이 담당했다.

레 24:15-16 너는 이스라엘 자손에게 말하여 이르라 누구든지 그의 하나님을 저주하면 죄를 담당할 것이요 여호와의 이름을 모독하면 그를 반드시 죽일지니 온 회중이 돌로 그를 칠 것이니라 거류민이든지 본토인이든지 여호와의 이름을 모독하면 그를 죽일지니라.

여호와께서는 모세가 이스라엘 자손에게 이르라고 하신다. 일러주어야 할 내용은 "누구든지 그의 하나님을 저주하면 죄를 담당할 것이요 여호와의 이름을 모독하면 그를 반드시 죽이라"고 하신다. 여기 "그의 하나님을 저주하는" 것과 "여호와의 이름을 모독하는 일"은 동의어이고, 또 "죄를 담당한다"(5:1; 20:17; 민 9:13)는 말과 "반드시 죽이라"는 말도 동의어이다. 죽임을 당하는 것은 거류민, 즉 이스라엘 경내에서 거주하는 영주권자든지 본토인이든지 여호와의 이름을 모독하면 반드시 죽이라고 하신다(왕상 21:10, 13; 시

---

190) A. 누르체, *레위기*, p. 351.

74:10, 18; 마 12:31; 막 3:28; 약 2:7). 솔로밋의 아들은 아마도 거류민으로
분류되었을 것이다. 그가 온전한 이스라엘 사람이 아니라는 이유로 죽임을
당한 것은 아니었다. 하나님의 법에 의해 죽임을 당한 것이었다. 지금 온
세상도 인종을 초월하여 누구든지 여호와의 이름을 저주하면 죽임을 당해야
하는 것은 당연한 것이다.

4. 사람을 상해한 자를 처벌하라 24:17-23

혼혈인(솔로밋의 아들)의 사건에 대해 뜻을 보여주신 여호와께서는 일반적
으로 누구에게든지 적용되는 법을 말씀하신다. 이 부분의 복수법(17-23절)은
출애굽기 21:23-25에 제시된 공정한 복수법과 그 내용이 동일하다. 여호와께서
는 이 복수법을 내셔서 고대 사회의 무제한 복수법에 제한을 가하셨다. 이
복수법이 아주 공정한 복수법이긴 해도 복수는 또 다른 복수를 불러오므로
예수님은 이런 복수도 하지 말라고 하신다. 무저항으로 대(對)하라 하시고
이웃을 사랑하여 복수를 그치라고 하신다(마 5:38-42).

레 24:17. 사람을 쳐 죽인 자는 반드시 죽일 것이요.

여호와께서는 만일 사람을 고의(故意)로 쳐 죽인 자는 반드시 죽여야 한다
고 하신다(출 21:12; 민 35:31; 신 19:11-12). 여호와께서는 사람이 부지중에
잘못하여 사람을 죽이면 도피성으로 피하여 생명을 구하라고 하신다(출
21:12-14). 고의 살인과 부지중 살인은 구분해야 함을 알 수 있다.

레 24:18. 짐승을 쳐 죽인 자는 짐승으로 짐승을 갚을 것이며.

여호와께서는 사람을 쳐 죽인 자에 대한 벌(앞 절)과 짐승을 쳐 죽인 자에게
가하는 벌을 달리 하셨다. 즉, 짐승 주인이 미워서 "짐승을 쳐 죽인 자"는
다른, 살아있는 짐승으로 갚으면 된다고 하신다(21절; 출 21:33-36).

레 24:19-20. 사람이 만일 그의 이웃에게 상해를 입혔으면 그가 행한 대로
그에게 행할 것이니 상처에는 상처로, 눈에는 눈으로, 이에는 이로 갚을지라
남에게 상해를 입힌 그대로 그에게 그렇게 할 것이며.

여호와께서는 누구든지 자기 이웃에게 상처를 입혔으면, 피해자는 가해자가 입힌 만큼 그 가해자에게 상처를 입혀주라고 하신다(출 21:24; 신 19:21; 마 5:38; 7:2). 부러뜨린 것은 부러뜨린 것으로(골절은 골절로), 눈은 눈으로, 이는 이로 갚으라 하시고, 상처를 입힌 사람은 자기도 그만큼 상처를 받아야 한다고 하신다(출 21:23-25; 신 19:21). 이런 복수법은 아주 공정한 복수법이다. 상대의 사회적인 지위가 어떠냐에 전혀 관계없이 시행되었다.[191]

그러나 이런 복수법이 공정한 복수법이긴 해도 이런 복수법은 사회를 자꾸 복수하려는 마음으로 가득 차게 할 가능성이 있다. 그래서 예수님은 그의 제자들에게 무저항주의를 교훈하신다(마 5:38-48). "구약의 규례는 상대적 규례이나 그리스도의 교훈은 절대적인 윤리이다. 상대적 규례는 상대를 따라 성패가 결정되나 절대적 윤리는 만인에게 통하는 윤리이다"(이상근).

레 24:21. 짐승을 죽인 자는 그것을 물어 줄 것이요 사람을 죽인 자는 죽일지니.

상반 절 "짐승을 죽인 자는 그것을 물어 주어야 한다"는 말씀은 18절 내용과 동일하고, 하반 절 "사람을 죽인 자는 죽여야 한다"는 말씀은 17절 내용과 동일하다. 그 곳들의 주해를 참조하라.

레 24:22. 거류민에게든지 본토인에게든지 그 법을 동일하게 할 것은 나는 너희의 하나님 여호와임이니라.

여호와께서는 거류민(이스라엘 경내에서 살고 있는 외국인 영주권자)이든 본국인이든 그들에게 적용해야 하는 법이 동일해야 한다고 하신다(19:34; 출 12:49; 민 15:16). 16절 하반 절 주해 참조. 이유는 여호와께서 그들의 하나님이기 때문이라 하신다. 오늘날 많은 나라에서는 동일법을 적용하지 않고 본토인과 영주권자를 차별하고 있지 않은가? 단지 선진국에서만 동일법

---

191) 다른 고대 법률집에서는 상황이 전혀 달랐다. "예컨대 함무라비 법전에서 보응의 원리는 오직 자유인이 피해를 입었을 경우에만 해당되었다. 피해자가 자유인이 아닌 경우에는 벌금이면 족했다. 반면 헷족속의 법규(I, 7a, 8b)는 처벌은 모든 경우에 벌금으로 처리되었다"(A. 누르체, *레위기*, p. 354).

이 적용되고 있을 뿐이다.

레 24:23. 모세가 이스라엘 자손에게 말하니 그들이 그 저주한 자를 진영 밖으로 끌어내어 돌로 쳤더라 이스라엘 자손이 여호와께서 모세에게 명령하신 대로 행하였더라.

모세가 14-16절처럼 이스라엘 자손에게 말을 전하니, 사람들은 주를 저주한 그를 진 바깥으로 끌어내어, 돌로 쳐 죽였다(14절). 이렇게 이스라엘 자손은 주께서 모세에게 명하신대로 하였다.

혹자(A. 누르체)는 이 부분(17-23절)이 모세 이외의 다른 저자가 여기에 삽입한 것으로 주장하고 있다. 누르체가 그렇게 주장하는 이유는 "모세가 이스라엘 자손에게 말을 전했다"는 말일 것이다. 모세는 레위기를 쓸 때 자신의 이름을 드러내지 않았는데, 여기서 모세 이름을 드러낸 것은 다른 저자가 모세를 인용해서 여기에 삽입했다는 논리이다. 그러니까 누르체는 17-22절의 말씀을 다른 사람이 써서 여기에 삽입하고, 23절도 역시 바로 그 다른 사람이 추가한 것으로 본 것이다. 그러나 본 절은 이스라엘 백성들이 모세의 말씀을 받아 순종했다는 것을 강조하기 위해 보고서(報告書) 형식으로 모세가 기록한 것으로 보아야 할 것이다. 존 E 하틀리는 "이 보고는 모세와 백성들이 여호와의 지침을 이행하는 것을 완료했다는 것을 강조한다. 이러한 유형의 보고는 그들의 하나님의 말씀에 대한 백성들의 순종을 강조하기 위해 출애굽기와 레위기에서 종종 발견된다"고 주장한다.[192]

---

192) 존 E 하틀리, *레위기*, WBC. 김경렬옮김, 2006, p. 795.

제 25 장

F. 안식년과 희년 제도 25:1-55

여호와께서는 앞에서 제사장(21장), 제물(22장), 제사(23장), 및 보충적 규례들을 언급하셨는데(24장), 이제 본 장에서는 7년마다 돌아오는 안식년과 반세기만에 돌아오는 희년을 어떻게 지내야 하는지를 언급하신다. 안식년은 제 7년에 돌아오고, 희년은 제 7안식년 이듬해가 된다.

본 장의 내용은 안식년제도(1-7절), 희년제도(8-17절), 안식년에 염려 없게 지내도록 하시겠다는 말씀(18-22절), 땅을 빨리 되찾으라(구속함)는 말씀(23-28절), 집을 되찾으라(구속함)는 말씀(29-34절), 동족을 어떻게 대우할 것인가(35-55절)에 대해 다루고 있다.

1. 안식년 제도 25:1-7

땅은 6년 동안 경작하고 다음해인 제 7년째에는 쉬게 한다. 땅에 무엇을 경작하거나 거두거나 하지 말아야 했다.

레 25:1. 여호와께서 시내 산에서 모세에게 말씀하여 이르시되.

여호와께서 새로운 사실, 즉 안식년 제도라는 새로운 것을 말씀하시기 위하여 말씀을 시작하신다(20:1; 21:1; 22:1; 23:1; 24:1 참조). 다만 본 절에는 "시내산193)에서"라는 말씀이 더 있을 뿐이다. 모세가 여호와께로부터 율법을

---

193) "시내산": Sinai. 시내반도의 대산악군(大 山岳群)과 그 부근의 명칭. 모세가 하나님으로부터 십계명을 받은 산(출19장; 24:9-18; 행 7:38). 아가바만과 스웨즈항의 중간을 차지하는 산악지대로, 호렙산으로도 불린다. '시내'라는 말은 바벨론의 달신 '신'의 명칭으로부터 나왔고, 이 신앙이 아라비아에 도입된 것으로 전해지고 있다. 히브리어로는 '가시나무 무성한 곳', '딸기나무 많은 곳'이란 뜻이다. 이스라엘 백성은 애굽을 나와 홍해를 건너, 3개월 되는 때에 시내

받은 시내 산에서 여호와께서 말씀하신다는 뜻으로 "시내 산에서"라는 표현
이 나와 있다. 아직은 들어가지 아니한 가나안 땅에 앞으로 들어간 후에
그 땅을 여호와의 안식 제도에 따라 쉬게 해야 한다는 것을 말씀하시기 시작하
신 것이다.

**레 25:2 이스라엘 자손에게 말하여 이르라 너희는 내가 너희에게 주는 땅에
들어간 후에 그 땅으로 여호와 앞에 안식하게 하라.**

　여호와께서는 시내 산에서 모세를 통하여 이스라엘 백성에게 말씀하시기
를 '너희는 내가 주는 땅에 들어가거든(19:23; 23:10) 7년마다 한 해씩 땅을
묵혀 여호와의 안식년 제도에 걸맞게 분명히 쉬게 하라'고 하신다(26:34-35;
출 23:10; 대하 36:21). 이는 마치 사람이 매 7일마다 안식하는 것처럼, 땅을
7년마다 안식하게 하라는 것이다. 7년마다 한해씩 땅을 쉬게 하면 땅에 잡초가
무성하여 영양분이 회복된다. 여호와께서는 땅을 생각하시는 이상 사람을
생각하셔서 땅의 안식년을 정하신 것이다.

**레 25:3 너는 육 년 동안 그 밭에 파종하며 육 년 동안 그 포도원을 가꾸어
그 소출을 거둘 것이나.**

　여호와께서는 이스라엘 자손이 여섯 해 동안은 밭에 씨를 뿌리고, 포도원을
가꾸어 그 소출을 거두라고 하신다. 이렇게 말씀하시는 이유는 일곱째 해에는
땅으로 하여금 쉬게 하라는 것을 말씀하시기 위함이다(다음 절).

　본 절에 여호와께서 "포도원"을 언급하신 이유는 포도가 모든 농작물을
대표하기 때문이다(26:5; 민 13:20; 신 8:8). 포도원을 가꾸어 그 소출을 거두라
고 하신 것은 6년 동안 다른 모든 농작물도 잘 가꾸어 먹으라는 뜻이다.

광야에 진을 쳤다(출 19:1). [가데스 바네아]에서 세일산을 지나 열 하룻길 되는 곳이었다(신
1:2). 광야는 산기슭에 있고, 이스라엘 백성을 머물게 하기에 충분한 넓이로서, 또한 산정을
쉽게 바라볼 수가 있었다(출 19:16, 18, 20). 모세는 이산에서 하나님으로부터 십계명을 받았다
(7:38; 25:1; 26:46; 27:34; 출 20:1-; 24:8; 24:12; 31:18; 34:2; 민 1:1, 19; 9:1). 그것에 기초하여
이스라엘 백성은 이산 기슭에서 여호와의 백성으로 되었다(출 19:25-24:8). 출 20장에서 민10장
에까지 포함되어 있는 모든 율법은, 이산(혹은 그 산기슭)에서 발령된 것으로 되어 있다(7:18,
25:1; 26:46; 27:34; 출 20:12; 31:18; 34:2; 민 1:1; 9:1)(디럭스 바이블 성경사전).

레 25:4 일곱째 해에는 그 땅이 쉬어 안식하게 할지니 여호와께 대한 안식이라 너는 그 밭에 파종하거나 포도원을 가꾸지 말며.

여호와께서는 7년째에 땅을 완전히 묵혀 땅이 쉬도록 하라고 하신다. 그렇게 일곱째 해에 땅을 쉬게 하는 것은 "여호와께 대한 안식이라"고 하신다. "여호와께 대한 안식"이란 말은 '여호와의 안식제도에 충실한 안식', '여호와의 안식제도에 걸맞은 안식', '여호와의 안식제도에 합당한 안식'이란 뜻이다. 그래서 이 해(7년째 해)는 안식하는 해이므로 밭에 씨를 뿌리거나 포도원을 포함하여 모든 농작물을 가꾸어서는 안 된다고 하신다.

레 25:5 네가 거둔 후에 자라난 것을 거두지 말고 가꾸지 아니한 포도나무가 맺은 열매를 거두지 말라 이는 땅의 안식년임이니라.

여호와께서는 전년에 거둘 때에 씨가 떨어져 저절로 자란 것들은 거두지 말아야 하며(왕하 19:29), 사람이 가꾸지 않은(전지하지 아니한) 포도나무에서 저절로 열린 포도도 따서는 안 된다고 하신다. 자연적으로 자라난 농산물을 거두지 않아야 그 풀들이 썩어서 땅을 비옥하게 만들며, 가꾸지 않아야 역시 땅이 비옥해져서 다음 농사에 유익하다는 것이다. 본문의 "거두지 말라"는 말씀은 곡식을 수확하여 자신의 곡간에 쌓지 말라는 뜻이다. 그냥 그대로 들판에 두고 누구든지 자유롭게 먹으라는 것이다. 이렇게 땅을 쉬게 하는 것이 땅을 위해 필요한 안식이라고 하신다. 참으로 자상한 명령이시다.

레 25:6. 안식년의 소출은 너희가 먹을 것이니 너와 네 남종과 네 여종과 네 품꾼과 너와 함께 거류하는 자들과.

(הַגָּרִים עִמָּךְ וְהָיְתָה שַׁבַּת הָאָרֶץ לָכֶם לְאָכְלָה לְךָ וּלְעַבְדְּךָ וְלַאֲמָתֶךָ וְלִשְׂכִירְךָ וּלְתוֹשָׁבְךָ)

본문 초두에 나오는 "안식년의 소출"이란 말은 히브리 원문에는 없고, 그 자리에 "그 땅의 안식"(שַׁבַּת הָאָרֶץ)이란 말이 있을 뿐이다. 본문을 다시 번역해 보면 "그리고 그 땅의 안식은 너희를 위해 양식이 될 것이니 너를 위해 그리고 너의 남종을 위해 그리고 너의 여종을 위해 그리고 너의 품꾼을 위해 그리고 너와 함께 하는 너의 거류민을 위해"가 된다.

그렇다면 "그 땅의 안식은 너희를 위해 양식이 될 것이다"라는 말씀이 무엇을 뜻하는가 하는 것이다. 두 가지 견해가 있다. 1) 이것을 "안식년의 소출"로 번역한 번역본들이 있다(NKJV, NIV, NASB, NRSV, NLT, 한글개역판, 한글개역개정판, 현대인의 성경, 새즈믄 우리말 구약성경, 박윤선, 이상근). 다시 말해 안식년에 자연적으로 난 소출은 하나님의 것이므로 공유물로 생각하여 누구든지 먹을 수 있다는 것이다. 2) "그 땅의 안삭"으로 번역하는 번역판들이 있다(KJV, ASV, RSV, DBY, BBE, Webster, WEB, 표준새번역, 공동번역). 즉 '그 땅을 쉬게 하면' 다음해에는 더 많은 식물을 산출할 수 있는 것으로 보는 것이다. 이 두 견해 중에 2번의 견해가 더 타당하다. 이유는 일단 히브리 원문에 "소출"이란 말이 없고, 또 문맥을 살필 때 안식년을 가지는 것이 중요하다는 것을 강조하니 안식년에 땅으로 하여금 안식하게 하면 다음해의 소출이 더 풍성해진다는 것으로 말해야 할 것이다. 즉 안식년에 땅을 쉬게 하면 앞으로 "너희"(너, 너의 남종, 너의 여종, 너의 품꾼, 거류민)를 위해 풍성한 양식을 공급할 것이라는 뜻이다.

레 25:7. 네 가축과 네 땅에 있는 들짐승들이 다 그 소출로 먹을 것을 삼을지니라.

앞 절에 기록된바 안식년에 땅을 안식하게 하면 그 땅이 풍성한 양식을 내어 가축들과 들짐승들까지 다 풍성한 양식을 가지게 될 것이란 뜻이다.

2. 희년 제도 25:8-17

지금까지 여호와께서는 땅을 위한 안식제도를 말씀하셨는데, 이제 이 부분(8-17절)에서는 희년제도에 대해 말씀하신다. 먼저, 희년194)을 산출하는 방법

---

194) "희년": Year of Jubilee. 안식의 해를 7회 거듭한 후에 오는 제50년째의 해(혹자는 49년째의 해로 생각하는 이도 있다). 또는 이스라엘에 있어서 50년째마다 찾아오는 자유와 해방의 해. 단지 '요-벨-희년'(yobel), 또는 관사를 붙여 '하요-벨-'만으로 써서 [요벨의 해](희년-25:10, 11, 12, 13, 30, 33; 27:18a, 21; 민36:4)로 역할 수 있다. '요벨'은 '숫양의 뿔'이라는 자의(字意)를 가지는 악기(나팔)의 일종인데, 50째 해의 '속죄일'에 요벨을 불어, 그 해가 온 것을 알게 했기 때문에, 요벨의 해(희년)로 불린다(레 25장, 민 36장). 이해에는, 팔렸던 토지는 원소유주에게로 돌아가고, 노예는 모두 해방된다. 이 제도는 사회정의의 이상이었는데, 참된 희년(요벨의 해)은 그리스도의 초림에 의해 성취되었다(눅 4:18, 19). 히브리어 요벨에서 그리스어의 조어 '요벨-라이오스'가 생겨나고, 라틴어형(形)'jubilaeus'는, 이 그리스어에서 가져다 쓴 것인데, 이는 라틴어 '유빌리움 jubilium 기쁨의 외침'에도 영향을 주었다(디럭스 바이블 성경사전).

을 말씀하시고, 희년을 공포하시며(8-12절), 희년에 행해야 하는 일들을 말씀하신다(13-17절).

레 25:8. 너는 일곱 안식년을 계수할지니 이는 칠 년이 일곱 번인즉 안식년 일곱 번 동안 곧 사십구 년이라.

여호와께서는 모세("너"-이는 이스라엘의 모든 세대 사람들을 포함하는 말이다)가 희년을 산출해 내기 위해 일곱(일곱 수는 완전수로서 온전함을 뜻한다) 안식년을 계산하라고 하신다. 즉 칠년을 일곱 번(가장 온전함이라는 뜻이다) 계산하라고 하신다. 그렇게 해서 일곱 안식년을 세어서 49년이 되게 하라고 하신다. 그런 다음 희년은 7월 10일 곧, 속죄일로부터 시작하는 것으로, 다시 말해 49년을 지난 다음 50년째 7월 10일 속죄일로부터 시작하여 희년으로 지켜야 할 것이라고 하신다. 본문 초두의 "너"는 '모세'를 지칭하는 말이지만, 실제적으로는 '이스라엘의 모든 세대들'을 지칭하는 말로 보아야 한다. 이유는 모세는 이 명령을 받은 후 앞으로 49년을 살지 못했기 때문이다.

혹자들은 49년째의 안식년이 희년이라고 주장하는 이들이 있다. 그러나 일곱째 안식년이 지난 후 7월 10일부터 희년이 되는 것으로 보아야 할 것이다 (Keil, Clark, Lange, 누르체, 박윤선, 이상근).

레 25:9. 일곱째 달 열흘날은 속죄일이니 너는 뿔나팔 소리를 내되 전국에서 뿔 나팔을 크게 불지며.

여호와께서는 일곱째 달 열흘날(7월 10일)은 속죄일이라 하시고, 이 속죄일에 이스라엘 자손들은 뿔 나팔을 크게 불되 이스라엘 자손들이 사는 온 땅에 울려 퍼지게 크게 불라고 하신다(23:24, 27).

희년(禧年)이 7월 10일 속죄일에 시작되는 것은 큰 뜻이 있다. 죄를 사함 받는 속죄일에 죄를 사함 받은 다음에야 기쁘고 즐거운 희년을 지킬 수 있는 것이다. 죄 사함을 받지 않고는 아무 희망이 없고 즐거움이 없으며 기쁨도 없는 것이다.

레 25:10. 너희는 오십 년째 해를 거룩하게 하여 그 땅에 있는 모든 주민을

위하여 자유를 공포하라 이 해는 너희에게 희년이니 너희는 각각 자기의
소유지로 돌아가며 각각 자기의 가족에게로 돌아갈지며.

　여호와께서는 모세와 이스라엘 자손들을 향하여 "오십 년째 해를 거룩하게
하라"고 명령하신다. "오십 년째 해"란 '만 49년이 지나고 제 50년이 되는
해'를 지칭하는데, 제 50년 째 해를 '거룩하게 하라'는 말은 그 희년을 '구별하
라', '다른 해와는 달리 차별화하라'는 뜻이다. 좀 더 구체적으로 표현하여
"그 땅에 있는 모든 주민을 위하여 자유를 공포하라"는 것이다(사 61:2; 63:3;
렘 34:8, 15, 17; 눅 4:19). 50년 째 해는 "너희에게(이스라엘 자손에게) 희년
(꼬ㄱ)195)이니 너희는 각각 자기의 소유지로 돌아가며 각각 자기의 가족에게로
돌아가라"고 하신다(13절; 민 36:4). 먼저, 모든 주민에게 자유를 공포하라고
하신다(사 61:1; 렘 34:8, 15, 17; 겔 46:17). '토지와 사람에게 자유를 주라'는
뜻이다. 얽매어 있던 것으로부터 풀어주라는 뜻이다. 구체적으로 각각 자기의
소유지로 돌아가며 각각 자기의 가족에게로 돌아가라는 것이다. 토지를 원주인
에게 돌려주고 노예들을 해방시키라는 것이다.

　예수님께서는 진정한 자유는 죄로부터의 자유라고 하신다(요 8:32-36).
죄로부터의 자유와 얽매었던 것으로부터의 자유는 살맛나는 세상을 만나게
하는 일이다. 예수님은 우리에게 무한한 자유를 주셨다.

레 25:11. 그 오십 년째 해는 너희의 희년이니 너희는 파종하지 말며 스스로
난 것을 거두지 말며 가꾸지 아니한 포도를 거두지 말라.

　여호와께서는 "그 오십 년째 해는 너희의 희년이라"고 하신다. 50년 째
해가 이스라엘 자손을 위한 희년, 즉 기쁘고 복된 해가 된다는 뜻이다. 여호와께
서는 50년마다 돌아오는 희년에는 파종도 하지 말고(5절) 저절로 난 것을
추수하지도 말며 손질하지 않은 포도송이를 거둬들이지도 말라고 하신다.
희년의 규례는 안식년의 규례와 같다(4-7절 주해 참조).

---

195) "희년": 히브리어로 "요벨"(희년)이란 말은 '숫양의 뿔'이란 뜻이다. 희년을 숫양의
뿔이라고 묘사한 것은 희년이 되어 숫양의 뿔로 만든 나팔을 불었기 때문이었다(출 19:13;
수 6:4, 6, 8, 13).

레 25:12 이는 희년이니 너희에게 거룩함이니라 너희는 밭의 소출을 먹으리라

(כִּי יוֹבֵל הִוא קֹדֶשׁ תִּהְיֶה לָכֶם מִן־הַשָּׂדֶה תֹּאכְלוּ אֶת־תְּבוּאָתָהּ)

문장 초두에는 이유접속사(כִּי)가 있어 본 절이 앞(10-11절)의 내용에 대한 이유를 드러내고 있다. "너희에게 거룩함이니라"(קֹדֶשׁ תִּהְיֶה לָכֶם)는 말은 희년이 '이스라엘 자손에게 거룩하다'는 뜻으로, 희년이 이스라엘 자손에게 거룩한 해, 즉 구별된 해라는 뜻이다. 희년이야 말로 이스라엘 자손들에게는 아주 특별한 해가 된다는 것이다. 여호와께서는 "너희는 밭의 소출을 먹으라"고 하신다(6-7절). 즉 '그 해에 자라난 밭의 소출을 자유롭게 먹으라'고 하신다(6절 참조).

레 25:13. 이 희년에는 너희가 각기 자기의 소유지로 돌아갈지라.

여호와께서는 본 절부터 17절까지 희년이 되어 이스라엘 자손들이 할 일을 하나하나 말씀하신다. 먼저, '너희가 각기 자기의 소유지로 돌아가라'고 하신다(10절; 27:24; 민 36:4). 여호와께서는 이스라엘 자손들이 가나안을 정복한 후 50년이 지나기도 전에 자기들이 분배받은(수 14장-21장) 토지를 팔아먹고 다른 곳으로 가서 기업도 없이 처량하게 살 것을 아시고 이런 희년의 법을 정하시고 희년이 되면 자기의 소유지로 돌아가라는 명령을 하신 것이다. 이런 희년 제도야 말로 안식년 제도와 함께 참으로 아름다운 제도이다.

오늘날 양극화가 극심한 때에 이런 제도가 있다면 어느 정도 경제 평준화가 될 수도 있을 것이다. 그러나 정치적으로는 이런 제도가 없다고 할지라도 예수 그리스도 안에서 기도하면 이런 회복도 있을 수 있다고 믿어야 할 것이다.

레 25:14 네 이웃에게 팔든지 네 이웃의 손에서 사거든 너희 각 사람은 그의 형제를 속이지 말라.

여호와께서는 각 사람은 그 이웃 간의 매매에 속이지 말라고 하신다(17절; 19:13; 삼상 12:3, 4; 미 2:2; 고전 6:8). 이스라엘이 가나안 땅에 들어간 후 토지를 매매할 수 없었으나 각 가정의 형편을 따라 희년이 오기까지 그 토지에 대한 권리를 파는 것이 용납되었다. 이때에 그 거래는 아주 정직해야 했다. 이유는 토지는 하나님께서 주신 기업이기 때문이었다.

오늘날 우리 사회는 거짓이 너무 난무하고 있다. CCTV가 전국에 깔려 있어도 매매에 거짓이 판을 치고 있다. 그런고로 하나님으로부터 큰 벌을 받고 있다. 우리는 정직해야 하나님으로부터 복을 받는다.

레 25:15-16. 그 희년 후의 연수를 따라서 너는 이웃에게서 살 것이요 그도 소출을 얻을 연수를 따라서 네게 팔 것인즉 연수가 많으면 너는 그것의 값을 많이 매기고 연수가 적으면 너는 그것의 값을 적게 매길지니 곧 그가 소출의 다소를 따라서 네게 팔 것이라.

여호와께서는 이 부분(15-16절)에서 매매할 때의 가격을 어떻게 할 것인지에 대해 언급하신다. 15절의 "그 희년 후의 연수를 따라서"란 말씀과 "소출을 얻을 연수를 따라서"란 말은 동의어이다(27:18, 23). 즉, 다음에 닥쳐오는 희년까지의 연수가 많으면 매매금은 많고, 연수가 적으면(희년이 가까우면 토지를 곧 돌려주어야 할 것이니 말이다) 그 금액도 적게 해야 한다는 뜻이다. 이것을 다른 말로 하자면 "그가 소출의 다소를 따라서 네게 팔 것이라"고 하신다(16절). 즉 '그가 앞으로의 희년까지를 계산해서 소출이 많을 것이면 돈을 많이 받고, 그렇지 못하면 돈을 적게 받아야 한다는 것이다. 아주 합리적인 가격을 말씀하신다.

레 25:17. 너희 각 사람은 자기 이웃을 속이지 말고 네 하나님을 경외하라 나는 너희의 하나님 여호와이니라.

여호와께서는 이스라엘 자손들에게 '너희 각 사람은 자기 이웃을 속이지 말라'고 하신다(14절). 14절에서는 "그의 형제를 속이지 말라"고 되어 있다. 똑같은 말이다. 이스라엘 백성들은 하나님을 경외하는 중에 이웃을 속이지 말아야 했다. 하나님을 경외하는 것과 사람을 대하는 것은 아주 밀접한 관계에 있음을 보여준다(43절; 19:14, 32). 하나님을 경외한다면 사람을 절대로 속일 수 없는 일이다.

3. 안식년에 염려 없게 하신다 25:18-22

여호와께서는 안식년제도(1-7절)와 희년제도(8-17절)에 관해 언급하신 다음, 이 부분(18-22절)에서는 이스라엘로 하여금 안식년에 염려 없게 지내도록 하시겠다고 말씀하신다.

레 25:18-19. 너희는 내 규례를 행하며 내 법도를 지켜 행하라 그리하면 너희가 그 땅에 안전하게 거주할 것이라 땅은 그것의 열매를 내리니 너희가 배불리 먹고 거기 안전하게 거주하리라.

　이 두 절(18-19절)은 앞(8-17절)의 희년제도와 관련시킬 수도 있는 말씀이고, 또 20-22절의 안식년에 여호와께서 염려 없게 돌보신다는 말씀에 깊이 관련되어 있기도 하다. 그러나 앞 절(17절)의 내용이 8-16절의 결론이기 때문에 이 두 절을 이 부분(20-22절)에 배치하여 주해한다.

　여호와께서는 이스라엘 자손들에게 여호와의 규례(법을 위한 구체적인 규정들)를 행하며, 여호와의 법도(기본적인 하나님의 법)를 지켜 행하라고 명령하신다(19:37). 여기 사용된 여호와의 규례와 여호와의 법도란 말은 엄격한 구분을 지을 수 있는 것은 아니다. 많은 경우 두 말은 동의어로 사용되어 엄격히 구분하기가 힘 든다(왕상 8:58; 시 119:12-16). 여호와께서는 이스라엘 자손들에게 모든 율법과 교훈을 지키면 가나안 땅에서 안전하게 거주할 것이라(26:5; 신 12:10; 시 4:8; 잠 1:33; 렘 23:6)고 하시고, 또 배불리 먹고 살 것이라(26:5; 겔 34:25, 27-28)고 하신다. 여호와께 순종한다는 것은 엄청난 복이다.

레 25:20. 만일 너희가 말하기를 우리가 만일 일곱째 해에 심지도 못하고 소출을 거두지도 못하면 우리가 무엇을 먹으리요 하겠으나.

　본 절부터 22절까지는 우리가 여호와의 율법과 교훈을 순종하는 경우(18-19절), 전혀 염려 없이 안식년을 잘 지낼 수 있다는 것을 말씀하신다. 사람들이 흔히 염려하여 말하기를 만일 안식년에 심지도 못하고 소출을 거두지도 못하면 어떻게 먹고 살겠느냐고 하지만(4-5절; 마 6:25, 31) 여호와께서 주신다고 하신다(다음 절).

레 25:21. 내가 명령하여 여섯째 해에 내 복을 너희에게 주어 그 소출이 삼 년 동안 쓰기에 족하게 하리라.

안식년에 식물을 심지도 못하고 수확을 못하면 어떻게 살 것이냐는 염려에
대해(앞 절) 여호와께서는 "내가 명령하여 여섯째 해에 내 복을 너희에게
주어 그 소출이 삼 년 동안 쓰게 하리라"고 하신다(출 16:29; 신 28:8). 대단한
보장이다. 여호와께서 명령하셔서 안식년 한해 전(제 6년째)에 복을 주셔서
삼년동안, 즉 안식년 한 해 전 제 6년째, 7년째인 안식년에는 물론 제 8년째
해까지 쓰게 하시겠다고 하신다. 이것은 얼마든지 가능한 일이다. 하나님께서
하시는 일이니 말이다.

**레 25:22. 너희가 여덟째 해에는 파종하려니와 묵은 소출을 먹을 것이며 아홉째
해에 그 땅에 소출이 들어오기까지 너희는 묵은 것을 먹으리라.**

여호와의 놀라운 보장을 보라. 즉, 8년째 되는 해에 밭에 씨를 뿌릴 때에도
여전히 6년째에 추수한 것으로 먹을 것이며(왕하 19:29), 9년째 추수할 때까지
도 그 묵은 양식이 떨어지지 않아서 여전히 묵은 양식을 먹을 것이라고 하신다
(수 5:11-12). 하나님을 믿으며 그의 말씀대로 사는 성도들은 양식 걱정을
할 필요가 없다.

4. 땅을 빨리 되찾으라(구속함)   25:23-28

여호와께서는 이스라엘 백성들이 토지를 팔았으면 희년까지 기다리지
말고 될 수 있는 한 빨리 회수하라고 말씀하신다. 즉 아주 가까운 친척이
물러 주든지(23-25절), 아니면 자신이 회수하든지(26-27절), 그것이 불가능하
면 하는 수 없이 희년까지 기다려 되돌려 받으라는 것이다(28절).

**레 25:23. 토지를 영구히 팔지 말 것은 토지는 다 내 것임이니라 너희는 거류민
이요 동거하는 자로서 나와 함께 있느니라.**

여호와께서는 이스라엘 자손들은 토지를 팔 경우에 아주 팔아넘기는 조건
으로 팔아서는 안 된다고 하신다. 이것은 토지가 이스라엘 백성들의 것이
아니라 여호와의 것이며(신 32:43; 대상 29:15; 대하 7:20; 시 39:12; 85:1;
119:19; 욜 2:18; 3:2), 이스라엘 백성들은 다만 그 토지를 사용할 수 있도록
허락받은 소작인으로 여호와와 함께 있는 나그네에 불과하기 때문이라고 하신

다(대상 29:15; 시 39:12; 119:19; 벧전 2:11). 비록 이스라엘이 가나안에 정착한다 하더라도 역시 "나그네요 우거하는 자"일 뿐이다. 나그네 신분에 땅을 영원히 판다는 것은 있을 수 없는 일이다. 우리가 어디에서 집을 짓고 살며, 혹은 농사를 지으며 살더라도 땅은 여호와의 것이라는 것을 분명히 인식해야 할 것이다.

레 25:24. 너희 기업의 온 땅에서 그 토지 무르기를 허락할지니.

여호와께서는 이스라엘 사람들이 토지를 매매할 때는 본래의 소유주가 언제든지 그 토지를 다시 사들일 수 있는 권한이 계약상에 인정되어야 한다고 하신다. 본문에 "무르다"는 말은 '이미 팔린 땅을 그 값을 치르고 원주인에게 돌려주는 행위'를 지칭하는 말이다. 여호와의 명령은 팔린 땅을 희년까지 기다리지 말고 될 수 있는 한 빨리 회수하라는 것이다.

레 25:25. 만일 네 형제가 가난하여 그의 기업 중에서 얼마를 팔았으면 그에게 가까운 기업 무를 자가 와서 그의 형제가 판 것을 무를 것이요.

만일 어떤 사람이 가난하여 자기 땅을 팔았을 경우에는(룻 2:20; 4:4, 6) 그의 가까운 친척이 그 땅을 다시 되돌려 살 수 있게 해야 한다고 하신다(룻 3:2, 9, 12; 렘 32:7-8). 본문의 "기업 무를 자"란 말은 '구속자'를 뜻하는 말이다 (룻 2:20).

레 25:26-27. 만일 그것을 무를 사람이 없고 자기가 부유하게 되어 무를 힘이 있으면 그 판 해를 계수하여 그 남은 값을 산 자에게 주고 자기의 소유지로 돌릴 것이니라.

여호와께서는 그 땅을 다시 살 친척이 없으면 자신이 후에 돈을 벌어서 자신이 판 땅을 도로 살 수 있는 힘이 있게 되어 판 땅을 되돌려 살 경우, 그 땅을 산 사람이 그 땅을 이용한 햇수를 계산하여(50-52절) 거기에 해당하는 값을 빼고, 그 나머지를 산 사람에게 치르면 된다고 하신다. 그렇게 하고 나면, 땅을 판 그 사람이 자기가 유산으로 받은 그 땅을 다시 차지한다고 하신다(14-16 주해 참조).

27절의 "그 판 해를 계수한다"는 말은 '그 땅을 산 사람이 그 땅을 이용한 햇수를 계산하여 거기에 해당하는 값을 뺀다'는 뜻이다.

레 25:28. 그러나 자기가 무를 힘이 없으면 그 판 것이 희년에 이르기까지 산 자의 손에 있다가 희년에 이르러 돌아올지니 그것이 곧 그의 기업으로 돌아갈 것이니라.

본 절은 이것저것 다 되지 못하면 희년까지 기다려서 기업을 되돌려 받으라는 것을 말씀한다. 즉, 자기도 무를 힘이 없으면 하는 수 없이 그 판 것이 희년에 이르기까지 산자의 손에 있다가 희년에 이르러 그의 기업으로 돌아올 것이라고 하신다(13절). 오늘 우리는 예수 그리스도 안에서 매일 희년을 맞이해야 할 것이다. 모든 것이 원상으로 돌아오게 해야 할 것이다. 예수님은 모든 것을 돌려주시는 분이시다.

5. 집을 되찾으라(구속함) 25:29-34

여호와께서 가옥에 관한 규례를 발표하시면서, 성벽이 둘려있는 가옥의 경우와 성벽이 둘려있지 않은 가옥에 차이가 있다고 하신다. 즉 성벽이 둘려 있는 가옥의 경우 판지 1년 안에는 되돌려 살 수 있으나, 그 후에는 되돌려 살 수 없다고 하신다. 그러나 성벽이 둘려 있지 않은, 다시 말해 성벽 밖의 가옥의 경우는 일반 토지와 같이 취급되며, 레위인의 가옥은 예외라고 하신다.

레 25:29. 성벽 있는 성 내의 가옥을 팔았으면 판 지 만 일 년 안에는 무를 수 있나니 곧 그 기한 안에 무르려니와.

여호와께서는 누가 성곽 안에 있는 집을 팔았을 때에는, 한 해 안에는 언제든지 되돌려 살 수 있다고 하신다. 다시 말해 1년 안에는 언제든지 무를 수 있다고 하신다. 여호와께서는 이스라엘 자손들이 가나안에 정착한 다음에 어떤 일이 발생할 것을 미리 아시고 이런 규례를 발표하신 것이다. 즉, 성곽이 둘려 있는 도시가 생길 것을 아시고, 성곽이 둘려 있는 도시의 사람이 집을 팔았으면 1년 내에는 언제든지 되돌려 살 수 있다고 하신다. 여기 만 1년까지라고 기한을 정하신 이유는 도시에 살고 있는 부유한 사람들은 주로 상업에 종사하는 사람들이기에 자기들의 편의를 따라 주거지를 자주 옮기기도 했기 때문이다. 그들은 팔았던 것을 되찾을 수 있는 기한을 1년으로 제한 받았고 희년이 되어도 희년 법을 적용받지 못했다. 그들은 자기의 재산을 가지고 다른 가옥을 얼마든지 살 수 있었기 때문이었을 것이다.

레 25:30. 일 년 안에 무르지 못하면 그 성 안의 가옥은 산 자의 소유로 확정되어 대대로 영구히 그에게 속하고 희년에라도 돌려보내지 아니할 것이니라.

여호와께서는 만일 누가 성곽 안에 둘려있는 도시의 집을 팔고 한 해가 다 지나가기까지 무르지 않으면 성곽도시에 있는 그 집은 마침내 산 사람의 것이 되어 버리고, 희년이 되어도 해약은 되지 않는다 하시고, 결국은 그 가옥을 산 사람의 소유가 된다고 하신다. 도시에 살고 있는 부유한 사람들에게는 희년의 특별법이 적용되지 않는다는 것이다. 비교적 부유층 사람들에게는 희년의 특별법이 필요가 없다는 것이었다. 희년의 특별법은 가난한 자들에게 기쁜 법이었다(다음 절).

레 25:31. 그러나 성벽이 둘리지 아니한 촌락의 가옥은 나라의 전토와 같이 물러 주기도 할 것이요 희년에 돌려보내기도 할 것이니라.

여호와께서는 성곽이 둘려 있지 않은 마을에 지은 집은, 그것들을 들에 있는 토지와 같이 여겨서, 판 사람이 언제든지 무를 수 있고, 되돌려 살 힘이 없을 때에는, 희년이 될 때까지 기다렸다가, 본래의 임자가 그것을 다시 차지한다고 하신다(13-16절 주해 참조). 다시 말해 희년의 특별법 혜택이 적용된다는 것이다. 여호와께서는 가난한 자들을 특별히 기억하시고 돌보신다.

레 25:32. 레위 족속의 성읍 곧 그들의 소유의 성읍의 가옥은 레위 사람이 언제든지 무를 수 있으나.

여호와께서는 레위 사람의 성읍들, 곧 그들이 유산으로 받은 성읍들 안에 있는 집들은 희년의 특별법 혜택을 받을 수 있다고 하신다(민 35:2; 수 21:2). 즉, 레위 사람은 성읍 안에 있는 집을 팔았어도, 언제든지 그것을 다시 무를 수 있다고 하신다.

사실 레위인은 한 지파였지만 훗날 기업(땅)을 분배받지 못하고(수 14-20
장) 각 다른 여러 지파 안에서 그들의 거주지로 48성읍만을 분배받아 살았다(수
21장; 민 35:1-8). 레위인은 기업을 분배받지 못했을 뿐 아니라 그들은 다른
지파에서 주는 십일조로 살았고, 48성읍 안에 있는 가옥만이 그들의 유일한
소유였다. 그런고로 레위인의 집은 성읍(도시) 안에 있었지만 '도시 가옥
법'(29-30절)에서 예외가 되고, 희년의 특별법 적용을 받았다. 그러니까 희년의
특별법은 가난한 농촌 사람들(31절)과 레위인만이 혜택을 본 것이다. 그리스도
의 무한하신 은혜는 가난한 자들(마 5:3)과 또 세상 기업이 없는 자들(전도자들)
의 것임을 알 수가 있다. 우리는 자신이 심령이 가난한 자임을 고백하고 또
세상 기업(재산, 돈)은 아무 것도 아닌 것으로 알고 그리스도만 바라보면서
살아야 할 것이다.

**레 25:33. 만일 레위 사람이 무르지 아니하면 그의 소유 성읍의 판 가옥은
희년에 돌려보낼지니 이는 레위 사람의 성읍의 가옥은 이스라엘 자손 중에서
받은 그들의 기업이 됨이니라.**

여호와께서는 레위인들이 살던 성읍의 집을 팔고 무르지 않더라도 희년이
되면 그 가옥을 레위인에게 돌려보내야 한다고 하신다(28절). 이유는 레위인들
의 도시(성읍) 가옥들은 이스라엘 백성 가운데서 그들이 차지한 유일한 소유이
기 때문이라고 하신다. 여호와께서는 여호와의 일에 수종 드는 레위인을 생각
하셔서 희년의 법을 적용시키신다. 희년이 되기 전이라도 언제든지 가옥을
되돌려 살 수 있고, 또 살 힘이 없어서 희년에까지 가면 그 가옥을 샀던 사람은
레위인에게 돌려주어야 한다고 하신다. 이유는 레위인에게는 그 가옥이 유일한
기업이기 때문이라는 것이다. 우리는 모두 레위인은 아니라도 세상 기업은
없고 오직 여호와만 우리의 기업으로 알고, 여호와만 바라보고 살아야 할
것이다. 그럴 때 그리스도가 우리의 기업이 되는 것이다.

**레 25:34. 그러나 그들의 성읍 주위에 있는 들판은 그들의 영원한 소유지이니
팔지 못할지니라.**

여호와께서는 레위인들은 그들 성 주변에 있는 들판(밭)이 그들의 영원한

재산이므로 절대로 팔아서는 안 된다고 하신다(행 4:36-37). 레위인들의 집 근처에는 약간의 토지(목초지, 초장)가 있었는데 그것은 농지가 아니었고, 목축지(牧畜地)로 분배 받은 것이었다(민 35:2-5). 이 목축지는 레위인들의 생계를 위해 절대적으로 필요한 것이었다. 그런고로 여호와께서는 절대 팔지 못한다고 하신다. 여호와의 놀라운 법이고 배려였다.

6. 동족을 어떻게 대우할 것인가　25:35-55

여호와께서는 앞(1-34절)에서 안식년제도, 희년제도, 안식년에 먹을 것을 염려 없게 하신다는 말씀, 땅을 무르는 법, 가옥을 무르는 법을 말씀하신 다음, 이제 이 부분에서는 동족을 어떻게 대우할 것인가를 두고 여러 가지를 말씀하신다(35-55절). 먼저, 동족에게 이자를 받지 말라(35-38절), 동족을 종으로 부리지 말라(39-46절), 동족이 외국인에게 종으로 팔리면 속량하라(47-55절)는 말씀을 강하게 역설하신다.

a. 동족에게 이자를 받지 말라(25:35-38)

레 25:35. 네 형제가 가난하게 되어 빈손으로 네 곁에 있거든 너는 그를 도와 거류민이나 동거인처럼 너와 함께 생활하게 하되.

여호와께서는 동족이 가난하게 되어 옆에서 빈손으로 살고 있다면 그를 도우라고 하신다(신 15:7-8; 시 37:26; 41:1; 112:5, 9; 잠 14:3; 눅 6:35; 행 11:29; 롬 12:18; 요일 3:17). 그 도움의 정도는 그 가난한 형제를 거류민이나 동거인처럼 한 집에서 함께 사는 사람같이 도우라고 하신다. 사람들은 대체로 가난한 사람들을 멸시하나 성도들은 가난한 사람들을 멸시하지 말고 그를 도와주어야 하는 것이다. 이유는 그는 하나님께서 지으신 자요 또 동족이기 때문이다.

레 25:36. 너는 그에게 이자를 받지 말고 네 하나님을 경외하여 네 형제로 너와 함께 생활하게 할 것인즉.

가난한 이웃이 돈을 꾸어갔을 경우 이자를 받지 말아야 하고(출 22:25;

신 23:19-20; 느 5:7; 시 15:5; 잠 28:8; 겔 18:8, 13, 17; 22:12)196) 하나님을
경외하면서(17절; 느 5:9) 형제를 우리 자신들과 같이 여겨 함께 먹고 살아야
한다는 것이다. 이자를 받지 않는 것이 하나님을 경외하는 자에게 합당한
것이다.

**레 25:37. 너는 그에게 이자를 위하여 돈을 꾸어 주지 말고 이익을 위하여
네 양식을 꾸어 주지 말라.**

가난한 이웃에게 이자를 받을 셈으로 돈을 빌려 주지 말고, 앞으로 무얼
바라고 양식을 꾸어주어서도 안 된다는 것이다. 무엇을 바라는 심리를 버리고
돈을 꾸어주고 양식을 꾸어주어야 한다.

**레 25:38. 나는 너희의 하나님이 되며 또 가나안 땅을 너희에게 주려고 애굽
땅에서 너희를 인도하여 낸 너희의 하나님 여호와이니라.**

여호와께서는 이스라엘 사람들이 하나님의 놀라운 은혜를 생각하면서
가난한 이웃을 도우라고 하신다. 하나님은 이스라엘의 하나님이 되며 또 가나
안 땅을 이스라엘 민족에게 주려고 애굽 땅에서 인도하여 내신 것을 생각하면
서 이웃에게 은혜를 베풀라는 것이다(22:32-33). 큰 은총을 받고도 조그마한
것을 베풀지 못하는 사람이 되어서는 안 될 것이다. 22:33 주해 참조.

b. 종으로 부리지 말라 25:39-46
레 25:39-40. 너와 함께 있는 네 형제가 가난하게 되어 네게 몸이 팔리거든
너는 그를 종으로 부리지 말고 품꾼이나 동거인과 같이 함께 있게 하여 희년까
지 너를 섬기게 하라.

여호와께서는 이웃에 있는 형제가 가난하게 되어 돈을 꾸어가는 것을
넘어(35절), 이제는 아예 너무 가난하게 되어 몸이 동족에게 팔리는 경우
그를 노예처럼 부리지 말고 품꾼이나 동거인(임시 거주자)과 같이 함께 지내면
서 희년이 될 때까지 일하게 하라고 하신다(출 21:2; 신 15:12; 왕상 9:22;

---

196) 외국인에게서 이자를 받는 것은 율법이 허락하고 있다(신 23:20).

왕하 4:1; 느 5:5; 렘 34:14). 희년이 되면 그 형제의 빚을 탕감해 주고 또 형제의 몸도 풀어주어야 하는 것이다.

레 25:41. 그 때에는 그와 그의 자녀가 함께 네게서 떠나 그의 가족과 그의 조상의 기업으로 돌아가게 하라.

여호와께서는 그 지극히 가난하여 종으로 팔린 사람이 희년을 당하면 그 자신과 그의 자녀가 함께 이스라엘 사람에게서 떠나 그의 가족과 그의 조상의 기업으로 돌아가게 하라고 말씀하신다(28절; 출 21:3). 다시 말해 그 가난한 자에게 희년의 은총을 베풀라는 것이다.

레 25:42. 그들은 내가 애굽 땅에서 인도하여 낸 내 종들이니 종으로 팔지 말 것이라.

여호와께서는 이스라엘 백성은 누구라도 여호와께서 애굽에서 인도해 낸 여호와의 종이므로 이스라엘의 가난한 동족이 노예로 팔려가는 일이 있어서는 안 된다고 하신다(55절; 롬 6:22; 고전 7:23). 다시 말해 품꾼으로 팔릴 수는 있으나 노예로 팔려가서는 안 된다는 것이다. 다 같이 여호와의 종들인데 누구는 주인이고, 누구는 노예로 팔려가서 노예 신분으로 살아서는 안 된다는 논리이다.

레 25:43. 너는 그를 엄하게 부리지 말고 네 하나님을 경외하라.

여호와께서는 돈이 좀 있는 사람이 가난한 형제를 돈으로 샀다고 해서 엄하게 부려서는 안 된다고 말씀하신다(46절; 출 1:13; 엡 6:9; 골 4:1). 하나님을 두려워하는 중에 그 가난한 형제를 엄하게 부리지 말고 형제같이 대하면서 일을 시키라고 하신다(17절; 출 1:17, 21; 신 25:18; 말 3:5). 이스라엘 민족은 모든 일을 할 때 하나님을 두려워하는 가운데 해야 했다. 오늘 우리도 역시 하나님을 두려워하는 가운데 진행해 나가야 할 것이다. 하나님을 두려워하는 것이 모든 윤리의 기초이다.

레 25:44-45. 네 종은 남녀를 막론하고 네 사방 이방인 중에서 취할지니 남녀종

은 이런 자 중에서 사올 것이며 또 너희 중에 거류하는 동거인들의 자녀 중에서도 너희가 사올 수 있고 또 그들이 너희와 함께 있어서 너희 땅에서 가정을 이룬 자들 중에서도 그리 할 수 있은 즉 그들이 너희의 소유가 될지니라.

여호와께서는 이스라엘 백성들이 남녀종들을 사올 수 있는 대상들을 말씀하신다. 첫째, 사방 이방인들 중에서 사올 수 있고, 둘째, 이스라엘 사람들과 함께 사는 영주권자들의 자녀 중에서 사올 수 있으며, 셋째, 이스라엘 땅에 들어와서 살면서 가정을 이룬 자들 중에서도 종을 사올 수 있다고 하신다(사 56:3, 6). 여호와께서는 그들은 이스라엘 사람들의 소유가 될 수 있다고 하신다. 여호와께서 이렇게 종들을 살 수 있는 대상들을 말씀하시는 이유는 동족 중에서는 노예를 사지 말라는 말씀이기도 하다.

레 25:46. **너희는 그들을 너희 후손에게 기업으로 주어 소유가 되게 할 것이라 이방인 중에서는 너희가 영원한 종을 삼으려니와 너희 동족 이스라엘 자손은 너희가 피차 엄하게 부리지 말지니라.**

여호와께서는 이방인들 중에서 사온 종들을 이스라엘의 후손들에게 기업으로 주어 소유가 되게 할 수 있다고 하신다(사 14:2). 여호와께서는 이방인들 중에서 사온 종들에 대해서는 영원한 종으로 삼을 수 있다고 하시면서도, 동족의 종들에 대해서는 절대로 엄하게 부리지 말라고 경고하신다(43절). 영원한 종이란 희년이 되어도 그냥 나갈 수 없다는 뜻이기도 하다. 여기서 이스라엘 동족과 이방인과의 확연한 차이를 엿볼 수 있다. 하나님께서 이렇게 차이를 두시는 것은 이스라엘 민족이 이방인보다 더 위대해서 그렇게 하시는 것이 아니라 42절에서 말씀하신바와 같이 하나님께서 이스라엘 민족을 애굽에서 구원해 내셨기 때문이었다. 하나님은 결코 민족주의 혹은 혈족주의를 조장하시는 것이 아니라 하나님의 구원을 귀히 여기셔서 그러하신 것이다. 그러니까 여호와의 구원에 동참하지 않은 사람들은 노예일 수밖에 없다는 것을 보여주신 것이다.

c. 외국인에게 종으로 팔리면 속량하라   25:47-55

레 25:47. **만일 너와 함께 있는 거류민이나 동거인은 부유하게 되고 그와**

함께 있는 네 형제는 가난하게 되므로 그가 너와 함께 있는 거류민이나 동거인 또는 거류민의 가족의 후손에게 팔리면.

여호와께서는 이스라엘 사람과 함께 사는, 어떤 영주권자(25:35)나 임시 거주자는 부자가 되고, 이스라엘 사람은 가난해져서(25절, 35절) 그 외국 사람에게나, 너와 같이 사는 임시 거주자에게나, 그 가족 가운데 누구에게, 종으로 팔리게 되는 경우 어떻게 할 것인가를 두고 다음 두 절(48·49절)에 그 해결책을 내놓으신다.

레 25:48. 그가 팔린 후에 그에게는 속량 받을 권리가 있나니 그의 형제 중 하나가 그를 속량하거나.

이스라엘 사람이 이방인 영주권자나 혹은 임시 거주자에게 팔리는 경우 그 해결책은 그 이스라엘 사람에게는 속량 받을 권리가 있으므로 이스라엘 사람의 형제 중 하나가 그를 속량해야 한다는 뜻이다. 이방 사람이 이스라엘 사람에게 종으로 팔렸을 때에는 속량할 수가 없었으나(44·46절), 이스라엘 사람이 이방인 영주권자나 임시 거주자에게 팔렸을 경우에는 속량할 수가 있으니 이스라엘 사람의 가장 가까운 형제가 속량해야 한다는 것이다(느 5:5). 이스라엘 사람은 하나님에 의해 애굽으로부터 속량 받은 자들이므로 귀한 존재들이니 누군가가 와서 그를 속량해야 한다는 말씀이다.

레 25:49. 또는 그의 삼촌이나 그의 삼촌의 아들이 그를 속량하거나 그의 가족 중 그의 살붙이 중에서 그를 속량할 것이요 그가 부유하게 되면 스스로 속량하되.

형제 중 하나가 속량하거나(48절), "또는 그의 삼촌이나 그의 삼촌의 아들, 즉 사촌이 그를 속량하거나 그의 가족 중 그의 살붙이 중에서 가장 가까운 사람이 그를 속량해야 할 것"이라고 하신다. 혹시 그 자신이 부유하게 되는 경우(26절) 자신이 그 종 된 신분에서 빠져나와야 한다는 것이다. 이스라엘 사람은 반드시 속량되어야 하는 것이다. 이유는 그는 애굽 땅에서 하나님의 은총으로 빠져나왔기 때문이다.

레 25:50. 자기 몸이 팔린 해로부터 희년까지를 그 산 자와 계산하여 그 연수를

따라서 그 몸의 값을 정할 때에 그 사람을 섬긴 날을 그 사람에게 고용된 날로 여길 것이라.

여호와께서는 종으로 팔린 이스라엘 사람을 가장 가까운 친족이 속량하거나 아니면 자기가 부유해져서 자기가 돈을 내고 자신을 속량할 때에 몸값을 계산하는 방법을 말씀해 주신다. 즉, 이스라엘 사람의 몸이 이방인에게 팔린 해로부터 다음 희년까지 연수가 얼마나 남았는가를 상대편 사람과 함께 계산해서 값을 지불하라고 하신다(욥 7:1; 사 16:14; 21:16). 그 가운데서 그가 이방인 주인을 섬기며 일한 기간은, 그가 이미 주인에게 일을 하여 준 기간이므로 값의 일부를 치른 것으로 계산하여야 한다고 하신다. 즉 이미 일한 기한의 품값을 공제하고 남은 액수만큼만 지불하면 된다는 것이다.

레 25:51-52 만일 남은 해가 많으면 그 연수대로 팔린 값에서 속량하는 값을 그 사람에게 도로 주고 만일 희년까지 남은 해가 적으면 그 사람과 계산하여 그 연수대로 속량하는 그 값을 그에게 도로 줄지며.

몸값을 치를 때 다음 희년까지를 계산하되, 남은 해가 많은 경우와 남은 해가 적은 경우, 그 연수대로 그 값을 주인에게 도로 주고 나와야 한다는 것이다. 다시 말해 아직 희년까지 남은 햇수가 많으면, 남은 햇수만큼 많이 내고 나와야 하는데, 그는 종으로 팔릴 때에 받은 몸값에서, 그 집에서 일한 햇수의 품삯을 공제한 나머지를 무르는 값으로 치르면 된다는 뜻이다. 아주 공평한 값 매김이다. 이는 토지 거래법과 동일하다(15-16절, 31-32절).

레 25:53 주인은 그를 매년의 삯꾼과 같이 여기고 네 목전에서 엄하게 부리지 말지니라.

여호와께서는 이스라엘 사람을 산 주인은 그를 노예처럼 가혹하게 부려먹을 것이 아니라 자기 집에 고용된 품꾼으로 대우하고 엄하게 부리지 말아야 한다고 하신다(39-40절, 46절 참조). 여호와께서 그 주인에게 이렇게 부탁할 수가 있으셨던 이유는 그 이방인은 순수한 이방인이 아니라 이스라엘 땅에서 살고 있는 거류민(영주권자이는 이스라엘로 귀화한 사람이다)이며 임시 거주자이기 때문이었다.

레 25:54. 그가 이같이 속량되지 못하면 희년에 이르러는 그와 그의 자녀가 자유하리니.

만일 그 이스라엘 사람이 아무 능력이 없어 그냥 그 이방인 주인집에서 품꾼으로 사는 경우 희년에 이르러서는 그 자신과 자녀가 자유인이 되어 나오게 된다는 것이다(41절; 출 21:2-3). 희년이야 말로 가난한 자들에게는 기쁨의 해가 아닐 수 없다. 오늘 우리는 예수 안에서 매일 희년을 맞이하면서 살아야 할 것이다. 누구든지 예수 안에 있으면 매일이 기쁨이요 즐거움이며 평화의 날이 될 것이다(요 8:31-32).

레 25:55. 이스라엘 자손은 나의 종들이 됨이라 그들은 내가 애굽 땅에서 인도하여 낸 내 종이요 나는 너희의 하나님 여호와이니라.

이스라엘 자손이 품꾼으로 팔려 있는 동안에도 가혹한 대접을 받지 않을 뿐 아니라 또 희년에 이르러 자신과 자녀가 함께 풀려나오는 이유는 이스라엘 자손은 여호와의 종들이 되기 때문이라고 하신다(42절). 이스라엘 자손들은 여호와께서 애굽 땅에서 인도하여 낸 여호와의 종이고 여호와께서는 그들의 하나님이 되시기 때문에 희년이 되어 풀려나오게 된다는 것이다. 42절 주해 참조. 오늘 우리는 여호와 하나님의 종들이기 때문에, 그리고 여호와를 신앙하는 사람들이기 때문에 세상에서 가혹한 대접을 받지 않게 된다. 여호와께서 그렇게 만들어주신다. 우리는 무한 감사해야 할 것이다.

제 26 장

VIII. 축복과 저주들 26:1-46

본 장은 하나님께 대한 제사법을 다루고 있는 제사법(1-16장)과 국민들이 어떻게 행동하고 실천해야 할까를 다루고 있는 실천편(17-27장)의 결론이다. 먼저, 대(大) 계명을 다루고(1-2절), 순종하면 복을 받으며(3-13절), 불순종하면 재앙을 받는다는 경고하신다(14-39절). 이어서 회개하면 회복을 경험하게 된다는 내용으로 장식된다(40-46절). 회개하면 회복을 경험하게 된다는 내용은 훗날 이스라엘의 역사상 분명히 이루어졌다.

A. 대(大) 계명 26:1-2
이 부분(1-2절)은 본 장의 서론으로 우상을 만들지도 말고, 세우지도 말며, 경배하지도 말라고 말씀하시고, 또 안식일을 지키고 여호와의 성소를 공경하라고 하신다.

레 26:1. 너희는 자기를 위하여 우상을 만들지 말지니 조각한 것이나 주상을 세우지 말며 너희 땅에 조각한 석상을 세우고 그에게 경배하지 말라 나는 너희의 하나님 여호와임이니라.
본 장의 긴 결론(3-46절)에 앞서 서론으로 먼저 우상을 만들지 말고(출 20:4-5; 신 5:8; 16:22; 27:15; 시 97:7), 세우지도 말며, 경배하지도 말라는, 소극적 명령을 주신다. 여호와께서는 모세를 통하여 이스라엘 자손들 전체에게 '자기를 위하여 우상을 만들지 말라'고 말씀하신다. 이는 십계명 중 제 2계명이다(출 20:4-5). "우상"(מִילִים)이란 '아무 것도 아닌 것', '허무한 것'이란 뜻이다

(19:4 주해 참조). 바울 사도는 세상에 여러 가지 우상이 있다고 했고(롬 1:23), 우리 속에서 꿈틀거리는 탐심도 우상이라고 규명했다(골 3:5). 즉, 무엇을 탐하는 것은 우상이라는 것이다. 우리가 지금 세상에 아무 것도 아닌 것들을 탐하고 있지는 않은가?

여호와께서는 "조각한 것이나 주상을 세우지 말라"고 하신다. "조각한 것"은 '무엇을 깎아서 만든 우상'을 뜻한다. 그 재료는 나무일 수도 있고 돌일 수도 있으며 쇠붙이일 수도 있다. 이스라엘 백성들에게 훗날 제일 문제로 부상한 "조각한 것"으로는 '아세라 목상'이었다(출 34:13; 신 7:5; 16:21). 그리고 '주상'은 '돌기둥'을 지칭하는데 돌기둥을 세워 신으로 알고 경배한 것이 훗날 문제였다. 이 주상의 대표적인 것으로는 바알 신이었다. 바알은 베니게의 신이었는데, 농사를 잘 되게 하는 신이었다. 이 신은 가나안 사람들이 섬기던 신들 중 아주 대표적인 신이었다(민 22:41; 삿 2:11).

그리고 여호와께서는 '너희 땅에 조각한 석상을 세우고 그에게 경배하지 말라'고 명하신다. "석상 경배"란 돌에다가 신의 형상을 새겨 경배한 것을 말한다. 석상이 주상과 다른 점은 석상은 사람의 손으로 새긴 것이고, 주상은 자연석 그대로의 돌이다(민 33:52; 왕하 23:14).

여호와께서는 모든 우상을 만들거나 세우거나 경배하지 말라 하시고 오직 여호와 하나님만 경배하라는 뜻으로 '나는 너희의 하나님 여호와임이니라'고 자신을 알리신다. 세상의 모든 우상들은 여호와 하나님 앞에서 아주 잠잠해야 한다.

레 26:2. 너희는 내 안식일을 지키며 내 성소를 경외하라 나는 여호와이니라.
여호와께서는 '너희는 나의 안식일을 잘 지키고 내 성소를 소중히 여기라'고 하신다(19:30). 안식일을 잘 지키라는 말씀은 제 4계명인데(19:30 주해 참조), 여호와께서 안식일을 잘 지키라고 하신 것은 안식일을 잘 지키느냐를 보면 여호와 하나님을 잘 신앙하느냐를 알 수 있기 때문이었다. "성소"라는 것은 여호와 하나님께서 나타나신 곳에 세워진, 여호와를 섬기는 시설을 지칭한다. 성소(성소와 지성소를 합한 말)를 공경하라는 말씀은 곧 하나님을 공경하라는 말씀과 같다. 본 절에 안식일을 잘 지키라는 말씀과 성소를 공경하라는 말씀을 함께 놓은 이유는 안식일을 잘 지키는 것과 성소를 공경하는 일은 아주 밀접하게 관련되어 있기 때문이다. 안식일을 잘 지키는 자는 교회(성소는 사람이 모인다는 점에서는 교회와 같다)를 귀히 여긴다. 여호와께서 이 두 마디를 하시고 "나는 여호와니라"고 말씀하셨는데, 이는 반드시 안식일을 지키고 또 성소를 귀히 여기라는 뜻이다. 다시 말해 앞에 엄중한 말씀을 하시고 바로 뒤따라 "나는 여호와니라"고 말씀하시는 것은 앞에 하신 엄중한 말씀에 무게를 싣는 말씀이다.

B. 이스라엘이 순종할 때 여호와의 복이 임한다 26:3-13

여호와께서는 1-2절에서 계명을 말씀하신 후 이제 이스라엘 백성들이 계명을 순종할 때 여러 가지 복이 그들에게 임한다고 말씀하신다(3-13절). 그리고 뒤이어 계명에 불순종할 때 재앙이 임한다고 말씀하신다(14-39절). 신 11:26-32 참조.

레 26:3. 너희가 내 규례와 계명을 준행하면.

여호와께서는 이스라엘 백성들이 여호와께서 세우신 규례를 따르고, 여호와께서 명한 계명을 그대로 받들어 지키면(신 11:13-15; 28:1-14) 무수한 복들이 임한다고 말씀하신다(4-13절). "규례"란 말은 하나님의 기본법에 따르는 세부 조항들을 지칭한다. 그리고 "계명"이란 말은 십계명을 위시하여 하나님의 모든 명령을 통틀어 하는 말이다.

레 26:4-5. 내가 너희에게 철따라 비를 주리니 땅은 그 산물을 내고 밭의 나무는 열매를 맺으리라 너희의 타작은 포도 딸 때까지 미치며 너희의 포도 따는 것은 파종할 때까지 미치리니 너희가 음식을 배불리 먹고 너희의 땅에 안전하게 거주하리라.

여호와의 규례와 계명을 준행하면(앞 절) 농사에 풍요를 주시겠다고 하신다. 여호와께서 여호와의 말씀을 준행하는 자에게는 "철따라 비를 주겠다"고 하신다(사 30:23; 겔 34:26; 욜 2:23-24). 농사가 잘 되도록 이른 비(11월 경에 시작하여 다음 해 2월까지 오는 비)와 늦은 비(3월과 4월에 오는 비)를 주셔서 농사가 풍요롭게 되도록 하신다는 것이다. 결과적으로 "땅은 그 산물을 내고 밭의 나무는 열매를 맺으리라"고 하신다(시 67:6; 85:12; 겔 34:27; 36:30; 슥 8:12). 본문의 "땅"과 "밭"은 동의어이고, "산물을 내고"와 "열매를 맺으리라"는 말씀도 동의어이다. 아무튼 농사가 잘 되게 하신다는 뜻이다.

또 타작은 오랜 동안 계속되리라고 하신다. 즉, "너희의 타작은 포도 딸 때까지 미치며 너희의 포도 따는 것은 파종할 때까지 미치리라"고 하신다(암 9:13). '타작', 즉 '보리와 밀 타작'은 아주 잘 되어 4·5월에 시작하여 포도를 추수하는 무렵(7월·8월)에 가서야 겨우 끝나게 되고, 포도를 수확하는 일도 7월·8월에 시작하여 씨를 심는 시기(10월 말)에 가서야 겨우 끝난다는 것이다. 모든 농사가 대풍(大豊)을 만난다는 뜻이다.

농사가 대풍이 되니 국민들이 "음식을 배불리 먹게 된다"고 하신다(25:19; 신 11:15; 욜 2:19, 26). 그리고 국민들은 이스라엘 "땅에 안전하게 거주하리라"고 하신다(25:18; 욥 11:18; 겔 34:25, 27-28). 하나님 말씀에의 순종은 기쁜 일이 아닐 수 없다.

레 26:6. 내가 그 땅에 평화를 줄 것인즉 너희가 누울 때 너희를 두렵게 할 자가 없을 것이며 내가 사나운 짐승을 그 땅에서 제할 것이요 칼이 너희의 땅에 두루 행하지 아니할 것이며.

하나님께서 주장하셔서 이스라엘 땅에 평화를 주시니(대상 22:9; 시 29:11; 147:14; 사 45:7; 학 2:9) 이스라엘 백성들이 아주 안전하게 살게 하실 것이라(욥 11:19; 시 3:5; 4:8; 사 35:9; 렘 30:10; 겔 34:25; 호 2:18; 습 3:13) 하시고, 또 사나운 짐승(야수들)을 이스라엘 땅에서 제해 주실 것이며(왕하 2:23-25; 17:25; 겔 5:17; 14:15), 이스라엘 땅에 칼(전쟁)이 없게 하실 것이라고 하신다(겔 14:17). 하나님께서 주시는 안전과 평화야 말로 100% 안전이고 100% 평화이다. 하나님은 지구상에 있는 모든 경찰이나 군대와는 비교도 할 수 없이 위대하시다.

레 26:7-8. 너희의 원수들을 쫓으리니 그들이 너희 앞에서 칼에 엎드러질

것이라 너희 다섯이 백을 쫓고 너희 백이 만을 쫓으리니 너희 대적들이 너희 앞에서 칼에 엎드러질 것이며.

하나님의 계명들을 지키는 사람들은 힘이 있어 원수들을 쫓아버리게 되고 원수들이 성도들 앞에서 칼에 엎드러진다는 것이다. 성도들 다섯이 원수들 100명을 쫓아버리고, 성도들 100명이 원수들 만 명을 물리치게 된다고 하신다(신 32:30, 수 23:10). 결국 원수들은 성도들 앞에서 칼에 엎드러지고 말 것이라고 하신다(신 28:7). 하나님께서 원수들을 성도들 주위에 두시는 이유는 성도들로 하여금 하나님의 힘을 시험하게 하시려는 것이다.

레 26:9. 내가 너희를 돌보아 너희를 번성하게 하고 너희를 창대하게 할 것이며 내가 너희와 함께 한 내 언약을 이행하리라.

여호와께서는 이스라엘 백성을 보살펴(출 2:25; 왕하 13:23), 자손을 많이 낳게 하고(창 17:6-7; 느 9:23; 시 107:38), 자손이 크게 잘 되게 하겠다고 하신다. 여호와께서는 이스라엘과 세우신 언약을 꼭 지키겠다고 하신다. 그 언약이란 이스라엘 백성들이 하나님의 말씀에 순종하면 복을 주시겠다는 약속이다(24:8 주해 참조). 하나님께서는 언약하신 것을 지키시는 것에 언제나 변함없이 신실하시다. 사람 측에서 순종만 하면 복은 반드시 따라 오게 되어 있다.

레 26:10. 너희는 오래 두었던 묵은 곡식을 먹다가 새 곡식으로 말미암아 묵은 곡식을 치우게 될 것이며.

여호와께서는 이스라엘 백성들의 농사에 복을 주셔서 농사가 잘 되기 때문에 곡식을 배불리 먹고도 남게 될 것이라고 하신다(25:22). 그래서 곡식을 다 먹지 못하고 새 곡식으로 말미암아 묵은 곡식을 치우게 될 것이라고 하신다. 새 곡식 때문에 묵은 곡식을 퍼내게 되는 것은 앞 절 말씀, 즉 번성과 창대의 실현이다.

레 26:11. 내가 내 성막을 너희 중에 세우리니 내 마음이 너희를 싫어하지 아니할 것이며. (וְנָתַתִּי מִשְׁכָּנִי בְּתוֹכְכֶם וְלֹא־תִגְעַל נַפְשִׁי אֶתְכֶם)

이 말씀은 '너희가 사는 곳에서 나도 같이 살겠다. 나는 너희를 싫어하지 않겠다'(20:23; 신 32:19)는 말씀이다. "내가 내 성막을 너희 중에 세우리니"(출 25:8; 29:45; 수 22:19; 시 76:2; 겔 37:26-28; 계 21:3)라는 말씀은 여호와의 성막을 이스라엘의 대열 중앙에 위치하게 하신다는 문자적인 뜻보다는 오히려 영적으로 여호와께서 이스라엘 사람들과 함께 사시겠다는 뜻이다. 여호와께서 항상 함께 하시는 것보다 더 좋은 복은 없다(마 28:20).

레 26:12. 나는 너희 중에 행하여 너희의 하나님이 되고 너희는 내 백성이 될 것이니라.

여호와께서는 말씀을 순종하는 이스라엘 백성 중에 동행하셔서(고후 6:16) 이스라엘의 하나님이 되시고(출 6:7; 렘 7:23; 11:4; 30:22; 겔 11:20; 36:28), 이스라엘 백성들은 여호와의 백성으로 복되게 살 것이라는 뜻이다. 이스라엘의 모든 복은 그들이 여호와의 백성이 될 때에 넉넉하게 임했던 것이다.

레 26:13. 나는 너희를 애굽 땅에서 인도해 내어 그들에게 종 된 것을 면하게 한 너희의 하나님 여호와이니라 내가 너희의 멍에의 빗장을 부수고 너희를 바로 서서 걷게 하였느니라.

여호와께서는 3절부터 12절까지 이스라엘 백성들에게 크게 복을 주신 것을 말씀하시다가 이제는 그런 복을 주신 여호와가 어떤 분이심을 확연히 드러내신다. 첫째, 여호와께서는 "너희를 애굽 땅에서 인도해 내어 그들에게 종 된 것을 면하게 한 너희의 하나님 여호와"라고 자신을 드러내신다(25:38, 42, 55). 여호와께서는 이스라엘 백성들을 애굽 땅에서 인도해 내시고, 그들의 종의 멍에를 벗겨주신 분이라고 말씀하신다. 둘째, 여호와께서는 "너희의 멍에의 빗장을 부수고 너희를 바로 서서 걷게 하였느니라"고 하신다(렘 2:20; 겔 34:27). 여호와께서는 이스라엘 백성들의 속박을 푸시고, 똑바로 고개를 들고 서서 자유롭게 살게 만들어주셨다고 말씀하신다. 이제는 세계 그 어느 민족의 속박도 당할 이유 없고, 눈치 볼 이유도 없이 살게 하셨다고 한다. 하나님은 너무 좋으신 분이시다.

C. 이스라엘이 불순종할 때 재앙이 임한다 26:14-39

14절 초두에는 "그러나"로 시작하여 14절부터 39절까지 재앙(불행, 비참)으로 가득 찼다. 여호와의 계명(명령)을 저버리면 놀라운 재앙이 겹겹이 온다고 말씀하신다. 여섯 겹의 재앙들을 나열하신다(신 28:15-68). 그 재앙들은 모두 무서운 재앙들이다. 1) 질병이 찾아옴, 농사한 것을 대적이 다 먹음, 패전함, 침략 당함(16-17절), 2) 비가 오지 않아 폐농함(18-20절), 3) 들짐승으로 말미암은 폐해를 당함(21-22절), 4) 패전함, 먹을 것이 없어짐(23-26절), 5) 국가적으로 패망함(27-33절), 6) 포로의 땅에서 심히 약해진다(34-39절)고 하신다.

레 26:14-15. 그러나 너희가 내게 청종하지 아니하여 이 모든 명령을 준행하지 아니하며 내 규례를 멸시하며 마음에 내 법도를 싫어하여 내 모든 계명을 준행하지 아니하며 내 언약을 배반할진대.

여호와의 율법을 순종하면 엄청난 복을 받을 것이지만(3-13절), 여호와께 불순종하면 재앙이 온다는 말씀이다(신 28:15; 애 2:17; 말 2:2). 본 절에는 똑같은 말씀이 여섯 번이나 반복되고 있다(내게 청종하지 아니함[43절; 왕하 17:15], 이 모든 명령을 준행하지 아니함, 내 규례를 멸시함, 마음에 내 법도를 싫어함, 내 모든 계명을 준행하지 아니함, 내 언약을 배반함). 뜻은 모두 똑같다.

레 26:16. 내가 이같이 너희에게 행하리니 곧 내가 너희에게 놀라운 재앙을 내려 폐병과 열병으로 눈이 어둡고 생명이 쇠약하게 할 것이요 너희가 파종한 것은 헛되리니 너희의 대적이 그것을 먹을 것임이며.

여호와께서는 불순종하는 이스라엘 백성들에게 다음과 같이 보복하겠다고 하신다. 즉 갑작스런 재앙 곧 폐병을 주시고(신 28:65-67; 32:25; 렘 15:8), 열병을 보내서(신 28:22), 백성들의 눈을 어둡게 하고(삼상 2:33), 기운이 쏙 빠지게 하겠다고 하신다. 그리고 이스라엘 백성들이 씨를 뿌려도, 이스라엘의 원수들이 와서 다 먹게 하실 것이라고 하신다(신 28:33, 51; 욥 31:8; 렘 5:17; 12:13; 미 6:15). 질병을 주셔서 기운이 쏙 빠지게 하시며, 아무리 농사를 지어도 원수들이 와서 농사지은 것을 다 먹게 하시는 재앙은 참으로 이스라엘 사람들에게는 참 허탈한 일이 아닐 수 없다. 이는 불순종하는 이스라엘 백성들이 당할 첫째 재앙에 속한다.

레 26:17. 내가 너희를 치리니 너희가 너희의 대적에게 패할 것이요 너희를 미워하는 자가 너희를 다스릴 것이며 너희는 쫓는 자가 없어도 도망하리라.

여호와께서는 불순종하는 이스라엘 백성을 치실 때(17:10) 이스라엘의 대적을 일으켜 패하게 하실 것이라고 하신다(신 28:25; 삿 2:14; 렘 19:7). 그래서 그 이스라엘의 대적이 이스라엘을 통치할 것이고(시 106:41), 이스라엘은 쫓는 자가 없어도 도망하겠다고 하신다(36절; 시 53:5; 잠 28:1). 대적의 침범에 대해서는 여호와께서 23-26절에서 더 자세히 말씀하신다.

레 26:18. 또 만일 너희가 그렇게까지 되어도 내게 청종하지 아니하면 너희의 죄로 말미암아 내가 너희를 일곱 배나 더 징벌하리라.

또 이스라엘 백성들이 16-17절처럼 무서운 재앙을 받고도 하나님의 계명을 순종하지 않는다면 이스라엘의 불순종으로 말미암아 더 심한 재앙을 내리시겠다고 하신다. 이는 이스라엘 백성들이 당할 두 번째 재앙이다. 여기 "일곱 배"란 말은 숫자적으로 꼭 일곱 배를 가리키는 말이 아니라 재앙의 정도가 아주 심하고 철저할 것을 지칭하는 말이다(삼상 2:5; 시 119:164; 잠 24:16). 일곱 배의 징벌이란 말은 21절, 24절, 28절에 더 나타난다.

레 26:19-20. 내가 너희의 세력으로 말미암은 교만을 꺾고 너희의 하늘을 철과 같게 하며 너희 땅을 놋과 같게 하리니 너희의 수고가 헛될지라 땅은 그 산물을 내지 아니하고 땅의 나무는 그 열매를 맺지 아니하리라.

여호와께서는 불순종하는 이스라엘 백성들의 교만을 꺾고(사 25:11; 26:5; 겔 7:24; 30:6) 하늘을 닫아 비를 내리지 않을 것이며 땅을 철과 같이 굳어지게 할 것이라고 하신다(신 28:23). 그렇게 되면 이스라엘 백성들이 하는 수고가 헛될 것이며(시 127:1; 사 49:4) 땅에서는 농산물이 자라지 못하고 나무가 열매를 맺지 못할 것이라고 하신다(신 11:17; 28:18; 학 1:10).

사실 "교만"이란 것은 사람들이 조금 가지고 있다는 그 무슨 세력(이스라엘의 강성함, 그들의 부유함) 때문에 생긴 것이다. 그런고로 하나님께서는 그 교만을 꺾으시겠다고 하신다. 또 사람들의 교만 때문에 하나님께서 비를 주시지 않아서 땅은 아주 단단해지는 것이다. 땅이 단단해지면 땅에서 되는 일은 없다. 오늘도 역시 교만한 자는 망한다.

레 26:21-22. 너희가 나를 거슬러 내게 청종하지 아니할진대 내가 너희의 죄대로 너희에게 일곱 배나 더 재앙을 내릴 것이라 내가 들짐승을 너희 중에 보내리니 그것들이 너의 자녀를 움키고 너희 가축을 멸하며 너희의 수효를 줄이리니 너희의 길들이 황폐하리라.

이 부분(21-22절)의 재앙은 불순종하는 이스라엘 백성들에게 내리실 세 번째 재앙이다. 여기 셋째 재앙은 들짐승들을 이스라엘 경내에 보내시는 재앙이다(신 32:24; 왕하 17:25; 겔 5:17; 14:15). 그래서 그 짐승들이 이스라엘의 아이들을 해롭게 하고 가축을 물어가며 이스라엘 민족의 수효를 줄이고 이스라엘 경내에 사람이 줄어서 길들이 한산해져 길들을 황폐케 하겠다고 하신다(삿 5:6; 대하 15:5; 사 33:8; 애 1:4; 슥 7:14).

레 26:23-24. 이런 일을 당하여도 너희가 내게로 돌아오지 아니하고 내게 대항할진대 나 곧 나도 너희에게 대항하여 너희 죄로 말미암아 너희를 칠 배나 더 치리라.

이 부분(23-24절)이 말씀하는 재앙은 불순종하는 이스라엘 백성들에게 내리실 네 번째 재앙이다. 재앙은 점점 더 심해지고 견디기 힘들어진다. 이 재앙은 25-26절에 묘사된 것처럼 참으로 참기 어려운 재앙이다. 칠 배나 더 치리라는 말에 대한 주해는 18절에 있다.

레 26:25. 내가 칼을 너희에게로 가져다가 언약을 어긴 원수를 갚을 것이며 너희가 성읍에 모일지라도 너희 중에 염병을 보내고 너희를 대적의 손에 넘길 것이며.

여호와께서는 불순종하는 이스라엘 땅에 전쟁을 일으켜 여호와와 맺은 언약을 어긴 이스라엘의 죄에 대하여 보복할 것이라 하시며(겔 5:17; 6:3;

14:17; 29:8; 33:2), 백성들이 전쟁을 피하여 성으로 도망갈지라도 여호와께서 그 가운데 무서운 전염병을 보내고(민 14:12; 신 28:21; 렘 14:12; 24:10; 29:17-18; 암 4:10), 이스라엘 백성들을 원수의 손에 넘길 것이라고 하신다. 언약을 어기는 일은 무서운 징벌을 받을만하다. 언약을 맺을 때 짐승을 쪼개 두 줄로 놓고 그 사이를 언약자가 지나간다. 배약하는 경우 이 짐승처럼 쪼갬을 당한다는 뜻이다. 전쟁은 우연한 일은 아니다. 여호와께서 언약을 어기는 원수를 갚는 수단으로 사용하시는 것이다. 혹시 이스라엘 백성들이 전쟁을 피하여 도시들 속으로 피할지라도 전염병을 보내어 병에 걸리게 하시겠다고 하신다. 그래서 결국은 이스라엘 백성들을 원수의 손에 넘기겠다고 하신다. 여호와께 불순종한 자는 그 누구라도 피할 수는 없는 것이 여호와의 재앙이다.

레 26:26. 내가 너희가 의뢰하는 양식을 끊을 때에 열 여인이 한 화덕에서 너희 떡을 구워 저울에 달아 주리니 너희가 먹어도 배부르지 아니하리라.

여호와께 불순종하는 이스라엘 백성들에게 여호와께서는 양식을 끊으시겠다고 하신다. 배고픔의 심각도가 어느 정도 심한가 하면 "열 여인이 한 화덕에서 너희 떡을 구워 저울에 달아 주게 되는" 정도가 되게 하겠다고 하신다(시 105:16; 사 3:1; 겔 4:16; 5:16; 14:13). 즉 열 여인이 한 화덕에서 이스라엘 백성들의 떡을 구워서 조금씩 떼어 주는 정도가 되게 하리라는 것이다. 사실 10 여인들은 10가정에서 떡을 구워 먹어야 하는데, 양식이 없으니 10여인들이 한 화덕에 모여 앉아 떡을 구워 식구들에게 주니 간에 기별도 가지 않게 되는 것이다(왕하 6:25-27; 렘14:18; 겔 4:16). 그래서 사람들이 "떡을 먹어도 배부르지 아니하리라"고 하신다(사 9:20; 미 6:14; 학 1:6). 지독한 기근으로 시달리게 되는 것이다.

레 26:27-28. 너희가 이같이 될지라도 내게 청종하지 아니하고 내게 대항할진대 내가 진노로 너희에게 대항하되 너희의 죄로 말미암아 칠 배나 더 징벌하리니.

본 절부터 33절까지는 다섯 번째의 재앙이 연출된다. 문장 초두의 "너희가 이같이 될지라도'라는 말은 의미심장한 말이다. 즉, 네 번째 재앙까지 당해도

도무지 회개하지 않는다면 더 심한 재앙을 내리시겠다는 뜻이다. 회개하기에
둔하면 재앙을 만나 고생해도 정신을 차리지 못하고 계속 고집한다. 우리는
성령의 외치심에 항상 귀를 기울이고 살아야 할 것이다.

　　여호와께서는 이스라엘 백성들이 네 번째 재앙을 만나고도 여호와께 "청종
하지 아니하고 내게 대항하면"(21절, 24절) 여호와께서 "진노로 너희에게
대항하되 너희의 죄로 말미암아 칠 배나 더 징벌하시겠다"고 하신다(사 59:18;
63:3; 66:15; 렘 21:5; 겔 5:13, 15; 8:18). "칠 배나 더 징벌하신다"는 말씀을
알기 위하여 18절 주해를 참조하라.

레 26:29. 너희가 아들의 살을 먹을 것이요 딸의 살을 먹을 것이며.
　　본 절부터 드디어 다섯 번째 재앙이 보인다. 너무 기근이 심하여 아들의
살과 딸의 살을 먹을 것이라고 하신다(신 28:53; 왕하 6:25-30; 렘 19:9; 애
4:10; 겔 5:10). 참으로 생각하기조차 하기 끔찍한 재앙이다.

**레 26:30. 내가 너희의 산당들을 헐며 너희의 태양 주상들(분향단들)을 부수고
너희의 시체들을 부서진 우상들 위에 던지고 내 마음이 너희를 싫어할 것이며.**
　　앞 절에 이어 여호와께서 주시는 다섯 번째 재앙의 연속이다. 즉 여호와께
서 언덕 위에 있는 이스라엘의 산당(우상 신전)197)을 헐어 버리고, 그들의
분향단(태양주상-태양신 예배를 위한 주상)198)을 찍어 버리며(대하 34:3-4,

---

　　197) 산당 시설은 언덕에 있었는데, 가나안 원주민들이 그들의 신을 섬기던 장소였다. 원주민
들의 신전을 이렇게 높은 언덕위에 세워놓은 이유는 한발 자국이라도 더 하늘에 가깝게 하겠다
는 심산에서였다. 이스라엘 사람들도 성전을 건축하기 전에 이처럼 산당에서 여호와께 경배했다
(왕상 22:44; 왕하 15:35). 성전이 건축된 후에도 이렇게 이교의 풍속을 따라 산당을 이용했다.
　　198) "분향단": High place. Incense altar. 태양의 상, 또는 태양신 예배를 위한 주상. 고대
오리엔트 세계에서는 태양숭배가 널리 행해져 태양신을 위한 예배소, 또는 그 상들이 많이
세워졌다. 이스라엘에서도 한때 태양예배가 행해졌다(왕하 23:4, 5, 11; 겔 8:16). 이것은 '주상'(왕
하 3:2), '아세라 목상'(삿 6:25) 등과 함께 세워지곤 했다. 성경은 태양예배를 부정하고, 이런
종류의 이교적 부속물들을 파괴해 버리도록 명하고 있다(26:30; 대하 14:5; 34:4, 7; 사 17:8;
27:9; 겔 6:4, 6). '태양상' 또는 '태양 주상'으로 번역된 히브리어는 명사 '함만-님'인데, 이것은
'뜨거워진다'는 어근에서 온 말로, 미 표준개역(RSV) 및 일 개역, 또는 신개역은 모두 '향의
제단'(Incense altars)으로 번역하고 있다. 이 원어가 향을 태우는 '단'을 가리키는 것으로 생각되
는데서, 그 동안까지 '태양 상'으로 역하던 것을 '향의 제단'으로 하고 있는 것이다(디럭스
바이블 성경사전).

7; 사 27:9; 겔 6:3-6, 13), 그리고 시체처럼 쓰러진 이스라엘의 우상들 위에 이스라엘 사람들의 시체를 쌓으시고(왕하 23:20; 대하 34:5), 이스라엘 사람들을 아주 지긋지긋하게 여기실 것이라고 하신다.

본문의 "너희의 시체들을 부서진 우상들 위에 던진다"는 말은 우상들을 부숴버리고, 그 파괴된 우상 조각 위에 우상 숭배자를 죽여 던진다는 뜻이다. 하나님께서 우상숭배를 아주 미워하신다는 것(20:23; 시 78:59; 89:38; 렘 14:19)을 밝히는 말씀이다.

레 26:31. 내가 너희의 성읍을 황폐하게 하고 너희의 성소들을 황량하게 할 것이요 너희의 향기로운 냄새를 내가 흠향하지 아니하고.

다섯 번째 재앙의 연속이다. 본 절은 세 가지 재앙이 임할 것을 말씀하신다. 첫째, 여호와께서 이스라엘의 성읍들을 폐허로 만들게 하시겠다고 하신다(느 2:3; 렘 4:7; 겔 6:6). 이는 이스라엘 사람들이 살던 마을들을 폐허로 만들겠다는 말씀인데 국가적인 멸망이 온다는 묘사이다. 둘째, 여호와께서 이스라엘 사람들이 드나들던 "성소들을 황량하게 할 것이라"고 하신다(시 74:7; 애 1:10; 겔 9:6; 21:7). 성소에만 드나들면 무엇 하느냐는 뜻이다. 하나님의 계명은 지키지 않으면서 외식으로 성소에만 드나드는 것은 외식이라는 것을 보여주는 말씀이다. 셋째, 여호와께서는 이스라엘이 피워주는 "향기로운 냄새를 흠향하지 아니하겠다"고 하신다. 이것은 이스라엘 사람들이 드리는 제사도 받지 않으시고 싫어하신다는 뜻이다. 이쯤 되면 이스라엘에게 전혀 소망이 없다는 것을 보여주시는 것이다.

레 26:32. 그 땅을 황무하게 하리니 거기 거주하는 너희의 원수들이 그것으로 말미암아 놀랄 것이며.

본 절은 이스라엘이 다섯 번째의 재앙을 맞이하여 더 할 수 없이 비참하게 될 것을 여호와께서 보여주시는 말씀이다. 여호와께서 이스라엘 땅을 폐허로 만들겠다고 하신다(렘 9:11; 25:11, 18). 이스라엘 땅에 들어와서 사는 원수들이 이스라엘이 망한 것을 보고 놀랄 것이라고 하신다(신 28:37; 왕상 9:8; 렘 18:16; 19:8; 애 1:9; 2:15-16; 겔 5:15). 웬만하면 이스라엘의 원수들은 이스라엘이 폐허로 변한 것을 보고 좋아 할 터인데, 그 파괴됨이 너무 심하니 원수들도 소름끼칠 정도로 놀란다는 것이다.

레 26:33. 내가 너희를 여러 민족 중에 흩을 것이요 내가 칼을 빼어 너희를 따르게 하리니 너희의 땅이 황무하며 너희의 성읍이 황폐하리라.

본 절은 앞 절에 이어 이스라엘이 당하는 다섯 번째 재앙의 연속으로 여호와께서 불순종하는 이스라엘 백성들을 여러 민족 중에 흩으시고 또 여러 민족 중에 흩어져 있는 이스라엘 사람들을 죽이기 위해 칼을 보내시겠다고 하신다(신 4:27; 28:64; 시 44:11; 렘 9:16; 겔 12:15; 20:23; 22:15; 슥 7:14). 그렇게 되니 이스라엘 땅이 황폐하게 되며, 그들이 살던 성읍이 아주 황량하고 비참하게 되도록 하겠다고 하신다. 이 말씀은 그대로 성취되어 북쪽 이스라엘 은 주전 722년에 앗수르에 의해 포로가 되었고(왕하 17:1-6), 남쪽 나라 유다는 주전 586년에 바벨론에 의해서 포로 되어 갔다(왕하 25:1-21).

레 26:34. 너희가 원수의 땅에 살 동안에 너희의 본토가 황무할 것이므로 땅이 안식을 누릴 것이라 그 때에 땅이 안식을 누리리니.

본 절부터 39절까지는 여섯 번째 재앙으로 이스라엘 백성들이 이방에 포로 되어 가기 때문에 이스라엘 땅은 안식하게 된다는 것이다(대하 36:21). 불순종은 사람이나 국가나 아주 망하게 하는 것을 볼 수 있다. 여호와께서는 이스라엘 백성들이 원수의 땅에 살 동안에 이스라엘 땅이 "황무할 것이므로 땅이 안식을 누릴 것이라"고 하신다. 이스라엘 백성들이 이방 땅에 포로 되어 가게 되니 사람이 땅에 아무 것도 심지 않아 땅이 안식을 누리게 될 것이라고 하시는 말씀이다.

레 26:35. 너희가 그 땅에 거주하는 동안 너희가 안식할 때에 땅은 쉬지 못하였으나 그 땅이 황무할 동안에는 쉬게 되리라.

여호와께서는 이스라엘 백성들이 이스라엘 땅에 거하던 동안 땅의 안식년 (25:1-7)을 당해서도 땅을 놀리지 않아 땅은 쉬지 못하였으나 이스라엘 백성들 이 포로의 땅에 가서 지내게 되니 이스라엘 땅이 황무하게 되어 땅이 안식하게 될 것이라고 하신다(25:2). 여호와께서는 이스라엘 백성들이 땅을 쉬게 하지 않았던 것을 날카롭게 지적하신다.

레 26:36. 너희 남은 자에게는 그 원수들의 땅에서 내가 그들의 마음을 약하게 하리니 그들은 바람에 불린 잎사귀 소리에도 놀라 도망하기를 칼을 피하여 도망하듯 할 것이요 쫓는 자가 없어도 엎드러질 것이라.

　　여호와께서는 앞 절에 이어 계속해서 하나님의 계명에 불순종하는 이스라엘 백성들이 당할 여섯 번째 재앙을 묘사하신다. 재앙의 때에도 죽지 않고 살아있는 이스라엘 백성들을 그 원수들의 땅에서 여호와께서 그들의 마음을 약하게 만들겠다고 하신다(겔 21:7, 12, 15). 그래서 그들의 마음은 "바람에 불린 잎사귀 소리에도 놀라 도망하기를 칼을 피하여 도망하듯 할 것이요 쫓는 자가 없어도 엎드러질 것이라"고 하신다(17절; 욥 15:21; 잠 28:1). 참으로 여호와께서는 이스라엘 사람들이 영 육간 심히 불행하게 될 것을 묘사하신다. 전쟁에 죽지 않고 이방에 포로 되어 가서 사는 사람들의 심리는 심히 약해져서 누가 쫓아오지 않아도 무서워하는 사람들이 되리라는 것이다.

레 26:37. 그들은 쫓는 자가 없어도 칼 앞에 있음 같이 서로 짓밟혀 넘어지리니 너희가 원수들을 맞설 힘이 없을 것이요.

　　이스라엘 사람들은 이방에 쫓겨 가서 심히 약한 삶을 살 것이라고 하신다. 누가 쫓아오는 자가 없어도 칼 앞에 있는 사람처럼 서로 짓밟혀 넘어지리라고 하시며(삿 7:22; 삼상 14:15-16; 사 10:4;), 그들은 원수들을 대항할 힘이 없게 될 것이라고 하신다(수 7:12-13; 삿 2:14).

레 26:38. 너희가 여러 민족 중에서 망하리니 너희의 원수들의 땅이 너희를 삼킬 것이라.

　　이스라엘 민족은 불순종의 결과로 여러 민족 중에 흩어져 살다가 죽고 망할 것이며, 또 원수들의 땅이 이스라엘 백성들을 삼킬 것이라고 하신다. 이스라엘 백성들은 원수의 땅에서 삼킴을 당해 거의 없어질 것이라고 한다. 유다는 훗날 본국으로 돌아온 자가 많지 않았다(스 2:1-70; 느 7:6-72). 여호와께 불순종함은 거의 멸망을 의미한다고 보아야 한다.

레 26:39. 너희 남은 자가 너희의 원수들의 땅에서 자기의 죄로 말미암아
쇠잔하며 그 조상의 죄로 말미암아 그 조상 같이 쇠잔하리라.

이스라엘의 남은 자는 원수들의 땅에서 자기들의 죄(계명 불순종)로 말미
암아 그리고 조상들의 죄(우상숭배 죄와 무죄한 자들의 피를 많이 흘린 죄,
왕하 21:11-16)로 말미암아 힘이 약해져 갈 것이라고 하신다(신 4:27; 28:65;
느 1:9; 렘 3:25; 29:12-13; 겔 4:17; 6:9; 20:43; 24:23; 33:10; 36:31; 호 5:15;
슥 10:9). 죄는 사람의 종말을 비참하게 만든다.

D. 회개하면 복이 임한다 26:40-46

여호와께서 이스라엘 백성들이 불순종하여 엄청난 재앙을 겹겹이 받게 될
것을 말씀하신(14-39절) 다음, 이제는 만일 그들이 죄를 자복하고, 포로의 땅에서
마음이 낮아져서 형벌을 기쁘게 받으면 여호와께서 조상들(아브라함, 이삭,
야곱, 출애굽 후의 조상들)과 맺은 언약을 기억하여 회복시켜 주시겠다고 하신다.

레 26:40a. 그들이 나를 거스른 잘못으로 자기의 죄악과 그들의 조상의 죄악을
자복하고.

여호와께서는 이스라엘 백성들이 여호와를 거스른(불순종한) 죄악과 또
그들의 조상들의 죄악(조상들도 역시 여호와를 거슬렀음)을 자복하면 회복시
켜 주시겠다고 하신다(민 5:7; 왕상 8:33, 35, 47; 느 9:2; 단 9:3, 4; 잠 28:13;
눅 15:18; 요일 1:9). 여호와께서는 이스라엘이 앞으로 여호와를 거스르고
대항할 것을 미리 아시고 또 그들이 그로 말미암아 외국에 포로 되어 갈
것도 훤히 아시고 이렇게 미리 말씀하신다. 누구든지 여호와께 불순종하면
죄악을 짓지 않을 수 없다. 불순종하는 것이 죄악이고, 또 불순종하면 그에
따라 죄악을 짓게 마련이다. 순종이야말로 인간 행복의 길이다.

레 26:40b-41. 또 그들이 내게 대항하므로 나도 그들에게 대항하여 내가 그들을
그들의 원수들의 땅으로 끌어갔음을 깨닫고 그 할례 받지 아니한 그들의

마음이 낮아져서 그들의 죄악의 형벌을 기쁘게 받으면.

여호와께서는 이스라엘 백성들이 앞으로 여호와를 "대항할 것"(불순종)을 미리 아시고 이렇게 미리 말씀해 두신다. 이스라엘 백성들이 여호와를 대항하면 여호와께서도('나도') "그들에게 대항하여" 그들의 원수들의 땅으로 포로 되어 가게 하신다고 말씀하신다. 불순종하면 재앙이 임한다. 그런데 여호와께서는 불순종한 이스라엘 백성들이 이방에 포로 되어 간 다음 그들이 여호와를 대항하여 원수들의 땅에 포로 되어 간 것을 깨달을 것을 아셨다. 그래서 이스라엘 백성들이 그 할례 받지 아니한 그들의 마음(렘 6:10; 9:25, 26; 겔 44:7; 행 7:51; 롬 2:29; 골 2:11)이 낮아져서(왕상 21:29; 대하 12:6, 7, 12; 32:26; 33:12-13) 그들의 죄악에 대한 형벌을 기쁘게 받으면 회복시켜 주시겠다고 하신다.

본문의 "그 할례 받지 아니한 그들의 마음이 낮아진다"는 말씀은 '그 단단하고, 굳으며, 완고하던 마음들이 포로의 땅에서 고생을 하는 중에 낮아진다'는 말씀이다. 우리는 포로의 땅에까지 끌려가지 않고도 마음이 낮아져야 하는 것이다. 남아(男兒)가 난지 8일 만에 할례(표피를 베는 것)를 받는 것처럼 우리는 성령으로 마음의 할례를 받아야 한다. 사람이 마음이 낮아지면 고생을 기쁘게 받게 된다. 그 뒤에는 하나님으로부터 은혜가 임한다.

레 26:42. 내가 야곱과 맺은 내 언약과 이삭과 맺은 내 언약을 기억하며 아브라함과 맺은 내 언약을 기억하고 그 땅을 기억하리라.

여호와께서는 이스라엘 백성들이 죄를 자복하고 마음이 낮아져서 형벌을 기쁘게 받으면(40-41절), 아브라함(창 12:1-3; 13:14-17; 15:13-16)과 이삭(창 26:1-5)과 야곱(창 35:9-15; 46:1-3)과 맺으신 여호와의 약속을 기억하고 그들의 땅을 다시 돌아보겠다고 하신다(출 2:24; 6:5; 시 106:45; 겔 16:60). 여기 "그 땅을 기억하리라"(시 136:23)는 말씀은 이스라엘 백성들을 불쌍히 여겨 고국의 땅으로 돌려보내시겠다는 말씀이다.

여호와께서 세 조상과 맺은 언약이란 이스라엘 백성들이 가나안 땅에서 번성하게 되리라는 언약이었다. 여호와께서는 세 조상과 맺으신 언약을 버리시지 않고 계속해서 기억하셨다. 그러나 이스라엘 백성들이 포로의 땅에서 죄를 자복하고 회개할 때 그 언약을 이루어주셨다(기억해 주셨다). 하나님은 지금도 우리에게 복을 주시기를 원하신다. 그러나 우리가 회개하고 죄를 자복할 때까지 기다리신다.

레 26:43. 그들이 내 법도를 싫어하며 내 규례를 멸시하였으므로 그 땅을 떠나서 사람이 없을 때에 그 땅은 황폐하여 안식을 누릴 것이요 그들은 자기 죄악의 형벌을 기쁘게 받으리라.

여호와께서는 이스라엘 백성들이 여호와의 법도(여호와의 기본 법)를 거절하고(15절) 여호와의 규례(기본법에 딸린 세부조항들)를 무시하였으므로 그 땅은 사람이 없는 황폐한 채 안식을 누릴 것이며(34-35절), 그들은 자기들의 죄에 대한 형벌을 기쁘게 받아야 할 것이라고 말씀하신다. 다시 말해 이스라엘 백성들은 여호와의 법을 거절하고 여호와의 명령을 무시하였으므로 두 가지 결과가 나타날 것이라고 하신다. 하나는 이스라엘 땅이 사람이 없는 황폐한 채 안식을 누릴 것이라는 것이고(34-35절), 또 하나는 이스라엘 사람들은 자기들의 죄에 대한 형벌을 기쁘게 받아야 할 것이라고 하신다. 형벌을 기쁘게 받는 것도 좋은 결과를 가져온다.

레 26:44 그런즉 그들이 그들의 원수들의 땅에 있을 때에 내가 그들을 내버리지 아니하며 미워하지 아니하며 아주 멸하지 아니하고 그들과 맺은 내 언약을 폐하지 아니하리니 나는 여호와 그들의 하나님이 됨이니라.

이스라엘 백성들이 외방에서 자기들의 죄악을 자복하고(40절), 마음이 낮아져서 그들의 죄악에 대한 형벌을 기쁘게 받으며(41절), 또 이스라엘 땅도 안식을 얻게 되는 하나님의 경륜이 성취되었으므로, 여호와께서는 본 절에서 "이스라엘 백성들이 원수들의 땅에 있을 때에 그들을 내버리지 아니하며 미워하지 아니하며 아주 멸하지 아니하고 그들과 맺은 언약을 폐하지 아니 하겠다"고 하신다(신 4:31; 왕하 13:23; 롬 11:2). 사람이 회개하면 살길이 열린다는 것이다. 여호와께서는 회개하는 이스라엘을 버리지 아니하신다는 것을 확증하시기 위해서 "나는 여호와 그들의 하나님이 됨이라"고 하신다. "그들의 하나님이 되기" 때문에 버리지 않겠다는 것이다.

레 26:45. 내가 그들의 하나님이 되기 위하여 민족들이 보는 앞에서 애굽 땅으로부터 그들을 인도하여 낸 그들의 조상과의 언약을 그들을 위하여 기억하리라 나는 여호와이니라.

여호와께서는 이스라엘 백성들의 하나님이 되시기 위하여 뭇 백성이 보는 가운데서 그들의 조상들을 애굽 땅에서 이끌어 내면서(롬 11:28), 그 첫 세대와 맺은 계약을 기억하고 그들을 저버리지 아니하리라고 하신다.

결국 본 절은 두 가지를 말씀하신다. 하나는, 여호와께서 이스라엘 백성들의 하나님이 되시기 위해서 여러 민족들이 지켜보는 가운데서(시 98:2; 겔 20:9, 14, 22) 이스라엘 백성들을 애굽 땅에서 인도해 내셨다고 한다(22:33; 25:38). 그리고 또 하나는, 여호와께서 이스라엘 백성들을 출애굽 시키신 후 일세(一世) 조상들과 세우신 언약을 그들을 위하여 잊지 않으시고 기억하신다고 하신다. 하나님은 이스라엘의 하나님이 되시기 위해서 애굽 땅에서 그들을 인도하여 내셨는데, 그러한 분께서 그것을 잊을 수 있겠는가. 절대로 잊지 않으신다는 것이다. 그리고 1세 조상들과 언약을 맺으셨으니 그들의 후손들을 잊으시겠는가. 절대로 잊지 않으신다. 잊지 않으시고 회복시키신다. 하나님은 한번 선택한 사람을 절대로 잊지 않으시고 회복시키신다.

레 26:46. 이것은 여호와께서 시내 산에서 자기와 이스라엘 자손 사이에 모세를 통하여 세우신 규례와 법도와 율법이니라.

이상(모세를 통하여 여호와께서 주신 모든 것, 즉 출 25장 이후 전체의 결론)은 여호와께서 모세를 통하여 시내 산에서(25:1) 이스라엘 백성에게 주신 여러 가지 법과 규정과 지시 사항이다(27:34; 신 6:1; 12:1; 33:4; 요 1:17). 여기 "법"이란 말은 여호와께서 주신 기본법을 지칭하고, 규례는 기본법에 따른 여러 가지 세부사항을 뜻한다. "율법"이란 말은 그 모든 것을 합한 것을 뜻할 것이다. 아무튼 앞에서 여호와께서 주신 모든 말씀들을 "이것"이란 말로 표현하고 있다.

제 27 장

IX. 바치기로 서원한 것들을 속량하는 규례들 27:1-34

레위기는 26:46이 보여주는 대로 일단 결론을 냈으나, 이제 좀 더 보충할 것들이 있어서 27장에서는 몇 가지를 첨가하신다(1-34절). 먼저, 하나님께 바치기로 서원한 것들을 대속하는 법에 대하여 언급하고(1-27절),[199] 다음 으로는 아주 온전히 바친 것들에 대하여 특별한 조치가 필요함을 말하며 (28-29절), 마지막으로는 십일조에 대하여 언급하고(30-33절), 결론을 덧붙 인다(34절).

A. 여러 서원의 규례 27:1-27

원래 서원의 제물은 자원제로 드려졌으나, 이 부분(1-27절)에서는 돈으로 환산하여 드리는 규례에 대해 언급한다. 이 부분의 내용은 사람을 바치는 문제(1-8절), 생축을 바치는 문제(9-13절), 집과 땅을 바치는 문제(14-25절), 첫 새끼를 바치는 문제(26-27절) 등에 대해 언급한다.

1) 사람을 바치기로 서원한 경우 27:1-8

원래 서원의 제물은 경건의 열심을 나타내는 자원제로 드려졌으나, 이 부분(1-8절)에서는 그것을 현금으로 환산하여 바치는 규례를 언급한다. 다시 말해 하나님께 몸을 바치기로 서원하였던 사람이 부득이 해서 서원대로 실행하 지 못하는 경우에 그 대신 속전(贖錢:죄를 면하기 위하여 바치는 돈)을 바쳐야

---

199) 레위기 1장부터 26장까지는 거의 전체가 하나님으로부터 인간을 향하신 명령인데 비하여 27장은 인간이 하나님께 대하여 어떤 의무를 감당해야 하는 것을 기록한다.

한다고 한다. 사람을 바치는 서원을 하는 경우는 그 값을 성별과 연령별로 정하고, 가난한 자는 예외 규정에 속하게 했다.

레 27:1. 여호와께서 모세에게 말씀하여 이르시되.

여호와께서는 새로운 것들(서원하고자 하는 것을 현금으로 환산하여 드리는 문제, 아주 바친 것들에 대하여 특별한 조치가 필요하다는 말씀, 십일조에 대한 규례)을 모세를 통하여 이스라엘 자손들에게 말씀하신다. 본 절과 같은 형식은 새로운 부분이 시작된다는 것을 보여주는 표시이다(20:1; 21:1; 22:1; 23:1; 24:1; 25:1 참조).

레 27:2. 이스라엘 자손에게 말하여 이르라 만일 어떤 사람이 사람의 값을 여호와께 드리기로 분명히 서원하였으면 너는 그 값을 정할지니.

여호와께서는 모세에게 이스라엘 자손들에게 여호와께 드릴 사람의 값을 정해주라고 하신다. 여호와께서는 "만일 어떤 사람이 사람의 값을 여호와께 드리기로 분명히 서원하였으면 그 값을 정해야 한다"고 하신다(민 6:2; 삿 11:30, 31, 39; 삼상 1:11, 28). 여기 "서원"(נֶדֶר)이란 하나님을 기쁘시게 하려는 의도에서 사람이 자발적으로 무엇을 바치거나 헌신할 것을 약속하는 행위를 뜻한다. 사람이 서원하는 이유는 그 어떤 은혜나 도움을 바라고 하는 것이다. 사람은 한번 서원했으면 반드시 이행해야 했다. 서원하고 이행하지 않으면 죄가 되니 서원했다면 반드시 지켜야 했다(전 5:4-5). 만일 서원하고 이행하지 못했을 경우에는 그에 따른 속죄제를 드려야 했다. 서원하고 지키지 못할 바에야 서원하지 않는 것이 나았다. 서원하지 않는 것은 죄가 아니었다. 모세는 여호와께 드릴 서원한 사람의 값을 이스라엘 자손들에게 알려주어야 했다.

레 27:3-7. 네가 정한 값은 스무 살부터 예순 살까지는 남자면 성소의 세겔로 은(銀) 오십 세겔로 하고 여자면 그 값을 삼십 세겔로 하며 다섯 살부터 스무 살까지는 남자면 그 값을 이십 세겔로 하고 여자면 열 세겔로 하며 일 개월로부터 다섯 살까지는 남자면 그 값을 은 다섯 세겔로 하고 여자면

그 값을 은 삼 세겔로 하며 예순 살 이상은 남자면 그 값을 십오 세겔로
하고 여자는 열 세겔로 하라.

20살부터 60살까지는 남자(남자 장정)의 경우 그 값이 성소의 세겔200)로
(출 30:13) 은(銀) 50세겔(여자인 경우 30세겔), 5살부터 20살까지는 남자의
경우 은(銀) 20세겔(여자의 경우 10세겔), 1개월부터 5살까지는 남자의 경우
은(銀) 5세겔(여자의 경우 은 3세겔)201) 1세 이하에게는 값을 매기지 않았다.
60살 이상은 남자의 경우 15세겔(여자는 10세겔)로 하라고 하신다(민 18:16).
이렇게 남녀에 차이가 있었던 이유는 사람이 할 수 있는 일의 양과 비례한
것이었고(누르체), 활동력과 가능성에 기준한 것이었다(Keil & Delitzsch).
인권은 남녀가 동등했으나 노동력에 있어서는 남성이 우위(優位)에 있었음을
보여주고 있다.

레 27:8. 그러나 서원자가 가난하여 네가 정한 값을 감당하지 못하겠으면
그를 제사장 앞으로 데리고 갈 것이요 제사장은 그 값을 정하되 그 서원자의
형편대로 값을 정할지니라.

가난하여 몸값을 낼 수 없는 사람들(일반인이 내야 하는 50세겔은 가난한
자들에게는 힘겨운 것이었다)은 제사장에게 가서 제사장이 정하는 값을 내야
했다.202) 제사장은 그 가난한 서원자의 형편대로 값을 정해야 했다. 하나님은
가난한 자를 극히 배려하신다(5:7, 11; 12:8; 14:21).

2. 짐승을 바치기로 서원한 경우 27:9-13

앞부분(1-8절)의 경우는 사람을 바치기로 서원한 경우 돈으로 환산하여
드리는 규례를 언급했는데, 이 부분(9-13절)에서는 짐승을 바치기로 서원한
경우에 돈으로 환산하여 드리는 경우를 말씀한다.

---

200) "세겔": 금이나 은을 다는 무게의 단위. 1세겔은 11.4g이다.

201) 하나님께 자신을 드리기로 맹세하는 자는 자기 자신 뿐 아니라 아이들을 포함하여
드리기로 맹세한 것으 볼 수 있다.

202) 한 세겔은 한 사람의 4일치 임금에 해당했다. 그런고로 50세겔은 가난한 자들에게는
아주 힘겨운 납부액이었다.

레 27:9. 사람이 서원하는 예물로 여호와께 드리는 것이 가축이면 여호와께 드릴 때는 다 거룩하니.

사람이 여호와께 드리기로 서원한 것이 짐승이면 여호와께 드리려고 한 그것은 곧 거룩한 것이 된다(반드시 드려야 한다는 뜻이다). 즉 다른 일반 가축처럼 바꾸거나 팔거나 할 수 없고 반드시 그 가축을 드려야 한다는 것이다.

레 27:10. 그것을 변경하여 우열 간 바꾸지 못할 것이요 혹 가축으로 가축을 바꾸면 둘 다 거룩할 것이며.

일단 드리기로 서원을 했으면 반드시 드려야지(앞 절) 그 가축을 변경하여 우열(優劣) 간(더 좋은 것으로나 혹은 더 나쁜 것으로나) 바꾸지 못한다는 것이다. 혹시 가축을 바꾸어 다른 것을 드리면 둘 다 거룩하게 된다는 것이다 (즉, 둘 다 바쳐야 한다는 뜻이다). 아무튼 둘 다 바치게 되는 것은 일종의 벌칙이었다.

레 27:11-12. 부정하여 여호와께 예물로 드리지 못할 가축이면 그 가축을 제사장 앞으로 끌어갈 것이요 제사장은 우열간에 값을 정할지니 그 값이 제사장의 정한 대로 될 것이며.

바칠 짐승이 부정한 짐승, 즉 흠이 있어 주께 제물로 바칠 수 없는 짐승일 경우에는, 그 짐승을 제사장에게로 끌고 가야하며, 제사장은 그 동물의 값을 결정해야 한다. 이때 제사장이 매긴 값이 그 동물의 값이 될 것이다. 바치는 자는 그 동물의 값을 받아서 그것을 여호와께 드려야 했다.

레 27:13. 만일 그가 그것을 무르려면 네가 정한 값에 그 오분의 일을 더할지니라.

만일 생축을 바치기로 서원한 자가 그 생축을 도로 사려고 하면 제사장이 정한 값에 5분의 1을 더하여야 했다(15절, 19절; 6:5-6). 이것도 일종의 벌칙이 었다. 아무튼 어떤 사람도 일단 여호와에게 드리기로 서원했으면 변경시킬 수 없다는 것이다.

3. 집을 바치기로 서원한 경우 27:14-15

레 27:14 만일 어떤 사람이 자기 집을 성별하여 여호와께 드리려하면 제사장이 그 우열간에 값을 정할지니 그 값은 제사장이 정한 대로 될 것이며.

혹 어떤 사람이 자기 집을 거룩하게 구별하여 주께 드릴 때에는 제사장이 그 집을 보고, 그 값이 많든 적든 제사장이 매겨야 한다. 제사장이 값을 얼마로 매기든지, 그가 매긴 것이 그대로 그 집값이 된다는 것이다.

레 27:15. 만일 그 사람이 자기 집을 무르려면 네가 값을 정한 돈에 그 오분의 일을 더할지니 그리하면 자기 소유가 되리라.

혹 어떤 사람이 자기 집을 거룩하게 구별하여 주님께 드린 다음에 자기 집을 도로 찾으려면 제사장이 정한 돈에 5분의 1을 더하여 여호와께 드리면 그 집은 자기의 집이 되는 것이다(13절). 여기 5분의 1을 더하여 여호와께 드리는 규례는 일종의 벌칙으로, 서원을 경솔하게 하고 또 경솔하게 취소하지 못하게 하는 조치이다.

4. 땅을 바치기로 서원한 경우 27:16-25

땅을 바치기로 서원한 경우의 규례를 말한다. 땅을 바치기로 서원한 경우는 기업의 땅(16-21절)과 매수한 땅(22-25절)의 규례가 다르다. 제사장이 이 때 하는 역할은 그 땅의 값을 희년까지의 연한을 따라 정하여 처분한다.

레 27:16 만일 어떤 사람이 자기 기업된 밭 얼마를 성별하여 여호와께 드리려하면 마지기 수대로 네가 값을 정하되 보리 한 호멜지기에는 은 오십 세겔로 계산할지며.

만일 어떤 사람이 유산으로 물려받은 밭에서 얼마를 거룩하게 구별하여 여호와께 바치려고 하면, 그 밭의 값은 마지기203) 수에 따라 매겨야 한다는 것이다. 예를 들면, 그 밭이 한 호멜204)(보리 230리터)의 보리씨를 뿌릴 만한

---

203) "마지기"란 말은 (한 말의 씨앗을 뿌릴만한 땅이라는 뜻으로) 논밭의 넓이를 나타내는 단위이다(보통 논은 200평, 밭은 300평을 한 마지기로 정한다).

204) "호멜": Homer. 이스라엘의 도량형의 최대의 단위. 10 밧을 한 호멜이라고 하며 그 양은 약 230리터(229.913리터)에 해당된다(민11:32; 사 5:10; 겔 45:11, 13, 14; 호 3:2). 액체량에

밭이면, 그 값은 은(銀) 오십 세겔로 계산하여 여호와께 드려야 했다. 은(銀) 50세겔은 50년간 그 땅에서 나는 소출을 돈으로 환산하여 바치는 액수였다. 1 호멜 지기205)에 50세겔이 표준이었다.

레 27:17-18. 만일 그가 그 밭을 희년부터 성별하여 드렸으면 그 값을 네가 정한 대로 할 것이요 만일 그 밭을 희년 후에 성별하여 드렸으면 제사장이 다음 희년까지 남은 연수를 따라 그 값을 계산하고 정한 값에서 그 값에 상당하게 감할 것이며.

16절의 말씀은 마지기 수에 따라 가격을 정했으나 17-18절의 경우는 그 밭을 '희년 때부터 성별하여 드렸으면' 제사장이 처음에 정한대로 해야 했고, 혹시 '그 밭을 희년 이후에 바쳤으면 제사장은 다음 희년까지의 남은 햇수를 계산하여 그 값을 재조정하여, 정한 값에서 그 값에 상당하게 감해야 했다(25:15-16)는 뜻이다.

기업의 땅은 팔았다 해도 희년이 되면 원주인에게로 다시 돌아갔고(25:13), 서원으로 바친 땅도 역시 그랬다. 그런고로 바친 땅의 값은 위의 기준대로 하되 바친 때부터 다음 희년까지의 햇수를 따라 정해야 했다. 즉 그 표준액에서 이미 지난 햇수만큼 공제해야 했다는 것이다.

레 27:19. 만일 밭을 성별하여 드린 자가 그것을 무르려면 네가 값을 정한 돈에 그 오분의 일을 더할지니 그리하면 그것이 자기 소유가 될 것이요.

만일 그 사람이 자기가 바친 밭을 무르려고 하면(되찾으려고 하면) 그는 제사장이 정한 밭 값에 5분의 1을 더 주고 사야 한다는 것이다(13절). 그러면 그 밭은 다시 자기 소유가 될 것이다. 이는 생축과 같이 5분의 1을 더하면 무를 수 있다는 규정과 같다(13절 주해 참조).

레 27:20. 만일 그가 그 밭을 무르지 아니하려거나 타인에게 팔았으면 다시는

있어서는 고르와 동일한 양이다. 호멜은 '당나귀'라는 뜻으로서, 당나귀 한마리가 지고 갈 수 있는 곡식의 양을 단위로 한 명칭이다(디럭스 바이블 성경사전).
205) 여기 "지기"란 말은 '되, 말, 섬'따위에 붙어 그만한 양의 곡식을 심을 수 있는 논밭의 넓이를 나타내는 단어이다. (예) 두 섬지기, 석 섬지기.

무르지 못하고.

그러나 바친 밭을 그가 다시 사들이지 않은 상태에서 그 밭을 다른 사람에게 팔면, 그 밭은 다시는 그 주인이 되살 수 없다. 물론 바친 사람이 5분의 1을 더 내고 되찾은 후에 다른 사람에게 팔면 괜찮다는 것이다.

레 27:21. 희년이 되어서 그 밭이 돌아오게 될 때에는 여호와께 바친 성물이 되어 영영히 드린 땅과 같이 제사장의 기업이 될 것이며.

희년이 되어 그 밭이 밭주인에게 되돌아오게 되더라도(해약되더라도) 그것은 여호와께 바친 밭처럼(28절), 여전히 거룩한 것으로서 제사장의 소유가 되는 것이다(25:10, 28, 31; 민 18:14; 겔 44:29). 이런 경우는 "영영히" 드린 것이 되는 것이다(28-29절). 한번 바친 땅은 하나님의 것이 되는 것이며, 이런 땅을 마음대로 파는 것은 하나님의 것에 손을 대는 행위였다. 이런 땅은 제사장의 것이 되게 마련이다.

레 27:22-23. 만일 사람에게 샀고 자기 기업이 아닌 밭을 여호와께 성별하여 드렸으면 너는 값을 정하고 제사장은 그를 위하여 희년까지 계산하고 그는 네가 값을 정한 돈을 그 날에 여호와께 드려 성물로 삼을지며.

본 절부터 25절까지는 매수한 땅에 대한 규례이다. 이는 자기 기업의 땅에 대한 규례와는 다르다(16-21절). 여호와께서는 만일 어떤 사람이 자기 소유가 아닌 밭, 즉 다른 사람의 밭을 사가지고 여호와에게 바치려고 하면 제사장은 다음 희년까지 남은 햇수를 계산하여 그 밭 값을 매겨야 하며(25:10, 25), 그 사람은 그 날로(당일에) 그 밭 값을 여호와께 바쳐야 하고, 그 돈은 당일에 성물(聖物)이 되어 여호와의 일에 쓰이게 된다고 하신다.

레 27:24. 그가 판 밭은 희년에 그 판사람 곧 그 땅의 원주인에게로 되돌아갈지니라 (בִּשְׁנַת הַיּוֹבֵל יָשׁוּב הַשָּׂדֶה לַאֲשֶׁר קָנָהוּ מֵאִתּוֹ לַאֲשֶׁר־לוֹ אֲחֻזַּת הָאָרֶץ) -In the year of jubilee the field shall return to him from whom it was bought, to whom the land belongs as a possession by inheritance-RSV).

본 절에 대한 한글 개역개정판 번역은 문제가 있다. 한글 개역판이 차라리

나을 것으로 보인다("그 밭은 희년에 판사람 곧 그 기업의 본주에게로 돌아갈 지니라").

다른 사람으로부터 밭을 사 가지고 그 밭을 여호와께 서원하고 바친 경우에 어떻게 할 것을 말씀하는 규례이다. 일단 희년이 되면 그 밭은 서원자에게 돌아가지 않고 그 밭을 서원자에게 팔았던 원래 소유자에게로 되돌려져야 한다는 말씀이다(25:28). 일이 이렇게 되는 것은 25:23-28의 규례에 따른 것이다. 이는 가난한 자를 보호하시는 하나님의 자비와 긍휼을 보여주는 것이다.

레 27:25. 또 네가 정한 모든 값은 성소의 세겔로 하되 이십 게라를 한 세겔로 할지니라.

이제까지 정한 모든 값은 이십 게라를 한 세겔로 계산하는, 성소에서 쓰는 세겔로 매겨야 한다는 것이다(출 30:13; 민 3:47; 18:16; 겔 45:12). 성소에서 쓰는 세겔은 일반 세겔보다 5분의 1이 더했다. 성소의 세겔로 매겨야 하는 이유는 속임을 방지하기 위함이었고, 또 서로 통용하는 데 그 어떤 표준이 필요했기 때문이었다. 1세겔(11.4g)은 20게라(0.57g)이다. "게라"는 가장 작은 무게의 단위이다.

5. 처음 난 가축은 어떻게 되는가   27:26-27

레 27:26. 오직 가축 중의 처음 난 것은 여호와께 드릴 첫 것이라 소나 양은 여호와의 것이니 누구든지 그것으로는 성별하여 드리지 못할 것이며.

오직 가축 중의 처음 난 것(짐승의 맏배)은 새삼스레 거룩한 것으로 바칠 것이 없다(출 13:2, 12; 22:30; 민 18:17; 신 15:19). 첫 새끼는 이미 여호와의 것이기 때문이다. 소든지 양이든지 그것들은 다 여호와의 것이니 그것들을 구별하여 여호와께 드리지 못하게 되어 있다.

가축의 첫 새끼가 이미 여호와에게 속하게 된 이유는 애굽에 내려졌던 10대 재앙의 마지막 열 번째 재앙에서 애굽인의 모든 장자와 가축의 첫 새끼가 몰살할 때 이스라엘의 장자와 가축의 첫 새끼가 구원 받은 것을 기념하여 하나님의 것으로 바친 데서 생긴 제도이다(출 12:13; 21:30). 사람의 장자는 다른 정결한 동물로 대속해야 했다(출 13:13; 34:20).

레 27:27. 만일 부정한 짐승이면 네가 정한 값에 그 오분의 일을 더하여 무를 것이요 만일 무르지 아니하려면 네가 정한 값대로 팔지니라.

그러나 그 동물이 부정하여 여호와께 바칠 수 없는 것(11:1-8 주해 참조)이라면 주인은 제사장이 매긴 그 동물의 값에 5분의 1을 더 붙여서 돈을 치르고(11-13절) 그 동물을 자기 소유로 만들 수 있다고 하신다. 하지만 그가 도로 사지 않을 경우에는 제사장이 그것을 다른 사람에게 팔아도 좋다는 것이다. 다시 말해 부정한 생축은 여호와께 바칠 수 없기 때문에(11절) 그 가격에다가 5분의 1을 더하여 속하고, 만일 그대로 바쳤으면 제사장이 그 동물을 임의로 팔 수 있다는 것이다.

B. 온전히 바치기로 한 것들에 대한 특별한 조치 27:28-29
레 27:28. 어떤 사람이 자기 소유 중에서 오직 여호와께 온전히 바친 모든 것은 사람이든지 가축이든지 기업의 밭이든지 팔지도 못하고 무르지도 못하나니 바친 것은 다 여호와께 지극히 거룩함이며.

사람이 자기에게 있는 것 가운데서, 어떤 것을 여호와께 바쳐 그것이 가장 거룩한 것(온전히 바쳐진 것)이 되었을 때에는, 사람이든 짐승이든 또는 유산으로 물려받은 가문에 속한 밭이든, 그것들을 팔거나 되찾거나 할 수 없다는 내용이다(21절; 수 6:17-19). 그것들은 이미 주께 가장 거룩한 것(아주 온전히 바쳐진 것)이 되었기 때문에 팔지도 못하고 무르지도 못한다는 것이다. 그것들은 이미 운명이 결정되었기 때문에 사람이 어떻게 할 수 없다는 뜻이다.

본문의 "온전히 바친 모든 것"(חֵרֶם) 이란 말은 '멸절하기(파멸시키기) 위해 바쳐진 것', '처분을 위해 바쳐진 것', '저주 받은 것'이란 뜻이다. 즉 이것은 서원물로 바친, 흠 없는 것과는 전혀 달리 특별한 이유나 결함 때문에 아예 멸절시키거나 죽이기 위해 특별히 구별하여 바친 것을 말한다. 따라서 이러한 것들은 저주의 대상인고로 다시 되 물림할 수도 없고 반드시 처분해야

만 했다. 이렇게 멸절해야 하는 것들로서는 우상숭배나 신성을 모독한 것들이 있고(민 21:2-3; 신 13:13-16), 또 범죄 한 아간과 그의 가족들, 그리고 그의 탈취물들(수 7:20-26)이 이에 속한다. 그런 저주의 대상이 되는 것들은 여호와의 공의를 만족시키기 위하여 반드시 멸절해야 했다.

레 27:29. 온전히 바쳐진 그 사람은 다시 무르지 못하나니 반드시 죽일지니라.

본문의 "온전히 바쳐진 그 사람"이란 말은 하나님을 섬기기 위해 바쳐진 사람이란 뜻이 아니라 '여호와의 진노의 대상으로 여호와의 공의를 만족시키기 위해 죽임을 당할 자로 지목된 범죄자'를 지칭한다(민 21:2, 3). 따라서 본문의 뜻은 '처형당하도록 되어 있는 그 사람은 몸값을 치러 주어서 다시 되살릴 수 없는 고로 그런 사람은 반드시 죽여야 한다'는 뜻이다. 이런 사람의 대표적인 실례로는 죄악이 만연했던 가나안 족속들과 여리고 성 사람들(수 6:17-18), 미스바에 모이라는 이스라엘 회중의 결의를 반대하고 모이지 않아 죽임을 당한 야베스 길르앗 거민들을 들 수 있다(삿 21:9-10). 이런 사람들을 위하여 인간들이 나서서 몸값을 치러주어서 살리려고 하는 것은 여호와의 뜻을 거스르는 것임을 알 수 있다.

C. 십일조를 무르는 규례 27:30-34

여호와께서는 십일조의 규례를 말씀하신다. 이 부분(30-34절)의 말씀은 민 18:21-32; 신 14:22-29과 병행한다. 십일조는 구약의 묵은 율법에 속함으로 신약 시대에는 의무가 없다고 주장하는 사람들은 구약 율법을 자세히 살펴야 할 것이고 또 예수님께서 십일조에 대해 어떻게 말씀하셨는지(마 23:23)를 자세히 살펴 실수가 없어야 할 것이다.

레 27:30. 그리고 그 땅의 십분의 일 곧 그 땅의 곡식이나 나무의 열매는 그 십분의 일은 여호와의 것이니 여호와의 성물이라.

땅에서 난 것의 십분의 일, 곧 밭에서 난 곡식이든지, 나무에 달린 열매든지, 그 10분의 1은 모두 여호와께 속한 것이니(창 28:22; 민 18:21, 24; 대하 31:5, 6, 12; 느 13:12; 말 3:8, 10) 여호와께 바쳐야 할 거룩한 것이라는 것이다.

10분의 1을 여호와께 바치는 제도의 기원은 살렘 왕 멜기세덱이 전쟁에 승리하고 돌아오는 아브라함에게 축복했을 때 아브라함이 전리품의 10분의 1을 바친 데서 시작되었다(창 14:20). 그 이후 야곱이 벧엘에서 환상을 본 후 앞으로 십일조를 내겠다고 서약했고(창 28:22), 모세는 하나님으로부터 말씀을 받아 율법으로 선포했다(민 18:21-22; 신 14:22-29). 십일조를 내는 품목은 곡식 종류(본 절)와 가축 종류였다(32절). 십일조는 신약 시대에도 그대로 계승되었다(마 23:23).

레 27:31. 또 만일 어떤 사람이 그의 십일조를 무르려면 그것에 오분의 일을 더할 것이요.

만일 어떤 사람이 그 10분의 1을 자기 것으로 되사려고 하면 그 값은 표준 시가에 5분의 1을 더 붙여 지불해야 한다는 것이다(13절). 곧 생축이나 농산물의 10분의 1은 하나님의 것인데, 만일 그가 그 생축이나 농산물을 자기 것으로 소유하려면 그 물건의 해당가격에 5분의 1을 덧붙여 하나님께 바쳐야 했다.

레 27:32. 모든 소나 양의 십일조는 목자의 지팡이 아래로 통과하는 것의 열 번째의 것마다 여호와의 성물이 되리라.

여호와께서는 본 절에서 소나 양의 십일조를 정하여 바치는 방법을 제시하신다. 즉 '소 떼와 양 떼에서도, 각각 십분의 일을 여호와께 거룩하게 바쳐야 하는데, 목자의 지팡이 밑으로 짐승을 지나가게 하여, 열 번째 것마다 바쳐야 한다'고 하신다(렘 33:13; 겔 20:37; 미 7:14). 여호와께서 이렇게 목자의 지팡이 아래로 통과하는 10번째 것을 바치게 하신 것은 아마도 아주 저질(低質)을 골라 여호와께 드리지 못하게 하신 것으로 보인다(다음 절).

본문의 "지팡이 아래"란 말은 목자들이 가축의 수를 헤아릴 때 지팡이를 가지고 헤아린 데서 생겨난 말이다. 즉 가축의 십일조를 정할 때 가축들을 우리에 가두어 두고 한 마리씩 밖으로 내면서 지팡이로 가축을 헤아렸는데 10번째가 되는 가축을 따로 구별해 두어서 하나님께 바친 데서 생겨난 말이다(렘 33:13).

레 27:33. 그 우열을 가리거나 바꾸거나 하지 말라 바꾸면 둘 다 거룩하리니 무르지 못하리라.

　목자의 지팡이 아래로 통과하는 10번째의 가축을 따로 떼어 놓았다가 여호와께 드려야 결코 바꿀 수 없다는 것이다(10절). 가축 주인은 나쁜 것을 골라 바치려고 짐승을 셀 때 바꿔치기를 해서는 안 되었다. 만일 다른 것으로 바꾸면 둘 다 여호와의 것이 되어 그가 다시 속하지도 못할 것이라고 하신다(10절 주해 참조). 즉 둘 다 바쳐야 한다는 것이다.

레 27:34. 이것은 여호와께서 시내 산에서 이스라엘 자손을 위하여 모세에게 명령하신 계명이니라.

　이상의 모든 말씀은 여호와께서 이스라엘 백성을 위하여 시내 산에서 모세에게 주신 계명이라고 하신다(26:46). 본문의 "이상은"이란 말은 27장의 결론만을 말하는 것이 아니라 레위기 전체의 결론으로 봄이 바를 것이다(A. 누르체). 그러니까 결론이 둘인 셈이다(26:46; 27:34). 본 절의 결론은 26:46의 결론과 아주 흡사하다. 즉, 첫째, 이 율법의 기원은 "여호와"이시고, 둘째, "시내 산" 율법이며, 셋째, "이스라엘 자손"을 위한 율법이고, 넷째, "모세"를 통하여 주신 율법이다. 26:46에서는 "율법"이라 했으나 여기서는 "계명"이라 한다. 동의어로 쓰였음을 볼 수 있다.

-레위기 주해 끝-

레위기 주해

2014년 9월 22일 초판 1쇄 인쇄
2014년 9월 30일 초판 1쇄 발행
지은이 | 김수흥
발행인 | 박순자
펴낸곳 | 도서출판 언약
주 소 | 수원시 영통구 중부대로 271번길 27-9, 102동 1303호
전 화 | 070-7581-9725
E-mail | soohkim77@yahoo.com
등록번호 | 제374-2014-000006호

   정가 18,000원

ISBN : 978-11-952332-0-5 (04230)(세트)
ISBN : 978-11-952332-3-6 (04230)